本书由中国社会科学院世界宗教研究所儒教研究中心 编

本书出版得到了广州市道教黄大仙祠的资助

儒道研究

第六辑

张宏斌 主编

中国大百科全书出版社

图书在版编目（CIP）数据

儒道研究．第六辑／张宏斌主编．－－北京：中国大百科全书出版社，2023.12
ISBN 978－7－5202－1467－4

Ⅰ．①儒… Ⅱ．①张… Ⅲ．①儒家—研究②道家—研究 Ⅳ．① B222.05 ② B223.05

中国国家版本馆 CIP 数据核字 (2023) 第 235501 号

责任编辑	王慕飞　王　绚
责任校对	邢　琳
封面设计	孙　怡
责任印制	魏　婷
出版发行	中国大百科全书出版社
地　　址	北京市西城区阜成门北大街17号
邮政编码	100037
电　　话	010－88390713
网　　址	http://www.ecph.com.cn
印　　刷	北京君升印刷有限公司
开　　本	710毫米×1000毫米　1/16
印　　张	20.5
字　　数	279千字
版　　次	2023年12月第1版
印　　次	2023年12月第1次印刷
书　　号	ISBN 978－7－5202－1467－4
定　　价	68.00元

本书如有印装质量问题，可与出版社联系调换

目　录

专题研究

杜预《春秋》学新诠　　　　　　　　　　　　　　　　　　　林　鹄/003

经与经典

从程子释"亲民"为"新民"看理学的创新逻辑　　　　　　　刘晶戈/075
段正元对《中庸》的现代诠释　　　　　　　　　　　　　　　韩　星/094
胡适：实验主义者抑或新自然主义者？　　　　　　　　　　　蔡志栋/118
中国哲学真理观的系统性问题　　　　　　　　　　　　　　　杜保瑞/131
道教诗歌中的儒家文化观照
　　——对张三丰《云水前集》诗歌文本的再发现　　　　　　徐沐熙/152

岭南道教专栏

源流贯通的道教核心教义论纲　　　　　　　　　　　　　　　卢国龙/167
道教在宗教中国化进程中的积极作用探讨　　　　　　　　　　樊光春/185
三星在天
　　——说三元里三星旗图像的原初寓意　　　　　　　　　　刘昭瑞/190

广东道教的现状和坚持中国化方向的思考　　　　　　　　　　　　梁崇雄/199
论岭南道教与民间俗信互动的积极作用
　　——岭南道教坚持中国化方向的实践　　　　　　　　　　　王丽英/204
明清以来粤东北民间宝卷初探　　　　　　　　　　　　　　　　李志鸿/215
葛洪与岭南道教传统的建构　　　　　　　　　　　　　　　　　夏志前/228
在为政与逍遥之间
　　——读《抱朴子内外篇》　　　　　　　　　　　　　　　　张宏斌/240
葛洪医道与岭南之渊源及启示　　　　　　　　　　　　　　　　陈　椰/247
《道门十规》的现代意义　　　　　　　　　　　　　　　　　　车志荣/271
历代真武灵应文献编纂史考　　　　　　　　　　　　　　　　　王　闯/277
从"筑基培元"到"鼎新立德"
　　——论新时代青年道职人员坚持中国化方向的历史担当　　　张　春/297

他山之石

雷法仪式和雷部神祇信仰再探　　　　　　　　　常志静 著，孙美子 译/309

后记　　　　　　　　　　　　　　　　　　　　　　　　　　　　　/321

专题研究

杜预《春秋》学新诠

林 鹄

摘要： 杜预坚信《左传》独得孔门心法，是诠释《春秋》真谛的唯一可信依据，作为传授圣人义理的圣经，《左传》该有的信息必有，书与不书必有故。正是在这样的认识基础上，他对《左传》作了前所未有的细密解读，由此得出了不仅与《公羊》《谷梁》大相径庭，而且与《左传》先儒及唐宋以降历代经学家迥异的解释。历来备受非议的心丧说，亦非杜预出于顺应时代或曲学阿世，而是他解读《左传》的结果。本文最后对经学史、思想史的一般做法作了反思。

关键词： 杜预；《春秋左传》；心丧；郑玄；乾嘉汉学

一、问题的提出

我们今天读《春秋》，离不开《左传》。而读《春秋》与《左传》，又难以绕过杜预。杜预是《左传》学史上的划时代人物，堪与郑玄之于礼学比肩。但清代学者对杜预批评非常激烈，其中又以焦循为代表。理堂在其名著《春秋左传补疏》之序文中如此评述杜预的《春秋左传集解》：

> 余幼年读《春秋》，好《左氏传》，久而疑焉。及阅杜预《集解》暨所为《释例》，疑滋甚矣。孔子因邪说暴行而惧，因惧而作《春秋》，《春秋》成而乱臣贼子惧。《春秋》者，所以诛乱贼也。而左氏则云"称君君无道，称臣臣之罪"，杜预者且扬其辞而畅衍之，与孟子之说大悖，《春

---

① 本文是国家社科基金重大项目"《春秋》三传学术通史"（19ZDA252）阶段性成果。
② 作者简介：林鹄，中国社会科学院古代史所副研究员。

秋》之义遂不明。

> 已而阅《三国魏志·杜畿传》注，乃知预为司马懿女婿。《晋书》预本传云："祖畿，魏尚书仆射。父恕，幽州刺史。其父与宣帝不相能，遂以幽死，故预久不得调。文帝嗣立，预尚帝妹高陆公主，起家拜尚书郎。四年，转参相府军事。"预以父得罪于懿，废弃不用，盖热中久矣。昭有篡弑之心，收罗才士，遂以妹妻预而使参府事。预出意外，于是忘父怨而竭忠于司马氏。既目见成济之事，将有以为昭饰，且有以为懿、师饰，即用以为己饰，此《左氏春秋集解》所以作也。

随后焦循举出了一系列杜注，比附魏晋禅代之史事，断言杜预"锻炼深文""忘父怨而事仇，悖圣经以欺世""预为司马氏之私人、杜恕之不孝子、而我孔子作《春秋》之蟊贼也！"①

对经学史上的名家作如此尖锐的批评，在历朝学术史上都极为罕见。但蹊跷的是，理堂此说一出，清代中后期学者如风影从，杜预不忠不孝、曲学阿世的形象几乎成了定论②。不过，斗转星移，在现代学界，杜预又恢复了名誉，焦循对杜预的攻击，普遍被视为是传统名教对清代学者的遮蔽。杜预在《春秋》及《左传》学上的意义，也被重新评估。一般认为，杜预的突出贡献在于，"坚持'经承旧史，史承赴告'的观点，把《春秋》及《左传》作为古代史策来理解，这显然最接近于《春秋》《左传》本来的性质"③。

但问题在于，"经承旧史"之史，并非现代学界所理解之史，杜预并不否认春秋大义，兹举二例。《春秋》全经首条"（隐公）元年，春，王正月"，杜

---

① 【清】焦循：《春秋左传补疏叙》，《春秋左传补疏·春秋左氏传补注》，上海：上海古籍出版社，2016年，第3—4页。

② 罗军凤：《清代春秋左传学研究》，北京：人民出版社，2010年，第116—119页。

③ 赵伯雄：《春秋学史》，济南：山东教育出版社，2014年，第297页。补充一点，何晋在《〈左传〉贾、服注与杜注比较研究》（《国学研究》第4卷，北京：北京大学出版社，1997年，第24—25页）云："（杜预）第一次以史的眼光去审阅《左传》，去解释《左传》，其识见远远超出当时及以前的《左传》经学家，尽管他还不能完全摆脱经学的影响，但已取得了经学家们达不到的成就。……杜预《左传》注的特点，首先是他意在释传，能以史的眼光较客观、求实地审阅《左传》，……（杜预）不是真正的经学家，……《左传》贾、服注和杜注大部分相同，只有小部分相异，主要的相异可归纳为经史之别。"

注:"凡人君即位,欲其体元以居正,故不言一年一月也。"① 元年与一年,正月与一月,并不只是文字上的不同,而是代表了义理所在。

再如《春秋》经第二条"三月,公及邾仪父盟于蔑",杜注:"附庸之君,未王命,例称名。能自通于大国,继好息民,故书字贵之。名例在庄五年。"《左传》云:"三月,公及邾仪父盟于蔑,邾子克也。未王命,故不书爵。曰仪父,贵之也。公摄位而欲求好于邾,故为蔑之盟。"杜预经注以为邾仪父是附庸之君,根据的就是《左传》。附庸例称名之说,则来自庄五年《左传》。是年经云"郳犁来来朝",《左传》曰:"名,未王命也。"而仪父之所以书字而非名,《左传》以为"贵之也",《正义》引杜预《释例》曰:"名重于字,故君父之前自名,朋友之接自字,是以《春秋》之义,贬责书其名,斥所重也;褒厚显其字,辟所讳也。"② 也就是说,杜预以为,称名还是称字,同样包含了春秋大义。

更值得注意的是,《左传》并未明言邾仪父可贵之状,而贾逵、服虔以为,"仪父嘉隐公有至孝谦让之义,而与结好,故贵而字之,善其慕贤说(通悦)让"。那么,杜预为何一反旧说,其新说"能自通于大国,继好息民,故书字贵之"又从何而来?《正义》如是解释:

> 知(贾、服注)不然者,案传云"公摄位而欲求好于邾",是公先求邾,非邾先慕公,复何足贵?且书曰"仪父",乃是新意,仲尼以事有可善,乃得书字善之,不是缘鲁之意以为褒贬,安得以其慕贤便足贵之?又桓十七年"公及邾仪父盟于趡",桓公不贤不让,彼经亦书"仪父",故知"贵之"之言不为慕贤说让也。附庸不能自通,不与盟会,今能自通大国,继好息民,故知为此贵而字之③。

《正义》为杜注不采贾服共找了三条理由。第一条指出,《左传》记载结盟的提出方是鲁隐公,而非邾仪父,这或者可以理解为杜预的史学化倾向。但另一

---

① 【唐】孔颖达:《春秋左传正义》卷二,第30页,影印清嘉庆刊《十三经注疏》本,北京:中华书局,2009年。
② 【唐】孔颖达:《春秋左传正义》卷二,第31、34页;卷八,第14页。
③ 【唐】孔颖达:《春秋左传正义》卷二,第31页。

方面，按照杜预的理解，《左传》中凡"书曰某某"之类，皆表示"某某"之辞乃孔子所改定，而非史书原文（详下）。基于这一认识，《正义》又提出了反驳贾服的另外两条理由。第二条，邾仪父慕鲁隐公之贤，不足以贵之。第三条，桓公十七年经书"公及邾仪父盟于趡"，仪父同样书字而不书名，而鲁桓公并非让国贤君，同理可推知隐元年此条书"仪父"亦与慕贤悦让无关。

《正义》的第二条理由，似嫌牵强。但第三条，则恐怕击中了要害。但《正义》仅仅提供了杜预不从贾服的缘由，却并未说明杜预新说的史实依据。笔者以为，杜氏新说并无史料支持，完全是杜预匠心独运所构建的。按照通常对史学的理解，既然《左传》仅仅提到"贵之"，而没有说明"贵之"的原因，在没有史料依据的情况下，史家应当就此止步，存疑待考。而杜预并不如此，在他看来，《左传》并非一般意义的史籍，而是传授圣人义理的圣经。如果《左传》提到"贵之"而没有交代缘由，那一定是因为其缘由可以推而得之。

要揭开杜预《春秋》学的奥秘，我们必须重新回到焦循对杜预的尖刻责难。平心而论，理堂独创之说能全面征服清代中晚期学界，绝非名教害人，而是一部分杜注确实太过诡异。《左传补疏叙》曰：

> 夫懿、师、昭，乱臣贼子也，贾充、成济，郑庄之祝聃、祭足而赵盾之赵穿也。王凌、毋邱俭、李丰、王经，则仇牧、孔父嘉之伦也。昭弑高贵乡公而归罪于成济，已俨然托于大义，而思免于反不讨贼之讥。师逐君，昭弑君，均假太后之诏以称君罪，则师旷所谓"其君实甚"、史墨所谓"君臣无常位"者本有以启之，预假其说而畅衍之，所以报司马氏之恩而解懿、师、昭之恶，夫又何疑？顾射王中肩，即抽戈犯跸也，而预以为郑志在苟免，王讨之非，显谓高贵讨昭之非，而昭御之为志在苟免。孔父嘉之义形于色，仇牧之不畏强御，而预皆锻炼深文，以为无善可褒，此李丰之忠而可斥为奸，王经之节可指为贰，居然相例矣①。

这段话主要牵涉杜注中两处令人极为费解之处。其一乃桓公五年周王伐郑，

---

① 【清】焦循：《春秋左传补疏序》，《春秋左传补疏·春秋左氏传补注》，第3—4页。

王师大败,《左传》云:"祝聃射王中肩,王亦能军。祝聃请从之。公曰:'君子不欲多上人,况敢陵天子乎?苟自救也,社稷无陨,多矣。'夜,郑伯使祭足劳王,且问左右。"稍有政治常识的人,都能看出郑庄公"使祭足劳王,且问左右",是假惺惺故作姿态。但蹊跷的是,经历了血淋淋的魏晋禅代的杜预居然写下了这样的注文:"'劳王','问左右',言郑志在苟免,王讨之非也。"① 这如何能让人不生疑?

其二是杜预关于仇牧、孔父嘉的看法。因此事颇为复杂,下辟专节讨论。

二、贬仇牧孔父解

孔父嘉事见桓公二年,经云:"宋督弑其君与夷及其大夫孔父。"杜注:"孔父称名者,内不能治其闺门,外取怨于民,身死而祸及其君。"《左传》曰:"宋华父督见孔父之妻于路,目逆而送之,曰:'美而艳。'二年春,宋督攻孔氏,杀孔父而取其妻。公怒,督惧,遂弑殇公。君子以督为有无君之心,而后动于恶,故先书弑其君。……宋殇公立,十年十一战,民不堪命。孔父嘉为司马,督为大宰,故因民之不堪命,先宣言曰:'司马则然。'"杜注:"言公之数战,则司马使尔。嘉,孔父字。"②

这两处杜注颇让人费解。先秦时期,"某父"固然也有为名的例子,但常见的情况是字。杜预之所以断言此处"孔父"恰是特例,并非出于特别的史料依据,完全是为了证明《春秋》对孔父是贬而非褒。而征南之前的《春秋》学者,不管是《公羊》家、《谷梁》家,③还是《左传》学者,都一致认为孔父是字,乃《春秋》特笔褒奖。杜预之后,这一别出心裁的解释,除了坚守"疏不破注"的义疏学家,几乎没有任何人赞同。可以说,杜预此注空前绝后。

与此相关的仇牧一事见庄公十二年,经曰:"宋万弑其君捷及其大夫仇

---

① 【唐】孔颖达:《春秋左传正义》卷六,第106—107页。
② 【唐】孔颖达:《春秋左传正义》卷五,第89—90页。
③ 《谷梁》曰:"何以知其先杀孔父也?曰:子既死,父不忍称其名;臣既死,君不忍称其名。……孔,氏。父,字谥也。或曰:其不称名,盖为祖讳也。"(【唐】杨士勋:《春秋谷梁传注疏》卷三,中华书局影印清嘉庆刊《十三经注疏》本,2009年,第5149页)所谓"孔氏父字谥也"颇为费解,段玉裁《且字考》(《经韵楼集》卷二,上海古籍出版社,第32页)以为,"氏"字衍,似有理。

牧。"杜注:"仇牧称名,不警而遇贼,无善事可褒。"然《左传》云:"宋万弑闵公于蒙泽。遇仇牧于门,批而杀之。"① 而《公羊》《谷梁》均明文褒奖,《公羊》曰:"仇牧闻君弑,趋而至,遇之于门,手剑而叱之。(宋)万臂搦仇牧,碎其首,齿着乎门阖。仇牧可谓不畏强御矣。"② 《史记》与《公羊》同③。所谓仇牧"不警而遇贼",也是杜预独出胸臆之说。同样,除为杜注作义疏的学者外,历代学者对杜此说几乎均持否定态度。

如果杜预只是基于史学家的立场反对《春秋》是在褒奖孔父、仇牧,他完全可以怀疑前人,但绝无必要重蹈窠臼,坚持《春秋》是在贬责孔父、仇牧。在没有坚实依据的情况下,杜预一反旧说,责难仇牧,怎么能不启人疑窦?无怪乎理堂之说一出,天下靡然风从。

如果我们不接受焦循的解释,那么,该如何理解以上杜注呢?首先,可以肯定的是,杜预绝非出于狭隘的门户之见,仅仅为了反对公、谷而反对公、谷,另立新说。在与《左传》不矛盾的情况下,杜注采用公、谷的例子并不少。如僖公九年经云:"秋,七月,乙酉,伯姬卒。"杜注:"无传。《公羊》《谷梁》曰'未适人',故不称国。已许嫁,则以成人之礼书,不复殇也。妇人许嫁而笄,犹丈夫之冠。"④ 按《公羊传》曰:"此未适人,何以卒?许嫁矣。妇人许嫁,字而笄之。死则以成人之丧治之。"⑤ 《谷梁传》云:"未适人,不卒,此何以卒也?许嫁,笄而字之,死则以成人之丧治之。"⑥ 杜预此注完全就是采用的公、谷之说。又庄公二十四年经"郭公"条杜注:"《公羊》《谷梁》之说既不了,又不可通之于左氏,故不采用。"⑦ 杜预此注对其采用公、谷之说与否做了原则性说明,凡是可以自圆其说且与《左传》不矛盾的,均在可采之列。征南

---

① 【唐】孔颖达:《春秋左传正义》卷九,第153—154页。
② 【唐】徐彦:《春秋公羊传注疏》卷七,中华书局影印清嘉庆刊《十三经注疏》本,2009年,第91页。
③ 【汉】司马迁:《史记》卷一四《十二诸侯年表》,北京:中华书局,1959年,第570页;卷三八《宋微子世家》,第1624页。
④ 【唐】孔颖达:《春秋左传正义》卷一三,第217页。
⑤ 【唐】徐彦《春秋公羊传注疏》卷一一,第134页。
⑥ 【唐】杨士勋:《春秋谷梁传注疏》卷八,中华书局影印清嘉庆刊《十三经注疏》本,2009年,第79页。
⑦ 【唐】孔颖达:《春秋左传正义》卷一〇,第172页。

为其《集解》所撰序言提到"简二传而去异端",《正义》释云:"若《左氏》不解,二传有说,有是有非,可去可取,如是则简选二传,取其合义而去其异端。"① 亦是此意。其次,杜预也绝非故意反对在他之前的《左传》学者,杜注大量袭用前人之说,自清代以来即为学界共识,此不赘述。

事实上,关于杜预缘何有以上"诡异"之注,《释例》早就做出了详尽的说明。上引桓公二年经杜注之疏引《释例》曰:"经书'宋督弑其君与夷及其大夫孔父',仲尼、丘明唯以先后见义,无善孔父之文。孔父为国政则取怨于民,治其家则无闺闱之教,身先见杀,祸遂及君。既无所善,仇牧不警,而遇贼又死,无忠事。"②

杜预指出,与《公羊》《谷梁》明文颂扬孔父、仇牧不同,《左传》"无善孔父之文"。(引者按:仇牧亦然。)换言之,从《左传》记载中,我们看不出孔父、仇牧有何可褒之处。如果杜预只是停留于此,倒是与现代史家立场一致,但征南还往前迈了一大步。

杜预认为,恰恰相反,《左传》是在谴责二人。首先,《左传》既然提到"宋殇公立,十年十一战,民不堪命",又云"孔父嘉为司马",在他看来,这不是简单的事实陈述,而是对孔父的贬斥,故有"为国政则取怨于民"一说。孔颖达《正义》对杜预的逻辑进行了阐发:"殇公之好攻战,孔父须伏死而争,乃从君之非,是取怨于百姓。"其说可从。值得注意的是,关于此事,《史记·宋微子世家》记载不同:"督利孔父妻,乃使人宣言国中曰:'殇公即位十年耳,而十一战,民苦不堪,皆孔父为之,我且杀孔父以宁民。'"③ 按照《史记》的说法,这是华父督对孔父的诬陷。现代史家恐怕多半会采信《史记》,认为《左传》记载有欠含混,应当用《史记》来诠释《左传》。但杜预并没有这么做,这是因为,在他看来,《左传》是一部圣典,其权威性远高于《史记》。

其次,《左传》云:"公怒,督惧,遂弑殇公。"所以杜预说"身先见杀,祸遂及君",构成了孔父另一条罪状。也就是说,在杜预看来,《左传》是要表

---

① 【唐】孔颖达:《春秋左传正义》卷一,第15页。
② 【唐】孔颖达:《春秋左传正义》卷五,第89页。
③ 【汉】司马迁:《史记》卷三八《宋微子世家》,北京:中华书局,1959年,第1623页。

明，华父督本无弑君之心，宋殇公纯粹是因为孔父的牵连而被害的，是孔父连累了殇公。

其三，甚至连华父督攻孔氏，杀孔父，在杜预看来，《左传》也在表明，孔父嘉自己要承担责任。征南所谓"治其家则无闺闱之教"，《正义》诠释说："妇人之出，礼必拥蔽其面，孔父妻行，令人见其色美，是不能治其闺门。"这应当就是杜预的推演逻辑。

既然在杜预看来，《左传》不仅无善孔父之文，且处处在谴责孔父，那么，孔父就绝无可能是字。因为与《公羊》《谷梁》学家及《左传》先儒一样，杜预恰恰完全认同书字抑或书名是《春秋》的褒贬笔法这一观点。既然孔父是名，称名是贬，仇牧称名，也应当是贬。所以杜预认为，《左传》记载宋万弑君之后，"遇仇牧于门，批而杀之"，意在表明仇牧"不警而遇贼"。

三、其他典型例子剖析

以上讨论指出，在杜预看来，《左传》是一部笔法严密的圣典。正是在这样的认识基础上，他对《左传》作了前所未有的细密解读，由此得出了不仅与公、谷大相径庭，而且与《左传》先儒及唐宋以降历代经学家迥异的解释。本节拟再举二例以进一步阐明杜预的基本思路与方法。

庄公元年《春秋》经云："三月，夫人孙（引者按：通"逊"）于齐。"《左传》曰："不称姜氏，绝不为亲，礼也。"杜注："姜氏，齐姓。于文姜之义，宜与齐绝，而复奔齐，故于其奔，去姜氏以示义。"按庄公母文姜与其兄齐襄公通奸，相谋杀其亲夫鲁桓公。《公羊》《谷梁》俱以为不称姜氏，乃因文姜弑夫而贬之。杜预之前的《左传》学者亦持此说，认为"绝不为亲，礼也"，盖"谓庄公绝母，不复以之为亲。为父绝母，得礼，尊父之义，故曰'礼也'"[①]。而杜预却一反旧说，以为《左传》是指文姜当与齐绝，殊难索解。

不仅如此，《释例》更为文姜开脱："文姜与公如齐，以淫见谪，惧而归诉于襄公。襄公杀公，而委罪于彭生。弑公之谋，姜所不与，疑惧而自留于齐。庄

---

① 【唐】孔颖达：《春秋左传正义》卷八，第136—137页。

公感其不反，以阙即位之礼。故姜氏自齐而还鲁，鲁人探情以责之，故复出奔。夫子以为姜氏罪不与弑，于庄公之义，当以母淫于齐而绝其齐亲，内全母子之道，故经不称姜氏。传曰'绝不为亲，礼也'，明绝之于齐也。文姜称夫人，明母义存也。哀姜外淫，故孙称姜氏，明义异也。"①

清人对杜预此说极为不满②，而陈立更是沿袭焦循的思路，认为征南是在粉饰司马昭弑君之恶："文姜与兄杀君，何止于责，即与齐绝，文姜遂无罪乎？……《释例》乃谓'弑公之谋，姜所不与'，又谓'夫子以为姜氏罪不与弑'。即以今律论，奸夫弑死本夫，奸妇虽不知情，尚应缳首。文姜果不知情乎？杜氏直是为司马昭、贾充宽解，若曰'高贵乡公之死，成济弑之耳'，而司马昭即以抚尸一哭，掩其弑君之罪矣。"③

但我们细读《释例》，认为杜预实是出于学理别立新说。首先，《春秋》经庄公元年首书："元年，春，王正月。"《左传》曰："不称即位，文姜出故也。"杜注："文姜与桓俱行，而桓为齐所杀，故不敢还。庄公父弑母出，故不忍行即位之礼。据文姜未还，故传称'文姜出'也。姜于是感公意而还。"④在杜预看来，既然此处《左传》明言因"文姜出"而"不称即位"，那下文"绝不为亲"就不可能指庄公绝文姜，所以《释例》提到"庄公感其不反，以阙即位之礼"。其次，即位时文姜尚在齐，而三月夫人又逊齐，故征南以为姜氏曾"感公意而还"。此事不见经传，在杜预的逻辑体系中，凡经传无书，则其事非《春秋》褒贬所在。既然此事《春秋》不贬，同样说明"绝不为亲"非指庄公绝文姜。其三，经文去"姜氏"而不是去"夫人"，"称夫人，明母义存也"，而"姜氏，齐姓"，去姜氏即绝齐。其四，庄公夫人哀姜与庄公弟庆父通奸，庄公薨后与庆父合谋，连弑太子子般与闵公。闵二年《春秋》经云："夫人姜氏孙于邾。"其事与文姜相类，但经文未去"姜氏"。杜预认为哀姜与文姜的差别在于，哀姜通奸的对象不是其血亲姜姓（即《释例》所谓"外淫"），所以无需去

---

① 【唐】孔颖达：《春秋左传正义》卷八，第137页。
② 【清】刘文淇：《春秋左氏传旧注疏证》，北京：科学出版社，1959年，第136页。
③ 【清】陈立：《公羊义疏》卷一七，艺文印书馆影印《皇清经解续编》本，1965年，第13633页。
④ 【唐】孔颖达：《春秋左传正义》卷八，第136—137页。

"姜氏"。这反过来证明,文姜去"姜氏"是指当与齐绝。

此外,《正义》还提到了《释例》未交代的另一个理由。庄公二十一年经云:"夫人姜氏薨。"杜注:"无传。薨寝祔姑,赴于诸侯,故具小君礼书之。"二十二经曰:"葬我小君文姜。"杜注:"无传。反哭成丧,故称小君。"①关于鲁夫人之葬礼及其书法,杜预在隐公三年做过详细的讨论。故二十一年《正义》以为:"经无所阙,礼具可知,杜为此注者,以先儒之说使庄公绝母子之亲,故于此明之,知母子不绝。下葬注亦然。"换言之,既然文姜丧礼完全按照夫人的规格进行,而经传又无讥文,这显然是庄公母子不绝的又一证据,所以以简约著称的杜注在此可不注之处亦不厌其烦,出此二注。

我们再来看一个例子。庄公十四年经载:"齐人、陈人、曹人伐宋。"《左传》云:"诸侯伐宋。"杜注:"经书人,传言诸侯者,总众国之辞。"此注盖针对《左传》先儒而发。据《正义》,旧注以为,《左传》既称"诸侯",那么经文中"齐人、陈人、曹人"实乃国君,称人乃《春秋》书法。而杜注则认为,《左传》所谓"诸侯"非指国君,而是总称诸国之辞。杜预的这一新见,很容易被认为是杜预的史学倾向使然。所幸《正义》保留了《释例》对此的解释:"传灭入例,'卫侯毁灭邢。同姓,故名'。又云'谷伯绥、邓侯吾离来朝。名,贱之也'。又云'不书蔡、许之君,乘楚车也,谓之失位'。此皆贬诸侯之例,例不称人也。诸侯在事,传有明文,而经称人者,凡十一条,丘明不示其义。而诸儒皆据案生意,原无所出。贬诸侯而去爵称人,是为君臣同文,非正等差之谓也。又澶渊大夫之会,传曰'不书其人',案经皆去名称人。至诸侯亲城缘陵,传亦曰'不书其人',而经总称诸侯,此大夫及诸侯经、传所以为别也。通校《春秋》,自宣公五年以下百数十年,诸侯之咎甚多,而皆无贬称人者,益明此盖当时告命记注之异,非仲尼所以为例故也。"②

首先,杜预提到了《左传》明文贬诸侯的三个例子,对此进行总结,指出《左传》并无贬诸侯称人之说。其次,《左传》称"诸侯",而经称"人",共十一条,《左传》都没有对此进行解释。其三,杜预认为,依据《春秋》笔法,凡称

---

① 【唐】孔颖达:《春秋左传正义》卷九,第161—162页。
② 【唐】孔颖达:《春秋左传正义》卷九,第155页。

人，不仅不是国君，且非卿。那么，贬国君称人，"是为君臣同文，非正等差之谓"，即不合礼法。其四，襄公三十年经书"晋人、齐人、宋人、卫人、郑人、曹人、莒人、邾人、滕子、薛人、杞人、小邾人会于澶渊"，《左传》曰："为宋灾故，诸侯之大夫会，以谋归宋财。冬十月，叔孙豹会晋赵武、齐公孙虿、宋向戌、卫北宫佗、郑罕虎及小邾之大夫会于澶渊。既而无归于宋，故不书其人。"又僖公十四年经书"诸侯城缘陵"，《左传》云："不书其人，有阙也。"① 根据这两处《左传》，杜预推导出，《春秋》贬国君与大夫书法不同，贬大夫称人，贬国君则只是不罗列诸国君，而总称诸侯而已。最后，杜预又补充说，据《左传》记载，"自宣公五年以下百数十年，诸侯之咎甚多，而皆无贬称人者"。

从这个例子可以清楚地看出，杜预的基本方法，就是对《左传》进行深度挖掘，细密解读。

四、杜预的原则与方法

以上通过典型案例的讨论，对杜注的特点作了初步展示。本节将进一步对杜预学术上的基本原则与方法做进一步的说明与总结。

（一）以《左传》为圣经

在杜预看来，《左传》是全能圣典，该有的信息全有，书与不书必有故。如僖公十五经"宋人伐曹"，《左传》云："讨旧怨也。"杜注："庄十四年，曹与诸侯伐宋。"② 按庄十四年与僖公十五年相去三十六年，为何杜预认定《左传》所谓"旧怨"指此年之事呢？这是因为，《左传》中僖公十五年前宋曹结怨之事，仅见此年。换言之，杜预并不以为《左传》是一般意义上的史书，会有缺漏。

庄公十八年《左传》曰："虢公、晋侯、郑伯使原庄公逆王后于陈，陈妫归于京师。"杜注："虢、晋朝王，郑伯又以齐执其卿，故求王为援，皆在周，倡义为王定昏，陈人敬从。得同姓宗国之礼，故传详其事。"按是年《左传》上文云"虢公、晋侯朝王"，这是杜注的坚实依据，但所谓"郑伯又以齐执其卿，

---

① 【唐】孔颖达：《春秋左传正义》卷四〇，第683页；卷一三，第224页。
② 【唐】孔颖达：《春秋左传正义》卷一四，第234页。

故求王为援"则完全是杜预的臆测,其依据仅仅是庄公十七年《左传》"齐人执郑詹,郑不朝也"的记载①。杜注之所以要做如此大胆的臆测,无非是为了解释郑伯何以此时在周。按照史学家的立场,既然文献阙如,郑伯何以在周应存而不论,根本没必要解释。杜预则不然,因为他深信《左传》为一切有价值的问题都提供了答案。(换言之,凡《左传》没有提供答案的,一定没有价值,无关褒贬。)同样值得注意的是,此事不见《春秋》经文,杜注谓"得同姓宗国之礼,故传详其事",正是为了解释何以经无其文,传载其事。也就是说,《左传》不会无缘无故记载某事,所记必有《春秋》大义。也就是说,杜预认为,不仅《春秋》经有其微言大义,《左传》亦是如此。

僖公六年经云:"公会齐侯、宋公、陈侯、卫侯、曹伯伐郑,围新城。"《左传》曰:"围新密,郑所以不时城也。"杜注:"实新密而经言新城者,郑以非时兴土功,齐桓声其罪以告诸侯。"②杜预认为,《左传》所谓"郑所以不时城也",是为了解释经文何以不称"新密"而称"新城"。另一方面,《左传》谓"围新密,郑所以不时城也",但"不时城"与"围新密"的因果关系,似尚缺少中间环节,故征南纯以逻辑补出此缺环:"齐桓声其罪以告诸侯。"

又隐公元年《左传》云:"有蜚,不为灾,亦不书。"杜注:"庄二十九年传例曰:'凡物,不为灾,不书。'又于此发之者,明传之所据,非唯史策,兼采简牍之记。"③杜预认为,既然庄公二十九年《左传》已经就此做出了总结说明,隐公元年"不为灾,亦不书"的记载一定别有用意。

《左传》之书某事必有用意,不书也同样如此。庄公八年经云:"师次于郎,以俟陈人、蔡人。"杜注:"无传。期共伐郕,陈蔡不至,故驻师于郎,以待之。"既无传,杜预何以知"期共伐郕,陈蔡不至"?奥秘在于《春秋》下文曰:"师及齐师围郕,郕降于齐师。"④虽然此事似与陈蔡无关,但在杜预看来,《左传》不该不解释鲁师何故次郎以俟陈蔡,答案应当就在《春秋》下文之

---

① 【唐】孔颖达:《春秋左传正义》卷九,第158—159页。
② 【唐】孔颖达:《春秋左传正义》卷一三,第214页。
③ 【唐】孔颖达:《春秋左传正义》卷二,第40页。
④ 【唐】孔颖达:《春秋左传正义》卷八,第143页。

中，《左传》不书，恰恰是因为《春秋》已经交代缘由了。

只有明白了杜预笃信《左传》，认为《左传》该有的信息全有，书与不书必有故，我们才能理解以下杜注。庄公二十三年《春秋》经书："萧叔朝公。"杜注："无传。……叔，名。"在没有特别依据的情况下，一般会认为萧叔之叔应当是排行，那么，杜预何以断言乃名呢？《正义》一语道破天机："郑仪父贵之，乃书字，此无所贵，知叔为名也。"①排行与字连称，故亦可视为字。如上所引，郑仪父书字，《左传》明言"贵之"，而此处无传，杜预即推出"无所贵"，则"叔"只能为名了。

又僖公八年经云："公会王人、齐侯、宋公、卫侯、许男、曹伯、陈世子款盟于洮。"杜注："王人与诸侯盟，不讥者，王室有难故。"《左传》："盟于洮，谋王室也。"②杜注显然源自《左传》，值得注意的是，杜预并不认为《左传》只是事实陈述，而是蕴含《春秋》大义，所谓"谋王室也"是为了解释《春秋》经文何以"不讥"王人与诸侯同盟。

又庄公二十二年《左传》："（陈敬仲）饮桓公酒，乐。"杜注："齐桓贤之，故就其家会。据主人之辞，故言饮桓公酒。"此说全出推测，并无史料依据。《正义》解释道："春秋之世，设享礼以召君者，皆大臣擅宠，如卫公叔文子、宋桓魋之徒始为之耳，为之非礼法也。敬仲，羁旅之臣，且知礼者也，必不召公临己，知是桓公贤之，自就其家会也。据敬仲为主人辞，故言饮公酒耳。"③杨伯峻补充说："《礼记·郊特牲》云：'大夫而飨君，非礼也。'杜预据此，以为陈完乃知礼之人，不致作非礼之事，因谓此乃桓公就陈完家饮酒。"④对于杜预此说，刘文淇驳斥如下："臣原不当召君。然春秋时不能如礼，《晏子·杂篇》亦有饮桓公酒事。公叔文子与晏子皆非擅宠之臣，何知桓公自就敬仲乎？"⑤此处杜注可信与否，姑置不论，但可以清楚地看出清代学者并没弄懂杜预的逻辑——在征南看来，春秋时固多不能如礼，然《左传》非实录，乃圣经，若不如

---

① 【唐】孔颖达：《春秋左传正义》卷一〇，第171页。
② 【唐】孔颖达：《春秋左传正义》卷一三，第216页。
③ 【唐】孔颖达：《春秋左传正义》卷九，第163页。
④ 杨伯峻：《春秋左传注（修订本）》，北京：中华书局，1990年，第221页。
⑤ 【清】刘文淇：《春秋左传旧注疏证》，第185页。

礼,必有讥文。而《左传》上文云:"齐侯使敬仲为卿。辞曰:'羁旅之臣幸若获宥,及于宽政,赦其不闲于教训,而免于罪戾,弛于负担,君之惠也。所获多矣,敢辱高位以速官谤?请以死告。《诗》曰:翘翘车乘,招我以弓,岂不欲往?畏我友朋。'"不仅无讥,且为褒文,则此处断非失礼可知。

同年《左传》述陈敬仲饮桓公事毕,接云:

> 初,懿氏卜妻敬仲。其妻占之,曰:"吉。是谓'凤皇于飞,和鸣锵锵。有妫之后,将育于姜。五世其昌,并于正卿。八世之后,莫之与京'。"
>
> 陈厉公,蔡出也,故蔡人杀五父而立之。生敬仲。其少也。周史有以《周易》见陈侯者,陈侯使筮之,遇《观》之《否》,曰:"是谓'观国之光,利用宾于王。'此其代陈有国乎?不在此,其在异国;非此其身,在其子孙。光,远而自他有耀者也。坤,土也;巽,风也;乾,天也;风为天;于土上,山也。有山之材,而照之以天光,于是乎居土上,故曰'观国之光,利用宾于王'。庭实旅百,奉之以玉帛,天地之美具焉,故曰'利用宾于王'。犹有观焉,故曰其在后乎!风行而着于土,故曰其在异国乎!若在异国,必姜姓也。姜,大岳之后也。山岳则配天。物莫能两大。陈衰,此其昌乎!"
>
> 及陈之初亡也,陈桓子始大于齐;其后亡也,成子得政。

杜注:"陈完有礼于齐,子孙世不忘德,德协于卜,故传备言其终始。卜筮者,圣人所以定犹豫,决疑似,因生义教者也。"①

此处杜预是要解释,何以《左传》花费如许笔墨大书特书关于陈敬仲之卜筮。但杜注在表面上有一个破绽,陈成子弑简公,专齐政,《论语》曰:"孔子沐浴而朝,告于哀公,曰:'陈恒弑其君,请讨之。'"②按照杜预的理解,《春秋》乃孔子手定,左丘明乃孔子门徒,《左传》一秉孔子义旨,绝无违失

---

① 【唐】孔颖达:《春秋左传正义》卷九,第163—165页。
② 【南朝梁】皇侃撰,高尚榘校点:《论语义疏》卷七,北京:中华书局,2013年,第371—372页。

（关于杜预对《春秋》及《左传》成书及旨趣之看法，详参下文），那《左传》怎么可能会歌颂弑君之陈氏"世不忘德，德协于卜"呢？笔者猜测，杜预大概会认为，《左传》既褒敬仲于上，又引卜筮详论敬仲后世当昌大于齐，则非贬责可知。陈氏代齐，根本原因是陈完及其子孙累世修德所致，这是《左传》的用意所在。至于陈成子以弑君的方式代齐，另当别论。

正是因为杜预视《左传》为圣经，他对《左传》的解读字斟句酌，细密无比，注重于推敲微言大义。僖公十九年《左传》："宋公使邾文公用鄫子于次睢之社，欲以属东夷。"杜注："睢水受汴，东经陈留、梁、谯、沛、彭城县入泗。此水次有妖神，东夷皆社祀之，盖杀人而用祭。"杜预以为东夷社祀即杀人为祭，刘炫提出异议："案昭十年，季平子伐莒，'献俘，始用人于亳社'。彼亳社旧不用人，杜何以知此社杀人而用祭乎？"《正义》如此解释："今知不然者，彼传云'始用人于亳社'，故知旧来不用。此云'使邾文公用鄫子于次睢之社'，既不言始，明知旧俗用之。"① 也就是说，在杜预看来，即便一字之差，《左传》亦有深意。

杜预对《左传》的解读，在方法上，非常接近《公羊》《谷梁》二传对《春秋》经的解读。成公八年《春秋》："宋公使华元来聘。夏，宋公使公孙寿来纳币。"杜注："昏聘不使卿，今华元将命，故特书之。"《左传》："宋华元来聘，聘共姬也。"杜注："聘不应使卿，故传发其事而已。"《左传》又云："宋公使公孙寿来纳币，礼也。"杜注："纳币应使卿。"②

这几处杜注该如何理解呢？经注之疏引《释例》曰："诸侯昏礼亡，以士昏礼准之，不得唯止于纳币、逆女。纳币、逆女二事，皆必使卿行，卿行则书之；他礼非卿，则不书也。宋公使华元来聘，聘不应使卿，故传但言聘共姬也。使公孙寿来纳币，纳币应使卿，故传明言得礼也。鲁君之昏，唯存纳币、逆女，此其义也。"首先，杜预指出，士昏有六礼，纳币、逆女仅其二。诸侯昏礼，典籍不存，但揆之士昏礼，"不得唯止于纳币、逆女"。那么，为何鲁君之昏，《春秋》经文仅见纳币、逆女，不书其余四礼呢？《春秋》笔法，非卿不书，所以杜

---

① 【唐】孔颖达：《春秋左传正义》卷一四，第239页。
② 【唐】孔颖达：《春秋左传正义》卷二六，第444、446页。

预在没有史料依据的情况下，仅凭《春秋》笔法推导出"纳币、逆女二事，皆必使卿行，卿行则书之；他礼非卿，则不书也"这一礼制。其次，华元来聘，见于《春秋》，杜预以为这是卿聘的特例，而特例的存在并非对常例的否定，恰恰相反，是对常例的证明。其依据就在于《左传》。杜预以为，公孙寿纳币，《左传》明言"得礼"，华元来聘，则仅云"聘共姬"，不曰"得礼"，两相比较，可以推导出华元来聘非常礼。

又桓公五年《春秋》经："（夏）天王使仍叔之子来聘。……秋，蔡人、卫人、陈人从王伐郑。大雩。"《左传》："秋，王以诸侯伐郑，郑伯御之。……仍叔之子，弱也。"杜注："仍叔之子来聘，童子将命，无速反之心，久留在鲁，故经书夏聘，传释之于末秋。"杜预此处，是要说明什么问题？所谓"童子将命，无速反之心，久留在鲁"，又从何而来呢？《正义》释之曰："经在伐郑之上，传在伐郑之下，明其必有深意。故注者原之，以为'童子将命，无速反之心，久留在鲁，故经书夏聘，传释之于末秋'，讥其夏至秋末反也。"① 一言以蔽之，杜预以为，《左传》系"仍叔之子弱也"于秋，有其微言大义。

是年《左传》"弱也"下又云："秋，大雩。书，不时也。"杜注："十二公传唯此年及襄二十六年有两秋，此发雩祭之例，欲显天时以相事，故重言秋，异于凡事。"②《左传》一年内两见"秋"，杜预以为，亦有深意。

清楚了杜预对《左传》的尊崇，本文第一节所引桓公五年杜注"郑志在苟免，王讨之非"的奥秘，就可以大白于天下了。因为《左传》详录郑伯"苟自救也"之辞，续云劳王问左右，字里行间，看不出有贬责郑伯之意。杜预只能推导出，《左传》认同郑伯的行为。郑伯既是，王焉能不非？

（二）经传内证

正是因为完全以《左传》为指归，杜注最大的特点之一就是严格依赖《左传》及《春秋》经文之内证，而其对内证的无限制使用，正表明他对圣经的独特认识。僖公十五年，秦晋交兵，晋侯被俘，《左传》云："穆姬闻晋侯将至，以

---

① 【唐】孔颖达：《春秋左传正义》卷六，第105—107页。
② 【唐】孔颖达：《春秋左传正义》卷六，第107页。

大子罃、弘与女简、璧登台而履薪焉。使以免服衰绖逆（引者按：逆秦穆公），且告曰：'上天降灾，使我两君匪以玉帛相见，而以兴戎。若晋君朝以入，则婢子夕以死；夕以入，则朝以死。唯君裁之！'"① 此处所谓"履薪"，按照通常的理解，应当是积薪"示欲自焚"②。而杜注曰："古之宫闭者，皆居之台，以抗绝之。穆姬欲自罪，故登台而荐之以薪，左右上下者，皆履柴乃得通。"在杜预看来，登台履薪是囚禁的一种特殊方式，穆姬自我囚禁与扬言自杀，同为迫胁穆公的方式，但两者不可混为一谈。杜预的这一怪异理解，其来源是哀公八年《左传》"邾子又无道，吴子使大宰子余讨之，囚诸楼台，栫之以棘"的记载③。征南以为，既然《左传》他处明言"囚诸楼台，栫之以棘"，穆姬"登台而履薪"就必须照此理解。

又庄公二十三年经云："公如齐观社。"杜注："齐因祭社搜军实，故公往观之。"④ 所谓"因祭社搜军实"，出自襄公二十四年《左传》："楚子使薳启强如齐聘，且请期。齐社，搜军实，使客观之。"⑤ 同样是观齐社，襄公二十四年《左传》云"搜军实"，则庄公二十三年虽无文，亦必不异。

又僖公十九经云："夏六月，宋公、曹人、邾人盟于曹南。"杜注："无传，曹虽与盟而犹不服，不肯致饩，无地主之礼，故不以国地而曰曹南。所以及秋而见围。"是年经又曰："秋，宋人围曹。"《左传》："宋人围曹，讨不服也。"杜注："曹南盟不修地主之礼故。"按《左传》唯云"不服"，杜注"不肯致饩，无地主之礼"从何而来？且看《正义》：

> 哀十二年传曰："诸侯之会，侯伯致礼，地主归饩。"桓十四年"公会郑伯于曹"，传曰："曹人致饩，礼也。"《春秋》诸会于国都者，即以国都名为会地，地主不序于列。此会地于曹南，则在曹之都也。在曹之都而曹人在列，是曹虽与盟而心犹不服。秋，宋人围曹，传曰："讨不服

---

① 【唐】孔颖达：《春秋左传正义》卷一四，第231页。
② 【清】刘文淇：《春秋左氏传旧注疏证》，第320页；杨伯峻《春秋左传注》，第358页。
③ 【唐】孔颖达：《春秋左传正义》卷五八，第1013页。
④ 【唐】孔颖达：《春秋左传正义》卷一〇，第171页。
⑤ 【唐】孔颖达：《春秋左传正义》卷三五，第610页。

也。"以不服而被围,知此地以曹南,即是不服之状,明是不肯致饩,无地主之礼。以此故不以国地,而曰曹南,所以及秋而见围。以秋见围,知此时不服。故注言之①。

《左传》未明言"不服"之状,这意味着他处必已有所交代。而《春秋》盟会于国都,地主虽与会而例不书,经文列"曹人",且不云"曹"而曰"曹南",应当是特笔表明不服之状与此盟有关。而哀公十二年《左传》提到"诸侯之会","地主归饩"②,又桓公十四年经书"公会郑伯于曹",《左传》曰:"曹人致饩,礼也。"③《左传》所见盟会地主之礼,唯此而已。曹南之盟无传,那就应当依据哀公十二年及桓公十四年《左传》,释为"不肯致饩,无地主之礼"。这就是杜预的逻辑。

综上所述,杜预将《左传》奉为圣经,对《春秋》的解释,完全信从《左传》,首先是字斟句酌,竭尽全力推敲微言大义。其次,在经文无传或《左传》不够明晰时,则无限制地寻求经传内证。但即便如此苦心孤诣,仍有大量的《春秋》经文既无《左传》可供发掘大义,在极度宽泛的意义上也找不到内证,也有不少地方经传有差异。这时,杜预大体有五种应对策略。

(三)从赴说

其一,用"从赴"解释。如僖公十九年《春秋》:"秋,宋人围曹。卫人伐邢。"《左传》:"秋,卫人伐邢,以报菟圃之役。……宋人围曹,讨不服也。"经文两事之时序恰与传文相反,且《左传》并未交代差异之缘由,杜注遂曰:"伐邢在围曹前,经书在后,从赴。"④所谓"从赴",即当事国告辞之先后。杜注运用从赴说极其频繁,这往往被认为是其史学倾向的标志性表现⑤,但我们不应忘记,从赴说的前提,是杜预在绞尽脑汁仍无法从《春秋》经传中寻得

---

① 【唐】孔颖达:《春秋左传正义》卷五九,第1026页。
② 【汉】司马迁:《史记》卷一四《十二诸侯年表》,北京:中华书局,1959年,第570页;卷三八《宋微子世家》,第1624页。
③ 【唐】孔颖达:《春秋左传正义》卷七,第125—126页。
④ 【唐】孔颖达:《春秋左传正义》卷一四,第239—240页。
⑤ 赵伯雄:《春秋学史》,济南:山东教育出版社,2014年,第283—284页。

微言大义后不得已的选择。更何况，杜预提出从赴说并非基于史学立场，其依据仍然来源于他所尊奉的《左传》本身。

按隐公十一年《左传》："凡诸侯有命，告则书，不然则否。师出臧否，亦如之。虽及灭国，灭不告败，胜不告克，不书于策。"①僖公二十四年《左传》："秦伯纳之（引者按：重耳）。不书，不告入也。……使杀怀公于高梁。不书，亦不告也。"②文公十四年《左传》："春，顷王崩。周公阅与王孙苏争政，故不赴。凡崩、薨，不赴，则不书。祸、福，不告，亦不书。惩不敬也。"这几处传文明确告诉杜预，《春秋》经书与不书，与赴告与否有关。又僖公二十三年传："杞成公卒。……不书名，未同盟也。凡诸侯同盟，死则赴以名，礼也。赴以名，则亦书之，（杜注：谓未同盟。）不然则否，（杜注：谓同盟而不以名告。）辟不敏也。"③据此传，即便诸侯赴告不合礼制，亦承告而书，不加改正。再如襄公七年经书："十有二月，公会晋侯、宋公、陈侯、卫侯、曹伯、莒子、邾子于鄬。郑伯髡顽如会，未见诸侯。丙戌，卒于鄵。"《左传》云："子驷使贼夜弑僖公，而以疟疾赴于诸侯。"④这是又一个经文承告而书的例子。

《春秋》与《左传》纪事时间上存在差异，《左传》以从赴作解者尤多。襄公二十八年经："十有二月甲寅，天王崩。"传："（十一月）癸巳，天王崩。未来赴，亦未书，礼也。……（十二月）王人来告丧，问崩日，以甲寅对，故书之，以征过也。"⑤按照《左传》的见解，十二月甲寅是王人来告丧所称天王崩日，而《春秋》将错就错，从赴而书，亦有其微言大义，即"征过"也。隐公三年经："三月，庚戌，天王崩。"传云："壬戌，平王崩。赴以庚戌，故书之。"按庚戌在壬戌前二旬，杜注曰："实以壬戌崩，欲诸侯之速至，故远日以赴。《春秋》不书实崩日而书远日者，即传其伪以惩臣子之过也。"⑥此处杜预之从赴说，显然与史学家仅记载事实、不加褒贬的中立立场迥异。

---

① 【唐】孔颖达：《春秋左传正义》卷四，第82页。
② 【唐】孔颖达：《春秋左传正义》卷一五，第253页。
③ 【唐】孔颖达：《春秋左传正义》卷一五，第250页。
④ 【唐】孔颖达：《春秋左传正义》卷三十，第4206、4208页。
⑤ 【唐】孔颖达：《春秋左传正义》卷三八，第650、656—657页。
⑥ 【唐】孔颖达：《春秋左传正义》卷三，第49—50页。

僖公十九年经云"宋人执滕子婴齐",杜注:"称人以执,宋以罪及民告。例在成十五年。"经又曰:"邾人执鄫子,用之。"杜注:"称人以执,宋以罪及民告也。"① 值得注意的是,这两处杜预以从赴作解,恰恰是出于维护《春秋》大义的缘故。《左传》成公十五年曰:"凡君不道于其民,诸侯讨而执之,则曰'某人执某侯',不然则否。"② 据此,则滕子、鄫子均应为无道之君。但蹊跷的是,恰恰相反,《左传》对此二君被执做了明确的批判:

> 夏,宋公使邾文公用鄫子于次睢之社,欲以属东夷。司马子鱼曰:"古者六畜不相为用,小事不用大牲,而况敢用人乎?祭祀以为人也。民,神之主也。用人,其谁飨之?齐桓公存三亡国以属诸侯,义士犹曰薄德,今一会而虐二国之君,(杜注:宋公三月以会召诸侯,执滕子;六月而会盟,其月二十二日执鄫子,故云一会而虐二国之君。)又用诸淫昏之鬼,将以求霸,不亦难乎?得死为幸。"③

正是为了调和此年《左传》与成公十五年传,杜预提出了从赴说,强调"称人以执,宋以罪及民告",即宋襄公故意诬蔑滕邾二君。那么,如果这是不实之词,为何《春秋》不加订正呢?《正义》引《释例》曰:"凡诸侯无加民之恶,而称人以执,皆时之赴告,欲重其罪,以加民为辞,国史承之,书之于策,而简牍之记具存,夫子因示虚实。故传随而着其本状,以明得失也。滕子、鄫子皆称人见执,宋欲重二国之罪,故以不道赴,或名或不名,从所告之文也。传具载子鱼之辞,以虐二国之君见义,明非罪也。"④ 也就是说,《春秋》承告而书,恰恰是为了示人以伪,揭发宋襄公之可耻。

征南迷信《左传》,其从赴说的运用甚至到了"不可理喻"的地步。僖公九年经:"九月戊辰,诸侯盟于葵丘。甲子,晋侯佹诸卒。"⑤ 甲子在戊辰前四

---

① 【唐】孔颖达:《春秋左传正义》卷一四,第238页。
② 【唐】孔颖达:《春秋左传正义》卷二七,第466页。
③ 【唐】孔颖达:《春秋左传正义》卷一四,第239页。
④ 【唐】孔颖达:《春秋左传正义》卷一四,第240页。
⑤ 【唐】孔颖达:《春秋左传正义》卷一三,第217—218页。

日,《公羊》所传《春秋》经则作"甲戌",历代经学家均以为《左传》所传《春秋》"甲子"乃"甲戌"之讹①。但即便这样一处无关大义的文字问题,杜预亦绝不承认《公羊》胜过《左传》,注曰:"甲子,九月十一日。戊辰,十五日也。书在盟后,从赴。"

此处杜注颇难索解。首先要说明的是,杜预所谓从赴,是指鲁史记载遵从告辞中所述时日,而非赴告抵达鲁国的日子。上引襄公二十八年、隐公三年二例可以清楚地表明这一点。但有学者以为,所谓从赴是指赴告抵达鲁国的日子,从赴所记之时日必在实际发生时日之后②。故此需再加辨析。

按昭公八年经:"夏,四月,辛丑,陈侯溺卒。"传:"夏,四月,辛亥,哀公缢。"杜注:"经书辛丑,从赴。"《正义》曰:"《长历》四月戊戌朔,四日辛丑,十四日辛亥。"③辛丑在辛亥之前,所谓"从赴"不可能指赴告抵达鲁国的日子。桓公五年经:"正月甲戌、己丑,陈侯鲍卒。"传:"再赴也。……公疾病而乱作,国人分散,故再赴。"杜注:"甲戌,前年十二月二十一日;己丑,此年正月六日。陈乱,故再赴。赴虽日异,而皆以正月起文,故但书正月。"④所谓"以正月起文",明白无误指告辞。

又僖公八年经:"冬,十有二月丁未,天王崩。"七年传:"(冬)闰月,惠王崩。襄王恶大叔带之难,惧不立,不发丧而告难于齐。"八年传:"八年春,盟于洮,谋王室也。郑伯乞盟,请服也。襄王定位而后发丧。……冬,王人来告丧,难故也,是以缓。"⑤此处传云八年冬,王人至鲁告丧,而经书"十有二月丁未"。这类例子不少,从而误导学者以为从赴指告使抵鲁时日。然杜注云:"实以前年闰月崩,以今年十二月丁未告。"十二月丁未是告辞,只不过王人抵鲁亦在此月而已。而杜预这样的理解,应当是《左传》本意。僖公

---

① 参【宋】张洽:《春秋集注》卷四,吉林出版集团影印《四库全书荟要》本,2005年,第53页;
【清】徐廷垣:《春秋管窥》卷五,沈阳出版社影印《四库全书珍本初集》本,1998年,第13083页;
【清】赵坦:《春秋异文笺》,复兴书局影印《皇清经解》本,1972年,第14279页。
② 郜积意:《两汉经学的历数背景》,北京:北京大学出版社,2013年,第218—225页。
③【唐】孔颖达:《春秋左传正义》卷四四,第767、769页。
④【唐】孔颖达:《春秋左传正义》卷六,第104—105页。
⑤【唐】孔颖达:《春秋左传正义》卷一三,第216—217页。

十七年经："十有二月乙亥，齐侯小白卒。"《左传》："冬十月乙亥，齐桓公卒。……十二月乙亥，赴。辛巳夜，殡。"①据传，十二月乙亥是赴使启程之日，而经书为卒日，由此推知，赴辞即以是日为卒日。礼，君死即应赴告同盟。拖延二月之久，非礼也。故齐矫辞以赴。此说可得一旁证。按《礼记·丧大记》，诸侯五日而殡②。辛巳在乙亥后第六日，可知齐本国亦以十二月乙亥伪托桓公卒日，据此安排葬礼。

既然从赴指遵从告辞，而与来使抵达时间无关，那从赴说又怎能解释九月甲子书于戊辰之后呢？《正义》曰："春秋之世，史失其守，赴告之文，多违礼制。计诸侯之薨，当具以薨之月日告于邻国。隐三年传曰：'壬戌，平王崩。赴以庚戌，故书之。'是赴者妄称日也。襄二十八年传曰：'王人来告丧，问崩日，以甲寅告，故书之。'是元赴不以日，被问乃称日也。文公十四年传曰：'七月乙卯夜，齐商人弑舍。齐人定懿公，使来告难，故书以九月。'是赴者不言死月，鲁史不复审问，即书以来告之月也。（鹄按：疑非杜意，杜盖谓齐即以九月告也。）此甲子晋侯卒，盖赴以日而不以月，鲁史不复审问，书其来告之日，唯称甲子而已。不知甲子是何月之日，故在戊辰后也。若赴以九月告鲁，鲁史当推其日之先后，不得甲子在戊辰后也。明告不以月，故书其日耳。"这一解释极其迂曲，是否符合杜预本意，不得而知。但从这可以清楚地看出，此处以从赴作解甚是勉强，难以服人。即便如此，杜预仍坚持从赴说，拒不接受《公羊》之"甲戌"，与史家立场毫无关系，而恰恰是不折不扣的经学家之家法。

（四）阙文说

其二，从赴之外，杜注亦常见以阙文为说。比如，据《春秋》经之体例，春夏秋冬四时中某一时若无事可记，则空书首月，如"春，王正月""夏，四月"等。而桓公四年经不见秋冬纪事，亦无"秋，七月""冬，十月"。《左传》云："秋，秦师侵芮，败焉，小之也。冬，王师、秦师围魏，执芮伯以归。"杜

---

① 【唐】孔颖达：《春秋左传正义》卷一四，第237—238页。
② 【唐】孔颖达：《礼记正义》卷五三，北京：北京大学出版社南宋越刊八行本，2014年，第1206页。

注：" 今不书秋、冬首月，史阙文。"① 阙文说的前提，是《左传》无说。

又桓公六年《左传》："北戎伐齐，齐侯使乞师于郑，郑大子忽帅师救齐。六月，大败戎师，获其二帅大良、少良，甲首三百，以献于齐。于是诸侯之大夫戍齐，齐人馈之饩，使鲁为其班，后郑。"此事不见经文，杜注："鲁亲班齐馈，则亦使大夫戍齐矣。经不书，盖史阙文。"值得注意的是，《左传》有传无经的例子很多，为何此处杜预认定"史阙文"呢？《正义》引刘炫云："襄五年戍陈书经，此戍齐亦宜书，今不书经，疑史阙文。以史策本阙，仲尼不得书之。"② 按襄公五年经书"戍陈"，又十年经书"戍郑虎牢"，杜预恐怕正是援此二例，认为桓公六年戍齐本当见经。经不书，传又无说，从赴显然不适用，那就只能以阙文作解了。阙文的提出，从根本上说，亦非基于史家立场，恰恰相反，是为了维护《春秋》笔法。下面再举数例加以证明。

庄公二十二年经书"夏五月"，无传，《正义》引《释例》曰："年之四时，虽或无事，必空书首月，以纪时变，以明历数。庄公独称'夏五月'，及经四时有不具者，丘明无文，皆阙缪也。"③ 明确交代了杜预阙文说的前提所在。

又成公十四年经书："秋，叔孙侨如如齐逆女。"杜注："成公逆夫人，最为得礼，而经无纳币者，文阙绝也。"上文已提及，昏礼六环节中，见《春秋》者唯纳币、逆女。杜预为何认为，此处经不见纳币乃阙文呢？《正义》引《释例》曰："成公逆女及夫人至，最为得礼，故详其文。丘明谓之'微而显'、'婉而成章'也。"按是年九月经书："侨如以夫人妇姜氏至自齐。"传："秋，宣伯如齐逆女。称族，尊君命也。……九月，侨如以夫人妇姜氏至自齐。舍族，尊夫人也。故君子曰：'《春秋》之称，微而显，志而晦，婉而成章，尽而不污，惩恶而劝善，非圣人，谁能修之？'"正是因为《左传》对此事详加探讨，称颂有加，所以杜预推知，此乃得礼之典型。《正义》又引《释例》云："成公娶夫人而不纳币，此经文阙也。贵聘而贱逆，失礼之微者，传犹详之，言

---

① 【唐】孔颖达：《春秋左传正义》卷六，第 104—105 页。
② 【唐】孔颖达：《春秋左传正义》卷六，第 112 页。
③ 【唐】孔颖达：《春秋左传正义》卷九，第 162 页。

其不终；若实不纳币，非所略也。"① 所谓"贵聘而贱逆"，出自文公四年《左传》："逆妇姜于齐，卿不行，非礼也。君子是以知出姜之不允于鲁也，曰：'贵聘而贱逆之，君而卑之，立而废之，弃信而坏其主，在国必乱，在家必亡。不允宜哉！'"② 正是比较两处传文，征南推得，成公不书纳币乃阙文。

杜预在《释例·终篇》中对"阙文"的使用作了如下说明："今《左氏》有无传之经，亦有无经之传。无经之传，或可广文。无传之经，则不知其事。又有事由于鲁，鲁君亲之而复不书者，先儒或强为之说，或没而不说，疑在阙文，诚难以意理推之。"③ 所谓"事由于鲁，鲁君亲之"而经不书者，笔者读书不细，尚未在《左传》中找到对应的例子。但杜预之所以认为经所当书，疑在阙文，其理据亦然是《左传》本身。按庄公二十三年传曰"君举必书"，又隐公元年传云："夏四月，费伯帅师城郎。不书，非公命也。……冬十月庚申，改葬惠公。公弗临，故不书。……卫侯来会葬，不见公，亦不书。郑共叔之乱，公孙滑出奔卫。卫人为之伐郑，取廪延。郑人以王师、虢师伐卫南鄙。请师于邾，邾子使私于公子豫。豫请往，公弗许，遂行，及邾人、郑人盟于翼。不书，非公命也。新作南门，不书，亦非公命也。"④ 正是根据《左传》的这几处记载，杜预以为，凡"事由于鲁，鲁君亲之"，而不见经，就只能用阙文来解释。总而言之，阙文说的提出，并非杜预将《春秋》与《左传》视同一般意义上的史籍，恰恰相反，是他将两书尊奉为圣典的结果。

需要注意的是，上引桓公四年及六年两例，杜注云"史阙文"，即《春秋》所本之史籍有阙文，但有时杜注径云"经阙"。那么，"经阙"的含义到底是什么？杜注"史阙"与"经阙"的使用，是否有明确的区分呢？

首先，杜预所谓"经阙"，有时的确是指经文本有的内容，在流传过程中阙失。如成公三年经云："晋郤克、卫孙良夫伐廧咎如。"传："晋郤克、卫孙良夫伐廧咎如，讨赤狄之余焉。廧咎如溃，上失民也。"杜注："此传释经之文。

---

① 【唐】孔颖达：《春秋左传正义》卷二七，第464—465页。
② 【唐】孔颖达：《春秋左传正义》卷一八，第306页。
③ 【唐】孔颖达：《春秋左传正义》卷一，第16页。
④ 【唐】孔颖达：《春秋左传正义》卷一〇，第171页；卷二，第35、40页。

而经无'廧咎如溃',盖经阙此四字。"《正义》曰:"传言'上失民也',释经'溃'文。若经无'溃'文,则传无所解,故疑经阙此四字。《释例》曰:传文'廧咎如溃,上失民也',今经但言"伐廧咎如",无"廧咎如溃"之文。若经本无此文,则丘明为横益经文,而加失民之传也。'是言知经阙之意也。"① 按《左传》常见体例,先引经文,后加训释。如隐公元年经云:"冬十有二月,祭伯来。"传曰:"十二月,祭伯来,非王命也。"② 杜预以为,此处"廧咎如溃,上失民也"也是类似的句式,"上失民也"这句话,是专门用于解释《春秋》经文书"溃"之笔法。但经文事实上并无"廧咎如溃",杜预只能解释为在流传过程中阙失所致。

又庄公二十九年经云"新延厩",传曰:"新作延厩,书,不时也。"杜注:"经无'作'字,盖阙。"《正义》曰:"传言'新作延厩',而经无'作'字。僖公二十年'新作南门',定二年'新作雉门及两观',皆言'新作',而此独无'作',是作传之后转写阙文也。《释例》曰:"言'新',意所起,言'作',以兴事,通谓兴起功役之事也。总而言之,不复分别因旧而与造新也。经书'延厩',称'新'而不言'作'。传言'新作延厩,书,不时也',此称经文,而以'不时'为讥,义不在作也。然寻传足以知经阙'作'字也。"③ 杜预判定经文本有"作"字,后世转写阙失的理据,与上例略同。

而杜注所谓"史阙文",有时也可以大致推定杜预之所以排除经文本有、后世流传致阙这一可能的缘故。僖公二十八年经云:"(冬)壬申,公朝于王所。"杜注:"壬申,十月十日,有日而无月,史阙文。"杜预为何认定旧史已阙,而非流传致然呢?这是因为,《左传》亦曰:"(冬)壬申,公朝于王所。"④ 如果后世流传中阙失,不大可能经文与传文同时阙"十月"二字。

再如宣公元年经云:"(公子)遂以夫人妇姜至自齐。"杜注:"不书氏,史阙文。"这也是因为《左传》同样仅书"夫人妇姜"。《正义》曰:"夫人以

---

① 【唐】孔颖达:《春秋左传正义》卷二六,第436—437页。
② 【唐】孔颖达:《春秋左传正义》卷二,第33、40页。
③ 【唐】孔颖达:《春秋左传正义》卷一〇,第178页。
④ 【唐】孔颖达:《春秋左传正义》卷一六,第269、277页。

姜为姓，举姓而称姜氏。去氏称姜，则不成文义。知不称氏者，史阙文也。传言'新作延厩'而经无'作'字，是作传之时，经犹未阙，于后经始阙耳。此文传亦无'氏'，知是本史先阙，故云'史阙文'而不云'经阙文'也。史文既阙，仲尼不正之者，以无所褒贬，故因其详略也。"①

不过，多数杜注所谓"史阙文"，似乎也都可用后世阙失来解释。上文提到桓公四年经无"秋七月""冬十月"，这也完全可以解释成经文本有，只是在流传过程中丢失。再如昭公十年经云："十有二月甲子，宋公成卒。"杜注："无冬，史阙文。"昭公三十一年经曰："冬，黑肱以滥来奔。"杜注："黑肱，邾大夫。……不书邾，史阙文。"② 这些地方，为何杜预认定旧史已阙，笔者还找不到答案。

而且，杜注所谓"经阙"，有时也指旧史已阙，而非经文本有，流传致误。桓公十一年经："齐人、卫人、郑人盟于恶曹。"传："齐、卫、郑、宋盟于恶曹。"杜注："宋不书，经阙。"《正义》曰："传之上下，例不虚举经文，举此盟者，为经阙宋故也。"③ 所谓"例不虚举经文"，是指《左传》对《春秋》经文之记载，若无训释，不会出传④。换言之，如果经文本有"宋"，那么《左传》此条就毫无意义。但《左传》是圣经，既然此条与经文相比，仅多一"宋"，那就可以证明，经文本无"宋"，传文正是为了补充说明，此盟与国，别有宋在。此处之"经阙"，只能理解为旧史已阙。

又昭公八年经云："秋，搜于红。"传："秋，大搜于红，自根牟至于商、卫，革车千乘。"杜注曰："革车千乘，不言大者，经文阙也。"《正义》云：

---

① 【唐】孔颖达：《春秋左传正义》卷二一，第360页。这里还牵涉到一个问题：既然单称"姜"不成文义，为何孔子修《春秋》时不加更正？《正义》所述，确系杜预本意。按桓公十二年经："冬，十有一月，……丙戌，公会郑伯，盟于武父。丙戌，卫侯晋卒。"杜注："重书丙戌，非义例，因史成文也。"（【唐】孔颖达：《春秋左传正义》卷七，第123页）即此意也。

② 【唐】孔颖达：《春秋左传正义》卷四五，第781页；卷五三，第929页。

③ 【唐】孔颖达：《春秋左传正义》卷七，第121—122页。

④ 如文公元年经书："夏四月丁巳，葬我君僖公。"《左传》云："夏四月丁巳，葬僖公。"杜注："传皆不虚载经文，而此经独见，知僖公末年传宜在此下。"按僖公三十三年《左传》曰："葬僖公，缓。作主，非礼也。凡君薨，卒哭而祔，祔而作主，特祀于主，烝、尝、禘于庙。"杜注："文公元年经书四月葬僖公，僖公实以今年十一月薨，并闰七月乃葬，故经云'缓'。自此以下，遂因说做主祭祀之事，文相次也，皆当次在经'葬僖公'下。今在此，简编倒错。"

"传称'革车千乘',是大蒐也。十二年'大蒐于比蒲',三十二年'大蒐于昌间',定十三年、十四年'大蒐于比蒲',皆云'大蒐'。此不云'大',知经阙文也。"《释例》云:"红之蒐,传言'革车千乘',所以示大蒐也。而经不书'大',诸事同而文异,传不曲言经义者,直是时史之阙略,仲尼略而从之。"①此处"经文阙"也指旧史阙略。

另一方面,也有经传俱阙,而杜注仅谓"阙文"而不称"史"者。僖公元年经:"夫人氏之丧至自齐。"传同。杜注曰:"不称姜,阙文。"②此例与上引宣公元年经传称"夫人妇姜"而无"氏"绝类,杜预应当是认为旧史已阙,但杜注却省略了"史"字。

总而言之,对于认定阙文的大多数例子,似乎杜预并没有能够确定阙文产生的缘由。可能正是因此,杜注并没有严格界定用语,导致了游移与模糊。③

最后要说明的是,杜预认为,《左传》也有阙文。宣公七年传:"赤狄侵晋,取向阴之禾。"杜注:"此无秋字,盖阙文。"④这是征南根据《左传》体例判定阙文。又成公二年经:"夏四月丙戌,卫孙良夫帅师及齐师战于新筑,卫师败绩。"传:"卫侯使孙良夫、石稷、宁相、向禽将侵齐,与齐师遇。石子欲还。孙子曰:'不可。……'夏,有(杜注:阙文,失新筑战事。)石成子曰:'师败矣,……'……齐师乃止,次于鞫居。新筑人仲叔于奚救孙桓子,桓子是以免。"⑤这是杜预根据文义不通判定阙文。

(五)经传错谬说

其三,除了从赴与阙文外,杜预也认为经传有错谬之处,尤其是经常依据《左传》判定《春秋》经文有误,后世遂有杜注"强经以就传"的说法⑥。这一

---

① 【唐】孔颖达:《春秋左传正义》卷四四,第767页。
② 【唐】孔颖达:《春秋左传正义》卷一二,第197页。
③ 李霖兄以为,在杜预的解释体系中,"史阙"与"经阙"有层级关系。在情况不明时,为维护经书之神圣性,征南更倾向于相信是旧史已阙,而非《春秋》成书后流传所致。而"经阙"一词,杜预又在两种意义上使用,其一即《春秋》成书后流传致阙,其二指旧史本阙。是可备一说。
④ 【唐】孔颖达:《春秋左传正义》卷二二,第378页。
⑤ 【唐】孔颖达:《春秋左传正义》卷二五,第420—422页。
⑥ 《钦定四库全书总目·春秋左传正义》,见孔颖达《春秋左传正义》,第2页。

提法固有道理，但过于简单，掩盖了杜注背后复杂的解释体系。

由于杜预所指出的经传错谬之处以历日居多，我们先从历日入手，重新审视这一问题。的确，很多时候，杜预会以《左传》为据，论证经文有误。如襄公三年经："（六月）戊寅，叔孙豹及诸侯之大夫及陈袁侨盟。"杜注："据传，盟在秋。《长历》推戊寅七月十三日，经误。"①此类例子甚多，兹不具录。

但我们不要忘记，也有不少例子，杜预以为经是而传非。如庄公八年经云："十有一月癸未，齐无知弑其君诸儿。"传作"十二月"。杜注："经书十一月癸未，《长历》推之，月六日也。传云十二月，传误。"又昭公八年经："十月壬午，楚师灭陈。"传："十一月壬午，灭陈。"杜注："壬午，十月十八日。传言十一月，误。"②

还有一些例子，杜预以为经、传必有一误，然难遽断孰是孰非。如文公二年传："四月己巳，晋人使阳处父盟公以耻之。"杜注："经书'三月乙巳'，经、传必有误。"又僖公二十八年经："五月癸丑，公会晋侯、齐侯、宋公、蔡侯、郑伯、卫子、莒子，盟于践土。"杜注："经书癸丑，月十八日也。传书癸亥，月二十八日。经、传必有误。"③

有时，杜预也会认为经传俱误。如昭公元年经："冬十有一月己酉，楚子麇卒。"传："十一月己酉，公子围至，入问王疾，缢而弑之。"杜注："《长历》推己酉十二月六日。经、传皆言十一月，月误也。"④

为了系统处理经传的历日问题，杜预编有《长历》。郜积意先生指出，据历算编排的历谱，与经传历日相较，误差较大。有鉴于此，杜预有意摒弃历算，而依据经传历日本身、传文相关直接表述、文意及参校经传前后历日来编排《长历》，其根本目的是让误差降至最小，而不考虑是否符合历算的科学知识。杜预也的确达到了其目的，《长历》的误差范围远远小于其他历谱，最为符合经传历日。即便如此，仍有一些历日与《长历》不合，但这归因于经传历日本身存在难

---

① 【唐】孔颖达：《春秋左传正义》卷二九，第500页。
② 【唐】孔颖达：《春秋左传正义》卷八，第144页；卷四四，第768、770页。
③ 【唐】孔颖达：《春秋左传正义》卷一六，第268页；卷一八，第302页。
④ 【唐】孔颖达：《春秋左传正义》卷四一，第696、710页。

以调和的矛盾,所以杜预不得不承认,经传确有历日错谬之处①。也就是说,在编排长历时,杜预并没有唯传是从,强经就传,而是在综合考察经传后选取误差最小者。②

而且,杜预判定经传历日存在谬误,也与《左传》有关。按桓公十七年经:"冬十月朔,日有食之。"传:"冬十月朔,日有食之。不书日,官失之也。天子有日官,诸侯有日御。日官居卿以厎日,礼也。日御不失日,以授百官于朝。"僖公十五年经:"夏五月,日有食之。"传:"夏五月,日有食之。不书朔与日,官失之也。"文公元年传:"于是闰三月,非礼也。"杜注:"于历法闰当在僖公末年,误于今年三月置闰,盖时达历者所讥。"襄公二十七传:"十一月乙亥朔,日有食之。辰在申,司历过也,再失闰矣。"又哀公十二年传:"冬十二月,螽。季孙问诸仲尼,仲尼曰:'丘闻之,火伏而后蛰者毕。今火犹西流,司历过也。'"③正是这几次传文,明确告诉杜预,由于司历的种种过失,经传历日存在错谬,所以《长历》于篇首即罗列以上诸传④。

《长历》自称"得七百四十六日""失三十三日,经传日月误"⑤。但在所得七百四十六日中,实际上还有七例与《长历》不合,杜预以从赴释之。如上引桓公五年经"正月甲戌、己丑,陈侯鲍卒",杜预据《长历》推算,甲戌实在四年十二月。而《左传》明云"再赴",《长历》遂曰:"书于正月,从赴。"⑥不过,其余六例,杜预何以不谓经传日月误,而独以从赴作解,颇费思量。如桓公十二年经:"八月壬辰,陈侯跃卒。"无传。杜注:"壬辰,七月二十三日,

---

① 邬积意:《两汉经学的历数背景》,北京:北京大学出版社,2013年,第185—227页。
② 杜预并非没意识到,《长历》与历算之科学知识不符。《释例》云:"据经传微旨,考日辰晦朔,以相发明,为经传《长历》,未必得天,盖春秋当时之历也。"(【唐】孔颖达:《春秋左传正义》卷十八,文公元年传"于是闰三月"至"事则不悖"正义引,第3987页)所谓"未必得天",即与天象之实际不符。但杜预认为,春秋当时所用之历即是如此,推算不精,屡有错谬。而这一看法,又源自《左传》本身,详下。
③ 【唐】孔颖达:《春秋左传正义》卷七,第268页;卷一四,第229页;卷一八,第297—298页;卷三八,第650页;卷五九,第1027页。
④ 【晋】杜预:《春秋释例》卷一〇《长历一》,《古经解汇函》本,第1页。
⑤ 【唐】孔颖达:《春秋左传正义》卷七,第123页。
⑥ 【晋】杜预:《春秋释例》卷一〇《长历一》,第8页。

书于八月,从赴。"《正义》曰:"壬辰是七月二十三日,上有七月,书于八月之下,如此类者,注皆谓之日误。今云从赴者,以其终不可通,益欲两解故也。以五年正月甲戌已丑陈侯鲍卒,甲戌非正月之日,而以正月起文,传言再赴,是赴以正月也,彼以十二月之日为正月赴鲁,知赴者或有以前月之日从后月而赴,故因此以示别意。"①孔颖达指出,这类例子,杜预一般认为日误,此处解作从赴,与桓公五年传有关。

又定四年经:"二月癸巳,陈侯吴卒。"杜注:"无传。……癸巳,正月七日,书二月,从赴。"《正义》曰:"杜以《长历》校之,知癸巳是正月七日,故云'书二月,从赴'也。知非日误者,以崩薨之事,皆以赴为文。故平王崩,赴以庚戌,陈侯卒,赴以甲戌、已丑。杜依大例而言,故云'从赴'。"②孔颖达此说,当得其实。

按从赴七例,四例陈侯卒,二例齐侯卒,一例郑伯卒。《释例·崩薨卒例》云:"陈人再赴,两书其日。齐缓告乱,书以十二月。天王伪赴,遂用其虚。明日月阙否,亦从赴辞。"③所谓"陈人再赴",即上引桓五年事。"齐缓告乱",盖谓上引齐桓公卒于十月,赴以十二月。"天王伪赴",据《正义》,指上引隐三年平王事④。正是依据这几处传文,杜预推断,《春秋》经文所见天子诸侯崩卒历日与《长历》不合,均因从赴所致⑤。

但杜预的这一解释,似乎并没有贯彻始终。襄公二年经:"六月庚辰,郑伯睔卒。"杜注:"庚辰,七月九日。书六月,经误。"⑥这为何不用从赴解释呢?又昭公十三年经:"四月,楚公子比自晋归于楚,弑其君虔于干溪。"杜注:"灵王死在五月,又不在干溪,楚人生失灵王,故本其始祸以赴之。"

---

① 【唐】孔颖达:《春秋左传正义》卷七,第123页。
② 【唐】孔颖达:《春秋左传正义》卷五四,第944页。
③ 【晋】杜预:《春秋释例》卷三《崩薨卒例》,第2页。
④ 【唐】孔颖达:《春秋左传正义》卷八,第144页;卷四四,第768、770页。
⑤ 文公十四年经:"五月乙亥,齐侯潘卒。"传:"夏五月,昭公卒,舍即位。"杜注:"乙亥,四月二十九日。书五月,从赴。"(孔颖达《春秋左传正义》卷一九下,第334—335页)似与《左传》不合。杜预或以为,昭公卒在五月之前,文系五月者,欲见舍之即位,乃因昭公卒故。五月之文,为下即位起本,非谓昭公卒于五月也。
⑥ 【唐】孔颖达:《春秋左传正义》卷二九,第497页。

传："五月癸亥，王缢于芊尹申亥氏。"杜注："癸亥，五月二十六日。……经书四月，误。"《正义》曰："刘炫云：杜此注'经书四月，误'。案上经注云，灵王实以五月死，楚人生失灵王，本其始祸以赴。两注不同。以为杜非。今知不然者，以其生失灵王，不知死在五月，遂以四月始祸，言灵王之死，是其错误之事，于文似异，义实一也。刘以为二注文异，而规杜氏，非也。"① 孔颖达为杜预辩护，固是。但在《长历》中，征南严格区分经误与从赴。此处二注用语不同，若非疏漏——《集解》这样一部大书，小有疏失亦在所难免——，或者在一定程度上也反映出他的游移，有意两存其说？

历日问题之外，杜预以为经误者，亦多有其通盘考虑。如庄公六年经："齐人来归卫俘。"杜注："《公羊》《谷梁》经传皆言'卫宝'，此传亦言'宝'。唯此经言'俘'，疑经误。"《正义》引《释例》曰："'齐人来归卫宝，《公羊》《谷梁》经传及《左氏传》皆同。唯《左氏》经独言'卫俘'，考三家经传有六，而其五皆言'宝'，此必《左氏》经之独误也。案《说文》：'保，从人，㼌省声。古文保不省。'然则古字通用'宝'或'保'字，与'俘'相似，故误作'俘'耳。"②

又文公十七年经："齐侯伐我西鄙。"传："齐侯伐我北鄙，襄仲请盟。六月，盟于谷。"杜注曰："西当为北，盖经误。"《正义》曰："经言西鄙，传言北鄙。……知非传误者，鲁求与平，即盟于谷。谷是济北谷城县也，谷在鲁北，知北鄙是也。"按庄公七年经："夫人姜氏会齐侯于谷。"杜注："无传。谷，齐地，今济北谷城县。"③《正义》似得杜意。

再如桓公十七年经："葬蔡桓侯。"杜注："无传。称侯，盖谬误。"《正义》曰："五等诸侯卒，则各书其爵，葬则举谥称公，礼之常也。此无贬责而独称侯，故云盖谬误也。《释例》曰：'卒而外赴者，皆正爵而称名。慎死考终，不敢违大典也。书葬者，皆从主人私称。客主之人，敬各有本，谦敬各得其所，而后二国之礼成也。葬蔡桓侯，独不称公。刘、贾、许曰，桓卒而季归，无臣子

---

① 【唐】孔颖达：《春秋左传正义》卷四六，第804、807页。
② 【唐】孔颖达：《春秋左传正义》卷八，第141页。
③ 【唐】孔颖达：《春秋左传正义》卷二〇，第349页；卷八，第142页。

之辞也。蔡侯无子，以弟承位，群臣无废主，社稷不乏祀，故传称蔡人，嘉之，非贬所也。杞伯称子，传为三发，蔡侯有贬，传亦宜说。'"①

按《春秋》通例，诸侯卒，各书其爵，如僖公十七年"齐侯小白卒"；葬则不论爵之大小，均称公，如僖公十八年"葬齐桓公"。桓十七年经先书"蔡侯封人卒"，正合体例，但"葬蔡桓侯"称侯不称公，颇为怪异。所以杜预之前的《左传》注家如刘歆、贾逵、许淑，都认为这是《春秋》笔法，贬斥蔡国臣子，因为经文在蔡侯卒葬之间，尚别有一条曰："蔡季自陈归于蔡。"传云："蔡桓侯卒。蔡人召蔡季于陈。"②刘、贾等以为，蔡人迎立蔡侯之弟，破坏了父子相承的礼制，不忠于蔡侯，故《春秋》特笔降"公"为"侯"，以示臣子不忠。但杜预认为，《左传》并无贬责之意，相反，书"蔡人"是表示国人同心同德，全心拥立蔡季，乃褒辞，而据此又可以推断，蔡人之所以召蔡季，是因为蔡侯无子。征南还为此说找了一个旁证。《春秋》经文杞君先称侯，后称伯，僖公二十三年、二十七年、襄公二十九年则书"杞子"，《左传》分别曰："书曰'子'，杞，夷也"；"用夷礼，故曰'子'"；"书曰'子'，贱之也"③。杞改称子，《左传》三处发传表明这是贬斥。杜预的逻辑是，如果蔡桓称侯不称公也是《春秋》笔法，那么《左传》必有交代，既然没有说明，那就只能归结为谬误了。此例刘贾许以为有笔法，杜则谓谬误，很容易被认为代表经史之别，但细究杜之所以云然，在尊奉经书这点上杜预实与前儒并无二致。

当然，由于杜预坚持以《左传》解《春秋》，确有"强经以就传"之倾向。如隐公九年经："三月癸酉，大雨震电。庚辰，大雨雪。"传："春王三月癸酉，大雨霖以震。书，始也。庚辰，大雨雪。亦如之。书，时失也。凡雨，自三日以往为霖。"杜注："此解经书'霖'也。而经无'霖'字，经误。"④在杜预看来，"凡雨，自三日以往为霖"一句，一定是解经语，而经文无"霖"字，必然有误。但征南之"强经就传"，只有置于其理解《春秋》《左传》的整体架

---

① 【唐】孔颖达：《春秋左传正义》卷七，第129页。
② 【唐】孔颖达：《春秋左传正义》卷七，第129页。
③ 【唐】孔颖达：《春秋左传正义》卷一五，第249—250页；卷一六，第265—266页；卷三九，第664、667页。
④ 【唐】孔颖达：《春秋左传正义》卷四，第76页。

构中，才能彰显旨趣所在。

而且，与历日问题一样，在经传有异时，杜预并非总是从传驳经。按桓公元年传："冬，郑伯拜盟。"杜注："郑伯若自来，则经不书；若遣使，则当言郑人，不得称郑伯。疑谬误。"《正义》曰："六年传云：'鲁为其班，后郑。'注云：'鲁亲班齐馈，则亦使大夫戍齐矣。经不书，盖史阙文。'（引者按：此例已见上文。）然则经所不书，自有阙文之类，注既疑此事，不云阙文而云缪误者，师出征伐，贵贱皆书，经所不书，必是文阙。若使事重，使人虽贱亦书。郑人来渝平，齐人归欢及阐是也。今以拜盟事轻，若其使贱，则例不合书。"①《正义》首先引了桓六年的例子，彼处杜预以为，旧史阙文，经遂承之。而桓公元年这条，也可同样以"史阙文"作解。但杜预却老老实实指出，阙文只是一种可能，另一种可能是传误将"郑人"书作"郑伯"。

又襄公十一经："公会晋侯、宋公、卫侯、曹伯、齐世子光、莒子、邾子、滕子、薛伯、杞伯、小邾子伐郑。秋七月己未，同盟于亳城北。"传："诸侯伐郑。秋七月，同盟于亳。……载书曰：'……七姓十二国之祖，（杜注：七姓：晋、鲁、卫、郑、曹、滕，姬姓；邾、小邾，曹姓；宋，子姓；齐，姜姓；莒，己姓；杞，姒姓；薛，任姓。实十三国，言"十二"，误也。）……'"②《左传》并未列数参与此盟的诸国，如果杜预"强经就传"，完全可以怀疑经有衍文，如"小邾子"。但征南并未如此，而是理性地承认，《左传》有误。

甚至对无经之传，杜预也会仔细审查，指出谬误之处。如成公十三年《左传》记载了著名的吕相绝秦书，其中提到"我寡君是以有令狐之会"，杜注："申（晋）厉公之命，宜言寡人，称君误也。"③杜预以为，绝秦书虽由吕相递交，但在形式上是晋厉公向秦桓公致信，不应自称"寡君"。而所谓"宜言寡人"，并非出自杜预的史学常识，而是有《左传》为据。按隐公十一年传："郑伯使许大夫百里奉许叔以居许东偏，曰：'天祸许国，鬼神实不逞于许君，而假

---

① 【唐】孔颖达：《春秋左传正义》卷五，第88—89页。
② 【唐】孔颖达：《春秋左传正义》卷三一，第543、545—546页。
③ 【唐】孔颖达：《春秋左传正义》卷二七，第462页。

手于我寡人……'"① 又昭公元年传："十二月，晋既烝，赵孟适南阳，将会孟子余，甲辰朔，烝于温。"杜注："赵氏烝祭。甲辰，十二月朔。晋既烝，赵孟乃烝其家庙，则晋烝当作甲辰之前。传言十二月，月误。"杜预以为，《左传》"十二月"乃"十一月"之误，但这样一来，"甲辰"有日无月，他又必须承认，其上还有阙文。固然杜注用"有日无月"作解并不罕见，但需要同时调整两处，太过复杂，终究显得有些迂曲。而刘炫的答案，则简洁明晰，似乎更合情理："晋烝及赵孟适南阳，并在十一月之前。文系十二月者，欲见烝后即行，先公后私。十二月之文，为下甲辰朔起本。举月遥属下，明晋烝犹在朔前，十二月非误也。"难道杜预当时就想不到这样解释吗？愚见以为未必。《正义》曰："若必如刘言，传当云'晋既烝，赵孟适南阳，将会孟子余。十二月甲辰朔，烝于温'，足明先公后私之义。何须虚张十二月于上，遥为甲辰朔起本？传文上下未有此例。刘炫之言，非也。"② 恐怕正是因为《左传》中找不到其他"举月遥属下"的例子，杜预排除了这一可能。

最后，要说明的是，如上所述，杜预将《左传》视同全能圣典，该有的信息全有，书与不书必有故，表面上，杜预提出阙文与谬误说似乎自相矛盾，但细究其故，恰恰相反，这正是为了维护经书的神圣地位而做出的不得已选择。③ 因此，不论阙文还是谬误，杜预下此结论都很慎重，都是对经传通盘作严密思考后的产物。除上引诸例外，兹再举一例。

桓公三年经："三年春正月，公会齐侯于嬴。"杜注："经之首时必书'王'，明此历天王之所班也。其或废法违常，失不班历，故不书'王'。"刘炫对杜注提出了批评："《春秋》经之阙文甚多，其事非一。亦如夫人有氏无姜、有姜无氏，及大雨霖、廥菑如溃之类也。此无王者，正是阙文耳。"刘氏此说，不无道理，其所据夫人有氏无姜至廥菑如溃四例，都是杜注明言阙文者。那么，此处杜预为何不用阙文作解呢？按《春秋》通例，"春某月"必书王，如

---

① 【唐】孔颖达：《春秋左传正义》卷四，第80页。
② 【唐】孔颖达：《春秋左传正义》卷四一，第711页。
③ 比如上文论及的经传历日差异问题，后人往往用经传所据历法不同作解。杜预没有采用此说，恐怕不会是虑不及此。较之错谬，经传所用历法不同这一解释，对杜预所信奉的《左传》乃《春秋》的唯一正解这一基本立场，构成的冲击要大得多。两"害"相权取其轻，或许才是杜预不取历法不同说的原因。

"春王正月""春王二月""春王三月"。桓公在位十八年,其元年、二年、十年、十八年,凡四年于春有王。九年春,虽无王,亦无月,符合体例。然其余十三年,虽春有月,悉皆无王。《春秋》十二公四百四十二年,唯此十三年如此。《正义》曰:"知此不书王,非是经之阙文,必以为失不班历者,杜之所据,虽无明文,若必阙文,止应一事两事而已,不应一公之内十四年(引者按:云"十四年",误,当云"十三年"。)并阙王字。"① 其说可从。征南思考之周道严密,可见一斑。

(六)不为义例说

为了维护《左传》圣经地位,杜预的第四件法宝是不为义例说。如僖公十八年经云"狄救齐",又云"邢人、狄人伐卫",杜注:"狄称人者,史异辞,传无义例。"② 按《春秋》书夷狄,文多称"戎"、称"狄",如救齐例。故伐卫称"狄人",《谷梁传》曰:"狄其称人,何也?善累而后进之。伐卫,所以救齐也。"③ 是谓《春秋》褒狄,进之称人。杜预以为,《左传》既无说,当非褒贬所在。

再如庄十二年经:"宋万弑其君捷及其大夫仇牧。"传:"宋万弑闵公于蒙泽。"《正义》曰:"昭十三年,'楚弑其君虔于乾溪',书地。(引者按:指《春秋》经文。)此弑闵公于蒙泽,不书地者,《释例》曰:'先儒旁采二传,横生异例。宋之蒙泽,楚之乾溪,俱在国内。闵公之弑,则以不书蒙泽,国内为义,楚弑灵王,复以地乾溪为失所。明仲尼本不以为义例,则丘明亦无异文也。'"④ 所谓旁采二传,盖谓昭二十五年经书"宋公佐卒于曲棘",《公羊》云:"曲棘者何?宋之邑。诸侯卒其封内,不地。此何以地?忧内也。"⑤ 杜预之前的《左传》注家,受《公羊》影响,以为昭十三年书乾溪乃《春秋》笔法。征南则认为,《左传》无说,非义例也。

---

① 【唐】孔颖达:《春秋左传正义》卷六,第102页。
② 【唐】孔颖达:《春秋左传正义》卷一四,第238页。
③ 【清】杨士勋:《春秋谷梁传注疏》卷八,第86页。
④ 【唐】孔颖达:《春秋左传正义》卷九,第153—154页。
⑤ 【清】徐彦:《春秋公羊传注疏》卷二四,第304页。

关于不为义例的论证，有时颇为复杂。庄公二十五年经："冬，公子友如陈。"《左传》先儒颍容曰："臣无境外之交，故去弟以贬季友。"① 此说非空穴来风。宣十七年经云："公弟叔肸卒。"传："公弟叔肸卒，公母弟也。凡大子之母弟，公在曰公子，不在曰弟。凡称弟，皆母弟也。"② 又隐公元年经云"郑伯克段于鄢"，段乃郑庄公同母弟，传曰："没不弟，故不言'弟'。"③ 可见母弟不称弟，应为贬辞。然杜注："公子友，庄公之母弟，称公子者，史策之通言。母弟至亲，异于他臣，其相杀害，则称弟以示义。至于嘉好之事，兄弟笃睦，非例所与。或称弟，或称公子，仍旧史之文也。"④ 杜预非违传乎？不然。

按公之母弟见经者二十例，上引郑段、鲁公子友及僖公二十八年卫叔武不称弟，又陈公子招，昭元年称公子，八年称弟。郑段之例，传言以不弟去弟，然经不称"公子"，唯言其名。公子友，除上引庄二十五年（无传）外，又见庄公二十七年、僖公元年、三年、七年、十三年。僖公元年经："公子友帅师败莒师于郦，获莒拿。"传："莒人来求赂，公子友败诸郦，获莒子之弟拿。——非卿也，嘉获之也。公赐季友汶阳之田及费。"显为褒辞。叔武，传以为贤者。昭公元年陈招称公子，传无说。昭八年经"陈侯之弟招杀陈世子偃师"，传云："书曰'陈侯之弟招杀陈世子偃师'，罪在招也。"此外，襄公二十年经"陈侯之弟黄出奔楚"，传："书曰……'陈侯之弟黄出奔楚'，言非其罪也。"襄公三十年经"天王杀其弟佞夫"，传云："书曰'天王杀其弟佞夫'，罪在王也。"昭元年经"秦伯之弟针出奔晋"，传云："书曰'秦伯之弟针出奔晋'，罪秦伯也。"且谓晋女叔齐称针为"秦公子"⑤。

正是综合考虑母弟见经二十例及其传文，杜预得出结论：母弟称弟与否，其义例仅限于兄弟相害，它则无与。宣公十七年传《正义》引《释例》曰："母弟之宠，异于众弟，盖缘自然之情，以养母氏之志。公在虽俱称公子，其兄为君，

---

① 【唐】孔颖达：《春秋左传正义》卷一〇，第173页。
② 【唐】孔颖达：《春秋左传正义》卷二四，第411—412页。
③ 【唐】孔颖达：《春秋左传正义》卷二，第36页。
④ 【唐】孔颖达：《春秋左传正义》卷一〇〇，第173页。
⑤ 【唐】孔颖达：《春秋左传正义》卷一二，第197—198页；卷三四，第588页；卷四〇，第681页；卷四一，第696、703—704页；卷四四，第767、769页。

则特称弟，殊而异之，亲而睦之。既以隆友于之恩，亦以奖为人弟之敬，成相亲之益也。通庶子为君，故不言夫人之子，而曰母弟。母弟之见于经者二十，而传之所发，六条而已。凡称弟皆母弟，此策书之通例也。庶弟不得称弟，而母弟得称公子，故传之所发，随而释之。诸称弟者，不言皆必称弟也。秦伯之弟针适晋，女叔齐曰'秦公子必归'，此公子亦国之常言，得两通之证也。仲尼因母弟之例，据例以兴义。郑伯怀害弟之心，天王纵群臣以杀其弟，夫子探书其志，故显称二兄以首恶。佞夫称弟，不闻反谋也。郑段去弟，身为谋首也。然则兄而害弟，称弟以章兄罪；弟又害兄，则去弟以罪弟身也。推此以观其余，秦伯之弟针，陈侯之弟黄，卫侯之弟鱄出奔，皆是兄害其弟也。秦伯有千乘之国，而不能容其母弟，传曰'罪秦伯'。归罪秦伯，则针罪轻也。陈侯不能制御臣下，使逐其弟，传曰'非罪'。非黄之罪，则罪在陈侯。此互举之文也。至于陈招杀兄之子，宋辰率群卿以背宗国，披大邑以成叛逆，然不推刃于其兄，故以首恶，称弟称名，从两下相杀也。统论其义，兄弟二人交相杀害，各有曲直，存弟则示兄曲也。郑伯既云失教，若依例存弟，则嫌善段，故特去弟，两见其义也。若夫朝聘盟会嘉好之事，此乃兄弟之笃睦，非义例之所兴，故仍旧史之策，或称弟，或称公子。践土之盟，叔武不称弟，此其义也。……先儒说母弟，善恶褒贬既多相错涉，……颍氏又曰：'臣无竟外之交，故去弟以贬季友。子招乐忧，故去弟以惩过。'郑段去弟，唯以名通，故谓之贬。今此二人皆称公子。公子者，名号之美称，又非贬所也。"① 与之前的《左传》注家相较，杜注的不为义例说显得特别引人注目。现代学者多以为，此乃杜预史学倾向使然。这显然是误解。杜预所撰《春秋经传集解序》云："《春秋》虽以一字为褒贬，然皆须数句以成言，非如八卦之爻，可错综为六十四也，固当依传以为断。"② 所谓"依传以为断"才是其中奥妙所在。

（七）其义未闻说

从赴、阙文、谬误、不为义例之外，杜预又有其义未闻说。按成公二年传"齐侯伐我北鄙，围龙。顷公之嬖人卢蒲就魁门焉，龙人囚之。齐侯曰：'勿

---

① 【唐】孔颖达：《春秋左传正义》卷二四，第412页。
② 【唐】孔颖达：《春秋左传正义》卷一，第15页。

杀，吾与而盟，无入而封。'弗听，杀而膊诸城上。齐侯亲鼓，士陵城。三日，取龙。遂南侵，及巢丘。"杜注："取龙、侵巢丘不书，其义未闻。"《正义》曰："外取内邑，非鲁之罪，无所可讳，而此独不书，故杜云'其义未闻'。贾逵云：'杀卢蒲就魁，不与齐盟，以亡其邑，故讳不书耳。'案楚子灭萧，婴齐入莒，皆杀楚人，而经不变文以加罪，此何当改文以讳恶也？哀八年，'齐人取讙及阐'，以淫女见取，犹尚书之，此杀敌见取，何以当讳？知讳义不通，故不从也。"①杜预不取贾逵说，是因为其说与《左传》所见他例不符，但他本人并没有能从《左传》中找到相关记载以立新说。

又襄二十六年传："齐乌余以廪丘奔晋，袭卫羊角，取之。遂袭我高鱼。有大雨，自其窦入，介于其库，以登其城，克而取之。"杜注："取鲁高鱼，无所讳而不书，其义未闻。"《正义》曰："服虔云：'取鲁高鱼及反之皆不书，盖讳之。'杜以被人取邑无所可讳，故云'其义未闻'。……诸被伐取鲁邑，皆不讳也。昭二十五年'齐侯取郓'，书而不讳，知失邑无可讳也。此亦战于麻隧之类，盖经文脱漏耳。"②杜预以"其义未闻"作解，原因与上例同。值得注意的是，《正义》又曰"盖经文脱漏耳"。这提醒我们，杜预为何不认为这是阙文呢？

杜注"其义未闻"，仅三处。上两例外，又有襄公十年传："楚子囊、郑子耳侵我西鄙。"杜注："于鲁无所耻，讳而不书，其义未闻。"《正义》曰："服虔云：'不书，讳从晋不能服郑，旋复为楚、郑所伐，耻而讳之也。'杜以从盟主而不能服叛国，于鲁未足为耻，被伐无所可讳，故云'其义未闻'。"③同样，从《左传》中，杜预看不出从盟主而不能服叛国，需引以为耻，故曰其义未闻。

这三例，似乎都可以用经阙文解释。笔者怀疑，杜预之所以别出心裁，提出"其义未闻"说，恐怕是因为这三处有一共同特点，均为他国侵伐鲁国。这使杜预怀疑，其中可能隐藏着他尚未察觉的义例。

杜预不会不清楚，他凭一己之力苦心孤诣建立的与前人迥异的庞大解释体

---

① 【唐】孔颖达：《春秋左传正义》卷二五，第421页。
② 【唐】孔颖达：《春秋左传正义》卷三七，第638页。
③ 【唐】孔颖达：《春秋左传正义》卷三一，第540页。

系,在经学纷争的年代,有可能成为众矢之的。其义未闻说,意味着杜预坦承他的解释体系有不足之处。而这一不足,若被反对者加以利用,并非没有可能成为阿基米得撬动地球的支点——从整体上驳斥杜注、给予杜注毁灭性打击的切入点。但他并没有袭用可以自圆其说的"阙文",而是提出危险的新说,这一方面显示了他的自信,而另一方面,恐怕多少也说明了,在学术上,其胸怀之坦荡。

五、杜预的理论建构

上节指出,杜注以《左传》为圣经,该有的信息全有,书与不书必有故。杜预解《春秋》,完全以《左传》为指归,字斟句酌,竭尽全力推敲微言大义。为了维护《左传》的圣典地位,杜注又提出了种种解释以消弭《左传》潜在的问题。但归根到底,杜预还需从理论上为其解经诸原则予以系统阐发,这就是《春秋经传集解序》的意义所在。

《杜序》曰:"韩宣子适鲁,见《易象》与《鲁春秋》,曰:'周礼尽在鲁矣。吾乃今知周公之德与周之所以王。'韩子所见,盖周之旧典礼经也。"① 此说出自《左传》昭二年:"晋侯使韩宣子来聘,且告为政而来见,礼也。观书于大史氏,见《易象》与《鲁春秋》,(杜注:《易象》,上下经之象辞。《鲁春秋》,史记之策书。《春秋》遵周公之典以序事,故曰:周礼尽在鲁矣。)曰:'周礼尽在鲁矣,吾乃今知周公之德与周之所以王也。'(杜注:《易象》《春秋》,文王、周公之制。当此时,儒道废,诸国多阙,唯鲁备,故宣子适鲁而说之。)"②

正是因为《左传》提到《鲁春秋》时,明言"周礼尽在鲁"与"周公之德",杜预判定,《春秋》本于周公手定史官旧制。既然《春秋》依据周公旧礼,为何又有孔子修《春秋》之说呢?《杜序》接着解释说:"周德既衰,官失其守。上之人不能使《春秋》昭明,赴告策书,诸所记注,多违旧章。"《正义》曰:"此明仲尼修《春秋》之由,先论史策失宜之意。计周公之垂法典策具

---

① 【唐】孔颖达:《春秋左传正义》卷一,第9页。
② 【唐】孔颖达:《春秋左传正义》卷四二,第718页。

存,岂假仲尼更加笔削?但为官失其守,褒贬失中,赴告策书,多违旧典,是故仲尼修成此法,垂示后昆。"而"周德既衰,官失其守"亦非征南信口雌黄,也有《左传》为据。《正义》云:"文公十四年传曰'崩薨不赴,祸福不告',……赴告之中违旧章者,若隐三年,平王以壬戌崩,赴以庚戌;桓五年,陈侯鲍卒,再赴以甲戌己丑;及不同盟者而赴以名,同盟而赴不以名之类是也。"①周平王、陈侯鲍事,已见上文。"不同盟者而赴以名,同盟而赴不以名",亦见上引僖公二十三年传。此外,昭三十一年传:"《春秋》之称微而显,婉而辨。上之人能使昭明,(杜注:上之人,谓在位者。)善人劝焉,淫人惧焉,是以君子贵之。"②《杜序》所谓"上之人不能使《春秋》昭明"也有出处,盖征南用《左传》之义而反其文。

《杜序》又云:"仲尼以鲁史策书成文,考其真伪,而志其典礼,上以遵周公之遗制,下以明将来之法。其教之所存,文之所害,则刊而正之,以示劝戒。"③孔子改旧史以正人伦,也有《左传》为证。按僖公二十八年经书"天王狩于河阳",传云:"晋侯召王,以诸侯见,且使王狩。仲尼曰'以臣召君,不可以训',故书曰'天王狩于河阳'。"④成公十四年传论《春秋》曰:"非圣人,谁能修之!"⑤圣人者,非孔子而谁?又昭公三十一年传论《春秋》云:"其善志。"⑥故《杜序》曰:"盖周公之志,仲尼从而明之。"⑦

既然《春秋》中有遵从周公旧制的史书原文,又有孔子改动之处,那么,该如何确定何为周公旧制,何为孔子删削呢?在杜预看来,这是《春秋》第一号大问题,作为解经圣典的《左传》必然会有答案。他也的确在《左传》中找到了线索。按隐公七年传云:"凡诸侯同盟,于是称名,故薨则赴以名。告终、嗣也,

---

① 【唐】孔颖达:《春秋左传正义》卷一,第10页。
② 【唐】孔颖达:《春秋左传正义》卷五三,第930页。
③ 【唐】孔颖达:《春秋左传正义》卷一,第10页。
④ 【唐】孔颖达:《春秋左传正义》卷一六,第276页。
⑤ 【唐】孔颖达:《春秋左传正义》卷二七,第465页。
⑥ 【唐】孔颖达:《春秋左传正义》卷五三,第930页。
⑦ 【唐】孔颖达:《春秋左传正义》卷一,第10页。

以继好息民，谓之礼经。"杜注："此言凡例，乃周公所制礼经也。"①《杜序》曰："其发凡以言例，皆经国之常制，周公之垂法，史书之旧章。仲尼从而修之，以成一经之通体。其微显阐幽，裁成义类者，据旧例而发义，指行事以正褒贬。"《正义》云："杜所以知发凡言例是周公垂法、史书旧章者，以诸所发凡皆是国之大典，非独经文之例。隐七年始发凡例，特云'谓之礼经'，十一年又云'不书于策'。建此二句于诸例之端，明书于策者，皆是经国之常制，非仲尼始造策书，自制此礼也。何则？'天灾无牲'，'卒哭作主'，'诸侯薨于朝会加一等'，'夫人薨于寝则不致'（引者按：以上分别为庄公二十五年、僖公三十三年、四年及八年传所见凡例。），岂是仲尼始造此言也？公行告庙，侯伯分灾（引者按：桓公二年、僖公元年传所见凡例。），二'凡'之末，皆云'礼也'，岂是丘明自制礼乎？又公女嫁之送人尊卑，哭诸侯之亲疏等级，王丧之称'小童'，分至之书'云物'（引者按：桓公三年、襄公十二年、僖公九年、五年传所见凡例。），皆经无其事，传亦发凡。若丘明以意作传，主说仲尼之经，此既无经，何须发传？以是故知发凡言例，皆是周公垂法、史书旧章，仲尼从而修之，以成一经之通体也。"②

杜预断定五十凡即周公旧制，其据有二。其一，隐七年之凡例曰"礼经"。既称"礼经"，当非孔子所定。既非孔子所定，非周公旧制而何？其二，检诸凡例，皆经国常制，亦可证非孔子所制之礼也。

同样，杜预认为，对于孔子笔削之处，《左传》亦必有标示。线索就来自上引僖公二十八年传："仲尼曰'以臣召君，不可以训'，故书曰：'天王狩于河阳。'"《正义》云："此传称仲尼之语，即云'书曰'，明是仲尼新意，非旧文也。杜以'书曰'为仲尼新意，亦以此而知之。"③正是依据此年《左传》，杜预在《集解序》中提出："诸称'书''不书''先书''故书''不言''不称''书曰'之类，皆所以起新旧，发大义，谓之变例。"也就是说，征南将"书曰"推而广之，认为凡是《左传》特别提到"书""不书""先

---

① 【唐】孔颖达：《春秋左传正义》卷四，第72页。
② 【唐】孔颖达：《春秋左传正义》卷一，第11—12页。
③ 【唐】孔颖达：《春秋左传正义》卷一六，第276页。

书""故书""不言""不称""书曰"等等,都代表了孔子笔削。《正义》曰:"称'书'者,若文二年'书士穀,堪其事',襄公二十七年'书先晋,晋有信',如此之类是也。'不书'者,若隐元年春,'正月不书即位,摄也','邾子克,未王命,故不书爵',如此之类是也。'先书'者,若桓二年'君子以督为有无君之心,故先书弑其君',僖公二年'虞师、晋师灭下阳','先书虞,贿故也',如此之类是也。'故书'者,隐三年,'壬戌,平王崩,赴以庚戌,故书之',成八年'杞叔姬卒,来归自杞,故书',如此之类是也。……《释例·终篇》云:'诸杂称二百八十有五。'"①

僖公二十八年《左传》仅提及"书曰",而杜预推而广之,认为"诸杂称二百八十有五",均代表孔子笔削,理据何在呢?这同样是因为征南把《左传》视为圣经的缘故。依照杜预的理解,《春秋》笔法只有两类——周公遗法与孔子新制,《左传》作为圣经,只应对这两类笔法加以说明,不会对圣人之外的笔法加以评述说明。而《左传》对《春秋》经文遣词用字的直接诠释,恰好也是两类,其一即五十凡,其二即"书曰"等等所谓"杂称"。隐公七年传定"凡"例为"礼经",则当出自周公,僖公二十八年称"仲尼"与"书曰",那就意味着以"书曰"为代表的"杂称"全部为孔子笔削。

在现代史学家看来,即便僖公二十八年传文的确是说"天王狩于河阳"出自孔子,这也只是个例,我们不能无限制地扩大化,不仅不能将所有所谓"杂称"均定为孔子笔法,《左传》他处所云"书云"也不见得与孔子有关。经学家的立场则不同,《左传》是圣经,该有的信息必有,不该有的信息则必不会有,书与不书必有故。圣经言简意赅,举一隅可以反万隅,个例即通例。如果"书曰"之外的"不言""不称"等与孔子无关,圣经又为何要加以说明呢?

在杜预之前,《左传》学者与《公羊》《谷梁》家一样,仅论孔子。征南独抒胸臆,提出周公五十凡与孔子书曰之区别,虽然后世经学家认同者少,但并无人能就《左传》"凡"例与"书曰"等义例给出过更精致的诠释。站在去魅后的现代史学立场,我们很容易认为这是杜预之臆说。但如果从经学立场出发,在

---

① 【唐】孔颖达:《春秋左传正义》卷一,第12—13页。

《左传》是圣经的前提下，我们必须承认，征南对《左传》解读之细致、逻辑之缜密，确是前无古人、后无来者。如果称"凡"与称"书曰"等笔法并无区分，圣经又何以为圣经？

不过，在确定凡例属周公、书曰属孔子后，杜预遇到了一个难题。庄公十七年经："齐人歼于遂。"传："遂因氏，颌氏、工娄氏、须遂氏飨齐戍，醉而杀之，齐人歼焉。"按庄公十三年经云"齐人灭遂"，传曰"灭遂而戍之"，此年则谓戍遂之齐人为遂旧族所杀。蹊跷的是，经文完全不提齐人因何而死，杜注以为，其中有笔法："齐人戍遂，玩而无备，遂人讨而尽杀之，故时史因以自尽为文。"也就是说，不提齐人为谁所杀，是贬责齐人自寻死路。但问题在于，对于自"歼"之笔法，《左传》既不言"凡"，又无"书曰"或他杂称，这该如何解释呢？杜预认为，既然《左传》无说，那就不会是周公遗法或孔子笔削，而应当是旧史已然。《正义》引《释例》曰："齐人歼于遂，郑弃其师，亦时史即事以安文，或从赴辞，故传亦不显明义例也。"①

"郑弃其师"见闵公二年经，传云："郑人恶高克，使帅师次于河上，久而弗召。师溃而归，高克奔陈。郑人为之赋《清人》。"杜注："《清人》，《诗·郑风》也，刺文公退臣不以道，危国亡师之本。"经不云"郑高克奔陈"，而云"郑弃其师"，亦颇怪异。《左传》记载与《毛诗序》相符，故杜预以为，经文意在贬责郑文公。同样，关于弃师之笔法，《左传》亦无"凡"或"书曰"。征南注经云："高克见恶，久不得还，师溃而克奔陈。故克状其事以告鲁也。"杜预以为，高克以"郑弃其师"告鲁，鲁史承之，书之于策，即非周公凡例，又非孔子笔削。征南以为高克告鲁，也有《左传》为据。《正义》曰："大夫出奔，多是本国来告，传称'晋侯使以杀大子申生之故来告'（引者按：僖公五年），又卫杀孔达，'告于诸侯'（引者按：宣公十四年），是其本国告也。宣十年传例曰：'凡诸侯之大夫违，告于诸侯曰：某氏之守臣某，失守宗庙，敢告。'是大夫私家之告辞。昭二十六年王子朝奔楚，传称'告于诸侯'，是奔者自告也。"②郑国不可能以自弃其师告鲁，故杜预推断是乃高克之告辞。

---

① 【唐】孔颖达：《春秋左传正义》卷九，第158页。
② 【唐】孔颖达：《春秋左传正义》卷一一，第192页。

而上例"齐人歼于遂",也不可能是齐国之告辞,而遂已亡国,当亦非遂四族告鲁。所以征南以为,应是鲁史获悉此事原委,自创笔法贬责齐人,以惩戒后世。

而孔子不加笔削,沿用旧史歼遂、弃师,意味者孔子对此深表赞同。庄公八年经书"师还",传云:"师及齐师围郕。郕降于齐师。仲庆父请伐齐师。公曰:'不可。我实不德,齐师何罪?罪,我之由。《夏书》曰:"皋陶迈种德,德,乃降。"姑务修德,以待时乎!'秋,师还。君子是以善鲁庄公。"杜注经云:"时史善公克己复礼,全军而还,故特书'师还'。"《正义》曰:"《春秋》之例,公行征伐,还则书至。命将出师,未有书师还者也。庆父请伐齐师,欲以自围郕之师,回伐齐师。若用其言,则方相战斗,师或丧败。公乃自责无德,引罪归己。时史善公克己复礼,全军而还,喜其得还,故特书'师还'也。传言'君子是以善鲁庄公'。君子谓当时之史,书此'师还',以善鲁庄公也。仲尼以为得理,故因而用之。"按杜注云:"传言经所以即用旧史之文。"① 征南的逻辑是,《左传》褒鲁庄公,代表了孔子态度,而《左传》无"师还"之义例,说明乃旧史所为,孔子以其褒贬为褒贬。

总而言之,在杜预看来,凡是《春秋》经文遣词造句不在《左传》所见凡例与"书曰"等笔法范围之内的,均为旧史原文。其中旧史已寓褒贬之义者,《左传》则随事出释。

当然,也有大量旧史原文,无关褒贬。《杜序》云:"其余则皆即用旧史,史有文质,辞有详略,不必改也。"《正义》曰:"始隐终麟,二百余载,史官迭代,其数甚多,人心不同,属辞必异。自然史官有文有质,致使其辞有详有略,既无所害,故不必改也。……其史旧有详略,义例不存于此,故不必皆改也。"② 杜预此论,为其解经之不为义例说及部分阙文说,提供了理论支持。笔者不惮繁琐,仍想强调,"义例不存于此",绝非从整体上否定义例,否定《春秋》《左传》之圣经性质。

对于《左传》之成书,杜预也有独到见解。《杜序》云:"左丘明受经于仲尼,以为经者不刊之书也。……身为国史,躬览载籍,必广记而备言之。其文

---

① 【唐】孔颖达:《春秋左传正义》卷八,第143页。
② 【唐】孔颖达:《春秋左传正义》卷一,第10页。

缓，其旨远，将令学者原始要终，寻其枝叶，究其所穷。"① 杜预认为，左丘明独得孔门心法，《左传》是解经之书。那为何《左传》与《公羊》《穀梁》这样单纯解经的著作，在形式上会表现出如此大的差异呢？这又与左丘明的独特身份有关。左丘明是鲁国史官，"躬览载籍"，所以《左传》在阐释《春秋》义例之外，又增加了极大篇幅的历史叙述，以史实解经②。

征南以为，《春秋》《左传》均以鲁国史书为本，《春秋》与《左传》之别在一定程度上就是策书与简牍之别。这一见解也与其对《左传》的解读有关。按隐公十一年传云："凡诸侯有命，告则书，不然则否。师出臧否，亦如之。虽及灭国，灭不告败，胜不告克，不书于策。"在杜预看来，五十凡皆周公礼经，而此"凡"谓不告则"不书于策"，以此解经。征南由此推出，《春秋》经文所据，即书于策者，其注云："命者，国之大事政令也。承其告辞，史乃书之于策。若所传闻行言，非将君命，则记在简牍而已，不得记于典策。此盖周礼之旧制。"③ 而《左传》之所以能补充史实，是因为左丘明兼采简牍。这同样有传文为据。隐公元年传云："有蜚，不为灾，亦不书。"杜注："庄二十九年传例曰：'凡物，不为灾，不书。'又于此发之者，明传之所据，非唯史策，兼采简牍之记。"④

阐明了经传之旨趣，《杜序》又加以总结。按成公十四年传曰："《春秋》之称，微而显，志而晦，婉而成章，尽而不污，惩恶而劝善。非圣人，谁能修之？"⑤《杜序》以"微而显"至"惩恶而劝善"为《春秋》义例之五体，云："推此五体，以寻经传，触类而长之，附于二百四十二年行事，王道之正，人伦之纪备矣。"⑥ 最后，《杜序》对《左传》之学术史作了批判性回顾，并阐明了杜预自己的学术立足点："古今言《左氏春秋》者多矣，今其遗文可见者十数

---

① 【唐】孔颖达：《春秋左传正义》卷一，第11页。
② 在杜预看来，《春秋》经文意在褒贬史事，然文字奇简，所以史实之明晰显然有助于理解褒贬的义旨所在。
③ 【唐】孔颖达：《春秋左传正义》卷四，第82页。
④ 【唐】孔颖达：《春秋左传正义》卷二，第40页。
⑤ 【唐】孔颖达：《春秋左传正义》卷二七，第465页。
⑥ 【唐】孔颖达：《春秋左传正义》卷一，第14页。

家。大体转相祖述，进不成为错综经文以尽其变，退不守丘明之传。于丘明之传，有所不通，皆没而不说，而更肤引《公羊》《谷梁》，适足自乱。预今所以为异，专修丘明之传以释经。经之条贯，必出于传。传之义例，总归诸凡。推变例以正褒贬，简二传而去异端，盖丘明之志也。"①

《汉书·刘歆传》云："歆校秘书，见古文《春秋左氏传》，歆大好之。初，《左氏传》多古字古言，学者传训故而已。及歆治《左氏》，引传文以解经，转相发明，由是章句义理备焉。"② 在刘歆之前，《左传》学大体上只是训诂之学，疏通文字而已。刘歆之后，杜预之前，《左传》学者多受《公羊》《谷梁》影响，对《左传》文本之解读既不细致，又不缜密。杜预横空出世，"专修丘明之传以释经"，第一次也是学术史上唯一一次完全依据《左传》建构出了一套庞大而又细密的《春秋》诠释体系。《晋书·杜预传》云："既立功之后，从容无事，乃耽思经籍，为《春秋左氏经传集解》又参考众家谱第，谓之《释例》。又作《盟会图》《春秋长历》，备成一家之学，比老乃成。……时王济解相马，又甚爱之，而和峤颇聚敛，预常称：济有马癖，峤有钱癖。武帝闻之，谓预曰：'卿有何癖？'对曰：'臣有《左传》癖。'"③ "《左传》癖"一语，道破了杜氏《春秋》学之天机。

六、文本、思想与政治——弑君与心丧

杜预之《春秋》学，完全立足于对《左传》的细密解读。杜注所体现之思想，也源自文本。焦理堂以政治解杜预之学术与思想，固不为现代学人所许。但吊诡的是，事实上，现代学者的基本理路，实与焦循一脉相承。

《春秋》僖公十年经云："晋里克弑其君卓及其大夫荀息。"杜注："荀息称名者，虽欲复言，本无远谋，从君于昏。"晋献公因骊姬之谮，逼太子申生自缢，重耳、夷吾出亡，遂立骊姬子奚齐为太子。僖公九年传曰："初，献公使荀息傅奚齐。公疾，召之，曰：'以是藐诸孤，辱在大夫，其若之何？'稽首而

---

① 【唐】孔颖达：《春秋左传正义》卷一，第15页。
② 【汉】班固：《汉书》卷三六《刘歆传》，北京：中华书局，1962年，第1967页。
③ 【唐】房玄龄等：《晋书》卷三四《杜预传》，北京：中华书局，1974年，第1031—1032页。

对曰：'臣竭其股肱之力，加之以忠、贞。其济，君之灵也；不济，则以死继之。'……冬十月，里克杀奚齐于次。……荀息将死之，人曰：'不如立卓子而辅之。'荀息立公子卓以葬。十一月，里克杀公子卓于朝。荀息死之。君子曰：'《诗》所谓"白圭之玷，尚可磨也；斯言之玷，不可为也，荀息有焉。"'杜注："《诗·大雅》。言此言之缺，难治甚于白圭。"①

杜预以为，《春秋》意在贬责荀息，这与上文所论仇父、孔父嘉之例相类，均为空前绝后之说。这三例是《春秋》所见唯一三处弑君及其大夫之例，征南之诠释，存在一以贯之的内在逻辑。既然孔父嘉、仇父是贬，荀息亦当如是。所以杜预认为，《左传》引《大雅》，正是为了说明荀息从君于昏，"斯言之玷，不可为也"。此外，他还依据文公七年传，认为荀息等人称名，于例为贬。《正义》曰："文七年'宋人杀其大夫'，传曰：'不称名，众也，且言非其罪也。'死者不称名，非其罪，故知称名者，皆有罪也。……襄十九年'齐杀其大夫高厚'，传称'从君于昏'。献公惑于骊姬，杀嫡立庶，荀息知其事，而为之傅奚齐，是其'从君于昏'也。"②所谓"从君于昏"当贬，亦有《左传》为据。

焦循不明乎此，论曰："杜以为从君于昏，令千古忠臣义士，扼腕不申矣。……荀息之不能杀里克，犹毋丘俭之不能杀司马师也。习凿齿引'死者反生，生者不愧'两语以美毋丘俭，盖俭之受顾命，亦息之受君命也。习氏引荀息以美俭，则预讥荀息以例俭可知。"③对于理堂之说，当代学人郭院林先生在其专著中如是云："焦循这样解经，完全是牵扯历史，作诛心之论，并非科学研究的态度。"④但就在两页之后，论及清代学者刘寿曾治《左传》重君臣大义，郭先生曰："刘寿曾时处太平军起，清廷出于内外交困时期，但曾国藩等理学名臣力图挽狂澜于既倒，因此宣扬君臣之义，刘寿曾深受曾国藩大恩，故而学术上有投桃报李之举。"⑤用刘寿曾受曾国藩大恩解释其学术，这与焦循用杜预受司马氏重用解释《集解》，在方法上是相同的。笔者甚至怀疑，若理堂不坚持道

---

① 【唐】孔颖达：《春秋左传正义》卷一三，第219—220页。
② 【唐】孔颖达：《春秋左传正义》卷一三，第220页。
③ 【清】焦循：《春秋左传补疏》卷二，第29页。
④ 郭院林：《清代仪征刘氏左传家学研究》，北京：中华书局，2008年，第129页。
⑤ 郭院林：《清代仪征刘氏左传家学研究》，北京：中华书局，2008年，第131页。

义,而以"中立"的态度对杜注之政治性作"科学"描述,或者现代学人会非常认同他的结论。

《左传》最有争议,也最具思想性的内容之一是宣公四年之义例:"凡弑君,称君,君无道也;称臣,臣之罪也。"杜注:"称君,谓唯书君名而称国以弑,言众所共绝也。称臣者,谓书弑者之名以示来世,终为不义。"《正义》曰:"《晋语》云赵宣子曰'大者天地,其次君臣',则君臣之交,犹父子也。君无可弑之理,而云'弑君,称君,君无道'者,弑君之人固为大罪,欲见君之无道,罪亦合弑,所以惩创将来之君,两见其义,非赦弑君之人,以弑之为无罪也。《释例》曰:'天生民而树之君,使司牧之,群物所以系命。故戴之如天,亲之如父母,仰之如日月,事之如神明。其或受雪霜之严,雷电之威,则奉身归命,有死无贰。故传曰:君,天也,天可逃乎?此人臣所执之常也。然本无父子自然之恩,末无家人习玩之爱,高下之隔悬殊,壅塞之否万端,是以居上者,降心以察下,表诚以感之,然后能相亲也。若亢高自肆,群下绝望,情义圮隔,是谓路人,非君臣也。人心苟离,则位号虽有,无以自固。故传例曰:凡弑君,称君,君无道;称臣,臣之罪。称君者,唯书君名,而称国、称人以弑,言众之所共绝也。称臣者,谓书弑者之名,以垂来世,终为不义,而不可赦也。然君虽不君,臣不可以不臣,故宋昭之恶,罪及国人,晋荀林父讨宋曰:何故弑君?犹立文公而还,深见贬削。'"①对于《左传》该义例及杜氏之诠释,赵伯雄先生有如下评论:"在封建社会里,弑君是一个非常敏感的问题。主张君主专制,便不能容忍任何弑君的行为;如君而可弑,君主的绝对权威便无从谈起。《左传》的作者显然并不一般地谴责弑君,他将相当一部分弑君事件的责任推到了恶君那里,这无异于主张在一定条件下弑君合理。在君主专制高度发展的时代,这种主张很容易被人说成是非圣无法,大逆不道。但杜预为了维护《左传》,对这条'例'仍然做了委婉的解释,尽管显得躲躲闪闪,含糊其辞。"②接着征引了上述《释例》,并下结论说:"可见他(引者按:杜预。)在这个问题上的游移与

---

① 【唐】孔颖达:《春秋左传正义》卷二一,第369页。
② 赵伯雄:《春秋学史》,济南:山东教育出版社,2014年,第293页。

首鼠。"① 大较而言，赵氏首先认定，《左传》主张一定条件下弑君合理，接着推断，杜预之所以首鼠两端，是其身处时代造成的，是学术屈从于政治的表现。

作为现代学人，我们可以不同意经学家的见解，但如果志在真实地复原经学史，准确地把握经学主张提出的真正缘由，那就必须首先理解经学家的学术逻辑。对经学家来说，最核心的也是最具挑战性的任务之一是对经文文本做整体考虑，调和不同经文表面上的矛盾，从而给出一个融通的解释。如果只关注宣公四年这条义例本身，我们当然可以推出，《左传》是在主张限定条件下的弑君合理论。但问题是，《左传》中还有别的记载，恰恰指向相反方向。

《释例》提到"传曰'君，天也，天可逃乎'"，亦出自宣公四年："（楚王）灭若敖氏。……箴尹克黄使于齐，还及宋，闻乱。其人曰：'不可以入矣。'箴尹曰：'弃君之命，独谁受之？君，天也，天可逃乎？'遂归，复命，而自拘于司败。"又定公四年传云："郧公辛之弟怀将弑王，曰：'平王杀吾父，我杀其子，不亦可乎？'辛曰：'君讨臣，谁敢仇之？君命，天也。若死天命，将谁仇？……必犯是，余将杀女。'斗辛与其弟巢以王奔随。"② 现代学者可能认为，《左传》记载来源不一，并无统一思想，以此解释弑君君无道与这两处强调君为天的记载间的矛盾。但对杜预而言，这绝对不是一个可供选择的选项。《左传》是圣经，焉能自相矛盾？

《释例》还提到宋昭一事，出自文公十六。经云"宋人弑其君杵臼"，传曰："昭公无道，……初，司城荡卒，公孙寿辞司城，请使意诸为之。既而告人曰：'君无道，吾官近，惧及焉。弃官，则族无所庇。子，身之贰也，姑纾死焉。虽亡子，犹不亡族。'……书曰'宋人弑其君杵臼'，君无道也。"似乎《左传》是在提倡弑君有理。然次年经云："十有七年春，晋人、卫人、陈人、郑人伐宋。……诸侯会于扈。"传曰："十七年春，晋荀林父、卫孔达、陈公孙宁、郑石楚伐宋，讨曰：'何故弑君？'犹立文公而还。卿不书，失其所也。（杜注：卿不书，谓称人）……晋侯搜于黄父，遂复合诸侯于扈，平宋也。公不与会，齐难故也。书曰'诸侯'，无功也。（杜注：刺欲平宋而复不能）"《左

---

① 赵伯雄：《春秋学史》，济南：山东教育出版社，2014 年，第 294 页。
② 【唐】孔颖达：《春秋左传正义》卷二一，第 369 页；卷五四，第 952 页。

传》以为，晋国等欲讨伐宋国之弑君者，最后不了了之，《春秋》所以贬荀林父等称"人"，贬晋侯等称"诸侯"而不列数。那么，该如何弥缝相邻两年《左传》的矛盾呢？且看杜注十六年经："昭公虽以无道见弑，而文公犹宜以弑君受讨，故林父伐宋以失所称人，晋侯平宋以无功不序，明君虽不君，臣不可不臣，所以督大教。"《正义》曰："弑君，称君，君之罪者，欲以惩创人君，使为鉴戒。不书弑者之名，以见君亦合死。其君虽则合死，要非臣所得弑。故文公宜以弑君受讨，林父称人，诸侯不序，责死者，罪弑者，所以督大教。大教，谓尊君卑臣之教也。"①

对于《春秋》义例，现代史家持坚决的否定态度，其反驳理据，主要就是举出不合义例的记载②。比如关于弑君义例，赵伯雄先生指出："《左传》对弑君行为所抱的这种分析的态度，对某些情况下弑君行为的容忍，与《春秋》的立场是否一致？这是很令人怀疑的。杜预也看到了经、传在这上面有时可能有矛盾，但他总是曲为弥缝，总是固守着《左传》的原则，对《春秋》做出这样那样的解释。例如晋灵公被弑一事，《左传》明言'晋灵公不君'，并且详细记述了他的种种暴行，按说《春秋》应该记作'晋人弑其君夷皋'（原注：书君之名，且称人以弑）才对；可《春秋》上分明写着'晋赵盾弑其君夷皋'，于例显然不合。杜预只好说：'灵公不君而称臣以弑者，以示良史之法，深责执政之臣。'杜氏之意，《春秋》本来是不应提赵盾之名的，但为了表彰'良史'的书法，并责备执政的失职，所以才这样写的。又如郑灵公的被弑，《春秋》宣公四年记云：'郑公子归生弑其君夷。'但据《左传》记载，弑君的首恶实是公子宋，归生起初是反对弑君的，只是后来惧怕祸及自身，才勉强参与的，若按《左传》所揭义例，《春秋》应大书'公子宋弑君'才对。《左传》对《春秋》只书归生的解释是'权不足'也，于是杜预也就跟着敷衍了几句：'子家（原注：归生）权不足以御乱，惧谮而从弑君，故书以首恶。'这样的注虽说比不注也强不了多少，但

---

① 【唐】孔颖达：《春秋左传正义》卷二〇，第 346、348—349 页。
② 参杨向奎：《略论"五十凡"》，《绎史斋学术文集》，上海人民出版社，1983 年，第 215—227 页；陈盘：《左氏春秋义例辨（重订本）》，上海：上海古籍出版社，2009 年；陈恩林：《评杜预〈春秋左传序〉的"三体五例"问题》，《史学集刊》1999 年第 3 期，第 64—69 页。

他迁经就传的意图却是十分明显的。"①

　　这样的责难，事实上并不构成对杜预及与杜预类似的经学家的真正挑战。《春秋》之义例，如果只是死板的条条框框，一刀笔吏足矣，何必圣人？又何来"微而显，志而晦，婉而成章"？义例之本意，在于通过史事之褒贬，为后世提供鉴戒，而不是机械地对史事加以概括。史事千变万化，鉴戒所在各各不同，《春秋》笔法自然也需随之变化。弑君称君抑或称臣，并不遵从二律背反原则，君罪则臣必无罪，臣罪则君必无罪。圣人在面对具体史事时，考虑的是在这一事件中，最需要向后人提供鉴戒的到底是什么。所谓"君无道"，其劝诫对象是后世君主，警告其无道必自毙，而不是为臣子弑君背书。

　　晋灵公一事，灵公固无道，然《左传》云："赵穿攻灵公于桃园。宣子未出山而复。大史书曰：'赵盾弑其君'，以示于朝。宣子曰：'不然。'对曰：'子为正卿，亡不越竟，反不讨贼，非子而谁？'宣子曰：'呜呼！《诗》曰：我之怀矣，自诒伊戚。其我之谓矣。'孔子曰：'董狐，古之良史也，书法不隐。赵宣子，古之良大夫也，为法受恶。惜也，越竟乃免。'"无道之君，遇弑称君，《春秋》经文屡见不鲜，而此例则有其独特之处，牵涉到执政大臣赵盾在此事中的微妙角色。晋灵公之无道，三岁小儿亦足以知之，而赵盾之所作所为是耶非耶，对后世臣子会有何等影响，由于其事例之特殊，情势之微妙，需要特别对待。杜注云："灵公不君，而称臣以弑者，以示良史之法，深责执政之臣。"《正义》引《释例》曰："经书'赵盾弑君'，而传云'灵公不君'，又以明于例此弑宜称君也。弑非赵盾，而经不变文者，以示良史之意，深责执政之臣。传故特见仲尼曰'越竟乃免'，明盾亦应受罪也。虽原其本心，而《春秋》不赦其罪，盖为教之远防。"②在杜预看来，《左传》明明白白地告诉世人，正是因为赵盾乃良大夫，只差小小一步便可无亏臣子之义，容易让后人产生误会，以为赵盾并无过失，《春秋》才特地彰显其罪，以警示后世臣子。此处《春秋》不贬灵公，并非灵公无罪，实因对君主之劝诫他处已反复申言，灵公之过易知，而赵盾之事百不一见，其失难明故也。

---

　　① 赵伯雄：《春秋学史》，济南：山东教育出版社，2014年，第294—295页。
　　② 【唐】孔颖达：《春秋左传正义》卷二一，第362、365页。

归生之事，亦是如此。《左传》宣公四年云："楚人献鼋于郑灵公。公子宋与子家将见。子公（引者按：即公子宋）之食指动，以示子家，曰：'他日我如此，必尝异味。'及入，宰夫将解鼋，相视而笑。公问之，子家以告。及食大夫鼋，召子公而弗与也。子公怒，染指于鼎，尝之而出。公怒，欲杀子公。子公与子家谋先。子家曰：'畜老，犹惮杀之，而况君乎？'反谮子家。子家惧而从之。夏，弑灵公。书曰'郑公子归生弑其君夷'，权不足也。君子曰：'仁而不武，无能达也。'"杜注："子家权不足以御乱，惧谮而从弑君，故书以首恶。初称畜老，仁也。不讨子公，是不武也。故不能自通于仁道而陷弑君之罪。"《正义》引《释例》曰："怀诸贼乱以为心者，固不容于诛也。若郑之归生，齐之陈乞，楚之公子比，虽本无其心，《春秋》之义，亦同大罪。是以君子慎所以立也。"又哀公六年经书"齐陈乞弑其君荼"，杜注："楚比劫立，陈乞流涕，子家惮老，皆疑于免罪，故《春秋》明而书之以为弑主。"① 征南以为，此例中，如子公辈"怀诸贼乱以为心者"，其为乱臣贼子昭昭甚明，反倒是子家之流"本无其心"之胁从者，可能会引起后人的误解，以为其罪差轻。《春秋》以子家为首恶，正是要告诫后世，在弑君一事上，实不必分主从，虽胁从，亦为大恶！

《春秋》笔法，重在劝诫，而非实录，最鲜明地体现在昭公十九年许世子弑君一事上。是年经书"许世子止弑其君买"，传曰："夏，许悼公疟。五月戊辰，饮大子止之药，卒。（杜注：止独进药，不由医）大子奔晋。书曰：'弑其君。'君子曰：'尽心力以事君，舍药物可也。'（杜注：药物有毒，当由医，非凡人所知。讥止不舍药物，所以加弑君之名）"《正义》云："案传，许君饮止之药而卒耳，实非止弑也。……实非弑而加弑者，责止事父不舍其药物。言药当信医，不须已自为也。《释例》曰：'医非三世，不服其药，古之慎戒也。人子之孝，当尽心尝祷而已，药物之齐，非所习也。许止身为国嗣，国非无医，而轻果进药，故罪同于弑。虽原其本心，而《春秋》不赦其罪，盖为教之远防也。'"② 再如上引僖公十九年经云"邾人执鄫子，用之"，而《左传》明

---

① 【唐】孔颖达：《春秋左传正义》卷二一，第368—369页；卷五八，第1006页。
② 【唐】孔颖达：《春秋左传正义》卷四八，第844页。

言"宋公使邾文公用鄫子于次睢之社"。那么，为何经不书"宋"而专责邾呢？杜注："邾虽失大国会盟之信，然宋用之，为罚已虐，故直书用之，言若用畜产也。……不书宋使邾，而以邾自用为文，南面之君，善恶自专，不得托之于他命。"《正义》曰："恶宋而以邾自用为文者，南面之君，善恶自专，不得托之他命。事实恶宋，亦所以恶邾也。"① 不书"宋"，不代表宋无罪。

作为现代学人，我们可以不接受杜预的经学立场，可以不同意他依据《左传》对《春秋》做出的解读，但恐怕不能不承认，征南可以自圆其说，且只有遵从其说，《左传》弑君诸条间表面上的矛盾才能化解得天衣无缝，也只有作此解，圣经才能彰显出应有之思想深度。

弑君义例之外，杜注中另一处极具争议、同时也极具思想冲击力的地方是其惊世骇俗的天子诸侯三年丧葬毕除服、心丧终制的观点。此论一出，不仅其时天下哗然，以为咄咄怪事，且时隔千年，晚至清末，杜预仍因此被钉在了曲学阿世的耻辱柱上。当代学者固然不认同曲学阿世的论断，然貌离神合，大多只是反其道行之，以为杜预是在顺应时代潮流②。持异议者，则认为杜预此说，是出于为特定历史事件服务的政治动机③。概而言之，"古往今来共一时"，学界主流认为，杜预此说是时代与政治之产物，而非源自学术的内在逻辑。

笔者则认为，杜预心丧说，也是其殚精竭虑研读《左传》的结果。根本原因在于，《左传》中屡见天子诸侯丧期内朝聘、宴乐、征伐之记载，且传无贬文。近年青年学人章管炜对杜预心丧说做出了极为精彩的研究，指出卒哭除服是杜预解读《左传》的结果④，笔者极为佩服。不过，章氏进而认为，春秋之制，卒哭除服即代表丧礼的彻底终结，《左传》中同样读不出心丧，其说乃杜预为彰显储

---

① 【唐】孔颖达：《春秋左传正义》卷一四，第239页。
② 吴丽娱：《关于中古皇帝丧服"权制"的再思考》，《中国史研究》2014年第4期，第125—128页；张焕君：《从魏晋时期心丧制度的确立看礼制与时代之关系》，《中国文化》2015年第2期，第121—135页。
③ [日]藤川正数：《魏晋时代丧服礼研究》，东京：敬文社，1960年，第303—309页；[日]渡边义浩《杜预的谅暗制与皇位继承问题》，《大东文化大学汉学会志》第44号，2005年。
④ 章管炜：《两晋南北朝皇家公除心丧礼研究》，华东师范大学历史学系硕士学位论文，2014年，第31—36页。

君地位以迎合晋武帝设计的政治投机手段，笔者则尚有疑焉。

关于天子诸侯，《左传》实有三年之丧的明文。昭公十一年传云："九月，葬齐归，公不戚。……叔向曰：'鲁公室其卑乎！君有大丧，国不废搜。有三年之丧，而无一日之戚。……'"十五年传载叔向曰："王一岁而有三年之丧二焉，……三年之丧，虽贵遂服，礼也。"①若非心丧，杜预又该如何解释？

又文公元年经书："（夏，）晋侯伐卫。"传："晋襄公既祥，使告于诸侯而伐卫，及南阳。"杜注："诸侯虽谅暗，亦因祥祭为位而哭。"②按祥分大小，小祥盖丧期一周之祭，大祥乃丧期二周之祭。此处当为小祥。杜预既以推定既葬除服，若不以心丧为说，何以解释此处之"祥"？

闵公二年经："夏五月乙酉，吉禘于庄公。"传："夏，吉禘于庄公，速也。"杜注："三年丧毕，致新死者之主于庙，庙之远主当迁入祧，因是大祭以审昭穆，谓之禘。庄公丧制未阕，时别立庙，庙成而吉祭，又不于大庙，故详书以示讥。"关于五经中之禘，历来众说纷纭。《春秋》所见鲁禘，《正义》引《释例》云："凡三年丧毕然后禘，于是遂以三年为节，仍计除丧即吉之月，卜日而后行事，无复常月也。"③即三年丧毕行禘祭，此后三年一禘。郑玄则认为："三年丧毕，而祫于大祖，明年春，禘于群庙。"此后则三年一祫，五年一禘④。杜郑虽异，但都认为这是三年丧毕所行宗庙大祭。考诸《春秋》，是说确不可易。鲁庄公以其三十二年八月薨，至闵公二年五月，已二十二月，传仍讥"速"。又襄十五年晋悼公卒，十六年传云："冬，穆叔如晋聘，且言齐故。晋人曰：'以寡君之未禘祀，与民之未息。不然，不敢忘。'"⑤若无心丧，征南实无以解此二传。

不过，既然按照杜预的理解，天子诸侯心丧期间可以朝聘、宴乐、征伐，心丧到底表现在何处呢？征南也从《左传》中找到了答案。文公二年经："公子遂

---

① 【唐】孔颖达：《春秋左传正义》卷四五，第787页；卷四七，第824页。
② 【唐】孔颖达：《春秋左传正义》卷一八，第297、299页。
③ 【唐】孔颖达：《春秋左传正义》卷一一，第189—190页。
④ 【清】皮锡瑞：《鲁礼禘祫义疏证》，《皮锡瑞全集》第4册，北京：中华书局，2015年，第521—550页。
⑤ 【唐】孔颖达：《春秋左传正义》卷三三，第573页。

如齐纳币。"传："襄仲如齐纳币，礼也。凡君即位，好舅甥，修昏姻，娶元妃以奉粢盛，孝也。"经注："传曰'礼也'，僖公丧终此年十一月，则纳币在十二月也。《士昏》六礼，其一纳采，纳征始有'玄纁束帛'，诸侯则谓之纳币，其礼与士礼不同。盖公为太子时已行昏礼。"传注："谓谅暗既终，嘉好之事通于外内，外内之礼始备。此除凶之即位也。于是遣卿申好舅甥之国，修礼以昏姻也。"①

杜预以《左传》为圣经，所言必有故。传于此处书"礼也"，并出凡例，正是为了表明此时丧期甫毕，可以行昏礼。如果本无心丧，除服之日即可行昏礼，此时距除服日月已遥，《左传》为何选择在此时书"礼也"，在此时出凡例？僖公三十三年经："十有二月，公至自齐。乙巳，公薨于小寝。"杜注："乙巳，十一月十二日，经书十二月，误。"②《长历》云："旧说公以十二月薨。文公二年经书'冬，公子遂如齐纳币'，传言'礼也'，患其未二十五月，在丧。……今十一月薨，文二年十一月则二十五月丧事毕，十二月遣纳币，于礼无违，故传善之。"③也就是说，在杜预看来，《左传》在此处书"礼也"并出凡，时机恰到好处，似神来之笔，正是丘明独传圣人心法的表现之一。《左传》是圣经这一判断是杜预构建庞大解经体系的基本立足点，可以视之为杜预的"信仰"，但在一定程度上，这一"信仰"并非全无"理性"依据。正是因为杜预发现遵循这一原则，他在《左传》中不断发现前人所不曾发现的神来之笔，他的"信仰"才会变得越来越坚定④。

所谓"为大子时已行昏礼"，《正义》云："纳币以前已有三礼，须再度遣使，一月之内不容三遣适齐，盖公为大子时已行昏礼。疑在僖公之世已行纳采、

---

① 【唐】孔颖达：《春秋左传正义》卷一八，第301、304页。
② 【唐】孔颖达：《春秋左传正义》卷一七，第289页。
③ 【晋】杜预：《春秋释例》卷一二《长历》，第10页。
④ 孙诒让相信《周礼》为周公之书，其《周礼正义》（卷一，北京：中华书局，1987年，第4页）曰："此经建立六典，洪纤毕贯，精意眇旨，弥纶天地，其为西周政典，焕然无疑。"在孙氏看来，如此体大思精之作，非圣人莫属。杜预的逻辑与此相似。在征南看来，错误前提不可能导出有意义的结果，而神奇发现只能证明，其假设正确无误。

纳吉，今续而成之也。"① 章管炜认为杜预强词夺理，进退失据，征南此说完全是臆断②。章氏不清楚的是，杜预以《左传》为圣经，在这一前提下，在实证史学看来或许不恰当的过度推衍，对征南来说，都理所当然。再者，文公为太子时已行纳采、问名、纳吉三礼，方欲纳币，而父亡，只能留待父丧期满，是亦人之常情，又何牵强之有？更何况，纳币因父丧延期，反而进一步彰显出《左传》"礼也"的用心所在。在杜预的逻辑体系中，不会有比这更合情理的了。

正是从文公二年传中，杜预读出了心丧不图婚，对于《春秋》所见两处丧期未满行昏礼之事，杜预痛下针砭。庄公二十二年经："冬，公如齐纳币。"无传。按庄公之母文姜卒于二十一年七月，庄公此时尚在心丧期内，如齐纳币显为非礼之举。那为何《左传》不贬呢？杜注曰："母丧未再期而图婚，二传不见所讥，左氏又无传，失礼明故。"③ 所谓"失礼明"，是指文公二年已对此礼做了明确界定，此处则无需赘言矣。此处《公羊》《谷梁》二传亦未讥，这被征南引为此礼甚明的旁证。又宣公元年经："公子遂如齐逆女。"事与上例相类，传亦无说。杜注："不讥丧娶者，不待贬责而自明也。"④ 亦是此意。

昏礼之外，对于心丧，《左传》中还能找到别的礼制规定。庄公元年经："筑王姬之馆于外。"杜注："公在谅暗，虑齐侯当亲迎，不忍便以礼接于庙，又不敢逆王命，故筑舍于外。"传曰："为外，礼也。"杜注："齐强鲁弱，又委罪于彭生，鲁不能仇齐，然丧制未阕，故异其礼，得礼之变。"⑤ 按此经《谷梁传》云："仇仇之人，非所以接婚姻也。衰麻，非所以接弁冕也。"⑥ 是说筑馆于外非常礼，乃因齐襄公为鲁庄公杀父仇人，且庄公尚在服丧，故权宜行之。据《正义》，《左传》先儒均从此说。杜预之所以另立新说，首先因为既葬已除服，次则桓公十八年《左传》载："（齐襄公）使公子彭生乘公（鲁桓公），公薨于车。鲁人告于齐曰：'寡君畏君之威，不敢宁居，来修旧好。礼成而不反，

---

① 【唐】孔颖达：《春秋左传正义》卷一八，第301页。
② 章管炜：《两晋南北朝皇家公除心丧礼研究》，华东师范大学历史学系硕士学位论文，2014年，第40页。
③ 【唐】孔颖达：《春秋左传正义》卷九，第162页。
④ 【唐】孔颖达：《春秋左传正义》卷二一，第360页。
⑤ 【唐】孔颖达：《春秋左传正义》卷八，第136—137页。
⑥ 【清】杨士勋：《春秋谷梁传注疏》卷五，第44—45页。

无所归咎，恶于诸侯。请以彭生除之。'齐人杀彭生。"①彭生既杀，不论鲁庄公内心真实情感如何，台面上势不能再以齐为仇。而变礼馆王姬于外，显然需要一个光明正大的理由。杜预能想到的，只有心丧了。而《左传》所谓"礼也"，在征南看来，恰恰是为了向后世说明心丧期间的特殊礼制。上引文公二年传已经表明，天子诸侯心丧期间，己身不得图婚。己身既不然，子女可推而得之。然诸侯为王姬主婚，则属特例。一方面，这是可行之事。另一方面，虽可行，却不可在宗庙行之。所以需特别出传说明。这应当就是杜预的理解。

又闵公二年传："僖之元年，齐桓公迁邢于夷仪。二年，封卫于楚丘。邢迁如归，卫国忘亡。卫文公大布之衣，大帛之冠，务材训农，通商惠工，敬教劝学，授方任能。"杜注："大布，粗布。大帛，厚缯。盖用诸侯谅暗之服。"②《礼记·玉藻》曰："年不顺成，君衣布。"郑注："皆为凶年变也。君衣布者，谓若卫文公大布之衣、大帛之冠是也。"孔疏："为国之破乱，与凶年同。"章管炜引此为据，并指出国君于凶年素衣的情境还见于多种典籍，批判杜预有意曲解《左传》③。

笔者以为，杜预之论断自有其学术逻辑。首先，《左传》明言"卫国忘亡"，即否极泰来之意，然则才描述卫文公之大布之衣、大帛之冠，恐怕杜预会认为此处大布、大帛与《礼记》记载不同，不可援引凶年素衣的解释。（所谓杜预随文求义的特点，下节将详论。事实上，在方法上，杜预与郑玄完全相同。）其次，杜预是经学家，根本不会看重其他典籍的记载。再次，对于杜预而言，心丧是一项极其重要的礼制，作为圣经的《左传》应当对此有较明确的说明。通过以上讨论，我们已经知道，征南以为，心丧可行朝聘、宴乐、征伐，不得图婚。那么，到底可与不可之间的界线到底是什么呢？杜预同样在《左传》中找到了答案。文公元年经书："公孙敖如齐。"传："穆伯如齐，始聘焉，礼也。凡君即位，卿出并聘，践修旧好，要结外援，好事邻国，以卫社稷，忠信卑让之道也。忠，德之正也；信，德之固也；卑让，德之基也。"杜注："传因此发凡，以

---

① 【唐】孔颖达：《春秋左传正义》卷七，第130页。
② 【唐】孔颖达：《春秋左传正义》卷一一，第194页。
③ 章管炜：《两晋南北朝皇家公除心丧礼研究》，华东师范大学历史学系硕士学位论文，2014年，第38页。

明诸侯谅暗,则国事皆用吉礼。"①所谓"国事",对应的应当是"私事"。朝聘、征伐自然是国事,而《左传》所见天子诸侯心丧期间之宴乐,均为天子诸侯间朝聘、会遇或吊丧之场合,亦是国事。婚事则可归诸私事。鲁侯为王姬主婚,则在国、私之间。国事好理解,所谓私,盖因鲁侯以同姓诸侯之身份,代替天子以父兄之身份为王姬主婚,在礼仪中,一定程度上王姬是以鲁侯之女或姊妹的身份出现的。按照国私之分,杜预大概认为,卫文公之大布、大帛,是其私服,而非朝服。

至此,笔者对杜预心丧说之逻辑及内涵已作了澄清。不过,章文又从另外两个角度对征南进行了质疑,是不可不辨。其一,章文以为,杜预明知春秋衰世,多不守礼,又根据《左传》所载春秋史事推出作为三代通礼之心丧,是自相矛盾②。既然前文笔者已经论证清楚,礼与非礼,征南唯据《左传》为断,则此疑可不攻自破——《左传》固然多载春秋非礼之事,然必有讥文,无讥则必合乎礼。

然章文所举一例尚需稍加辨析。昭公十三年传载叔向之辞:"明王之制,使诸侯岁聘以志业,间朝以讲礼,再朝而会以示威,再会而盟以显昭明。志业于好,讲礼于等,示威于众,昭明于神,自古以来,未之或失也。"③《释例》云:"春秋之世,文襄之伯,其务不烦,更制三年而聘,五年而朝,有事而会,不协而盟,足以昭礼、命事、谋阙而已。虽构此制,迫于事难,君臣交驰相继于时,或以拜朝,或以殷聘、初聘、报聘来,谓使而来见,疏数之节无复常制。皆书'有礼'者,亦时之所宜也。"④既然《左传》以春秋时宜之礼为"有礼",杜预焉知心丧非春秋之时宜?笔者以为,关键就在《左传》自身叙述之中。《释例》所谓"文襄之伯"云云,出自昭公三年传子大叔语:"昔文、襄之霸也,其务不烦诸侯,令诸侯三岁而聘,五岁而朝,有事而会,不协而盟。君薨,大夫吊,卿共葬事;夫人,士吊,大夫送葬。足以昭礼、命事、谋阙而已,无加命

---

① 【唐】孔颖达:《春秋左传正义》卷一八,第299—300页。
② 章管炜:《两晋南北朝皇家公除心丧礼研究》,华东师范大学历史学系硕士学位论文,2014年,第41—42页。
③ 【唐】孔颖达:《春秋左传正义》卷四六,第810页。
④ 【晋】杜预:《春秋释例》卷一,第4页。

矣。"① 正是因为《左传》既明确交代了古礼,又明确交代了今礼之缘起,并屡书"有礼",征南得以推知此虽为春秋变礼,然圣人不贬。若心丧,《左传》交代古礼了吗?交代今礼之缘起了吗?既然《左传》并无交代,非三代通礼而何?

其二,杜预心丧之见解,早在泰始十年皇太子是否应除服的争论中,即已公之于世,并引起轩然大波。章氏比较泰始十年杜预之论证与《集解》杜注,认为泰始十年杜预系为政治投机有意曲解经传,但仓促中留下了破绽,而在系统批注《左传》时,为弥缝计对以前的论证做了修改②。改注说涉及两处。我们先看第一处。昭十五传载:"晋荀跞如周,葬穆后,籍谈为介。既葬,除丧,以文伯宴。……叔向曰:'……三年之丧,虽贵遂服,礼也。(杜注:天子诸侯除丧当在卒哭,今王既葬而除,故议其不遂。)王虽弗遂,宴乐以早,亦非礼也。(杜注:言今虽不能遂服,犹当静默,而便宴乐,又失礼也。)礼,王之大经也。一动而失二礼,无大经矣。'"③而杜预在泰始十年皇太子是否应除服的讨论中援引此传时说:"叔向不讥景王除丧,而讥其燕乐已早,明既葬应除,而违谅暗之节也。《春秋》晋侯享诸侯,子产相郑伯,时简公未葬,请免丧以听命,君子谓之得礼。"④章氏以为,泰始十年杜预主张,景王除丧合礼,非礼的只是心丧期间燕乐,而杜注则否定前说,认为未卒哭而除服、燕乐俱为失礼,心丧期间则可燕乐。

事实果真如此吗?如上所引,泰始十年杜预在援引叔向事后即论及晋侯享郑伯事,出自昭公十二年传:"晋侯享诸侯,子产相郑伯,辞于享,请免丧而后听命。晋人许之,礼也。"⑤所谓"免丧而后听命",泰始十年时的杜预即理解为除服即可参与享礼。更何况,晋侯此时尚在心丧期间。难道泰始十年时的杜预就已自相矛盾若此吗?按照杜注的理解,昭公十五传叔向所言不仅完全不构成其心丧说之威胁,反而是其强证。难道泰始十年时的征南如此低能,公然不顾《左传》明文"一动而失二礼",故意曲解?而反驳者也并未就此点驳斥杜预,难道

---

① 【唐】孔颖达:《春秋左传正义》卷四二,第721页。
② 章管炜:《两晋南北朝皇家公除心丧礼研究》,华东师范大学历史学系硕士学位论文,2014年,第42—43页。
③ 【唐】孔颖达:《春秋左传正义》卷四七,第823—824页。
④ 【唐】房玄龄等:《晋书》卷二〇《礼志中》,第619页。
⑤ 【唐】孔颖达:《春秋左传正义》卷四五,第789页。

其时除杜预外，就无人熟悉《左传》了吗？

且看《正义》："除丧当在卒哭。而上下杜注多云'既葬除丧'者，以葬日即虞，虞即卒哭，卒哭去葬，相去不远，共在一月。葬是大礼，事书于经，故成君以否，皆举葬言之。王不能遂服，乃与丧宾宴，又失礼也。以其丧服将终，早除犹可，宴事必不可也。"①事实上章文本身即已指出，杜注常用"既葬除丧"代称"卒哭除丧"②。个中缘由，当如《正义》所论。而泰始十年杜预之见解，也应照《正义》提供的线索去理解。所谓"既葬应除"，即是说"丧服将终，早除犹可"，杜预的这一见解应当源自对昭十五传叔向语"王虽弗遂"之"虽"字及"一动而失二礼"的解读。若非"早除犹可"，则早除丧与早宴乐完全就可以看成一回事，不必强调"失二礼"也。而"违谅暗之节"非谓谅暗不可宴乐，而是说宴乐早于谅暗的开始，这应当是杜预对《左传》"宴乐以早"的一贯理解。

第二处改注说涉及心丧期间百官总己以听于冢宰的诠释。隐公三年经："秋，武氏子来求赙。"传："武氏子来求赙，王未葬也。"杜注："武氏子，天子大夫之嗣也。平王丧在殡，新王未得行其爵命，听于冢宰。故传'王未葬'，释其所以称父族，又不称使也。"又文公九年经："毛伯来求金。"传："不书王命，未葬也。"杜注："虽逾年而未葬，故不称王使。"③对这两处杜注，章氏作出了正确解读，即杜预认为，新王在先王未葬时不得行爵命，政事听于冢宰，这意味着既葬心丧，则百官不再听于冢宰。而泰始十年杜预援引《论语》"君薨，百官总己以听于冢宰三年"，章氏以为，这与杜注矛盾。

事实上，泰始十年杜预已经对此作出了明确解答："既葬而除，谅暗以终之，三年无改父之道，故百官总已听于冢宰。"④也就是说，在杜预看来，随着丧礼的进行，"百官总已听于冢宰"的含义会发生变化。既葬除服前，政事听于冢宰。除服心丧，国事皆用吉礼，天子诸侯自然亲政。此时所谓"谅暗"，

---

① 【唐】孔颖达：《春秋左传正义》卷四五，第789页。
② 章管炜：《两晋南北朝皇家公除心丧礼研究》，华东师范大学历史学系硕士学位论文，2014年，第35页。
③ 【唐】孔颖达：《春秋左传正义》卷三，第49、52页；卷一九上，第320—321页。
④ 【唐】房玄龄等：《晋书》卷二〇《礼志中》，第621页。

是指凡事遵循先君遗制，不作变更。在这一意义上，天子"无为"，虽亲政而不发表个人见解，由冢宰监督百官奉行先君旧制。以"三年无改父之道"解释"谅暗"，解释"百官总已以听于冢宰"，并非征南独创。《汉书·师丹传》载丹上书言："古者谅暗不言，听于冢宰，三年无改于父之道。"① 知此为汉人旧说②。

综上所述，笔者以为，杜预对《春秋》《左传》之批注及其在此基础上所表达的对君臣关系、天子诸侯之丧期等事关人伦大要之事的看法，均为其在以《左传》为圣经的前提下，遵循学术逻辑所得，根本原因在其"《左传》癖"，与时代、政治并无瓜葛。

---

① 【汉】班固：《汉书》卷八六《师丹传》，第 3503 页。
② 关于心丧，还有一点需要补充说明。泰始十年的争论，主题并非天子诸侯，而是皇后崩，皇太子是否应既葬除服。杜预在论证了天子诸侯既葬除服、心丧终制后，主张皇太子亦应如此："父在为母期，父卒三年，此以至亲屈于至尊之义也。出母之丧，以至亲为属，而长子不得有制，体尊之义，升降皆从，不敢独也。礼，诸子之职，掌国子之倅，国有事则帅国子而致之太子，唯所用之。《传》（引者按：《左传》）曰'君行则守，有守则从，从曰抚军，守曰监国'，不无事矣。《丧服》母为长子，妻为夫，妾为主，皆三年。内宫之主，可谓无事？揆度汉制，孝文之丧，红襈既毕，孝景即吉于未央，薄后、窦后必不得齐斩于别宫，此可知也。况皇太子配贰至尊，与国为体，固宜远遵古礼，近同时制，屈除以宽诸下，协一代之成典。……今皇太子至孝蒸蒸，发于自然，号咷之慕，葡匋殡宫，大行既奠，往而不反，必想象平故，彷徨寝殿。若不变从谅暗，则东宫臣仆，义不释服。此为永福官属，当独衰麻从事，出入殿省，亦难以继。今将吏虽蒙同二十五月之宁，至于大臣，亦夺其制。昔翟方进自以身为汉相，居丧三十六日，不敢逾国典，而况于皇太子？臣等以为皇太子宜如前奏，除服谅暗终制。"史言"于是太子遂以厌降之议，从国制除衰麻，谅暗终制"。（【唐】房玄龄等：《晋书》卷二〇《礼志中》，第 622—623 页）杜预首先引《丧服》父在为母期及出母之子为后则不为母服为例，说明子为母服有压降之义。又援引《周礼》及《左传》，强调太子为国储副，职事在身，当以压降除衰麻。值得注意的是，太子本服期，而非三年，为何杜预主张心丧三年呢？如上所云，子为母本服三年，父在压降为期，今皇太子再以压降不终期服，心丧之服制就不应以期为断，而当为本服之三年。换言之，斩衰三年一降而为齐衰期，再降心丧三年，构成了三个递减的阶段。若仅心丧期，则非再降，乃三降也。此说亦有《左传》为证。按上昭公十五年传载叔向语"王一岁而有三年之丧二"，夫为妻应服期，而传称"三年之丧"，杜注云："天子绝期，唯服三年。故后虽期，通谓之三年丧。"《正义》曰："妻服齐衰期耳，而传以后崩、大子卒为三年之丧二者，《丧服》杖期章内有'父在为母。传曰：何以期？屈也。至尊在，不敢申其私亲也。父必三年然后娶，达子之志也。'父以其有三年之戚，为之三年不娶，则夫之于妻有三年之义，故可通谓之三年之丧。"（【唐】孔颖达：《春秋左传正义》卷四七，第 824 页）夫之于妻尚三年不娶，有三年之义，称"三年之丧"，子之心丧焉得不三年！泰始十年的争论中，焦点始终是天子诸侯是否行心丧，而从无人对天子诸侯行心丧前提下太子亦应以压降行心丧三年这点提出质疑。这似乎也表明，在时人看来，只要天子诸侯心丧说成立，太子心丧三年而非期年，是顺理成章的结论。

无论是经学史，还是思想史，现代学界往往试图从时代潮流、学者的社会属性等外部视角去加以阐释。这种做法的确带来了很多重要成果，为我们揭示了古人思想学术的重要侧面。但另一方面，过分强调时代与政治这些外在因素的影响，可能会造成对古人学说内在逻辑的忽视。

对经典的阅读与诠释，是汉代以降经学家的使命。不仅如此，如果放宽视野，我们会发现，对儒家、道家或佛教经典的学习，几乎是后世所有思想家成长的必由之路。

关于经典诠释中的绝大多数问题，现代学者虽然彼此互异，但绝大多数学者恐怕都是秉着学术良知，以文本为依据，理性地建构起自己的学说。观点之歧异，新说之纷呈，很大程度上源于文本内在的开放性，而非外部因素所致。如果现代学者拥有理性反思能力，似乎没有理由认为古人不具备同样的理性与自我反省能力。

杜预《左传》癖的形成，起初可能是出于个人趣味。但他对《左传》的喜好发展成癖，最终构成了其庞大学术体系的唯一支撑点，则是征南与文本理性互动的结果。如上所述，当杜预带着"信仰"阅读《左传》时，理性与逻辑不断向他揭示出文本潜藏的神来之笔。正是因为征南发现，只要遵从"信仰"这一起点，理性可以构建出极其精致的七宝楼台，他才会更坚定其"信仰"。或者说，"信仰"前提下对文本的理性解读所取得的辉煌成就恰恰是对"信仰"的最佳证明。

本文所论杜预《春秋》学虽然只是个案，但笔者怀疑，尽管程度可能有所不同，或多或少有过杜预式心路历程的经学家、思想家恐怕不在少数。对于这些经学家、思想家而言，不管在今天看来，他们的诠释背离经典本义如何之远，恐怕他们自身在提出学说时，都真诚地相信自己捕捉到了经典的真谛。不论在今天看来，追求唯一真理多么荒诞，这一目标无疑是古代学者的最高理想。如果我们愿意相信古人的真诚与理性——如同我们相信与我们学术观点不同的现代同行的真诚与理性一样——，我们就不能仅仅停留在学术或思想倾向、立场的表象之上，而必须努力去发掘导出这一倾向、立场的逻辑推演过程。在深刻理解古人学说的内在逻辑之前，援引时代或政治等等外部解释，恐怕会让我们陷入焦循式的陷阱。也只有在真正弄清学术与思想背后的文本依据及其逻辑架构之后，我们才可能对时代、政治等外部影响作出正确评估。仅用外部因素就可以理解的经学家或思想家，恐怕都不是真正有洞见的智者。

文本固然是开放的，但同时也是封闭的。再开放的文本，也不可能提供无限制任意解释的空间。并不存在可以被任意宰割的文本，诠释者与文本永远处在相互塑造的过程之中。杜预固然带着先入之见去阅读、阐释《左传》，但《左传》也在用其特定文本不断改造杜预的思想。历代诠释者恐怕都是如此。在这一意义上，思想与文本密不可分。

现代学界对时代、政治等外部因素的过分强调，不仅可能导致对学术与思想的理解出现偏差，甚至可能造成政治史的偏狭化。尤其在后现代的影响下，权力与意识形态几乎成了政治史的唯一主题。也许后现代的本意是从权力与意识形态手中拯救历史与当代民众，但其后果却造成了对权力之外所有信仰的怀疑。我们总在强调，权力与政治如何塑造学术与思想，同时又相信，我们自身是在权力与政治之外理性地进行思考——否则我们的反思不可能有意义。似乎不应忘记的是，中国古代的士大夫同样秉着良知与理性参与政治。在中国古代相当多的政治事件中，我们都能看到与经典文本密不可分的学术与思想的身影。检讨学术与思想对政治的塑造，恐怕是值得重视的课题①。

七、乾嘉"汉学"与被遮蔽的经学史

最后，让我们再回到经学史。

杜预从整体上综合考虑《春秋》经传，其注环环相扣，层层递进，互相补充，共同支撑起一座光彩炫目的七宝楼台。对征南学术之立足点与基本思路，晚至宋元，学界仍有非常清楚的认识。唐初孔颖达《春秋正义序》云："晋世杜元凯又为《左氏集解》，专取丘明之传以释孔氏之经。所谓子应乎母，以胶投漆，虽欲勿合，其可离乎！"② 宋元之际黄泽曰："说《春秋》，当据《左氏》事实而兼采《公》《谷》大义，此最为简要。杜元凯专修丘明之传以释经，此于《春

---

① 当然，对政治史的检讨，远远超出了本文的主旨，容另文详述。
② 【唐】孔颖达：《春秋正义序》，《春秋左传正义》，第3页。

秋》最为有功。泽之用工，大略亦仿此。但《左氏》有错误处，必须力加辩明，庶不悖违经旨。此所谓爱而知其恶。而杜氏乃一切曲从，此其蔽也。"①但如开篇所述，清代以来，杜预的学术逻辑被遗忘了。

清代学者大多认为，杜预在文字训诂、名物制度方面甚为疏漏。现代学界也秉承了这一看法。何晋先生在比较杜注与贾、服注时，即持此说。兹略举何先生所引二例检讨如下。

庄公十一年《左传》："覆而败之曰取某师。"杜注："覆，谓威力兼备，若罗网所掩覆，一军皆见擒制，故以取为文。"②何先生引服注："覆，隐也。设伏而败之，谓攻其无备，出其不意，敌人不知，败之易，故曰取。"并下按语云："隐公九年'君为三覆以待之'杜注：'覆，伏兵也。'又襄公十二年：'凡书取，言易也。'可见当以服义为长，杜注'覆，谓威力兼备'乃臆说，前后所注不统一。"③

实际上，《正义》早就对杜预之所以摈弃服说作出了阐释："取谓尽取，无遗漏之意也。哀九年'宋皇瑗取郑师于雍丘'，传称：'皇瑗围郑师，每日迁舍，垒合，郑师哭。'是自知尽死，无逃逸之路也。又曰'使有能者无死'，是其合军之内，死生在宋也。取状如此，而云覆而败之，知其如罗网掩覆，一军皆见禽制，故以取为文。服虔云：'覆，隐也，设伏而败之。谓攻其无备，出其不意，敌人不知，败之易，故曰取。'即如服言，与未陈何异？而别以为例，为之取也？荀吴败狄于大原，于越败吴于檇李，并攻其无备，出其不意，而经不言取。郑二公子败燕师于北制，郑人大败戎师，是设伏败之，而传不言取。服谓此为取何也？宋围郑师，垒合而哭，自知必败，非敌人不知，而书取何也？"④

又文公十七年《左传》：

---

① 赵汸：《春秋师说》卷下，台北：汉京文化事业有限公司影印钟谦钧重刊《通志堂经解》本，出版年份不详，第14944页。
② 【唐】孔颖达：《春秋左传正义》卷九，第152页。
③ 何晋：《〈左传〉贾、服注与杜注比较研究》，《国学研究》第四卷，北京：北京大学出版社，1997年，第75页。
④ 【唐】孔颖达：《春秋左传正义》卷九，第152页。

晋侯不见郑伯，以为贰于楚也。郑子家使执讯而与之书，以告赵宣子，曰："……古人有言曰：'畏首畏尾，身其余几？'又曰：'鹿死不择音。'小国之事大国也，德，则其人也；不德，则其鹿也，铤而走险，急何能择？命之罔极，亦知亡矣，将悉敝赋以待于鯈。唯执事命之。文公二年六月壬申，朝于齐。四年二月壬戌，为齐侵蔡，亦获成于楚。居大国之间，而从于强令，岂其罪也？大国若弗图，无所逃命。"晋巩朔行成于郑，赵穿、公婿池为质焉。

杜注"鹿死不择音"云："音，所茠荫之处。古字声同，皆相假借。"① 何先生引服注："鹿得美草，呦呦相呼；至于困迫将死，不暇复择善音。"并广征清人之说，下断语云："服注乃有训诂上严格的根据，杜注则是乱用假借，别为它说。"又曰："在训诂上，杜注不如贾、服注，这种疏陋经常是因为杜注望文生义、随文而训造成的。"②

事实上，杜预之新说，实为其细读上下文之结果。春秋之时，郑国身当晋楚两大国之间，处境极为尴尬艰难。晋侯责郑伯附楚，欲惩罚郑国，郑子家向赵宣子申诉，其辞不卑不亢，其大意是警告晋国，若欺人太甚，郑将寻求楚之庇护，彻底倒向楚国。"鹿死不择音"若释为"不暇复择善音"，则为乞怜之辞，而惟如杜说，方能与上下文呼应。

不过，何晋先生指出杜预"前后所注不统一"，"望文生义、随文而训"，确是事实，但这并非杜预之疏漏，而恰恰是其精妙所在。与杜预方法完全相同的是郑玄。乔秀岩先生将"结构取义"称为"郑学第一原理"，所谓"结构取义"，"即郑玄观察上下文来推定经文词句义意的解释方法"。这一方法"不仅为赵匡所讥，亦为宋代刘敞，清代金鹗、王引之、孙诒让等学者所否定。王引之等人在先秦古籍中搜集大量书证，综合分析用词例，确定词义。孙诒让也非常重视用词例，……郑玄'结构取义'与此相反，意味着'望文生训'，自然为孙诒

---

① 【唐】孔颖达：《春秋左传正义》卷二〇，第3502页。
② 何晋：《〈左传〉贾、服注与杜注比较研究》，《国学研究》第四卷，北京：北京大学出版社，1997年，第75—76页。

让他们所不取。其实，郑玄'随文求义'、'即文为说'，绝非随意乱说，而是郑学真正奥妙所在。"①

乔氏又云："清人读经，往往走典章制度的路子，大都遵从'有文字而后有训诂，有训诂而后有义理'的方法论，认为先知词义，才知道文义，而且以讨论内容为目的。因此清人先确认实词词义，据以调整对经文结构及虚词的解释，结果往往割裂经文，随意曲解虚词。郑玄不认为一个词有固定所指，而认为一个词只能提示大致范围，至于到底所指何义，必须依赖上下文才能确定。因此郑玄先确认经文上下结构以及显示经文结构的虚词，据以调整实词词义。读书必须读字里行间，只有语境才能产生义意，是上下文决定词义，并非堆砌词义即可得句义。清人归纳分析词义之法，将词语从经文语境中抽离开来，单独研究，……应该说郑玄对文本、词汇的理论认识，比清人更深刻而复杂。郑学为经学，并非典章制度之学，亦非依赖概率的语言学，故以经书、经文为出发点，亦以理解经书、经文为终点。"②

乔氏对以高邮王氏父子为代表的注重"语法"的考据传统的批判③，允为的论。正是因为乾嘉考据有这样的局限与偏颇，多数清代学者与郑玄存在很大的隔阂，甚至几无人能理解杜预。不仅如此，在如何看待经书的一个根本层面，清儒主流也与康成、元凯有着巨大差异。

让我们先看乔秀岩先生比较《论语》郑注与何晏《集解》的两个例子。《八佾篇》：

> 哀公问主于宰我，宰我对曰："夏【中缺】人以柏，周人以栗，曰使民战栗也。"（郑注：主，田主，谓社。哀公失御臣之权，臣【中缺】见社无教令于人，而人事之，故【中缺】树之田主，各以其生地所宜木，遂以为社

---

① [日]乔秀岩：《郑学第一原理》，《北京读经说记》，万卷楼，2013年，第230页。
② [日]乔秀岩：《郑学第一原理》，《北京读经说记》，万卷楼，2013年，第247—248页。
③ [日]乔秀岩：《论郑王礼说异同》，《北京读经说记》，万卷楼，2013年，第173页：指出王念孙、段玉裁等人为求所谓合理性，"不惜牺牲文献文字的复杂多样性"。又《编后记》（《北京读经说记》，第288页）云："第十三篇讨论郑学原理，其实也在讨论清人考据的局限性、偏颇性。近代以来，清人考据经学换招牌为先秦文化史，但基本研究方法一脉相承，不过多加些出土材料而已。"

于其野。然则周公社以栗木者,是乃土地所宜木。宰我言使民战栗,媚耳,非其【下缺】。)【缺】:"【缺】不说,遂事不谏,既往不咎。"(郑注:哀公失御臣之政,欲使【中缺】我之对,成哀公之意,【中缺】谏止其不可解说,不可谏止,言其既往不可咎责。言此失者,无如之何①。)

哀公问社于宰我,宰我对曰:"夏后氏以松,殷人以柏,周人以栗,曰使民战栗也。"(集解:孔安国曰:"凡建邦立社,各以其土所宜之木。宰我不本其意,妄为之说,因周用栗,便云使民战栗也。")子闻之,曰:"成事不说,(集解:苞氏曰:"事已成,不可复说解。")遂事不谏,(集解:苞氏曰:"事已遂,不可复谏止也。")既往不咎。"(集解:苞氏曰:"事既往,不可复追非咎也。孔子非宰我,故历言三者,欲使慎其后也。"②)

郑注虽残,大意尚明。按照郑玄的理解,哀公因御臣无术,试图神道设教,通过社祭重塑君主权威,而宰我曲学媚世,迎合哀公。郑玄构想出经文并未明言的哀公御臣无术一事,诚如乔氏所言,"郑注似凿,《集解》平实。但若据《集解》,不知《论语》何以不云'宰我曰',而必云'哀公问社于宰我,宰我对曰'"。乔氏进一步解释说:"郑玄治经,必为校订文字,一字之微,必求切解,故其注《论语》,亦校《古论语》。若谓'哀公问主于宰我'七字不关内容,竟可有可无,郑玄尚能校订文字乎?不能也。《集解》无校字之说,视文字为琐事,故以'哀公问主于宰我'七字无义意,置而不论。"③笔者以为,郑玄"一字之微,必求切解"的原因,也与杜预完全相同,是因为他相信经文的神圣性——经文既为圣人所为,自然字字皆有用意。

再看乔氏所举同出《八佾》的另一例证:

"祭如在",(郑注:时人所存贤圣之言也。)祭神如神在。(郑注:恐时不晓"如在"之意,故为解之④。)

---

① 王素:《唐写本〈论语〉郑氏注及其研究》,北京:文物出版社,1991年,第21页。
② 【南朝梁】皇侃撰,高尚榘校点:《论语义疏》卷二,第70—72页。
③ [日]乔秀岩:《论郑何注〈论语〉异趣》,《北京读经说记》,万卷楼,2013年,第183页。
④ 王素:《唐写本〈论语〉郑氏注及其研究》,北京:文物出版社,1991年,第20页。

祭如在，（集解：孔安国曰："言事死如事生也。"）祭神如神在。（集解：孔安国曰："谓祭百神也。"①）

同样，表面看来，"郑注似凿，《集解》平实"。乔氏解说云："上句三字，下句五字，仅仅八字，而郑注必谓其间有立体结构，《集解》必以为两句平列。"②笔者以为，郑玄之所以"必谓其间有立体结构"，也是出于对经书神圣性的理解——若如孔说乃并列结构，则文字表述不应有差异，反过来说，经文既一为三，一为五，必有用意③。

---

① 【南朝梁】皇侃撰，高尚榘校点：《论语义疏》卷二，第62—63页。
② ［日］乔秀岩：《论郑何注〈论语〉异趣》，《北京读经说记》，万卷楼，2013年，第183页。
③ 附带要论及的是，乔秀岩先生在比较郑玄与王肃礼说时提出，郑玄的理论体系脱离现实，只是书本上的空中楼阁。乔氏（《论郑王礼说异同》，《北京读经说记》，第170—171页）云："郑玄力图保存文献语言的复杂性，为此要求读经者细分自己脑海中的相关概念。不难理解，这样细致的分析只有在理论上才得以进行，若移之于现实社会，显得太过复杂，甚至不合理不合情。若要保存文献语言的复杂性，必然要形成复杂至脱离现实的概念体系，个中原因，当是因为经纬文献本身包含异地异时不同人的各种说法，本来不反映一套现实的概念体系。王肃对郑玄提出异义，有多方面原因，现实性考虑可能是最主要的因素。……所以，其礼说须具可实践性，要求合情合理，不能只顾理论上的完美。……郑玄虚心接受文献，要求我们改变概念；王肃则从当时的观念出发，要求调整文献的表面意义；方向正好相反。合情合理的现实不需借助经书，已自明。"乔氏将不合现实、无法操作视为郑学之致命弱点，笔者不敢苟同。事实上，正如乔氏自云，"笔者提出这些观点，只是对郑、王学术基本方向的个人解释。既然是解释，无法证明绝对正确。不仅如此，举例反驳也很容易。郑玄注经改字极多，有目共睹，不必赘言。"（第171页）如果郑玄只是为了牵合经文，何必改字？改字难道不正是为了使其体系合情合理吗？乔氏所谓郑玄经说在现实中"不合理不合情"，无非是指其过于繁琐，且与当时习俗相差甚远，而非在本质上缺乏操作性。而所谓"过于繁琐"，也是站在后世，乃至今人的立场加以判断的。对郑玄而言，这根本不构成挑战。因为郑玄所要做的，正是阐明圣人经书所承载的理想制度，以改造现实。现实不合于理想，恰恰是其皓首穷经以图阐明理想的原因。乔氏承认郑玄自比晚年之孔子，但仍坚称郑玄本人并不寻求其礼说之实践，曰："汲汲研究六艺之义，校古礼篇目，正经书文字，是孔子所为与郑玄正同。'不梦周公'，后人解释皆谓孔子至晚年，政治抱负未得实现，故为慨叹如此。惟独郑玄谓孔子因为已经得道为圣人，编订经书以示后人，故不复梦周公，孔子是成功者，而非失败者。知郑玄之追求，在研究经书文字，不在政治实践，最有明证。……郑玄知时政时俗混乱已极，教化致太平，止得寄希望于后世，故放弃社会实践，埋头研究经学，自校订文本起，字斟句酌，求诸经之解释不互相矛盾，为此建立精密复杂之理论体系。止有绝望于现世者，尽全力沉潜，始得完成如此庞大之文献研究。"（第203—204页）此说似有自相矛盾之嫌。孔子晚年难道也放弃了政治要求，在编织只存于书本上的空中楼阁？郑玄会通诸经，难道最终不是想为后世提供一个可实践的完美典范？如果郑玄在文献与现实之间划了一个不可逾越的鸿沟，三礼注为何频频引述汉代制度与名物？

总而言之，就方法而言，郑玄与杜预高度接近。他们不仅相信经文在内容上承载了圣人之义理，而且坚信其承载模式——经文的书写方式——同样具备神圣性。康成与元凯之区别，主要在于康成贯通群经，而元凯之格局则要小得多，他以《左传》为本，主要是为了解释《春秋》。而乾嘉以降，学者多注重小学，他们固然承认经书承载了圣人义理——在这一意义上，乾嘉以降的经学当然还是经学，而非史学或语言学——，但已经完全放弃了对经文书写神圣性的追求。比如朴学殿军孙诒让，其推崇《周礼》，认定出自周公，完全是从内容出发，而与书写方式无关。

乾嘉以降，学人多以为由训诂以求义理才是正途。戴震曰："夫所谓理义，……求之古经。求之古经而遗文垂绝，今古悬隔也，然后求之训故。训故明则古经明，古经明则贤人圣人之理义明，而我心之所同然者，乃因之而明。贤人圣人之理义非它，存乎典章制度者是也。……彼歧训故、理义二之，是训故非以明理义，而训故胡为？理义不存乎典章制度，势必流入异学曲说而不自知。"① 钱大昕云："《左氏》解谊，莫精于服子慎，魏齐周隋之世，与郑康成所注诸经并行，当时至有'宁道周孔误，不言郑服非'之谚。……夫穷经者必通训诂，训诂明而后知义理之趣。后儒不知训诂，欲以乡壁虚造之说求义理所在，夫是以支离而失其宗。汉之经师，其训诂皆有家法，以其去圣人未远。魏晋而降，儒生好异求新，批注日多，而经益晦。辅嗣之《易》，元凯之《春秋》，皆疏于训诂。"② 其弟钱大昭《三国志辨疑自序》曰："注史与注经不同：注经以明理为宗，理寓于训诂，训诂明而理自见；注史以达事为主，事不明，训诂虽精无益也。"③

在乾嘉"汉学"家看来，汉代经学的核心是训诂。吊诡的是，虽然一褒一贬，对于郑玄与杜预，他们都没有真正把握其经学体系的根基所在。众所周知，

---

① 【清】戴震：《题惠定宇先生授经图》，《戴震全书（修订本）》第六册，黄山：黄山书社，2010年，第498页。

② 【清】钱大昕：《左氏传古注辑存序》，《潜研堂集》，上海：上海古籍出版社，2009年，第386—387页。

③ 【清】钱大昕：《三国志辨疑自序》，《二十五史三编》第4册，长沙：岳麓书社，1994年，第660页。

乾嘉学术对今日学界影响巨大。既然乾嘉诸公对汉学的理解存在很大的偏差，对于汉晋经学史，我们今天恐怕要做深刻反思。

经与经典

从程子释"亲民"为"新民"看理学的创新逻辑

刘晶戈[①]

摘要：程子将《大学》文本中的"亲民"解释为"新民"，是历代中国学术争论的核心问题之一。从义理上，无论是"亲民"还是"新民"，都可以找到经典论述作为依据。但"亲民"作为"三纲领"的中间环节被人进行新的诠释，绝不是义理被"篡改"那么简单，它蕴含着创新的"纲领"和逻辑。若解释为"亲民"，理论作用的主体是"我"，与我"明明德"、我"止于至善"一脉相承，理论关注的是君子修养的三重境界，这是从孔子以降儒家的传统思想。若解释为"新民"，理论就有了不同的主体，"明明德"的主体是"我"，"新民"的主体是"我"与"民"，"止于至善"的主体是社会。这个重大转变，需要新的理论体系作支撑。宋儒阐发出天理，确立社会共同信仰，为理论可以"新民"立基；挖掘出孟子"理气一元"，为理论能够"新民"铺路；综合儒家关于社会的论述，把"止于至善"作为"新民"的社会目标。理学的创新就是围绕"新民"这个核心问题推动理论进行逻辑展开的，带动儒家经典在义理上整体发生变化，由"求诸己"为核心的"君子"论，转变为"施诸人"为核心的"大人"论。朱熹用诠释学的方法进行的理论重构，沿用的就是程子的创新逻辑。抓住理学理论创新的核心，探寻宋儒的思想路径，能更好继承先贤智慧，学习前人理论创新的经验。

关键词：亲民；新民；理学；二程；理论创新

《大学》原只是《礼记》中的一篇，至宋代理学家朱熹将其摘出，作为"四书"之一与《论语》《孟子》《中庸》并立，确立了它在儒家经典的核心地位。以四书为基础，朱熹用诠释学的方法构建了理学的理论体系。在《大学章句》

[①] 作者简介：刘晶戈，中国社会科学院大学世界宗教研究系硕士研究生。

中，朱熹沿袭二程的观点将"三纲领"中的"亲民"解释为"新民"，使大学思想脱离了原著的本意，开创出全新的境界，成为构建理学逻辑的关节点，使原儒重视"以求诸己"为核心的性理理论转向宋儒重视以"施诸人"为核心的社会共同信仰构建的理学理论，完善了以天理为共同信仰基础、理气一体为原理、先觉觉后觉为方法论的完整理论与实践逻辑链条。研究二程新民思想，就能抓住理学理论创新的核心，探寻宋儒的思想路径，更好继承先贤智慧。

一、"新民"的理论逻辑

（一）以新民为起点，确立"天理"论，使理论立足于共同信仰的基础上

宋代儒家，面临的最大问题是如何解决佛教主流化问题。程子对这种局势进行了确切的解读："学者用了许多功夫，下头须落道了，是入异教。只为自家这下元未曾得个安泊处，那下说得成熟？世人所惑者鬼神转化，他总有说，又费力说道理，又打入个无底之壑，故一生出不得。今日须是自家这里照得理分明，则不走作。形而下形而上者，亦须更分明须得。虽则心有默识，有难名状处，然须说尽心知性知天，亦须于此留意。"① 儒家因只注重时务，不注重形而上的构建，在思想层面，人们无所"安泊处"，最后滑入异教。佛教的日益繁荣和地位的不断提升使儒家自感受到了严重的冲击，急于寻找一种可以升至社会信仰高度的新的理论来与佛学相抗衡，由此宋儒发展出了理学。但是理学建构不是抛开原先的儒家另搞一套，而是在原来理论中转向，以构建的思路围绕信仰问题重新解释经典。

改"亲"为"新"便是程朱重新解释经典构建理学的重要一环。"子程子曰：'大学，孔氏之遗书，而初学入德之门也。'"② 大学是大人之学、君子之学，构建的是大人的思维逻辑，显现的是大人的价值观，更是儒家的教育方法，"学者必由是而学焉，则庶乎其不差矣。"因此从《大学》入手，对于构建理学具有重要的意义和价值。朱熹在《大学或问》里阐明改"亲"为"新"的理

---

① 【宋】程颢、程颐著，王孝鱼点校：《二程集》，北京：中华书局，2004年，第37页。
② 【宋】朱熹：《四书章句集注》，北京：中华书局，1983年，第3页。

由:"今亲民云者,以文义推之则无理;新民云者,以传文考之则有据。"此处的"理"字值得推敲,显然"无理"在此处并不单单是不合理之意,而是不含道、不含义理。程朱改《大学》首句并不是为了让文义更加通顺,而是认为"新民"才是赋有义理之说,意思也就是:亲则无理,新则有理。程子揭示了"新"之有理的原因:"大学在'明明德',先明此道;'在新民'者,使人用此道以自新;'在止于至善者',见知所止。"① 明明德、新民、止于至善是相互连接又递进三个阶段,自明其道,然后推己及人使他人都明此道,自我和他人一起到达至善的境界,构成了一个完整的链条,如此才是"尽夫天理之极",而若用"亲"则意义就偏离宋儒的设想了。

"理"是理学的标志性字眼,"天理"是理学家所找到的形而上的核心理论,也是可以作为整个社会的共同信仰的理论。一个理论若想得到全体社会成员的认同,那么这个理论必定是根植于这个民族当中且是稳定不变的,是可以作为确定性信仰的思想。"理"这一概念在宋之前便存在于儒家思想之中,但却未上升为本体的高度。宋儒将"天理"体贴出来,提高到了最高本体的地位,使之成为对整个社会都具有约束力的规则。首先,天理是唯一的。"万物只是一个天理,已何与焉?"② 天理的存在是唯一的,天地万物都要遵循同一个天理。"以谓万物一体者,皆有此理。只为从那里来。'生生之谓易'。生则一时生,皆完此理。人则能推,物则气昏,推不得。不可道他物不与有也。人只为自私,将自家躯壳上头起意,故看得道理小了佗底。放这身来都在万物中一例看,大小大快活!"③ 万物一体,不是万物为一体,是万物来自一体之天理,各得其理,以正性命。所生之物的天理,完整体现在物中,不是有一个生成此物的理在外边。但人与他物不同的地方就在于,"人得其秀而最灵",人是可以悟道明理而物则不可。人是有精神的我,可以认识自身所蕴含的天理。物没有这种自我认识的精神,认识不到自我天理,但不能说它没有天理在。虽然人与物有禀性的差异,但非常明确地指出天理的唯一确定性。其次,天理是永恒不变的。程子说:"生生

---

① 《二程集》,第22页。
② 《二程集》,第22页。
③ 《二程集》,第33页。

之谓易，是天之所以为道也。天只是以生为道。继此生理者，即是善也。"① 道生万物是生生不息的，天理也是如此，这个生生不灭的过程是持续不变的。同时，天理本身就是圆满完备的存在，"理则天下只是一个理，故推至四海而准，须是质诸天地，考诸三王不易之理。"无论时间、空间、人事如何变化，天理是固定不变的，是超越了时间和空间的客观存在。其三，天理不以人的行为为转移。"天理云者，这一个道理更有甚穷已？不为尧存，不为桀亡。人得之者，故大行不加，穷居不损。这上头来，更怎生说得存亡加减？是他元无少欠，百理具备。"② 天理是自在之有的存在，不会因君主的仁政而有所增加，也不会因为暴政而有所减少，它的自然存在永远不会被人的任何行为所干扰。人的行动，只是在合天理上判断，不是在创天理上努力。人的生活状态，穷通富贵，不影响天理运行。人得了天理，有所成就，天理本身也不会增加。这一个天理，亘古未变，尧贤德，它不变，桀暴虐，它也不变。只有这样一个恒定的天理，才能把人的思想统一到一个旗帜之下。宋儒体贴到了这一天理，如此建构便确立了一个所有社会成员都能拥有的确定的信仰。

如此，天理便成为了程子新民逻辑建构上的基础环节，天理以其最高本体的地位、稳定不变的特性，可以成为整个社会的共同信仰，将所有社会成员纳入这一规则之下，受天理的约束，由此实现思想的转向成为"新民"。

（二）以"自新"为起点，确立"理气一元"论，使理论立足于本体的基础上

朱熹对《大学》首句作如下注解："明德者，人之所得乎天，而虚灵不昧，以具众理而应万事也。但为气禀所拘，人欲所蔽，则有时而昏，然其本体之明，未有尝息者。故学者当因其所发而遂明之，以复其初也。新者，革其旧之谓也，言既自明其德，又当推以及人，使之亦有以去其旧染之污也。止者，必至于是而不迁之意。至善，则事理当然之极也。"③ 明德是天所赋予人的，是人人天生所具备的，明德中蕴含的理足以让人应对所遇到的任何事情，但同时明德会受到

---

① 《二程集》，第29页。
② 《二程集》，第31页。
③ 《二程集》，第4页。

气和人欲的影响，使本体之明无法显现。而新民就是改变旧有的状态，将遮蔽明德的浊气去除掉进而恢复本体之明，使明德重新显现出来。天理是固有存在、稳定不变的，但会受到气的影响，所谓"新民"，"新"的是气而不是理。

程子主张理本论，用形上与形下将"理"与"气"区分开来："盖上天之载，无声无臭，其体则谓之易，其理则谓之道，其用则谓之神，其命于人则谓之性，率性则谓之道，修道则谓之教。孟子去其中又发挥出浩然之气，可谓尽矣。故说神'如在其上，如在其左右'，大小大事而只曰'诚之不可揜如此夫'。彻上彻下不过如此。形而上为道，形而下为器，须著如此说。"① 天无影无形，无声无臭，就是不可直观感受，需要"对越"。天之体是易，天之理是道，天之用是神，三个环节同一于天的概念，此所谓"上天之载"。而天与人之间则是通过气来连接的，程子发扬了孟子浩然之气的思想，从无形的天到性，省略了对中间环节的论证，直接过渡到人，气充盈于人体，由此可以感知天理。因此，理是形而上的、本体的概念，而气则是形而下的、变动不居的。同时，理与气又有先后之分，理在气先，气是理所派生出来的，受理的支配。朱熹也赞成这一观点，他认为万物皆是因天道所感、由阴阳五行之气所生成，先有理后有气，"必是理而后有是气及其生物，则又必因是气之聚而后有是形。"人得理然后有性，人得气然后有形。所以从理上来看，万物都是平等一原没有分别的；但从气上来看，"惟人之生乃得其气之正且通者"，所以与禽兽相异，能够拥有明德。在宋儒看来，天理是永恒的客观存在，是稳定不变的，人之所以会不明理、行不合于道的事，是受气所影响，因此要"新民"便要从改变气这一方面下功夫。

程子从孟子养浩然之气的思想中找到了方法，主张集义成气而合于理。孟子将浩然之气描述为："其为气也，至大至刚，以直养而无害，则塞于天地之间。其为气也，配义与道，无是馁也。是集义所生者，非义袭而取之也。行有不慊于心，则馁矣。我故曰'告子未尝知义'，以其外之也。"② 孟子所讲的浩然之气是充斥于天地之间至大至刚的集义之气。养浩然之气，需时时事事合于义，长期累积，终得其成，而能充塞天地之间。这气，若有一"行有慊于心"，即"馁

---

① 《二程集》，第4页。

② 《四书章句集注》，第237页。

矣"，会受到影响而变化，甚至发挥不出来，所以集义是养气的方法论。程子继承了这一思想："浩然之气，天地之正气，大则无所不在，刚则无所屈，以直道顺理而养，则充塞于天地之间。'配义与道'，气皆主于义而无不在道，一置私意则馁矣。'是集义所生'，事事有理而在义也，非自外袭而取之也。"① 渐大则无所不在，至正则无所屈，充天地之间，是谓浩然之气。性与气一体，养气只有从内一途。养正气，则一心一行都合于义。集义就是理，所以气即理，须以直道顺理而养，"配义与道"。同时程子又讲："'配义与道'，谓以义理养成此气，合义与道。方其未养，则气自是气、义自是义。及其养成浩然之气，则气与义合矣。本不可言合，为未养时言也。如言道，则是一个道都了。若以人而言，则人自是人，道自是道，须是以人行道始得。"② "配义与道"，也就意味着浩然之气需要用义理来养，在没有养气之前，气与义是相互分离的，气是气、道是道；等浩然之气养成之后，气与道便合在一起了，理便贯通于气之中了。人与道合本是当然之事，但气是变动不居的，所以就会出现不合于道的行为，此时就需要通过养浩然之气来革除旧染、明理行道。

"新民"的核心在于"新"气，程子所采取的办法便是孟子所主张的集义成气，修身就是用义理来养气，使身心都合于道，气与道相合了，理自然便贯穿其中了。

（三）把"自新"与"新民"结合，确立"天民"论，构建先觉觉后觉的方法论

在明确了天理这个共同信仰作基础、理气一体为原理后，接着需要解决的便是如何建立体系的问题，宋儒找到的方法是通过"天民观"先觉觉后觉来实现的。

朱熹释"新"为："新者，革其旧之谓也，言既自明其德，又当推以及人，使之亦有以去其旧染之污也。"③ 新民就是革除旧染之污而复本体之明，在自己体悟到明德后，推己及人使他人亦能得到明德。通过自明然后使他人明德方式，

---

① 《二程集》，第 11 页。
② 《二程集》，第 206 页。
③ 《四书章句集注》，第 3 页。

最终使自我与他人都能通达天理，而达到至善的最高境界。虽然天理是天所赋予每一个人的，但因为个人才能禀性有高低之分，对天理的体悟是不同的，对天理的把握是有先后的，那么先体悟到天理的人就有责任有义务帮助未得天理者明道。因此朱熹说："是则所谓明明德者，而非有所作为于性分之外也，然其所谓明德者，又人人之所同得，而非有我之得私也。……今吾既幸有以自明矣，则视彼众人之同得乎此而不能自明者，方且甘心迷惑没溺于卑污苟贱之中而不自知也，岂不恻然而思有以救之哉！"① 明德是与私德相对立的，私德是自己所悟到的东西为个人所有，唯自己所知的东西是应该谨慎判断它的正确性的，而明德则是人人所同得而不为人所私有，是绝对确定的也是正确的道，那么先觉者面对还未觉悟的后觉者，就不可以坐视不理，而有责任和义务去启发帮助他们也明了这个天理。

那么，为何先觉者有责任有义务帮助后觉者得到天理呢？这实际上是宋儒继承并发扬孟子"天民观"的结果。孟子首先提出了天民的思想，《尽心上》有云："有天民者，达可以行于天下，而后行之者也。"朱熹对此注解："民者无位之称，以其全尽天理，乃天之民，故谓之天民。必其道可行于天下，然后行之。不然则宁没世不见知而不悔。不肯小用其道以殉于人也。"② 天民，也就是天之民，在天道之下所有的民都是平等的，由天道而生并受天道的管辖。但同时，每个人的才性又是不同的，因此对天理的觉悟有先觉与后觉之分，先觉有义务觉后觉，"天之生此民也，使先知觉后知，使先觉觉后觉也。予天民之先觉者也，予将以斯道觉斯民也，非予觉之而谁也？"程子继承了孟子天民这一思想："'予天民之先觉者'，谓我乃天生此民中，尽得民道而先觉者也。既为先觉之民，岂可不觉未觉者？及彼之觉，亦非分我之所有以予之，皆彼自有此义理，我但能觉之而已。"③ 他认为，先觉者本就在天民这个群体之中，是天民的一部分，我率先觉悟到天理所以是先觉者，但我所觉悟到的东西并不是我所私有的，所以我有义务启发后觉者。同时，后觉者能觉悟天理，并不是因为先觉者赐予后

---

① 【宋】朱熹：《大学或问》，上海：上海古籍出版社，2001年，第4页。
② 《四书章句集注》，第354页。
③ 《二程集》，第5页。

觉者的，而是因为这个义理是本身就存在于天民之中，而我只是先觉悟罢了。朱熹在注《孟子》时引用了程子的观点："此亦伊尹之言也。知，为识其事之所当然；觉，为悟其理之所以然。觉后知后觉，如呼寐者使其寤也。言天使者，天理当然，若使之也。程子曰：予，天民之先觉，谓我乃天生此民中，尽得民道而先觉者也。即为先觉之民，岂可不觉其未觉者？及彼之觉，亦非分我所有以有予之也，皆彼自有此理，我但能觉之而已。"①比较朱注与程子原文，只有"理"与"义理"之差。义理是应有此理，理则为当然之理。理学之理就在此一字之差中，是理学的标志性文字，可见朱熹在程子的基础上将"天民观"进行了更加深入的改造而纳入理学的体系之中。

人本自圆满智慧，都属于平等的"天民"，之所以我先觉而他未觉，是个体的不同。我觉后有义务觉他，这是作为一个"天民"的义务。他觉悟之后，是他自能觉悟，不是我给了他觉悟。不管先觉还是后觉都不存在人格上的差别，最多是师生的关系。自我觉悟的"天民观"显著区别于西方上帝神启的子民观，强调了人的主体作用。由此，宋儒吸收了孟子的"天民观"，通过先觉觉后觉的方式来建立新民的体系。朱熹提出："故必推吾之所自明者以及之，始于齐家，中于治国而终及于平天下，使彼有是明德而不能自明者亦皆有以自明而去其旧染之污焉。"②自明其德是君子修身的过程，通过先觉觉后觉这一方式，将修身推至更高的高度，与齐家、治国、平天下联系起来。所谓理学，就是明理而行的学说。在格物——致知——修身——齐家——治国——平天下的六个逻辑链条中，理学解决的是修身问题，处于承上启下的中间环节。理来自于道，道为天道、地道、人道，即道赋器中。所以认识道须格物，把握道是致知。修身是实现理与身的同一，达到以人载道，以人弘道的要求，而弘道的路径则是齐家——治国——平天下，如此便是一套完整的儒家体系。

程子"新民"的路径，是在"天民观"视域下采用先觉觉后觉的方法来使自我与他人都体悟天理而共同达到止于至善的境界，同时将其与儒家外圣内王的链条联系起来，形成了完整的理学模式。

---

① 《四书章句集注》，第310页。
② 【宋】朱熹：《朱子全书（六）》，上海：上海古籍出版社，2002年，第508页。

二、新民的实践逻辑

理论必然要付诸实践,才具有可行性。"新民"思想贯穿于人的整个社会化实践当中,以"自新"为起始,从个人的主体性向社会化过渡,由内向外、推己及人,从而将天理在全社会中确立起来,最终实现民"新"的教化作用。

(一)"自新"是理论实践的主体性阶段

"新民"的第一步是实现自我之新。朱熹提出:"吾之所得于天而未尝不明者,岂不超然无有气质物欲之累而复得其本体之全哉!是则所谓明明德者,而非有所作为于性分之外也。"明德是天所赋予人的,君子想要明明德、实现自我之新,就要摆脱气质物欲的拖累而恢复本体之明。所谓的明明德,意味着去除掉遮盖住性体之明的东西,而性本身没有增加或减少什么。因此要实现自新,使自身与天理相合,就要在心性上下功夫。

"宋明理学家之言理,主要者是言性理,由此以及于天理……真正之天理,当是由心性之理通上去,而后发现之贯通内外之人我及心理之理。故性理是宋明理学家之所最重视。"[①]心性论是宋明理学所谈论的核心话题,在此之前思孟学派的心性论未受到足够的重视。重新认识孟子、开创中国儒学的孟子时代,让心性论从此成为中国文化的核心,是韩愈的贡献。虽然韩愈的思想水平没有达到圣人境界,但对圣人思想价值的发现,同样是一种创造,甚至比原思想的创造价值更大,如果不是韩愈,孟子会湮没在中国浩瀚的典籍中,当然不会引发持续千年的新思潮,因此程子赞其"能将许大见识寻求者,才见此人"。宋代历经周敦颐、张载等人,至程子心性论得到了进一步完善和发展。程子提出"性即理"的命题:"性即理也,所谓理,性是也";"性即是理,理则自尧、舜至于涂人,一也。"同时又讲:"性与天道,一也。天道降而在人,故谓之性。"性与天理或天道,是一个整体的不同表现形式,本质是一体的,天道赋予在人身上便是性。既然性与天理同,那么性必定是善的,只不过会被气质物欲所遮挡,故需恢复性的本体之明。同时引入了气的概念,气与性是一体两面,为性之承载体,

---

① 唐君毅:《中国哲学原论·导论篇》,北京:中国社会科学出版社,2006 年,第 32 页。

气的先天禀赋有善恶。换言之，人之性也是形而下与形而上的同一，形而上者本自光明，形而下者具有个体的特殊性。既然性本自俱足，那么教只是除去性中之浊。顺着性的自足性发展，就是道，当然只有善，当不循着性的自足性发展时才是恶。这样教才有可能。由此程子道出了复性之明的途径："若道外寻性，性外寻道，便不是。圣贤论天德，盖谓自家无是天然完全自足之物，若无所污坏，即当直而行之；若小有污坏，即敬以治之，使复如旧。所以能使如旧者，盖自家本质元是完足之物。若合修治而修治之，是义也；若不消修治而不修治，亦是义也；故常简易明白而易行。"① 性，即人之得，或者说是道在人自身完满的呈现。性是道之体，道是性之用，两者是自在自为同一的。性本来就是完满自足的，没有问题依性而行，有了问题"以敬治之"，使恢复本性。同时性是可教的，人有选择的能力，这种选择由人的意志来决定。若人愿意接受修治而使性复如旧，这便是符合义的行为。这实际上就是《中庸》所说的"天命之谓性，率性之谓道，修道之谓教"的展开。由此可以看出，程子认为恢复本性之明的方法便是在"敬"。

程子主张"涵养须用敬"，用敬的观念来调节内心的心性，他将敬的方法归结为"主一""持中"和"敬以直内，义以方外"。其一，持敬要主一。"敬则只是敬，敬字上更添不得。譬之敬父矣，又岂须得道更将敬兄助之？又如今端坐附火，是敬于向火矣，又岂须道更将敬于水以助之？犹之有人曾到东京，又曾到西京，又曾到长安，若一处上心来，则他处不容参然在心，心里著两件物不得。"② 理学讲的敬，就只是敬，是一种统率内心的观念。因此既不须加修饰，也不须明确目标对象，是全身心进入敬的观念里。程子认为持敬不须明确对象，也不须他物辅助，是一时心中只有一个观念，不能著两物。其二，守敬要持中。"敬而无失，便是'喜怒哀乐未发之谓中'也。敬不可谓之中，但敬而无失，即所以中也。"③ 敬，是内心一种神圣性的情绪，并且是已发的情绪，是可以形诸外的，所以不是中。敬而无失，是在行动中敬不灭失，仍然保持，是在时中，

---

① 《二程集》，第1页。
② 《二程集》，第26页。
③ 《二程集》，第44页。

"即所以中"。敬是调整情绪的方法,是一个动态的过程,在这个过程中,细微显隐皆无失,故称其时中。其三,持敬最根本在于"直内",做到"敬以直内"自然便可实现"义以方外"。"敬以直内,义以方外"出自《易·坤卦·文言传》:"直其正也,方其义也。君子敬以直内,义以方外,敬义立而德不孤。"程子云:"中心斯须不和不乐,则鄙诈之心入之矣。此与'敬以直内'同理。谓敬为和乐则不可,然敬须和乐,只是中心没事也。"① "敬以直内",是内心持守其正,关键在持,难点也在于持,在不受外扰时能持尤其困难。因为,若有外扰,即可依托于事治之,比之前者反而容易。若能持守,自然和乐,但和乐不是敬,是敬的结果。人总有烦乱之时,此即"不和不乐"。烦乱是无端的,往往生于"中心无事",不知何来,亦不知何去,如无引导,很难生出健康向上的意念,至于"鄙诈之心入之",也不至于此。

所谓自我之新,新在心性,摆脱气质物欲的拖累而恢复性体之明,而涵养心性的方法就是"敬"。自我之新是"新民"的第一个阶段,只有先实现了自我之新,才能上升到我与亲、我与人的关系,最终实现民"新"。

(二)"尊亲"是理论社会化实践的生发性阶段

王阳明在"亲新之辩"中坚决反对程朱对《大学》古本的改动,他在《传习录》中提出:"如云'君子贤其贤而亲其亲,小人乐其乐而利其利''如保赤子''民之所好好之,民之所恶恶之''此之谓民之父母'之类,皆是亲字意。亲民犹孟子'亲亲仁民'之谓,亲之即仁之也。百姓不亲舜使契为司徒,敬敷五教,所以亲之也。《尧典》'克明峻德'便是明明德,'以亲九族'至'平章''协和'便是亲民,便是'明明德于天下'。又如孔子言'修己以安百姓',修己便是明明德,安百姓便是亲民。"他支持亲民的理由有二:其一,首句为全篇纲领性内容,下面必然会对此作详细阐述,联系《大学》的下文,发现多次出现与"亲"有关的内容而"新"却没有。其二,从儒家其他经典来看,其意是指向亲民的。如《尚书》中的"克明俊德,以亲九族。九族既睦,平章百姓。百姓昭明,协和万邦,黎民于变时雍"是与明明德、亲民意思相通的,君子

---

① 《二程集》,第31页。

个人明明德后能使亲人相合、九族相睦,如此才能平章百姓、和谐万邦,因此他主张恢复原本中"亲民"的说法。"亲"总是与亲族、宗族联系在一起,其他支持"亲民"说的人也多在此作文章。而在讲求"亲亲而仁民"的程朱思想体系中,亲亲只是其中的一个环节。

《大学》讲明明德,明德即他人可感之德,用于调整人与人的关系,也称公德。它与私德相对,私德是调整内心关系。明明德就是自己弘道,光照他人,然后让人因有感明德而亲服,形成团结的力量,协调好社会关系,这个社会关系包含亲族关系以及非亲族关系。朱熹说:"古人必由亲亲推之,然后及于仁民;又推其余,然后及于爱物;皆由近以及远,自易及难。"① 人是社会中的人,人在修身、齐家、治国、平天下的实践中不断磨炼,修正自我,最终达到至善境界,在融入社会中实现自身的价值,过程是必不可少的实修。家庭生活是一个核心环节,既要完成人自身的延续发展,也要通过亲情在这里完成最初的道德生成及实践锻炼,从而成为一个合格的社会的人。家庭是以血缘关系以及情感为纽带的最小单位的共同体,而社会正是由无数个家庭聚集构成的一个大的共同体,在家庭生活中所形成的行为模式以及伦理道德就是整个社会的雏形,社会的人际关系以及道德伦理必然是在家庭的基础上建立起来的。人是从家庭走向社会的,家庭是一个起点,所以只有先调节好家庭关系,才能去处理好社会关系,如果齐家都无法做到,又何谈治国、平天下呢?因此儒家讲亲亲然后仁民,仁民是以亲亲为基础的,由近及远,由易向难,这是一个连续又进阶的过程。

亲亲与仁民最大的不同,莫过于与亲相合是发乎人的本性的。孟子认为,仁义的实质是事亲从兄:"仁之实,事亲是也。义之实,从兄是也。"② 同时他又提出:"恻隐之心,仁之端也;羞恶之心,义之端也;辞让之心,礼之端也;是非之心,智之端也。"③ 端,为开端。作为开端,一是从最简开始,开端内容最简也最丰富,最简是所有内容都从这里开始展开,最丰富是所有内容都与此有关;一是从人类的共识开始,四端就是人的共识,即任何人不会对此有疑问。孟

---

① 《四书章句集注》,第303页。
② 《四书章句集注》,第287页。
③ 《四书章句集注》,第237页。

子将仁作为四端之一，这种观念是生于本然的，而不是教化所得来的。仁是人天生所具有的本性，是发乎于心的，其他的情感都有此作为基点而生发。而仁的本质就在于事亲，也就意味着亲亲是发乎心发乎性，而不是靠后天教化所具有的，是人天性使然的结果。朱熹沿袭孟子也讲："仁主于爱，而爱莫切于事亲。义主于敬，而敬莫先于从兄。故仁义之道，其用至广，而其实不越于事亲从兄之间。盖良心之发，最为切近而精实者。有子以孝弟为仁义之本，其意亦犹此也。"[①]仁生于爱，爱的发端在于事亲，孝敬父母友爱兄弟，无论仁义之道推至多广，其实都不超出事亲从兄之间。这种观念是发于良心的，是自我本性的自然驱使，是天赋予我的责任和义务，与后天生成无关。

"亲"是天性使然，只需依本性而行就可达到，并不需要后天教化。如果沿用"亲"，无法强调教化的重要，起不到教育人民的作用，理论的社会性得不到推广。而"新"则是在"亲"的基础上进一步推进，符合这一时代的理论需求，因此改"亲"为"新"是一种必然选择。

（三）"新民"是理论的社会化实践阶段

"新民"的第三阶段是关于人与人、人与社会之间的关系问题，儒家是通过"仁"的思想来解决的。"仁"是在"亲"的基础上推广出来的具有普遍性的理论，寻求的是人与人的关系认同。

儒家所说的仁爱是建立在亲亲的基础上，但却未拘泥于家庭亲族之中，而是将家庭中所形成的仁爱精神由近及远推广至全社会，作为一种具有普遍性而非个体性的思想确立下来。早期儒家所提倡的"老吾老，以及人之老；幼吾幼，以及人之幼""己所不欲，勿施于人""己欲立而立人，己欲达而达人"等，都是仁爱思想由亲及人的表现。我是如何对待我的亲族的，我就会以同样的方式对待亲族外的其他人，是从亲亲向"泛爱众而亲仁"的转变，儒家的这种仁爱是没有偏私的，它展现的是一种以心怀天下为己任的信念。

首先，仁是一个整全的概念。"仁义礼智信五者，性也。仁者，全体；四

---

① 《四书章句集注》，第287页。

者，四支。仁，体也。义，宜也。礼，别也。智，知也。信，实也。"① 如果从性的角度来讲，仁义礼智信五者皆是性，需要分门别类；若是从仁的角度来看，这四者实际上是一个整体的四个部分，仁是性之全体，是本体，而其他四者只是分支，都可以囊括在仁这个概念之中。仁是一个整体概念，不能纳入整体的就是不仁，这也就是所谓的"仁则一，不仁则二。"同时程子又云："医书言手足痿痹为不仁，此言最善名状。仁者，以天地万物为一体，莫非己也。认得为己，何所不至？若不有诸己，自不与己相干。如手足不仁，气已不贯，皆不属己。"② 名为概念，状为实存，最善为完全、完美，意思是恰如其分地表达出来。"手足痿痹为不仁"，即人的意识无法控制肌肉行动，手足失去了与身体的一体性时，医书称之为不仁。这种对仁的表达，揭示了仁这个概念的核心要义，"最善名状"。所谓仁，是一体，"莫非己也"，都是一体之仁不可缺少的环节。如果把他人"认得为己"，还有什么做不到的。如果与自己本不相干，所有的关系都是外在的，称不上是仁，如果不灌注上一体的精神，也不过是一时的善行。用黑格尔《小逻辑》中的说法："客体之所以有忍受外力支配的那种"非独立性"，只是由于它有了独立性。"仁是一个整全概念，或者说是一个共体概念，行仁是客体对象出让了部分独立性，主体把客体纳入作为自身的一个环节，但两者又各自保持独立性。仁的概念是一个双方精神互动概念，单纯一方不为仁。

其次，仁是人人共同认同的天理。"仁，理也。人，物也。以仁合在人身言之，乃是人之道也。"程子认为，仁就是天理，仁在人身上相合，也就是天理与人相合，这便是所谓的人道了。仁就是"天下之正理"，如果失去了仁，社会就会陷入混乱无序之中而无法达到和谐。同时，程子又提出了"性即理也"的命题，将"天理"这个最高本体与性相统一，而仁又是性之体，这就将天理、性、仁三者统一起来，赋予了仁道德本体的地位。仁成为了最高的道德标准，人遵循天理，也相当于要遵循仁的标准。在这一标准下人与人之间是相通的，所遵循的标准是一样的，把他人和自己当作同样的人来对待，这就形成了"类"的概念，如此便确定了共同信仰基础。

---

① 《二程集》，第14页。

② 《二程集》，第15页。

再者，仁是人心与人行一体而合于天理。《论语·雍也》中有一段关于"仁"的经典论述："子贡曰：'如有博施于民，而能济众，何如？可谓仁乎？'子曰：'……夫仁者，己欲立而立人，己欲达而达人。能近取譬，可谓仁之方也已。'"这段话实际包含两个层面的意思：其一，仁并没有一个确定性的概念，它是发展着的理论。子贡问仁，孔子的回答很难懂，甚至很多人认为在此处孔子答非所问的。事情是不是仁，不敢确定，就是如尧舜一样的圣人也难以回答这个问题。因此孔子没有明确给出仁的概念，只讲了切己的体验，加上"能近取譬"这样一个得仁的方法，并称其为"仁之方"。仁是一个极其宽泛的概念，它与善恶等抽象概念一样没有完整的定义。把握这样的概念，应从贴己的体验入手，不断丰富其内涵。它是不断发展的概念，而非教条化的理论。程子对此注解："语'仁而曰可谓仁之方也已者'，何也？盖若便以为仁，则反使不识仁，只以所言为仁也。故但曰仁之方，则使自得之以为仁。"[①] 言"仁之方"，是圣人高超表达能力的体现，既有意规避开这个难题，又凸显"仁之方"这个仁的互动性。让人不要在仁的概念上下功夫，通过"仁之方"这样方便法门，来自身体验仁的内涵，终达"有诸己"的境界。其二，孔子给出了求仁的方法即"能近取譬"，依据这样实践，所做所为都是仁。对于"博施济众"是不是仁这样一个问题，程子说："'博施济众'，云'必也圣乎'者，非谓仁不足以及此，言'博施济众'者乃功用也。"[②] 他认为，"博施济众"是仁的功用，并不是仁本身。朱熹的理解比程子更进一步："仁以理言，通乎上下。圣以地言，则造其极之名也。乎者，疑而未定之辞。病，犹有所不足也。言此何止于仁？必也，圣人能之乎？则虽尧舜之圣，其心犹有所不足于此也。以是求仁，愈难而愈远矣。"[③] 仁不是具体的事，是理，是天理，贯通了形上与形下。仁作为理是无限的，事是有限的。有限性不可作为无限性的实证，如果能用有限性罗列，无限的仁就是坏的无限。所以，不可以拿具体事来追求仁，这样会"愈难愈远"。"近"是人能想到也能做到的事，"远"则是人能想到却做不到的事，"能近取譬"就是把所有

---

① 《二程集》，第4页。
② 《二程集》，第15页。
③ 《四书章句集注》，第92页。

你能做到的事都极力地靠近天理,也就是思维方法和行为方法都合于天理,如此就能到达仁的境界。

程子以"新"这个理念为链接,把天理由个体的特殊性推广到人类的普遍性,从而把天理在人心中确立起来。每人都有一个天理,同时天理又是共同的,如此便确定了儒家理论作为社会信仰的基础,使民"新"具有了可实践性。

三、理学创新的启示

改"亲"为"新"看似只是对经典的一字改动,背后映射的却是宋明理学家所进行的重大理论创新,依托经典构建新的思想体系,着重发展适合时代需求的儒家学说,以解决儒家所面临的困境,焕发新的生机。理论创新不是虚无的想象,而是与时代发展、社会需要和民众的社会价值取向密切相关的。这种可以作为一个时代的思想意识形态支柱的理论,不仅是时代需要的产物,也是社会思潮激荡、文化传统发展的需要。

(一)时代需要

每一时代都有各自的时代特色,呼唤着不同的时代需求。宋代是社会形态和思想意识发生重大转向的时代,一方面隋唐时期佛教的迅猛发展使儒家受到了严重的冲击,传统儒家的思想不足以抵抗佛教的挑战,至宋代迫切地需要儒家给出应对之策;另一方面,宋代的社会形态较之前朝发生了巨大的变化,以宗族为核心的地域豪强势力灭亡,以家族为核心的社会形成,在社会理论方面呼吁着儒学变革。

其一,佛教对儒学的冲击,刺激儒学进行革新。佛教传入中国后在隋唐得到了大发展大繁荣,统治者在宗教治理上也实行三教并行的政策,改变了以往儒家一家独大的局面。再加上唐末五代战乱连绵,导致民众流离失所现象严重,民众倾向于在宗教中寻找精神寄托,佛教、道教以及民间宗教信徒激增,而其中佛教的呼声最为高涨。佛教是外来宗教,虽然历经本土化的改革,但仍有许多理论都与儒家所倡导的相悖,对儒学造成巨大的冲击。比如二程就曾指出儒释在思想选择上的差异:"圣人之教,以所贵率人,释氏以所贱率人。学佛者难吾言,谓'人皆可以为尧、舜，则无仆隶。'"① 佛家认为人生过程是一场修炼，不过是空，并无根本意义和价值，真正的价值在自我的心中。而儒家的目标是教导人成为君子，即一个对社会有用的人，有用的人就是贵重的人。这是出世与入世之别，是对儒家修身齐家治国平天下体系的冲击，正如韩愈中《原道》对佛教的批驳："然则古之所谓正心而诚意者，将以有为也。今也欲治其心，而外天下国家，灭其天常，子焉而不父其父，臣焉而不君其君，民焉而不事其事。"佛教主在治心，强调个体性，而忽视了个体对社会的作用，这是儒家所不能容忍的。因而宋儒多带有排佛倾向，司马光曾言："释氏尝戒人妄语，而妄语莫大于释氏。神通变化之事，在理必无，而释氏唱之，非妄语而何？"二程也认为佛教的快速发展威胁到了儒家的地位："今异教之害，道家之说则更没可辟，唯释氏之说衍蔓迷溺至深。今日是释氏盛而道家萧索。方其盛时，天下之士往往自从其学，自难与之力争。惟当自明吾理，吾理自立，则彼不必与争。"② 在此局势下，儒家若还不应对时代需求做出改变，就要面临着被边缘化的危机，所以宋儒肩负起了重建儒家理论，应对宗教冲击的时代任务。

其二，社会形态发生了变化，要求儒家作出回应。日本学者内藤湖南提出的"唐宋变革论"得到了学术界持久热切的关注，成为宋代研究一个最重要的主题。从汉代到五代，中国社会一直都是以宗法制为主体的宗法社会，宗族世族成为社会中的主导力量。至唐宋时期，均田制遭到破坏，土地私有化加剧，再加上科举制度的兴起，旧有的门阀世族衰败，世族集团瓦解。在这种新的形势下呼唤着新的社会治理结构和制度重建。以天下为己任的儒家也意识到了宗法社会正在发生转变这一问题，故而二程会感叹："立宗非朝廷之所禁，但患人自不能行之。"③ 说明当时社会在立宗问题上已经普遍放弃了，宗法社会基础已发生了变化。这种变化对儒家的影响是巨大的，"宗子法坏，则人不自知来处，以至流转四方，往往亲未绝，不相识。今且试以一二巨公之家行之，其术要得拘守得须是。且如唐时立庙院，仍不得分割了祖业使一人主之。"宗法破坏后，出现人存

---

① 《二程集》，第38页。
② 《二程集》，第38页。
③ 《二程集》，第21页。

在的意义问题受到质疑,亲情淡薄无法维持亲族关系,同时世族的消失导致家族破裂,无法延续祖宗留下来的基业,这无一不在挑战着儒家的伦理秩序。此外,由于社会结构发生改变,旧有的礼仪制度也不再适应新的社会形态。"礼不下庶人"被打破,贵族向平民流变,礼入民间成为必然之势。礼不再是贵族所独享,而成为以士为主体的人们的日常行为规范,同时还出现了民间习俗上升为礼的情况,礼俗未得到明确的区分,需要一套详尽的理论体系来规范礼。正是在这种情形下,理学家创新性地构建了完备的理学体系,明天理、序人伦、教化社会,适应了新的时代需求。

(二)社会思潮和文化传统

新的时代有各自独特的历史任务,思想文化也在寻求新的发展,儒家在与佛教的对抗与融合中产生了新的认识,形成了新的社会思潮。儒家的心性论在先秦时期是极为丰富的,但自先秦之后的发展,尤其是两汉经学,多是为了维护形而下的宗法礼仪,而对具有形而上的思辨性的心性思想并未受到足够的关注,士人更多地将其作为一种致仕的工具。而佛教本土化后,更是大谈心性,将"心"提到本体的高度,如禅宗言:"心即是地,性即是王,性在王在,性去王无。性在,身心存;性去,身心坏。佛是自性作,莫向身外求。"佛家心性极具思辨性的理论,让儒家看到了自己在心性论方面的薄弱,"不可讳言,心性论也存在着重大的缺陷:一是缺乏心性论体系结构,论点多、论证少,实例多、分析少,片断论述多、系统阐明少。二是对心性论缺乏深刻严谨的本体论论证。"[1]这影响儒家对心性的重新思考,在吸取佛教理论的同时,还回到先秦原儒那里,挖掘原儒思想重新解释心性。韩愈首先找到了儒学的新道路:"自孔子没,群弟子莫不有书,独孟轲氏之传得其宗。"肩负着复兴儒家的学者正是从孟子的思想中发现了新道路,在宋之前,孟子思想在儒家中的地位并不高,至宋代才得到了充分的重视,理学家构建心性学说时多注重对孟子思想的发掘和阐扬。朱熹更是将《孟子》提升为四书之一,成为儒家的要典。这一时期成为心性思想涌现时期,宋明理学的思想家集中对此进行阐发。张载将孟子的尽心诠释为"大其心":"大其

---

[1] 方立天:《儒、佛以心性论为中心的互动互补》,《中国哲学史》2000年第2期。

心则能体天下物，物有未体，则心为有外。世人之心，止于见闻之狭。圣人尽性，不以见闻梏其心；其视天下，无一物非我。孟子谓尽心则知性知天以此。天大无外，故有外之心不足以合天心。"程颢侧重谈心，"心即理，理即心"；程颐则主要言性，提出"性即理"的命题。朱熹主张"心统性情"，性是心之体，情是心之用。关于心性的讨论成为这一时期主要的社会思潮。

理论创新并不是凭空的创新，而是根植于文化传统之中的创新。正如宋明理学的创新，它并非毫无根据的独创，而是宋儒在对传统经典进行重新解读，发展出适应时代需要的新理论。再者，在"亲新之辩"中，《大学》的本义确实为"亲"，但在宋代这个具有转折性的时代，以往的学说已不足以支持新时代所呼唤的需求，因此改"亲"为"新"成为一种必然。宋儒通过对核心经典关键词的变化，来为新的理论体系铺路，构建全民性的共同信仰。由此儒家学说呈现出新的气象，满足了社会治理和制度重建的需要，但儒家的本质并没有发生改变。每一时代的需求不同，历史任务不同，儒学发展的侧重点也会相应不同，但无论怎么发展，儒学始终都是在儒家的范畴内的，并未脱离儒家的框架而成为一种新的学说。如今我国步入新时代，同样也面临着理论重新构建的问题，程朱理学这种以传统文化视角回应现实社会需求的这种理论范式，是可以对现今理论创新提供借鉴意义的。

段正元对《中庸》的现代诠释[①]

韩 星[②]

摘要：本文梳理了段正元对《中庸》的现代诠释。段正元认为《中庸》是孔门之性与天道之书，程朱解《中庸》脱离经文本义，流于理障，贻害后学。子思作《中庸》传承道统，与《大学》相互阐发。中庸之道，天人一贯，归本人道。实行中庸之道的法门：大智、自强。诚明之道，贯通天人，人有至诚。修身为本，下学上达，内圣外王。《中庸》具有重要的现实意义，目标是促进人类实现大同理想。

关键词：段正元；中庸；现代诠释；性与天道；大同理想

笔者曾经撰写过《段正元对〈大学〉的现代诠释》一文[③]，梳理了段正元对《大学》的现代诠释，认为段正元思想独特，自在圆融，自成体系，在经典诠释方面走的是以中释中，中道整合，而又不乏现代性的诠释理路。其实，他对《中庸》也是这样，本文也是本着类似的思路梳理段正元对《中庸》的现代诠释，以就教于各位。

一、《中庸》的作者、年代与主旨

关于《中庸》的作者和产生的时间，历来意见分歧，主要可以归纳为三种意见。第一，传统上主流认为乃子思所著，如司马迁在《史记·孔子世家》中说：

[①] 本文是国家社科基金 20@WTC018 项目阶段性成果。
[②] 作者简介：韩星，中国人民大学国学院教授。
[③] 成中英、梁涛主编：《极高明而道中庸——四书的思想世界》，北京：中国社会科学出版社，2016 年，第 180—205 页。

"子思作《中庸》",《孔丛子·居卫》也有子思"困于宋",作"《中庸》之书四十九篇"的说法。《礼记正义》引郑玄说《中庸》是"孔子之孙子思作之,以昭明圣祖之德也。"唐代陆德明在《经典释文·序录》中说:"《中庸》是子思伋所作",李翱《李文公集·复性书》也说:"子思著《中庸》四十七篇,传于孟轲。"宋代二程说:"《中庸》之书,决是传圣人之学不杂,子思恐传授渐失,故著此一书。""《中庸》之书,是孔门传授心法,成于子思"①。朱熹在《中庸章句序》中也说"《中庸》何为而作也?子思子忧道学之失其传而作也。"近代以来赞同这种说法的有胡适、蒙文通、吕思勉等,如胡适就说:"《中庸》古说是孔子之孙子思所作,大概《大学》《中庸》两部书都是孟子、荀子以前的儒书。"②

怀疑和否定子思所作。宋代欧阳修提出了怀疑:"问:礼乐之书散亡,而杂出于诸儒之说,独《中庸》出于子思。子思,圣人之后也,所传宜得其真,而其说异乎圣人者,何也?"他怀疑《中庸》"所传之谬也"③。王柏因《汉书·艺文志》载有《中庸说》二篇,怀疑班固时见到的是二篇,到戴圣编撰《礼记》时"合而乱之"④。叶适《习学记言序目·文鉴三》:"汉人虽称《中庸》子思所著,今以其书考之,疑不专出于子思也。"清人也多认为《中庸》非子思所作,特别是崔述,在其《洙泗考信余录》卷三提出"《中庸》非子思作",并举出三条论据来证明自己的观点。还有袁枚、叶酉、俞樾等人根据《中庸》中有"载华岳而不重""车同轨、书同文"等语,怀疑《中庸》一书晚出,非子思所作。近代以后冯友兰、钱穆、劳思光、金良年等亦从文献、思想等方面论证《中庸》非子思所作。冯友兰认为,现存《中庸》中有"书同文,车同轨,行同伦"之言,所说的显然是秦汉统一以后的景象。又有"载华岳而不重"之言也不像鲁国人的话,所以可能是秦汉时孟子一派儒者所作⑤。钱穆认为"《中庸》与《易传》

---

① 【宋】程颢、程颐著,王孝鱼点校:《二程集》,北京:中华书局,2004年,第153、160页。
② 胡适:《中国哲学史大纲》,北京:东方出版社,1996年,第248页。
③ 【宋】欧阳修:《问进士策》(三),张春林编:《欧阳修全集》,北京:文史出版社,1999年,第232页。
④ 《鲁斋集》卷十三《古中庸跋》,钦定四库全书。
⑤ 冯友兰:《中国哲学史》上册,北京:中华书局,1961年,第446—447页。

同为晚出书"①"《中庸》伪书出秦世"②,劳思光认为:"《中庸》作为《礼记》之一篇,其时代及作者亦均不可确定,但非子思所作,则可断言……其大致成书时代,必由秦至汉一段时期。"③金良年认为,《中庸》"大致成书于战国晚期","并可能经过秦初学者的修改而写定于秦统一全国后不久"④。

认为《中庸》部分出于子思,部分出于后人。日本学者武内义雄认为"《中庸》之首章与下半,乃韩非、始皇之倾,是子思学派之人所敷演之部分,非子思原始的部分"。并认为"《中庸》此等部分,恐即由《中庸说》所搀入"⑤。徐复观说:"今日之《中庸》,原系分为两篇。上篇可以推定出于子思,其中或也杂有他的门人的话。下篇则是上篇思想的发展。它系出于子思之门人,即将现《中庸》编定成书之人。……此人仍在孟子之前。"⑥张岱年先生也认为:"《中庸》的大部分是子思所著,个别章节是后人附益的。"⑦郭沂也有类似的看法,认为有"子曰"部分是孔子所说(门人所记),其他部分则是子思所作⑧。

关于《中庸》的主旨,《礼记正义》引郑玄说《中庸》"以其记中和之为用也",孔颖达疏亦有此说。

王柏认为《中庸》虽然题为"中庸",本文的核心部分应是后面的"诚明"。他说道:"中庸二字为道之目,未可为纲;诚明二字可以为纲,不可为目。"⑨朱熹说:"《中庸》一书,枝枝相对,叶叶相当,不知怎生做得一个文字整齐……《中庸》多说无形影,如鬼神,如'天地参'等类,说得高;说下学处少,说上达处多。"⑩"历选前圣之书,所以提挈纲维、开示蕴奥,未有若是

---

① 钱穆:《中国学术思想史论丛》,台北:台北东大图书有限公司,1980年,第308页。
② 钱穆:《先秦诸子系年》,石家庄:河北教育出版社,2002年,第204页。
③ 劳思光:《新编中国哲学史》,桂林:广西师范大学出版社,2005年,第44—48页。
④ 金良年:《白话四书》中的《中庸·题解》,上海:上海古籍出版社,1994年。
⑤ [日]武内义雄:《子思子考》,载江侠庵编译:《先秦经籍考》中册,商务印书馆民国二十年版,第121—123页。
⑥ 徐复观:《中国人性论史·先秦卷》,上海:上海三联书店,2001年,第91页。
⑦ 张岱年:《张岱年文集》第二卷,北京:清华大学出版社,1990年,第370页。
⑧ 郭沂:《〈中庸〉成书辨证》,《孔子研究》1995年第4期。
⑨ 《鲁斋集》卷十三《古中庸跋》,钦定四库全书。
⑩ 【宋】黎靖德编:《朱子语类》四,北京:中华书局,1994年,第1479页。

之明且尽者也。"① 王阳明说："《中庸》一书，大抵皆是说修道的事。故后面凡说君子，说颜渊，说子路，皆是能修道的；说小人，说贤知愚不肖，说庶民，皆是不能修道的；其它言舜、文、周公、仲尼至诚至圣之类，则又圣人之自能修道者也。"②

徐复观认为从思想上来看，《中庸》上篇主要是解决孔子是实践性的伦常之教，和性与天道的关系。下篇"是以诚的观念为中心而展开的"③。

段正元认为承认《中庸》是子思所作，提出并回答了两个问题："以《中庸》来说，相传是子思所作。究竟是不是子思作的？子思能否作《中庸》？尚属疑问。一者《中庸》全经，不见用子思曰。《中庸》乃正大光明经典，若系子思所作，何嫌何疑，而不直截标明子思曰，以冠诸章节之首。二者以人伦论，子思乃至圣嫡孙，以道统论，亦至圣再传弟子，名分自是尊严。而篇中乃两提仲尼曰，直称至圣名号，在世俗人情，尚嫌不合礼，何况见诸经文，岂是明道者之所为。要知《中庸》一书，亦大道元气所凝成，实为万教之精华，子思不过表而出之已耳，故不敢以子思曰，居然自以为能，于以见圣贤之谦虚，亦以见大道之尊贵也。其直称仲尼曰，孙称祖号，弟子称祖师号，而不讳者，天命在躬，直接代表大道，正是当仁不让也。若篇中系有子思曰，则必不敢直称仲尼，此等大关节处，深藏大道机缄。"④ 此书为子思所作，那为什么自始至终没有子思之名？是因为大道尊贵，子思谦虚；而以嫡孙身份直呼先祖名号而不讳，是因为子思天命在躬，代表大道，可以当仁不让。在别处他还有更详尽的解释："盖子思子，原不能意造而作《中庸》。因为大道将隐，天特假手子思，以成此书，以彰祖德，以明大道。且子思又未开坛设教，无师位之责，虽成《中庸》，是钦承天命，故不敢自称其名。"⑤ "子思子之于孔子，以血统言，则为祖父；以道统言，则为祖师。其作《中庸》，乃直称仲尼名字，在人情上揣度，似乎僭妄。然以大道说

---

① 【宋】朱熹：《四书章句集注》，北京：中华书局，1983年，第14页。
② 【明】王阳明：《传习录》下，《王阳明全集》上，上海：上海古籍出版社，2011年，第111页。
③ 徐复观：《中国人性论史·先秦卷》，上海：上海三联书店，2001年，第97、121页。
④ 《三次大法纲要》，《师道全书》卷二十三，1944年，第21页。
⑤ 《道德学志》，《师道全书》卷六，1944年，第14页。

法，则是代天宣化，当仁不让也。"①

关于子思作《中庸》的动机，段正元说："自周室既衰，圣化凌夷，天生孔子，以道济世，世莫能宗，亦已矣。而邪说暴行，又有每况愈下之势。子思子有鉴于此，深恐大道沦废，后起无资，乃继承祖德，本天理之正，极人伦庶物之常，作此一书，以阐明大道。"②子思有鉴于祖父之后天下无道，邪说暴行，每况愈下，遂怀忧患意识，作《中庸》阐明大道。

关于《中庸》的主旨，段正元认为"《中庸》者，即孔门之性与天道"，"《中庸》一书，大德受命之书也。大德受命者，即尽人以合天也。"③《中庸》是对孔门性与天道的发挥，是子思大德受命，以人合天，天人合一之作。"一部《中庸》为大道之结晶，万教之精华也。凡道与教之精微奥妙，神通变化，及其无上尊贵，庄严境界，靡不焕然俱备。"④《中庸》在儒家经典中的地位："《中庸》一书，为五经之纲领"⑤。

二、中、庸、中庸的概念及其思想渊源

什么是"中"？什么是"庸"？什么是"中庸"？

中，《说文·丨部》："中，内也；从口、丨，上下通。""中"在甲骨文属象形字（一说指事字）为旗旐之象形，像竖立的一面旗帜，上下各两条旗斿向左飘动，方口为立中之处，本义表示中心、当中，指一定范围内部适中的位置。庸，《尔雅·释诂上》："庸，常也。"《礼记正义》引郑玄说："庸，用也。"在郑注的《礼记·中庸》里他又说："庸，常也。用中为常道也。"朱熹在《四书章句集注·中庸章句》中说："中者，不偏不倚，无过不及之名。庸，平常也。"并引二程说："不偏之谓中，不易之谓庸。中者，天下之正道，庸

---

① 《大同贞谛》，《师道全书》卷十六，1944年，第22页。
② 《道德学志》，《师道全书》卷六，1944年，第13页。
③ 《圣道发凡》，《师道全书》卷一，1944年，第55—56页。
④ 《特别讲演》，段平、韩星编：《段正元文集》（下册），北京：社会科学文献出版社，2017年，第1160页。
⑤ 《圣道发凡》，《师道全书》卷一，1944年，第64页。

者,天下之定理。"①总之,中庸的"中"引申为中正、适当、合宜、正确,无过无不及而恰到好处之义,这是相对于两个极端来说的;中庸的"庸"则有用、常、平常的意思,指日用常行。"中"与"庸"合称,是指中道之实用、中道为常道、中道可常行之义。这三层含义相互关联,构成了"中庸"一词的基本意义。

段正元不用传统的解释,他说:"中者天道也,庸者人道也。中庸者,天人合一之道也。"中、庸分别代表天道、人道,合起来中庸即是天人合一之道。又说:"自始至终,人靠天以生,天靠人以成,天与人间不容发,原其始则无可指名,所谓中也。一切巧妙,皆出其中,而究其实,却又无他巧妙,所谓庸也。……中者,道之至善至神也。庸者,道之至平至常也。总见至平至常之人,果尽至平至常之事,无不可臻于至善至神之境也。此中所以必加庸,庸所以不外中。"②中和庸都是大道一体之两面,中是道至善至神的一面,庸是道至平至常的一面;中和庸二而一、一而二,不可分割,合为一体。又说:"大道之发源,中而已矣;人事之全善,庸而已矣。"③中对应大道之源,庸对应人事全善。段正元又以体与用、道与德来分疏"中"与"庸"的关系:"庸者中之用,中者庸之体。体用兼赅,斯为大道中之真宰,人事中之万能。""中者,天下之大本。庸者,天下之大用。"④"中即大道,庸即至德。'中庸'二字,即道德合一也。"⑤即就是说,中与庸是体用兼赅,道德合一。这种诠释就大大地扩展了中庸观念的思想内涵和深度。

"中庸"的渊源深远,"中"和"庸"的观念至少在尧舜时代已经有了。《论语·尧曰篇》:"尧曰:'咨!尔舜!天之历数在尔躬,允执其中。四海困穷,天禄永终。'舜亦以命禹。"这段话是帝尧让位给帝舜时的授命辞,嘱咐帝舜应该保持中道,否则天下百姓将陷于困苦贫穷,则君禄也就永远终止了。目的是希望舜能够真诚地坚持中庸之道,什么事情都能够做到恰到好处。其中"舜亦以命禹",在《尚书·大禹谟》上说"人心惟危,道心惟微;惟精惟一,允执

---

① 【宋】朱熹:《四书章句集注》,北京:中华书局,1983年,第17页。
② 《圣道发凡》,《师道全书》卷一,1944年,第64页。
③ 《道德学志》,《师道全书》卷六,1944年,第13页。
④ 《道德学志》,《师道全书》卷六,1944年,第13页。
⑤ 《道德学志》,《师道全书》卷六,1944年,第20页。

厥中",伪孔传:"危则难安,微则难明,故戒以精一,信执其中。"这就是后儒推崇的著名的"十六字心传",其中"允执厥中"则渊源甚古。禹怎样"允执厥中"?孔子说:"禹,吾无间然矣。菲饮食而致孝乎鬼神,恶衣服而致美乎黻冕;卑宫室而尽力乎沟洫。禹,吾无间然矣。"(《论语•泰伯》)对于禹来说,如果是因为个人衣食住的尚俭而在祭品礼服与田间上简率从事,便是不及;又如果对于祭品礼服与田间工事的完备,而在个人的衣食住方面尚奢侈,便是太过;禹没有不及与太过,就是中道。《尚书•尧典》:"畴咨若时登庸""汝能庸命",这两处"庸"是"用"的意思。在《尚书•皋陶谟》:"自我五礼有庸哉",这里的"庸"是"常"的意思。"中庸"合称,成为一个道德范畴,则始于孔子。《论语•雍也篇》载子曰:"中庸之为德也,其至矣乎!民鲜久矣。"

段正元认为中庸大道,发源于尧舜之世,大成于至圣孔子,可惜数千年来,文教兴而中庸之道未行,"'中庸'二字,又不始于子思,孔子早已发挥,在天业已成象,不过子思重而申之,集而成之,乃能在地成形耳。夫中道本始于尧、舜、禹授受相传之道,孔子祖述尧、舜,集群圣之大成,扩充人道进化之阶段,而加以'庸'字者,示人以中道为用也。"① 孔子之所以重视中庸之道,是因为当时礼教衰微,上无道揆,下无法守,中庸之道,所以晦而不明,孔子发出"民鲜能久"之叹,根本原因是当时在上者不能行中庸之道,不能对民有所提撕,形成中庸之德如风,风之所及草必偃的风气,所以在下者也对中庸之道漠然置之,于是知者藐视,愚者又不及,贤者则自高,而不肖者又不能,中庸之道遂泯矣。于是,孔子祖孙相继而起,复兴中庸之道,挽救世道人心。

三、段正元对程朱诠释《中庸》的批评反思

段正元对程朱诠释《中庸》进行批评反思。他引《四书章句集注•中庸章句》开首:"子程子曰:'不偏之谓中,不易之谓庸。中者,天下之正道,庸者,天下之定理。'此篇乃孔门传授心法,子思恐其久而差也,故笔之于书,以授孟子。其书始言一理,中散为万事,末复合为一理,'放之则弥六合,卷之则

---

① 《道德学志》,《师道全书》卷六,1944年,第15页。

退藏于密',其味无穷,皆实学也。善读者玩索而有得焉,则终身用之,有不能尽者矣。"这可以看出是程朱对《中庸》的基本观点,而段正元认为程朱"未入《中庸》之室,仍是尊经而反背经。"① 因为《中庸》首章明明说"喜怒哀乐之未发谓之中,发而皆中节谓之和",而程子则说"不偏之谓中,不易之谓庸",对此段正元批评说"首章不言庸,而言和者,庸者用也,礼之用,和为贵也。焉能一定不易乎?"② 又经文明明说"中也者,天下之大本也;和也者,天下之达道也",而程子则说:"中者天下之正道,庸者天下之定理",这就与经文本义失之甚远,显然是没有依据《中庸》本训,另标己见。二程"将《中庸》看得呆滞死煞,全无生气,俨然是一篇印板文字,并无所谓浩浩渊渊,岂但斫而小之,真可谓举一而废百也。此亦因其仅知后天之理,而不明先天之礼,但以个人有限之我见,揣测无上甚深微妙之圣经,无怪其开口错也。"③ 段正元认为儒经多言礼,而少言理,如《中庸》本文曾言"明乎郊社之礼,禘尝之义,治国其如示诸掌"。又曰"礼仪三百,威仪三千,待其人而后行"。而程子则说"庸者天下之定理",说《中庸》"始言一理……末复合为一理",这是只知理而不知礼,也即不知《中庸》的明证。"盖理乃后天人智所发,为意度,为理想,故公说公有理,婆说婆有理,理驳千层无定数,到头总是空谈,万分之一,也难作准用。自来理想文章家,笔下虽有千言,胸中实无一策,大抵能言不能行。而宋代反以理学至衰亡者,皆此空理为之障,自误以误国家也。"在他看来,理学家所讲之理流于空谈,造成后来科举时文笔下千言,胸无一策,岂但自误,且误国家误天下。所以他多处强调应以实礼代替虚理,"夫礼也者,则是先天仁智所发,为天经为地义……礼之所定,皆是实德实行。故曰礼者履也,一日克己复礼,天下归仁。"④ 所以在段正元的思想中经常用礼来代替理。早在民国元年(1912)在成都成立伦礼会,当有人问"伦礼会"为什么用"礼"而不用"理"?段正元回答:"礼者,道之华,即道之精。道无形,而礼可执。道一动为理,再动为

---

① 《七三寿辰法语》,《师道全书》卷四十八,1944年,第19页。
② 《七三寿辰法语》,《师道全书》卷四十八,1944年,第19页。
③ 《三次大法纲要》,《师道全书》卷二十三,1944年,第22页。
④ 《三次大法纲要》,《师道全书》卷二十三,1944年,第22页。

礼。理者，可思可言，而不可全行。礼者，可思可言，而处处不可离。故孔子雅言诗书而外，教人执礼。"①"有言伦礼之礼，应该用斜玉之理……斜玉理是空谈理想，辩驳是非，无一定之虚理；伦礼之礼，是躬行实践，克己复礼，《礼运·大同》之实礼。"②按照一般人的认识，伦理是讲人伦的理论、道理，应该用"理"，而段正元则用了礼乐、礼义的"礼"，是不是搞错了？以段正元的解释，自理学成为官学以后数百年来，"理字只是空谈虚假，故理驳千层无定"，而"礼乃天秩天序之实行，故斯须不可去身"，所以叫"伦礼会"而不叫"伦理会"，而正名为"伦礼"的动因正是要去除程朱理学的弊端，表明"除假行真"的意思，强调躬行实践的意义。他还把礼与理提高到"道"的高度进行比较说："理为道之障，礼为道之华。孔子问礼，问道也。克己复礼，克后天之己，复先天之礼，穷理尽性。穷，去也，尽也。去尽后天之理，始能尽先天之性。犹孟子尽后天之心，知先天之性也。圣学自孟子后失传，此义不明久矣。宋之程朱，俱障于理，即程朱前后数千年，更不知误尽许多学子，真堪浩叹。夫道惟一，礼亦惟一，无对待也。若有对待则为理。理驳千层，无有穷尽，人心日诈，世道日衰，皆由讲理而不讲礼。"③批评程朱讲理成为理障，误导了后世多少学子。认为礼对应道，是唯一，无对待，而理则对待则为理，于是造成理驳千层无定数，到头总是一场空。

四、《中庸》垂道统，与《大学》相互阐发

宋儒之所以重视《中庸》，是因为《中庸》是传承儒家道统的经典。道统本来就存在，贯穿儒家思想的始终，但时隐时现，若断若续。到宋儒特别重视道统重建，程朱道学一派的道统主要是指圣贤一脉相传的"十六字心传"，朱熹说："盖自上古圣神继天立极，而道统之传有自来矣。其见于经，则'允执厥中'者，尧之所以授舜也；'人心惟危，道心惟微，惟精惟一，允执厥中'者，舜之

---

① 《大成礼拜杂志·第十一礼拜迷信区别》，《师道全书》卷二，1944年，第62页。
② 《大道源流》，大成印书社，1939年，第1页。
③ 《性与录注》，《师道全书》卷十一，1944年，第87页。

所以授禹也。尧之一言，至矣，尽矣！"①

段正元认同程朱的道统说，指出"子思子作《中庸》以垂道统，为天下后世示法守"②，《中庸》确立道统的内容为中道，"子思子作《中庸》以垂道统。中者一也，一以贯之也。天地人物，古今中外而一之也。不中不一，不一则无事物，不中则无天地。一者中也，一者和也。致中和，天地位，万物育。"③这样就以中道为天下后世的大纲大法。"子思作《中庸》，本是奉承天命，敬重天命，其性灵与天命相贯，故开腔说天命，其意谓天之所以命于我者，即先天之真性也。我就此真性之流露，遵循率从，以重天命，而立天道。本性道而立人道，斯谓之大道。然天道，性道，人道，各有不齐，必修治之，去粗留精，存纯除驳，乃可垂教后世，则何莫由斯道也？是道也，所以生天地人物也。天地之所以恒久不已，人物之所以各遂其生，皆道主持之。是天地人物，须臾之顷，未尝离脱乎道焉。"④他认为子思作《中庸》是奉承天命的，所以《中庸》开篇"天命之谓性"三句是自上而下由天命到人性到教化一而贯之，是天道、性道、人道一脉贯通，是道统展开的逻辑。

道统的核心观念是"道"，当有人问什么是大道？段正元回答："能内而圣，外而王，行中庸之道，爱身、爱家、爱国、爱天下者，即当今之大道也。"⑤《中庸》"大哉圣人之道，洋洋乎发育万物，峻极于天"，就明言道之大原出于天，成于人，发育万物，是形容道之广大。"《中庸》乃儒家行道之书"⑥，把《中庸》看成是儒家行道之书。那么如何行中庸之道？"爱己以亲亲，爱人而体物，太平天下为己任，参赞化育为己职，即是行中庸之道。"⑦"君子当仁则仁，当勇则勇，当智则智，而道中庸矣。"⑧

---

① 【宋】朱熹：《四书章句集注·中庸章句序》，北京：中华书局，1983年，第14页。
② 《外王刍谈录》，《师道全书》卷二，1944年，第39页。
③ 《圣道发凡》，《师道全书》卷一，1944年，第51页。
④ 《道德学志》，《师道全书》卷六，1944年，第14页。
⑤ 《日行记录》，《师道全书》卷十八，1944年，第50页。
⑥ 《大成礼拜杂志·第七十五礼拜患不知人新义》，《师道全书》卷三，1944年，第69页。
⑦ 《大成礼拜杂志·第九十三礼拜多闻阙疑新义》，《师道全书》卷四，1944年，第29页。
⑧ 《大成礼拜杂志·第一零四礼拜天地需人孔急》，《师道全书》卷四，1944年，第43页。

《大学》与《中庸》的关系，段正元比较说："天命之谓性，为《大学》探其原也。率性之谓道，明明德真谛也。修道之谓教，亲民真谛也。书末终以无声无臭者，为至善穷其妙也。又曰：'中者，天下之大本'，即忠之进也；'和者天下之达道'"，即恕之化也，明明德也。故曰中和为儒门上乘法，即明明德之大用，天地万物，一以贯之也。曾子仁者，仁者见之谓之仁，大传故多《大学》之实行；子思智者，智者见之谓之智，《中庸》故多《大学》之精义。"①《大学》和《中庸》可以相互印证，相互阐发。又说："《大学》内圣外王之道，《中庸》天人合一之学。"②《大学》以修身为本，合内外之道，横向展开，立内圣外王的规模；《中庸》以诚为本，通天人之道，纵向展开，立天人一贯的道统。其实，《中庸》也讲内圣外王。又说："《大学》者，大道之载也。其曰大学之道者，重道非重人，言道能生人也。《中庸》者，大道之行也。大道之行本乎人，故曰天命之谓性，重人非重道，言道非其人不行也。是故天命之谓性者，道不远人也。率性之谓道者，人能弘道也。修道之谓教者，明明德于天下也。"③又说："《大学》只言诚意，《中庸》乃云诚身……一自始位言，一自终位说。"④以上二者的不同之处，也相同之处："《大学》《中庸》，均重一'诚'字。《大学》讲诚意。曾子特郑重言之曰：'所谓诚其意者，毋自欺也。'《中庸》自'诚之不可掩'，以迄'惟天下至诚'，讲诚之处尤多。"⑤

五、中庸之道，天人一贯，归本人道

历来人们认为《中庸》主要有两方面内容，前半部分谈"中庸"，后半部分谈"诚"之德。因为《中庸》自上而下由天命到人性到教化的一而贯之，所以段正元概括《中庸》是天人一贯之学。那么，究竟中庸之道，天与人如何一贯？历来解释很多，仍然有问题可以讨论。段正元举程子释"不偏之谓中，不易之谓

---

① 《阴阳正宗略引》，《师道全书》卷一，1944 年，第 20 页。
② 《圣道发凡》，《师道全书》卷一，1944 年，第 50 页。
③ 《圣道发凡》，《师道全书》卷一，1944 年，第 56 页。
④ 《黄中通理》，《师道全书》卷十二，1944 年，第 53 页。
⑤ 《乐教》，《师道全书》卷九，1944 年，第 26 页。

庸"为例，认为如果以不偏方为中，则一定会执中无权，怎么能时中？如果以不易即为庸，则是执柯以伐柯，哪里有庸德？所以解经如果不能通达先圣立言的本旨，就会出现盲目瞎解。因此"不明乎天道者，不可以著书立说。不达立言本旨者，不可以解释圣经。"① 怎么做到天人一贯呢？"必当以心中之中，下而合身中之中，上而合天地之中，随时、随地、随人、随事，无异以平量物，天针对地针，不爽毫厘，如是方为中庸，方算天人一贯。"② 这其实太难了，因为人落在后天，心中之中，被情欲纷扰，于是天人隔绝；还有人智愚贤否不齐，不是过即是不及，总不能恰合中道，实践庸德，就完不成天人一贯。所以孔子感叹"中庸不可能也"。

要实现天人一贯，就得知天命。所以《中庸》开宗明义就以天命冠首。何谓天命？段正元说：天命"即西人所谓肇造天地人物真宰……为人人所各具足，即秉彝之良，天赋之理。"③ 天命对一个人特别重要，是人生穷达进退荣辱的根据，"良心一坏，即是失却本来真性，即是违丧天命。天命一失，种种缺陷苦恼，无不由此而生，故世之形骸不全，冻馁交迫者，并非天之降才有殊，实由于反背天命，自作孽不可逭也。"④ 所以人要"知天命"，人能知道天命，就能得中庸天人一贯的实境。段正元认为《中庸》开篇三句："天命之谓性"一句，由先天说至后天，无极而太极也；"率性之谓道"一句，由后天说至先天，太极而无极也；"修道之谓教"一句，道德合一也。这三句为全部《中庸》的纲领，天人一贯的真道。所以，"一部《中庸》之道，贵在知人知天，知天知人，反覆天人，斯为君子，贯通天地人，谓之真儒。"⑤

中庸之道的"中"是天下根本之道："中者，道也，天道也，人道也，法也。子思作《中庸》，示天下以道法也。故曰：'中也者，天下之大本也。'圣道之始由中始，及道之成，不离乎中。故曰：莫如守中，允执厥中。中者，贯天道人道而一者也，贯天地人万事万物而一者也。中者一也，一以贯之也。贯太极

---

① 《道德学志》，《师道全书》卷六，1944年，第20页。
② 《道德学志》，《师道全书》卷六，1944年，第20页。
③ 《道德学志》，《师道全书》卷六，1944年，第20页。
④ 《道德学志》，《师道全书》卷六，1944年，第20页。
⑤ 《三次大法纲要》，《师道全书》卷二十三，1944年，第4页。

而一无极也。太极无中，太极而不能无极也。无极无中，无极而不能太极也。中者，道也。无中，无无极，造化不能无道，即不能无中；有中，即有无极。无极而太极，中也；太极而天地，中也；天地而生人，中也；由三才而生万事，发万物，中也。故曰：'天地万事万物，中生中了。'"① "中"含天地人三才之道，而以人道为主。

人道主要是指人伦。段正元发挥传统的五伦之"中"曰："为人君止于仁，仁即君之中也。为人臣止于敬，敬即臣之中也。为人子止于孝，孝即子之中也。为人父止于慈，慈即父之中也。与国人交止于信，信即交友之中也。父子有亲，又父子之中也。君臣有义，君臣之中也。君使臣以礼，君使臣之中也；臣事君以忠，臣事君之中也；君苟不使臣以礼，则臣可不事君以忠，此君为臣纲之中也。"② 君君、臣臣、父父、子子，父子君臣各安其位，各行其道。此道具体为君仁臣敬，父慈子孝，朋友有信，实质上都是中。他又以男女有别为例进一步阐释："五伦中惟这'别'字，安得至当恰好。盖男女有别，才合大礼。如果夫妇无别，何以能同床共枕，同偕到老？在表面看，似乎这个'别'字，不甚恰当，而不知此'别'字，是中庸之道。因男女授受不亲，无别即非礼。但此夫妇之别，非分别之别，是特别之别。男女两人，心甘意愿，结成了夫妇，即有终身不二，特别之感情，义夫节妇，由是生焉。"③ 立中道行此人伦之"中"，即是庸道，"庸道者，常道也，即君君、臣臣、父父、子子、夫夫、妇妇、昆弟、朋友，日用伦常之道。君之道在仁，臣之道在忠，父子之道在慈孝，昆弟之道在友恭，朋友之道在信义。此五者，孰不知之乎？又孰不能行之乎？因其人人能知之，人人能行之。此其所以为至平至常也。"庸道是人伦日用之道，是人人能知，人人能行的至平至常之道，然而人伦之道广大精微，又为天下之达道，人道之终始，天地赖此而有，万物赖此而存，有之则安，无之则乱。其神妙莫测，又非可以言喻。故曰"夫妇之愚，可以与知焉，及其至也，虽圣人亦有所不知焉。夫妇之不肖，可以能行焉，及其至也，虽圣人亦有所不能焉。"所谓不知不能，

---

① 《大成礼拜杂志·第三十七礼拜存恻隐心》，《师道全书》卷三，1944 年，第 10 页。
② 《大成礼拜杂志·第八十二礼拜有养不敬新义》，《师道全书》卷四，1944 年，第 5 页。
③ 《大成礼拜杂志·第一一五礼拜因人说法》，《师道全书》卷四，1944 年，第 66 页。

即中道的神妙莫测；能知能行，即庸道的至平至常也。如果没有至神至妙的中道，也就没有至平至常的庸道。为什么？"中道为体，庸道为用，体用不可须臾或离。……犹之有庸道，则中道方能显其功，有中道则庸道方能阐其用。阴阳相扣，不可偏废，此中庸之所以至平至常，而含至神至妙者，以此也。"①

关于男女夫妇一伦，段正元经常以阴阳之道解之："至阴肃肃，至阳赫赫，本来两不兼容，而要办到合乎中庸，依乎中庸，天地位，万物育，其中又无丝毫阴谋压迫，纯听其天贞烂缦，流露之本性，自然而然，贞情贞意，精神上一心一德，方算阴阳合德，乾坤锦绣。"②"一阴一阳之谓道"，此"道"可以说就是中庸之道。以中庸之道化解阴阳之对立而做到阴阳和合，阴阳合德，夫妻之间各保其本性而又夫唱妇随，琴瑟谐和。

《中庸》含天地人三才之道，又以人道为本，故是常道："中庸者，儒道也，常道也。天地非常道不久，人非常道不人。不人即无世界，无世界即无天地，无天地即无道也。天地不能无道，是以常道之为贵。"③中庸之道是天地人存在的依据，是恒常不变之道，具有普遍价值："中庸之道，宜古宜今，宜中宜外，非矜奇好异，非素隐行怪，皆由学而时习得来也。"④"所谓中庸之道，无时不宜，无地不宜，无人不宜，亘古今，合内外，统圣凡，无有能出其范围者也。"⑤

六、实行中庸之道的法门

实行中庸之道很难，所以孔子感叹"中庸不可能也"，这并不是否认实践中庸之道，相反，更是强调实行中庸之道的重要性。但孔子对如何实行中庸之道语焉不详，后代儒家学者多有讨论，形成了今天所谓的"功夫论"。段正元结合《中庸》文本诠释了实行中庸之道的法门。

---

① 《道德学志》，《师道全书》卷六，1944年，第22页。
② 《大同正路》，《师道全书》卷三十四，1944年，第20页。
③ 《大成礼拜杂志·第四十七礼拜人非常道不人》，《师道全书》卷三，1944年，第20页。
④ 《大成礼拜杂志·第六礼拜神明畏性灵》，《师道全书》卷二，1944年，第54页。
⑤ 《日行记录》，《师道全书》卷十七，1944年，第15页。

第一，大智。《中庸》一书批评一般人的小聪明（小智），"人皆曰予智，驱而纳诸罟擭、陷阱之中，而莫之知避也。人皆曰予智，择乎中庸，而不能期月守也"，小智之人自恃聪明，不能坚守中庸之道，故而推崇圣贤的大智，遂举大舜与颜子的"大智"为修中庸之道的法门："子思子引子言舜之大智，以示人行中庸之道者，须要有舜之大智乃可。因世间上之人，有智愚不等，靡不轻愚而重智。殊不知智而无仁，则为狡猾之智。小人之智，智之所及，过恶便成，小则酿灾招损，大则杀身丧邦，尚不如愚而无智之人，安分守己，少造罪恶，足以保全良心，不至堕落苦道也。所以智仁勇兼全，才是天下之达德。有此达德，就是大智。有此大智，才可以行道，才可以治国平天下。然此大智，古今来曾不多觏。故孔子以大智许人，惟举舜一人，以示其模范。"① 能用中即是大智。有大智之人，即是达天德之人，即《中庸》"聪明圣知达天德"之人。所以大智就是天之真智，是从性分中所流露而出的。如果没有专业的真智，虽择乎中庸，犹不能期月守，所以也不能行中庸之道。中庸之道不明不行，原因就是世无大智之人，而多小聪明人，聪明反为聪明误。所以孔子又举闻一知十，有大智的颜子曰："回之为人也，择乎中庸，得一善，则拳拳服膺而弗失之矣。"人果能好学如颜子，得一善则服膺弗失，久之自然义精仁熟，造到三月不违仁的地步，而不会期月守。行中庸之道的法门，其实就是一大智的法门，只有大舜和颜回做到了。

此"大智"如何得来？段正元认为，《中庸》引孔子称舜之大智，恐怕世人误解，以为舜作为天子特有天性的聪明，是生而知之，于是接着说"舜好问而好察迩言"，告诉人们知真正大智，还是从虚心下人，勤学敬事得来。由"好问"可见舜虚心下人，不自矜满；由"好察"可见舜勤学敬事，随处留心。孔子"入太庙，每事问"，他也赞扬孔文子不耻下问；还有诸葛亮集众思，广众益，都是这样的意思。"好问则多闻世事之是非，好察则能得事物之真相。"② 好问、好察才能获得大智。

段正元还提出了要区分人智与仁智："智有人智与仁智之分。以人智用事，结果必定败坏，即偶然侥幸有成，亦是遗臭万年；若仁智用事，结果必定圆满，

---

① 《道德学志》，《师道全书》卷六，1944年，第17页。
② 《道德学志》，《师道全书》卷六，1944年，第18页。

纵一时不成，亦是流芳百世。秦始皇焚书坑儒，销兵筑城，为保子孙万世帝王业，可谓用尽人智矣。然不二世而灭亡，且贻千古骂名。释迦佛誓愿度众生，孔子有志造大同，所用者全是仁智，故虽众生未尽度，有志未逮，而馨香俎豆，万古千秋，此其彰明较著者也。盖人智如鼠目寸光，见识有限，只顾利己，不顾损人，只顾眼前，不顾后来，故人智愈发达，人格愈堕落。……仁智如日月之明，光辉普照，已欲立而立人，已欲达而达人。作事一时有益，万世无弊，故仁智愈申张，人格愈高尚。舜好问而好察迩言，隐恶扬善，执两用中，所以为大智大孝也。……人智所发，多系虚理，理驳千层无定数。仁智所发，即为至礼，至礼一定，而不可移。……中国人重道德，非德位兼隆之天子，不议礼，不制度，不考文，即是以仁智发为定礼，故其因革损益，可为天下万世法。虚理愈作用，人智愈进步，人智愈进步，虚理愈繁兴，而国家社会之里面，愈极黑暗。所以说法令滋彰，盗贼多有。"① 这样看来，仁智也就是大智了。

第二，自强。对《中庸》中"子路问强"一节，段正元先解释说："以子路问强，发明自强之道，特示人以中庸捷径之法门也。……盖自强者，天之道也。强之者，人之道也。《易》曰：'天行健，君子以自强不息'，即是体天之道而强之者也。强而不息，是与天道一体，而得天之元气，为我身中之实德，即此德而宏之广之，上下与天地同流，即是中庸之至道，然非有君子之强不能也。"② 他引证《易传》"天行健，君子以自强不息"论证天道本自强，人应效法天道强而不息，天人一体，即是实行中庸之道。他进一步分析子路问强，孔子说出南方之强、北方之强、君子之强，包含了上中下三乘教法，都是孔子因材施教，循循善诱的大法门。所谓南方强者，南方属火，火为文明之象，即是教人以真性用事。真性之强，有仁者无敌气象，天下孰能御之，所以孔子立教主于宽柔。南方之强居于孟子所说的充实而有光辉的境界，是君子之强。北方之强，北方属水。水无火，则无既济之功。水虽有趋下之性，顺流不息，但如果水性一发，则横流泛溢，其强烈之势难以阻挡。犹如平常好斗之人，有时血气一发，怒发冲冠，虽衽金革，死而不厌，这就是北方之强，是强者之强。北方之强，有强的资质；南

---

① 《三次大法纲要》，《师道全书》卷二十三，1944 年，第 11 页。
② 《道德学志》，《师道全书》卷六，1944 年，第 19 页。

方之强,有强的真性。能学北方之强,即是强者,可入中庸之门。学南方之强,即是君子,可入中庸之道。能入中庸之道,再勇猛精进,强而不息,则中道在身,而后发而之庸,方能和而不流,有和光同尘的气概,中立而不倚,具备了在俗脱俗,在尘脱尘的中权。所以当国家有道,能够做到不改变他秉心塞渊。如果国家无道,宁死也不变他固有的真性。这种强,是合南方之强与北方之强,有水火既济的实功,是刚健中正的大道,经过充实光辉之境,就能进入大化圣神之域。所以孔子四次赞曰"强哉矫!""矫者,奋乎百世之上,百世之下,巍巍特出者也。工夫至此,我欲中即中,我欲庸即庸,自然本诸身,而验诸事物,征诸天下,无不光明磊落,时措咸宜。"[1]这样,通过中庸之道的自强功夫,就可以由君子而圣贤,超凡入圣,优入圣域。

七、诚明之道,贯通天人,人有至诚

段正元对《中庸》诚明之道也有发挥。如何贯通天人?以"诚",这是儒家一贯思想。段正元说:"《中庸》云'诚者天之道',为物之终始,由先天生后天也;'诚之者人之道',反身而诚,由后天反先天也。"[2]天道之诚是由先天生后天的宇宙生成论;人道诚之是由后天反先天的修养功夫论。其中关键是人有至诚。段正元说:"人有至诚,人心即是天心,富哉言乎!真言近而指远也。夫人受天地之中以生,一诚而已……第诚者,天之道也,即由天而人矣,则诚之者人之道也。诚之之道,学问思辨,然后笃行是也,即所谓自明诚也。"[3]"天道诚也,人道亦诚也。但天之诚也无心,人之诚也有心。以有合无,其中有物。以天合人,其中有神。自强不息,至诚如神矣。神而神者,谓之自明诚。不神而神者,谓之自诚明。无明之诚,是曰愚诚。愚诚者可教,诚愚者可圣。"[4]

为更好地实行中庸之道,段正元阐述"自诚明"的法门,分为五条:一至诚明,不自欺欺人;二至诚明,知无为真主宰,有为真主宰;三至诚明,分成身之

---

[1] 《道德学志》,《师道全书》卷六,1944年,第19页。
[2] 《日行记录》,《师道全书》卷十七,1944年,第21页。
[3] 《性与录注》,《师道全书》卷十一,1944年,第86—87页。
[4] 《日行记录》,段平、韩星编:《段正元文集》下册,北京:社会科学文献出版社,2017年,第480页。

道,了身之法;四至诚明,有先天性命,后天性命;五至诚明,知先天有道,后天有道。这五各方面结合起来就是道法并行。①

第一,至诚明,不自欺欺人。讲诚意,凡事都要至诚。《大学》"诚其意者,毋自欺也"。不自欺,便不欺人。人往往先欺己,没有把自己看成人,干什么事都欺欺哄哄,当有人揭穿时,还大发誓愿,最后还是一场空,原因是未得"诚"字功夫。凡事由一己情意而出,用自己聪明,欺自己良心,就是无廉耻。

第二,至诚明,知无为真主宰,有为真主宰。宇宙由无为而有为,都有真主宰。先天为无为真主宰天地公共之性、公共之仁;后天有为真主宰,就是人的良心。良心虽能有为,还要顺无为。

第三,至诚明,分成身之道,了身之道。成身之道就是躬行实践,道为己任;了身之道就是如佛家参禅打坐,道家金丹口诀,所谓命功修炼。修道先要成身,只知做命功便想成道绝不可能。没有先天躬行实践,实行实德,犹如一锅白水点成豆腐,如何点得成?有了先天功行,一百零八道口诀,即是一道口诀,一点便成。先有成身,再知了身,才能成道。

第四,至诚明,有先天性命,后天性命。段正元认为"性"有先天、后天之分,先天之性在天地未开之前,后天之性在人身,为身中北辰;"命"也有先天后天之分,在先天为天命,在后天即为人之生命,性命在先天,不分而分,浑然粹然;在后天分而不分,还是浑然粹然。

第五,至诚明,知先天有道,后天有道。何为先天后天?段夫子解释说:"先天所包者广,能力大,语大莫载,语小莫破,无声无臭,无形无影,视之不见,听之不闻,搏之不得。说无为而无所不为,说无能而无所不能。生化天地是他,纲维宇宙是他,主宰万物是他,至平至常,而又至神至妙。……后天为有为,在天为日月星辰,风雨雷电;在地为山石草木,飞禽走兽;在人为命,为眼耳鼻舌手足四肢,为交际往来,设身处世。"②他所说的先天即是道,后天即是天地万物。他又说:"天之性,人为贵,所贵乎人者,合天地人物古今中外而一

---

① 《黄中通理》,《师道全书》卷十二,1944年,第64—65页。
② 畊心:《道德学社访问记》,《段正元语要》附录一,长春:吉林文史出版社,2003年,第744—745页。

体者也，此先天之道也……学以致其道者，即贯天地人物古今中外而一之者也，此后天之道也。"① 可见，先天之道是由天而人，合天地人万物一体；后天之道，学以致道，贯天地人万物一体。先天之道，先空而后实；后天之道，先实而后空。先天之道与后天之道，是分而二，合而一的关系。

八、修身为本，下学上达，内圣外王

儒学以修身为本，《中庸》当然是修身之学。在段正元看来，"修身之道，至极神妙，亦至极平常。其神妙处，令人不可思议；其平常处，则有如人行大路，脚踏实地，一步不虚。"② 他解释《中庸》"君子之道，本诸身，征诸庶民，考诸三王而不谬，建诸天地而不悖，质诸鬼神而无疑，百世以俟圣人而不惑"，说"是言修身之道，到达最高境地，自然澈上澈下，无远无近，天地人神，共同证信。于此见修身之道，有至实际，丝毫不涉恍惚。就平常方面说，修身之道，较为容易；若就神妙方面说，修身之道，则甚难置辞。"③ 又引《中庸》"肫肫其仁，渊渊其渊，浩浩其天"，说"是言修身，最高境地之全体。"又引《中庸》"君子笃恭而天下平""唯天下至诚，为能经纶天下之大经，立天下之大本，知天地之化育""大哉圣人之道，洋洋乎发育万物，峻极于天""致中和，天地位焉，万物育焉"，说"是言修身最高境地之大用。"又引《中庸》"故大德必得其位，必得其禄，必得其名，必得其寿""是以声名洋溢乎中国，施及蛮貊，舟车所至，人力所通，天之所覆，地之所载，日月所照，霜露所坠，凡有血气，莫不尊亲"，说"是言修身最高境地之福报。此就神妙方面言，修身之道，实在博大精深，令人不可思议。"④ 这其实就是儒家下学上达的修身之路，君子由至平至常的下学，脚踏实地，一步一个台阶，最终要达到至神至妙的天人合一之境，就是达到最高境界的全体大用，得最高境地的福报，就是圣人之境。因此，就神妙方面言，修身之道实在博大精深，不可思议。到了圣人境界，

---

① 《圣道发凡》，《师道全书》卷一，1944年，第49—50页。
② 《大同正路》，《师道全书》卷三十四，1944年，第1页。
③ 《大同正路》，《师道全书》卷三十四，1944年，第2页。
④ 《大同正路》，《师道全书》卷四十四，1944年，第17页。

就能够做到"不勉而中,不思而得,从容中道"。段正元认为,中庸还是一个浑括的名词,从容中道才是"明明白白,安安逸逸,大悲大愿,由天德发为王道,大无不包,细无不含。"①

"《中庸》笃行大道,则以博学为先。"②《中庸》之"学"是精微的实学,是实修实证之学。"《中庸》一书,儒门至精至微之学……实学也。"③什么是"精微"?"精微者,天命也。中庸者,天命之用也。……尽精微而道中庸者,天人合一也。"④

《中庸》下学上达,即由学致道,学道成道。段正元说:"道虽高,不遗其卑,虽远不遗其近。故《中庸》曰:'道不远人',又曰:'君子之道,譬如行远必自迩,譬如登高必自卑。'然则道虽高妙,并不难学,惟学道容易,成道难。何也?无确立不拔之志者,不能成道,徒有其志而无至死不变之心者,亦不能成道。"⑤学道是首先要确立不拔之志,然后由近及远,由卑及高,还有要至死不变之心,最后才能成道。《中庸》提出智、仁、勇三达德是成道所必须。对此,段正元论曰:"诚以智、仁、勇三者,虽皆为成道之要素,倘勇一不足,则仁非贞仁,智非贞智。况所谓勇者,并非好逞刚强,血气之勇,乃坚恒长久之大勇也。然能坚恒长久,丝毫不愧,显然易见,可称大勇者,亘古以来,无几人也。真贞有之,如孟子浩然之气,圣人之自强不息而后可。然其刚勇之气,又皆含蓄于内,不显于外,而为仁智所掩。天下后世,只见其仁,只见其智,不见其勇之迹,故《中庸》言仁,必举颜渊以实之,渊固真贞大仁也;言智必举大舜以实之,舜固真贞大智也。独至言勇,则统古今圣贤。"⑥这就以成道为目标,智、仁、勇是成道的要件,三者以仁统摄智、勇,是相辅相成的关系。

下学上达是一个循序渐进的过程,段正元又分成大学小学两个阶段。他说:"小学所以明人,大学所以明天。明人者在气数中,明其事物之善;明天者出气

---

① 《自求多福经》,《师道全书》卷三十四,1944 年,第 2 页。
② 《道德学志》,《师道全书》卷五,1944 年,第 32 页。
③ 《大成礼拜杂志·第一一零礼拜正道不外中庸》,《师道全书》卷四,1944 年,第 56 页。
④ 《大成礼拜杂志·第一一二礼拜修道以仁》,《师道全书》卷四,1944 年,第 61 页。
⑤ 《无为心法》,《师道全书》卷二十八,1944 年,第 11 页。
⑥ 《无为心法》,《师道全书》卷二十八,1944 年,第 11 页。

数外，明其主宰之原。其实小学与大学，分而二，合而一。如儒门忠信之学，本是小学，但能由之为忠恕，即是大学。再由忠恕，以至中和，由中和以至中庸，即是大道。"①

在修身方面，段正元特别重视阐发《中庸》的性命修养，认为《中庸》为儒家性命之书，"精气神者，后天之性命也。性命者，先天之精气神也。性与天道者，先天之性命也。故曰天命之谓性，率性之谓道，修道之谓教。《中庸》者，儒门性命双修之书也。"②

修身的目标是成就君子、圣贤。"中庸"分别君子小人："君子之人，就是有信用之人，有常道之人，由五常而发出三纲八德，即为君子中庸。小人就是没信用常道之人，丧失中庸之道，与中庸背道而驰，故曰反中庸。君子之中庸也，非有心而为之，由其人欲尽净，天真流露，涵育浑全，无所不统，笃实光辉，无所不通，故能事事合中，处处合中，宜古宜今，宜中宜外，无所不宜，无所不中，故曰时中。小人未尝无有中，未尝不知庸，不过未有慎独之功，任情发出，失却本真，放僻邪侈，无所不为，岂复有忌惮之心。"③有君子之中庸，有小人之中庸。君子有慎独之功，是真中庸；小人无慎独之功，是反中庸。"中庸有君子中庸，有小人中庸。君子之中庸，则本自先天至善而时中；小人之中庸，则发于情欲，似是而非。"④所以孔子才说："君子中庸，小人反中庸。"君子之中庸是时中，小人之中庸似是而非，所以实际上是反中庸。"君子之为人，德行纯粹，至善至美，其为中庸也，夫人而知之矣。若小人者，又何得以中庸加之耶？盖天地间，姑无论君子小人，善人恶人，莫不有中庸。不过小人之中庸，为物欲所蔽，嗜好所蒙，而逐末忘真，任情所为，于是乎将固有之中庸，失之尽净，而每日所行所为者，皆是中庸之背面，似是而非。若谓为中庸，又非中庸。若谓为非中庸，又似中庸。是非颠倒，真伪莫辨。一班旁门左道，邪说淫辞，莫不由此。故孔子说出小人反中庸之一'反'字，即道破小人不中不庸之源头，以假乱

---

① 《日行记录》，《师道全书》卷十八，1944年，第53页。
② 《大成礼拜杂志·第一一四礼拜君子知几其神》，《师道全书》卷四，1944年，第65—66页。
③ 《道德学志》，《师道全书》卷六，1944年，第15—16页。
④ 《道德学志》，《师道全书》卷六，1944年，第16页。

真之实际。"① 君子之中庸是时中,故时时刻刻不离中道;小人之中庸是以假乱真,故每每肆无忌惮:"君子之动静语默,常兢兢业业,惟恐须臾与'中'字脱离,故无时非中,无非中,时时执中,事事由中,此即谓之时中。必能时中,乃能天人一贯,实践中庸,君子之所以乐得为君子也。而一般行险侥幸之小人,平日放言高论,则以为如何要讲道德,如何要讲仁义,是如何的美善,又常常深叹世道人心不古,某某是极不讲道德仁义的人,自己是如何遵行道德仁义,固俨然居之不疑。及考其行事,则全置道德仁义于脑后,放僻邪侈,无不为矣。谚所谓满口道德仁义,一心奸盗邪淫,正是小人之中庸,小人而无忌惮的光景。惟其无忌惮,此所以言行不相顾也。"② 由此可见君子与小人有天壤之别。

"中庸"贯通内圣外王:"《中庸》云:'喜怒哀乐之未发,谓之中。'中者,即是人身中之北辰也。人由此北辰,存于内为内圣,发于外为外王。"③ 由内圣发为外王,即是由中而庸贯通内圣外王:"内而中,外而庸。庸为外王,中为内圣。内圣外王,一以贯之,即是中庸。"④《中庸》讲舜"舜好问而好察迩言",段正元认为"好问好察,即是成己之学,内圣之道。用中于民,即是成人之学,外王之道。舜之所以成其大智者在此,即其无为而治者亦在此。"⑤ 又说:"颜子之择乎中庸,服膺一善,为内圣。舜之好问好察,执两用中,则为外王。前后两人,内外一贯,斯乃完成大智之分量焉。"⑥ 所以,由中庸之道就可以成为君子,成为圣贤。

九、《中庸》的现实意义及理想目标

段正元诠释《中庸》有其现实动因,他以中庸之道批评当时的教育与学术:"前之旧学堂,重的文章诗赋。今之新学堂,讲的富国强兵。二者皆不合中庸之

---

① 《道德学志》,《师道全书》卷六,1944年,第16页。
② 《道德学志》,《师道全书》卷六,1944年,第16—17页。
③ 《大成礼拜杂志·七十六礼拜为政以德新义》,《师道全书》卷三,1944年,第71页。
④ 《道德学志》,《师道全书》卷六,1944年,第16页。
⑤ 《道德学志》,《师道全书》卷六,1944年,第18页。
⑥ 《道德学志》,《师道全书》卷六,1944年,第19页。

道也。"① 因此要改革旧学与新学，合于中庸之道。他说："旧学腐败，亦非旧学之腐败，乃是一般书生，将圣人之理，太看执着，直而无礼则绞也。每日埋头攻读，入了理障，故迂酸不堪。今日之新学，以为放开眼孔，讲优胜劣败，智识超群，又太过之。正合孔子云：智者过之，愚者不及，过犹不及，皆有流弊。必双方改进，求合中庸之道，乃俱有益。"② 所以他主张以中庸之道，新旧合一。

中庸之道的现实意义："中庸之道，大有大用，小有小用，方正圆通……苟用之今世，犹解倒悬，事半功倍，不劳而获。……方今天元正午，大道弘开，惟望天下人人皆知中庸之学，而实行中庸之道，超脱孔子中庸不可能之说，而造成凡有血气，莫不尊亲之世，庶可不负古人作《中庸》之大愿，留以待吾人之行也。"③ 段正元生活的20世纪上半叶是国家分裂战乱时代，在他看来又是天元正午，大道弘开的时代，只要人人皆知中庸之学，实行中庸之道，才是实现人类和平，天下大同的不二法门。

《中庸》提出了天下大同的理想目标。段正元引《中庸》"舟车所至，人力所通，天之所覆，地之所载，凡有血气，莫不尊亲"，诠释说："所谓舟车人力者何？既指今日交通而言。所谓尊亲者何？尊亲大道之真，可与世界以莫大之幸福，将使吾国与世界，作一大结合也。天下一家，万邦归一，其效有不期然而然者。"④ "孔子以中庸立义，尽人可行也，为大同世人人皆行大道张本。"⑤ 大同理想两千多年来未曾实现，我们今天要不辜负古圣先贤作《中庸》的大愿，以中庸之道来实现大同几千年来人们梦寐以求的大同理想，"大道之行也，万教俱归中庸矣。"⑥ "《中庸》一书，乃大道之行，万教归儒……故万物并育而不相害，道并行而不相悖。大同之成，躬行此书也。"⑦ "中庸之道行，君相师儒，

---

① 《大成礼拜杂志·第八礼拜三教同源》，《师道全书》卷二，1944年，第58页。
② 《大成礼拜杂志·第一一七礼拜合新旧促进教育》，《师道全书》卷四，1944年，第70页。
③ 《道德学志》，《师道全书》卷六，1944年，第22页。
④ 《性与录注》，《师道全书》卷十一，1944年，第91页。
⑤ 《大成礼拜杂志·第一零五礼拜灵机从何而生》，《师道全书》卷四，1944年，第47页。
⑥ 《大成礼拜杂志·第八十四礼拜终日不违新义》，《师道全书》卷四，1944年，第9页。
⑦ 《大成礼拜杂志·第一二三礼拜修心莫如修神》，《师道全书》卷四，1944年，第77页。

一体为治，天下渐趋于大同"①，因此，"如今时讲道，就要讲世界大同，协和万邦之道。"②大同之世是道德合一，有为无为合一，古今合一，中外合一，中庸合一。

---

① 《日行记录》，《师道全书》卷十七，1944年，第47页。
② 《日行记录》，《师道全书》卷十八，1944年，第50页。

胡适：实验主义者抑或新自然主义者？①

蔡志栋②

摘要：胡适的哲学思想中除了实验主义之外，也包含着自然主义的内容。后者体现在三方面：首先，胡适在其著作中反复提到了古代的自然主义；其次，胡适推崇无神论思想，而无神论是自然主义宇宙观的基本内涵。最后，胡适的实在论蕴含着自然主义的运思方式，预设着客观的实在性。自然主义可以区分为新旧自然主义，可以从宇宙论、政治哲学、认识论、人生哲学等方面来理解。古代自然主义又被称为是旧自然主义：在宇宙论方面，胡适借老子阐发"道"是万物自己本身，是古代自然主义的开端；他又借《庄子》阐明先秦道家的自然主义的基本特征是"自化"，即没有外在的主宰支配着世间的一切；在政治哲学方面，古代自然主义把"天道"看作"无为而无不为"；在认识论方面，古代自然主义主张在认识论方面的消极态度，即"无知""绝圣弃智"；在人生哲学方面，古代自然主义主张"重虚无而轻实有"，恐惧和压制人的欲望。新自然主义的一大特点就是引进了科学思想，设定了存在因果律的宇宙，主张通过科学方法认识因果律从而改变世界，强调积极的生存竞争和"大我"不朽的人生观。从更新、继承了旧自然主义的新自然主义的立场出发，胡适高扬"现实的主体性"，强调天人之间积极的互动，体现了中国现代哲学中的主体性精神。

关键词：胡适；主体性；新旧自然主义

通常总是将胡适的哲学思想判定为实验主义。③这种观点相沿成俗，习焉不

---

① 本文是教育部课题"实践智慧视野下的冯契哲学研究"（19YJA720001）中期成果。
② 作者简介：蔡志栋，男，上海人，1978年生人。中国哲学博士。上海师范大学哲学学院副教授。
③ 不完全举例：蔡元培曾说胡适之于杜威，"不但临时的介绍如此尽力，而且他平日关于哲学的著作，差不多全用杜威的方法"，"可算是介绍杜威学说上最有力的人"。（高平叔编：《蔡元培哲学论著》，

石家庄：河北人民出版社，1985 年，第 286 页。）但请注意蔡元培的措辞，他说的是胡适"介绍"实验主义。贺麟认为胡适提倡的是实验主义（参贺麟，《当代中国哲学》，载《资产阶级学术思想批判参考资料》第四集，北京：商务印书馆，1959 年，第 58 页）。冯友兰认为胡适引进了美国的实验主义，并以之为方法应用到中国传统文化的研究，以及中国社会的性质和未来的判断上去，并未提到胡适思想中的自然主义的成分。（冯友兰：《中国现代哲学史》，广州：广东人民出版社，1999 年，第 64—78 页）吕希晨、王育民编著的《中国现代哲学史新编》（吉林人民出版社，1987 年）认为胡适是实验主义在中国的主要传播者（该书第 19—32 页）。这种观点颇为常见。

也有例外。美国学者格里德认为，"在 17 岁的时候，胡适似乎就已接受了纯机械论的因果关系的观点，这种观点与他对进化论的信仰（在某种程度上因果观点是从进化论中派生出来的），构成了胡适的成熟思想的中心支柱。"（[美]格里德：《胡适与中国的文艺复兴——中国革命中的自由主义（1917—1950）》，南京：江苏人民出版社，1989 年，第 31 页。）显而易见，格里德认为自然主义反而是胡适思想的核心。

其后，杨凤麟、屠承先在其编著的《中国现代哲学史概述》（沈阳：辽宁大学出版社，1992 年，第 94 页）也看到了胡适哲学思想中与实验主义相异的方面，他们以自然科学的唯物主义来称呼之："除了信奉实验主义之外，他在新文化运动中很大程度上是以自然科学的唯物主义为武器，和封建主义意识形态作斗争。"但他们认为，胡适的这一思想主要表现在宇宙观上，而并没有以此为基础扩展出去（该书第 94—95 页）。对于这个观点的后半部分，我们持保留意见。

较早明确揭示胡适思想中存在自然主义成分的是顾红亮。他认为胡适在阐释实验主义时，往往把自然主义作为支援意识。（参顾红亮：《实验主义的误读》，上海：华东师范大学出版社，2000 年，第 24 页。）他不仅肯定了胡适对于自然主义有大量论述，而且意识到自然主义也有新旧之分、中西之异，而且突出了科学方法在现代自然主义中的地位，不过，他对自然主义的政治哲学、道德哲学意蕴未做阐发。

郭淑新也看到了胡适哲学自身的民族性和时代性，认为他与实验主义哲学若即若离。问题在于，她仍然较多的借助《实验主义》这篇文章来论证胡适与实验主义接近的一面，认为该文还是代表了胡适的哲学观的，明确表示，"胡适在相当于本体论的经验观上，与杜威的思想基本上是一脉相承的。"而胡适对实验主义的偏离主要表现在他把后者方法论化。因此，她的观点和论证本质上还是与我们有所区别。我们也不能接受郭淑新如下的观点：胡适将杜威拒斥形上学的观点作为其哲学思想的前提毫无反思、毫不拒绝的接受下来了，并以此对中国传统哲学做出评判。我们恰恰认为，胡适的哲学是实验主义和中国传统哲学的某种结合。（郭淑新：《胡适与中国传统哲学的现代转换》，合肥：安徽人民出版社，2005 年，第 183—185 页）但是，值得注意的是，郭淑新又表示，"胡适一方面接受了实证主义的思想方法，对超验的形而上学予以批评，另一方面，又由于受到中国传统哲学的浸染，使他又无法放弃形而上学。胡适在对中国传统自然主义进行考察后，在《科学与人生观·序言》中又主张：由老子创发的自然主义宇宙观，其中心思想是'道常无为而无不为'，'道'只是一个'自然'，'在那个自然主义的宇宙里，天行是有常度的，物变是有自然法则'。这些都表明，胡适在将自然主义作为实证主义的历史依据的同时，对'道'在自然中的认识、对宇宙内在法则的肯定、将自然之道引入人生观的努力，又回到了对中国传统哲学的形上之道的肯定上。"（郭淑新：《胡适与中国传统哲学的现代转换》，合肥：安徽人民出版社，2005 年，第 200 页。）这个观点一定程度上看到了自然主义在胡适思想中的存在，不过，显然没有对自然主义的新旧之分，以及对自然主义在本体论、认识论、政治哲学、人生哲学各方面的意蕴做出阐释。本文不仅致力于此，而且还将揭示胡适的自然主义立场在中国自由主义脉络中的意义。

察。但是，事实果然如此吗？值得讨论。在胡适的思想中，如果自然主义不是实验主义的基础的话，至少，两者是同等重要的。自然主义有宇宙论、认识论、政治哲学和人生哲学的种种内在规定。与之密切相关，胡适思想中"现实的主体性"的一面也需要作出新的挖掘，并且可以理解为何胡适对先秦诸子的解读是那么的缺乏实验主义的味道。

一、自然主义：胡适哲学思想中不可忽视的一面

学界往往将胡适的哲学思想判定为实验主义，这种说法或许存在值得商榷之处。原因有三：

其一，论证方式上的问题。以上判断的得出，往往以胡适的《实验主义》一文中的观点为基本材料。问题在于，《实验主义》是介绍皮尔士、詹姆士和杜威等美国实验主义者观点的文章，因此，有时究竟是胡适本人的观点还是他所介绍的人的观点，并不是那么容易区分。当然，在很多场合，胡适也用实验主义的立场进行直接的表述，这点不容否认。但是，必须指出的是，胡适在研究中国古代哲学史、思想史的著述中反复提到了中国古代的自然主义（具体见下文）。那么，按照以往研究者们的论证思路，在某种意义上，是否不妨说胡适的哲学思想是自然主义呢？

其二，从胡适思想的发生史来看，自然主义在前，实验主义在后。胡适在《不朽》这篇文章里提到了小时候所受到的无神论的影响。他说："一千五百年前有一个人叫范缜说了几句话道：'神之于形，犹利之于刀；未闻刀没而利存，岂容形亡而神在？'这句话在当时受了无数人的攻击。到了宋朝有个司马光把这几句话记在他的《资治通鉴》里。一千五百年后，有一个十一岁的小孩子，——就是我，——看《通鉴》到这几句话，心里受了一个大感动，后来变影响了他半生的思想行事。"① 从这个例子中可以看出，胡适11岁时就受到了无神论的深刻影响。而无神论是自然主义宇宙观方面的基本内涵。但胡适是在1915年的暑假中才投入地阅读了杜威的著作，从此迷上了实验主义。然而，后来的实验主义恐

---

① 胡适：《不朽》，《胡适全集》（第1卷），合肥：安徽教育出版社，2003年，第665—666页。

怕并没有全然消除自然主义在胡适思想中的地位。①

其三，胡适对实验主义的理解中暗含着自然主义的背景。②自然主义至少是朴素的唯物论。胡适的实在论表面上是实验主义的，但是其背后却很可能蕴含着自然主义的运思方式。胡适在分析詹姆士的思想时指出，"实在"包含三大部分：感觉，感觉与感觉之间以及意象与意象之间的种种关系，还有旧有的真理。注意，胡适是这样论证实在的感觉化、主观化的："感觉之来，就同大水汹涌，是不由我们自主的。但是我们各有特别的兴趣，兴趣不同，所留意的感觉也不同。因为我们所注意的部分不同，所以各人心目中的实在也就不同。"③实际上，如果要论证实在是感觉，这个论证是存在问题的。因为它只是告诉我们，由于每个人的兴趣不同，所以每个人所注意到的对象（实在）是不同的，但是，这些个对象（实在）是客观存在的还是某种感觉，对此这个论证却并不能证明。反过来看，通过这个论证，我们反而能够发现，无论胡适如何确认实在是感觉，他在一定程度上还是认为存在着客观的实在，然而，由于人们兴趣的不同，每个人所感觉到的实在是不同的。

必须承认，以上三方面的分析并不能充分地证明在胡适思想中，自然主义占据着比实验主义更加基础、更加重要的地位。因为，如果说第一个分析暂时将胡适思想中的自然主义和实验主义成分平分秋色，那么，第二个论证也存在着另外一个说法：后起的实验主义为什么就不能完全消除自然主义的地位？至于第三个分析，更多地显示着胡适言论中的某种意味，似乎更加抽象。不过，至少我们可以说，胡适思想中，自然主义和实验主义难分难解的纠缠在一起。④

这里有两个证据可以进一步证明这个观点。例证一证明的是胡适更加倾向于

---

① 顾红亮教授认为自然主义是胡适诠释实验主义时的支援意识，格里德认为自然主义是胡适哲学思想的主干。出处见注释一。虽然相对于他们的观点，我们的看法比较温和，但是，实验主义并未完全取代自然主义这一点是可以成立的。

② 由以上注释可知，格里德、顾红亮等人已经从某些角度证实了这点。但本文还是想提出新的证据来加以论证。也许本文的论证是直逼核心的，因为它紧紧地抓住了胡适对实验主义的理解，揭示了他的实验主义思想背后的自然主义背景。

③ 胡适：《实验主义》，《胡适全集》（第1卷），合肥：安徽教育出版社，2003年，第297页。

④ ［美］格里德：《胡适与中国的文艺复兴——中国革命中的自由主义（1917—1950）》，南京：江苏人民出版社，1989年，第31、45页。

实验主义。因为他同意吴稚晖的"漆黑一团的宇宙观"的观点，但同时认为这个新自然主义的宇宙观本质上是一个大假设：它是"建筑在二三百年的科学常识之上的一个大假设。"① 依证据的多寡为转移。这种思路正是实验主义的：一方面贯彻着实证主义的存疑主义以及"拿证据来"的原则，另一方面这个大假设是否为真又要看它所取得的实际效果如何：此即有用即真理。但是，并不能由此说胡适将实验主义作为自然主义的基础，因为他并不全然接受实验主义的观点，如果这个观点将导致有神论。这就涉及例证二：胡适批评詹姆士将实验主义的观点用来论证上帝的存在。他说："詹姆士以为这个上帝的观念，——这个有意志，和我们人类的最高理想同一方向进行的上帝观念，——能使人类安心满意，能使我们发生乐观，这就可以算他是真的了！这种理论，仔细看来，是很有害的。他在这种地方未免把它的实验主义的方法用错了。"② 虽然胡适批评詹姆士的理由是"他不忠于实验主义"，③ 然而，不能否认的是，从中我们也能读出他对有神论的某种反感。在胡适心目中，有神论无论有多大的证据，均在为其排斥之列。

但是，我们的结论是保守的：很难说胡适思想中自然主义和实验主义孰为根本，孰为枝节；两者都是胡适哲学思想不可或缺的组成部分。不过，在胡适的实验主义得到高度关注的情况下，有必要对其自然主义思想做出阐释。

二、自然主义何谓？

那么，什么叫自然主义？④ 新旧自然主义的区别何在？我们可以从宇宙论、政治哲学、认识论、人生哲学等方面来理解。

胡适首先从宇宙论的角度阐述了古代自然主义。他认为，老子提出的"道"是古代自然主义的开端。"道的作用，并不是有意志的作用，只是一个'自

---

① 胡适：《〈科学与人生观〉序》，《胡适全集》（第2卷），合肥：安徽教育出版社，2003年，第213页。
② 胡适：《实验主义》，《胡适全集》（第1卷），合肥：安徽教育出版社，2003年，第296页。
③ 胡适：《实验主义》，《胡适全集》（第1卷），合肥：安徽教育出版社，2003年，第297页。
④ 顾红亮从哲学史的角度对自然主义作了简单的勾勒，可参看其著《实验主义的误读》（上海：华东师范大学出版社，2000年）第33页。概念史、学术史的梳理是必要的，但我们认为更加重要的是展示胡适的自然主义思想的内涵，它完全可以是独出机杼的，但只要是为胡适所判定为是自然主义，就有了归入"自然主义"范畴的意义，需要专门阐释。

然'。自是自己，然是如此，'自然'只是自己如此。道的作用，只是万物自己的作用，故说'道常无为'。"① 随后，胡适指出《庄子》之中包含着生物进化论，而其要旨就在于"自化"："这种生物进化论，说万物进化，都是自生自化，并无主宰。"② 他还指出，庄子通过逻辑上的无穷倒退之不可能来论证"有个主宰的天之说是不能成立的"。③ 显然，胡适认为，先秦道家的自然主义的基本特征就是自化，没有外在的主宰支配着世间的一切。这主要说的是古代自然主义的宇宙观方面的设定。

其次，胡适认为古代自然主义还有政治哲学方面的意蕴。从积极方面看，它主张无为、放任主义，解放了民众的主体性。他指出，老子的无为主义"把天道看作'无为而无不为'，以为天地万物，都有一个独立而不变、周行而不殆的道理，用不着什么神道做主宰，更用不着人力去造作安排。老子的'天道'，就是西洋哲学的自然法（Law of Nature）……凡是深信自然法绝对有效的人，往往容易走到极端的放任主义。如十八世纪的英法经济学者，又如斯宾塞的政治学说，都以为既有了'无为而无不为'的天道，何必要政府来干涉人民的举动？老子也是如此。"④ 同时，自然主义也看到了统治者的有限性，要求统治者无为："大凡无为的政治思想，本意只是说人君的聪明有限，本领有限，容易做错事情，倒不如装呆偷懒，少闹些乱子罢。"⑤ "道家主张无为，实含有虚君政治之意。"⑥ 从某种角度看，胡适认为古代自然主义在政治哲学上在某些方面已经足够现代了，并不需要作现代的转换。⑦

---

① 胡适：《中国古代哲学史》，《胡适全集》（第5卷），合肥：安徽教育出版社，2003年，第242页。
② 胡适：《中国古代哲学史》，《胡适全集》（第5卷），合肥：安徽教育出版社，2003年，第416页。
③ 胡适：《中国古代哲学史》，《胡适全集》（第5卷），合肥：安徽教育出版社，2003年，第417页。
④ 胡适：《中国古代哲学史》，《胡适全集》（第3卷），合肥：安徽教育出版社，2003年，第249—250页。
⑤ 胡适：《中国中古思想小史》，《胡适全集》（第6卷），合肥：安徽教育出版社，2003年，第106页。
⑥ 胡适：《中国中古思想小史》，《胡适全集》（第6卷），合肥：安徽教育出版社，2003年，第107页。
⑦ 这并不意味着胡适没有看到古代自然主义消极的方面。他也是反对古代自然主义的消极无为的。他认为，"无为的政治思想是弱者的哲学，是无力的主张。根本的缺陷只在于没有办法，没有制裁的能力。"（胡适：《中国中古思想小史》，《胡适全集》（第6卷），安徽教育出版社，2003年，第108页。）从这个角度看，胡适对古代自然主义的政治哲学维度持一定的批评态度。但相对自然主义的认识论维度而言，胡适对自然主义的政治哲学维度肯定居多。

再次，胡适认为，自然主义还有认识论方面的意蕴。这涉及古代自然主义和现代自然主义之异。两者区分的要点就在于现代自然主义引进了科学思想。他说："西洋近代科学思想输入中国以后，中国固有的自然主义的哲学逐渐回来，这两种东西的结合产生了今日的自然主义运动。"① 他还说："我们读惯了老子'天地不仁'的话，《列子》鱼鸟之喻，王充的自然论，——两千多年来，把这种议论只当耳边风，故不觉得达尔文的议论的重要。……何况他还指出了无数科学的事实做证据呢？"② 在此，胡适不仅勾勒了古代自然主义的若干人物和言论，而且也明确说明现代的自然主义是古代的自然主义加上科学方面的因素。

然而，在认识论上，胡适还是认为古代自然主义问题很多。他严厉批评中国古代的自然主义在认识论上的消极态度："东方古圣人劝人要'无知'，要'绝圣弃智'，要'断思维'，要'不识不知，顺帝之则'。这是畏难，这是懒惰。"③"顺帝之则"这种说法包含着某种复杂性。"帝"这个字显然不能直接的等同于自然，而是具有人格神的意味，但在广义上，还是可以把它理解为对象。因此，这句话一方面要求尊重、把握自然本身的内在规律；另一方面，"顺"字某种程度上又包含着消极服从、不得作为的含义。

最后，自然主义还有人生哲学方面的含义。胡适认为，道家和宋明理学是古代自然主义的两个代表。道家的自然主义在人生哲学上的表现是"重虚无而轻实有"。④ 道家的自然主义是以历史退化论为基础的。"道家却把先后认作优劣高下的标准：有生于无，故无贵于有；有形生于无形，故无形贵于有形。"⑤ "这种主观的推论遂造成崇虚无而轻实有的人生观，流毒无穷，其实全没有根据，又不合逻辑。"⑥

---

① 胡适：《今日教会教育的难关》，《胡适全集》（第3卷），合肥：安徽教育出版社，2003年，第830页。
② 胡适：《五十年来之世界哲学》，《胡适全集》（第2卷），合肥：安徽教育出版社，2003年，第358页。
③ 胡适：《我们对于西洋近代文明的态度》，《胡适全集》（第3卷），合肥：安徽教育出版社，2003年，第5页。
④ 胡适：《中国中古思想小史》，《胡适全集》（第6卷），合肥：安徽教育出版社，2003年，第128页。
⑤ 胡适：《中国中古思想小史》，《胡适全集》（第6卷），合肥：安徽教育出版社，2003年，第132页。
⑥ 胡适：《中国中古思想小史》，《胡适全集》（第6卷），合肥：安徽教育出版社，2003年，第133页。

胡适认为，宋明理学也"带有自然主义的色彩"。① 理学在人生哲学上的某些不足也成为了古代自然主义的缺陷。胡适认为理学所主张的"居敬""主静""无欲"是中古宗教势力依然存在的表现。② 如果说"静"（"敬"）主要显示了古代自然主义主张在天人关系上消极无为，那么，"无欲"则显然指向人生哲学，表明古代自然主义对人的欲望的恐惧和压制。

以上所说侧重在古代（旧）自然主义。现代（新）自然主义却不同。胡适提出了新自然主义的十点内容，它们可以概括为四点：③

1. 唯物论的宇宙观。即：第一，空间的无穷大；第二，时间的无穷长；第三，"根据于一切科学，叫人知道宇宙及其中万物的运行变迁皆是自然的，自己如此的，——正用不着什么超自然的主宰或造物者。"

2. 认为宇宙中存在着因果大法，并且认为运用科学方法是可以认识这种因果大法的。即：第六，根据生物学、人类学、人种学、社会学方面的知识，叫人知道生物以及人类社会演进的历史和演进的原因；第七，根据生物学以及心理学，叫人知道一切心理现象都有原因；第八，根据生物学和社会学的知识，道德礼教是变迁的，而变迁的原因是可以用科学方法找出来的。

3. 主张积极的生存竞争。即：第四，根据生物的科学知识，生物界的生存竞争的浪费和残酷；第五，根据生物学、生理学、心理学方面的知识，人和动物没有种类的区别，只有程度的差异。

4. "大我"不朽的人生哲学。即：第九，根据新的物理化学知识，物质是活的，不是死的；是动的，不是静的；第十，根据生物学和社会学的知识，个人之"小我"是要死灭的；人类之"大我"是不朽的。

很明显，除了政治哲学维度之外，在宇宙论、认识论以及人生哲学上，现代自然主义都依据科学思想提出了进一步的观点，这便提供了"现实的主体性"的

---

① 胡适：《几个反理学的思想家》，《胡适全集》（第 3 卷），合肥：安徽教育出版社，2003 年，第 105 页。

② 胡适：《几个反理学的思想家》，《胡适全集》（第 3 卷），合肥：安徽教育出版社，2003 年，第 105 页。

③ 以下概括自胡适：《〈科学与人生观〉序》，《胡适全集》（第 2 卷），合肥：安徽教育出版社，2003 年，第 212—213 页。四个方面是笔者的概括，括号内的十点是胡适的观点，在此分别归入对应的四点。

内在环节，为天人之间的积极互动奠定了基础。

三、两种主体性

在胡适的思想中，存在着两种主体性。一种可以称之为实验主义的主体性，或者说主观化的主体性，它主要表现为将实在感觉化、主观化，将真理假设化、人造化、可变化。实际上，这就是实验主义的实在论和真理论。之所以称之为主观化的主体性，因为这种主体性将实在感觉化，在这个意义上，虽然胡适也说"实在是我们自己改造过的实在。这个实在里面含有无数人造的分子。"① 但是，他所谓的"改造""人造"不是感性的实践，而主要是感觉的触动、思虑的谋划。同时，在真理的判定问题上，虽然胡适一再强调采取效果论的进路，但是，他所说的效果是和人的感受密切联系的。他说，律例（规律、真理）"原不过是人造的假设用来解释事物现象的，解释的满意，就是真的；解释的不满人意，便不是真的，便该寻别种假设来代他了。"② 可见，这种主体性是主观的、思辨的。

但是，胡适思想中还存在着另外一种主体性，不妨称之为现代自然主义的主体性或者说现实的主体性。其要点就在于在天人关系上强调积极的相互作用，一定程度上具有中国马克思主义哲学常说的"在改变世界的过程中改变自己"的意蕴。③

从上文胡适对现代自然主义要点的论述中可见，他一方面设定了一个唯物论的宇宙，这个宇宙之中存在着因果律；另一方面，他主张人是可以通过科学方法

---

① 胡适：《实验主义》，《胡适全集》（第 1 卷），合肥：安徽教育出版社，2003 年，第 298 页。
② 胡适：《实验主义》，《胡适全集》（第 1 卷），合肥：安徽教育出版社，2003 年，第 279 页。
③ 在实验主义者杜威看来，漆黑一团的宇宙观正是一种戡天缩地的自然观，还有着形上学的残余。当然和其推崇经验的实验主义立场有异。（参顾红亮：《实验主义的误读》，上海：华东师范大学出版社，2000 年，第 26—27 页）显然，关于胡适的新自然主义所包含的主体性的维度也被顾红亮所注意到了。这种新自然主义，显然在一定程度上突破了中国传统的自然主义作为价值诉求，"是对本真生命和自然境界的一种守护"的藩篱（参顾红亮：《实验主义的误读》，上海：华东师范大学出版社，2000 年，第 24 页）。因为很显然，强调改天换地，虽然并未否认需要自然原则作为辅助，但往往是以对本真状态的破坏为前提的，天与人之间的紧张由此开启。

来认识这些因果律的，从而实现改变世界的目标。这里主要涉及现代自然主义的宇宙论、认识论以及人生哲学的维度。① 胡适的这个观点，一方面是对古代自然主义的消极面的扬弃，另一方面则是引进了现代科学思想的结果。

第一，现实的主体性是建立在对古代天人之间消极关系的批评的基础之上的。

胡适认为道家是古代自然主义的主流，在天人之辨上道家极端的主张是天人二分，较温和的主张是重天轻人。这些都受到了胡适的批评。

胡适并不否认道家的自然主义有好的一面（比如政治哲学的某些方面），但总体上是消极的。后者的表现，在此和主体性的讨论相关，主要是在天人关系上主张极端的自然主义，几乎完全摒弃人为；同时，强调人对天（环境）的被动适应，缺乏主动性。胡适指出，极端的自然主义主张严格的天人之别，提倡"不以人易天"，回归最原始的状态，排斥一切人造的文明。

胡适认为，道家的这种极端的自然主义当然是做不到的，所以他们退一步主张"重天然而轻人工"。② 这点突出地体现在《庄子》的生物进化论上。胡适指出，《庄子》以"自化"为核心的生物进化论不是生物主动地适合于环境，而是被动地适合："这种适合，大抵全靠天然的偶合，后来那些不能适合的种类都澌灭了，独有这些偶合的种类能繁殖，这便是'天择'了。"③ 相反，所谓主动地适合指的是"本来不适于所处的境遇，全由自己努力变化，战胜天然的境遇"。④ 胡适认为，《庄子》的进化论的问题就在于不大理会那更加重要的主动地适合。

第二，现实的主体性主张在科学思想指导下的天人之间积极地互动。

与道家消极的自然主义相对，胡适肯定了以现代科学进化论为基础的积极的自然主义。它的一个要点就是"物竞天择"。如果说消极的自然主义在进化论方面侧重于"天择"，那么，积极的自然主义则侧重于"物竞"，后者与胡适所欣赏的新自然主义的要件之一——残酷的生存竞争——相一致。这种观点显然是因

---

① 虽然我们承认政治哲学也是实现改变世界的重要辅助原则，但在此处，暂不讨论政治哲学的内容。
② 胡适：《中国中古思想小史》，《胡适全集》（第6卷），合肥：安徽教育出版社，2003年，第135页。
③ 胡适：《中国古代哲学史》，《胡适全集》（第5卷），合肥：安徽教育出版社，2003年，第419页。
④ 胡适：《中国古代哲学史》，《胡适全集》（第5卷），合肥：安徽教育出版社，2003年，第419页。注意，胡适并没有说"主动"的适合，他说的是"自动"的适合。但是，此处"自动"的意思显然指的是主动；而且，由于"自动"一词包含着歧义，所以使用"主动"一词来使含义更加明确。

为引进了现代科学思想（现代进化论）。①

这种科学思想具体而言，包括科学内容、科学方法和科学精神。进化论主要涉及科学内容。事实上，胡适对后两者也高度重视。而在胡适对积极的生存竞争的强调中，我们又可以看到胡适对古代自然主义的某种继承。胡适指出，荀子其实也是自然主义的一种表现形态："荀子在儒家中最为特出，正因为他能用老子一般人的'无意志的天'，来改正儒家、墨家的'赏善罚恶'有意志的天；同时又免去老子、庄子天道观念的安命守旧种种恶果。"②这种自然主义显然已经克服了天人关系上的"弊于天而不知人"，颇有"培根的戡天主义"的意味。③但是，胡适同时认为，荀子的积极的自然主义本质上还是古代的，要害就在于他缺乏科学方法以及科学精神。"荀卿的'戡天主义'，却和近世科学家的'戡天主义'大不相同。荀卿只要裁制已成之物，以为人用，却不耐烦科学家'思物而物之'的功夫。"④胡适指出，先秦名家的思想在某种意义上正是当时科学精神的体现，但"荀子对于这一派人屡加攻击"，⑤"实际上就把自然科学从哲学领域中排挤出去了。"⑥

也就是说，胡适的新自然主义的主体性或者说现实的主体性可谓荀子的自然主义（旧式的"戡天主义"）和现代的科学思想的结合。这种主体性，一方面强调天人关系上的积极互动，另一方面，又主张这种积极互动是以科学思想为指导的。而其所说的科学思想，在方法论上主要是"拿证据来""科学实验室的态度"以及"历史的态度"等，这些我们都已经是了如指掌了，不赘。

第三，胡适阐释了现实的主体性的内在机制：人们通过把握因果律来认识世界、改造世界，既建立了"人的乐园"，又使人获得自由。

胡适认为，现代的自然主义是承认因果律的，这就是人的主体性的发挥提供了逻辑前提："在那个自然主义的宇宙里，天行是有常度的，物变是有自然法则

---

① 请不要忘记，胡适明确指出，现代自然主义是古代自然主义加上现代科学思想。
② 胡适：《中国古代哲学史》，《胡适全集》（第5卷），合肥：安徽教育出版社，2003年，第458页。
③ 胡适：《中国古代哲学史》，《胡适全集》（第5卷），合肥：安徽教育出版社，2003年，第458页。
④ 胡适：《中国古代哲学史》，《胡适全集》（第5卷），合肥：安徽教育出版社，2003年，第458页。
⑤ 胡适：《中国古代哲学史》，《胡适全集》（第5卷），合肥：安徽教育出版社，2003年，第459页。
⑥ 胡适：《先秦名学史》，《胡适全集》（第5卷），合肥：安徽教育出版社，2003年，第171页。

的，因果的大法支配着他——人——的一切生活。"①这个因果大法遍布于生物界、人类历史、心理现象以及社会现象（比如道德）。但这并不意味着人受到了限制。胡适认为，人"也有他的相当的地位和相当的价值"，"他还能考究宇宙间的自然法则，利用这些法则来驾驭天行。"②"天行有常只增加他制裁自然界的能力。甚至于因果律的笼罩一切，也并不见得束缚他的自由，因为因果律的作用一方面使他可以由因求果，由果推因，解释过去，预测未来；一方面又使他可以运用他的智慧，创造新因以求新果。"③也就是说，胡适认为，人们可以通过科学方法掌握因果律，来解释过去和预测未来。尤其是后者，使得人们的能力得到真正的发挥。

由此，人们能够正确认识世界、成功改造世界，一方面将本然世界改变为应然世界，一方面人本身也获得了广义的德性，锻炼了能力。

前一方面可谓建立了人间的天国。胡适指出，古代虽然也有"自命兼济天下的道德"，但是，由于在科学方法上的欠缺，"终苦于无法下手，无力实行，只好仍旧回到个人的身心上用工夫"，这样，便越来越忽略了"外面的现实世界"，越来越没有能力应付外面的实际问题。④现代的人们通过科学方法掌握了因果律之后，便可以"制服天行以供人用，来改造物质的环境，来改革社会政治的制度，来谋人类最大多数的最大幸福"⑤"在理智的方面，用精密的方法，继续不断地寻求真理，探索自然界无穷的秘密。""在宗教道德方面，推翻了迷信的宗教，建立合理的信仰；打倒了神权，建立人化的宗教；抛弃了那不可知的天堂净土，努力建设'人的乐国'、'人世的天堂'。"⑥

从后一方面看，人也获得了自由。胡适说："我们不妄想做不死的神仙了，我们要

---

① 胡适：《〈科学与人生观〉序》，《胡适全集》（第2卷），合肥：安徽教育出版社，2003年，第214页。
② 胡适：《〈科学与人生观〉序》，《胡适全集》（第2卷），合肥：安徽教育出版社，2003年，第214页。
③ 胡适：《〈科学与人生观〉序》，《胡适全集》（第2卷），合肥：安徽教育出版社，2003年，第214页。
④ 胡适：《我们对于西洋近代文明的态度》，《胡适全集》（第3卷），合肥：安徽教育出版社，2003年，第9页。
⑤ 胡适：《我们对于西洋近代文明的态度》，《胡适全集》（第3卷），合肥：安徽教育出版社，2003年，第13页。
⑥ 胡适：《我们对于西洋近代文明的态度》，《胡适全集》（第3卷），合肥：安徽教育出版社，2003年，第12页。

在这个世界上做个活泼健全的人。"① 而这就在掌握天行之常的过程中实现：人们"充分运用人的聪明智慧来寻求真理以解放人的心灵"，② 建立在古代自然主义基础上的"人死观"才真正变成"人生观"，这种"人生观是把人看作两手一个大脑的动物在台上做义务戏。这出戏不是容易做的，须充分训练这两只手，充分运用这个大脑，增加能力，提高智慧，制造工具：品物越备，人的能力越大，然后'能以人工补天行，使精神上一切理想的道德无不可由之而达到又达到'。努力朝着路上走，'没有一境不该随境努力，没有一时不该随时改进'，这才是'人生观'。"③ 胡适认为，新自然主义的人生观具有道德哲学、美学等多方面的意蕴："这个自然主义的人生观里，未尝没有美，未尝没有诗意，未尝没有道德的责任，未尝没有充分运用'创造的智慧'的机会。"④ 显示了新自然主义人生观的丰富的内涵。

---

① 胡适：《我们对于西洋近代文明的态度》，《胡适全集》（第 3 卷），合肥：安徽教育出版社，2003 年，第 8—9 页。
② 胡适：《我们对于西洋近代文明的态度》，《胡适全集》（第 3 卷），合肥：安徽教育出版社，2003 年，第 13 页。
③ 胡适：《几个反理学的思想家》，《胡适全集》（第 3 卷），合肥：安徽教育出版社，2003 年，第 128—129 页。
④ 胡适：《〈科学与人生观〉序》，《胡适全集》（第 2 卷），合肥：安徽教育出版社，2003 年，第 214 页。

中国哲学真理观的系统性问题

杜保瑞①

一、中国哲学真理观的四大问题

很长一段时间以来，华人世界的中国哲学学者，对于中国哲学的研究方法，非常关切。关键就是，哲学毕竟是西方的基础学科，当它被平移到东方来以后，东方的学者，对于自己传统中的各种思想，总是要把它们拿来和西方哲学做一对比，比较是最初的目的，后来竞争、较劲成了重要任务。中国的学者，自然是主张自己打赢了，但以今日之需求而言，输赢不是最重要的，搞清楚彼此，深刻地认识自己，进而好好弘扬自己的思想，这才是最重要的。这其中，清楚地认识自己，便是近百余年来中国哲学学者的使命。

而这个认识，是要从哲学的进路来认识的。但什么是哲学呢？以西方为例，西方哲学史上各家各派的哲学，主张都不相同，唯一相同的，就是建构理论回答问题。而所谓的问题，都是终极性的问题：宇宙的终极实在？人类认识能力的极限？前者是形上学问题，后者是知识论问题。而所有的理论，都说得头头是道、条条有理，只是，各人有各人的问题，各家有各家的语言定义。于是各派有各派的主张，最后，始终是一人一派，各人完成了自己的理论建构，解决了自己所有的问题，比较时难以互相对比，较劲时谁也说服不了谁，总之成就了一套又一套的问题与回答的思辨系统。关键就是下定义、问问题、讲道理、提主张，整个过程内部系统自圆其说了这就是西洋哲学的特质，也就是哲学进路的特质。

今天，讲中国哲学就是要把这个特质无中生有地呈现出来，这是因为，传统的中国思想，以儒释道为核心，多是结论式的人生智慧，即便讲理，也以实用为主，明白了意旨就好，有用就对了，并不会在语言表述上以及说理辩难上反复推

---

① 作者简介：杜保瑞，上海交通大学哲学系特聘教授，大连理工大学海天学者。

敲。反之，甚至还会说语言不能终究表意，如"予欲无言""天何言哉""行不言之教""行不言之教"等等。

  这是因为，中国各学派在面对的问题是人生的问题、生活智慧的问题，去实践才是最后的目的，做到了就是完成了，语言表意不是目的。西方哲学则不然，追求的是思想里的真理，意义性认识性的真理。此举则非靠语言表述不可，反复思辨，不断问难，只要理性上想得到的问题，都在系统中必须解决。于是鲜少以简单结论、智慧语录、人生格言的方式表达，不重心领神会，而重说理解决。于是一家一家为追求真理而奋战，但是，智思有限，问题无穷，一家一家就成为只是回答了自己能提的哲学问题的所有讨论面，然而，正是这样的特质，成就了西方哲学无限的精彩。有别于中国哲学以解决人生的问题为主，面对的是生活的困惑，提出解决之道便成了哲思。理论以解决人生问题为主，于是问题便十分具体而且明白，智慧就是把问题解决，言说的目的仅止于此，于是相对在论辩问难的表意上就不如西方哲学般精细。

  如果东方不跟西方交流，中国哲学的表达方式就还会是像原本儒家、道家、佛教的语言形式般地继续进行下去，而且三教之间也是会辩论不已，但辩论永远都是不对焦，三家还是各说各话，因为真正的重点在于自己的态度，而非思想世界的极致严密。思想的世界无穷，现实的生活具体，所以西方哲学在语言的绵密严谨上、推理的细腻精致上总是优于中国哲学。然而，中国哲学又总是在解决人生问题的真知灼见上、面对具体问题的灵活处置上，高于西方哲学。

  可以说，中西方哲学本来就不相同，只是当中国哲学使用了哲学这样的词汇，进入了当代普遍性的哲学这个学术的殿堂之后，传统中国思想被严谨表意以及反复辩难就成了必须的要求，以符合哲学理论的功能特质。当然，中国思想需不需要被哲学化地表意以及被不断深入地辩难？这是可以追问的。

  笔者以为，需不需要是价值问题，而价值则是要在一个明确的标准上才能论是非，价值了，是非即可论辩，但是，价值是选择的问题，价值也是生活上的需求的问题。当中国哲学的格言式、意志性的论述被今人质疑它的真理性的时候，哲学化的工程就很有需要了，就是你问问题，我回答，你一直问，只要我是真有一套真理系统，我就也能一直回答。你怎么想得出问题，我就怎么想得出答案。

因此，中国思想的哲学化就是在被西方哲学质疑下而不得不建立的，可以不回答吗？可以，这是个人自己的选择。但我们已经设立了哲学系，而且已达百余年之久，我们也要求自己做中西交流，交流就不只是学习，当然也必须传达，传达之后被质疑，就必须响应，中国哲学就在这个质问与响应中建立起来了。选择不走哲学思辨的路而以人生智慧的启迪与实践为传统中国思想的学习方式可不可以呢？当然可以，因为你面对的是国人的教育，只要你真能理解、更能身体力行，就能形成典范，产生影响力，而获得他人的认同与效法。于是你的语言表意就还是传统儒释道本来的语言即可，只是把它白话文了而已，这就是国学之路。

走国学之路还是走哲学之路，可以是学者自己的选择。笔者自觉地走哲学之路，这也是因为笔者是哲学本科出身，在台湾大学完成哲学学士、硕士、博士的学位，头脑中装满了西方哲学的形上学、知识论的问题，但笔者研究中国哲学却是向来的志愿，就读哲学系就是为了研究中国文化与发扬中国传统思想，哲学的训练养成了不断追问的习惯，不仅要理解，以致能够运用，更要追问它的真理性的问题，那么怎么问？怎么答？这就是走哲学之路的工作。

哲学之路，首先要在理解了中国哲学的意旨内涵之后，针对西方哲学的问题意识与思考方式，无止境地自问自答，这个问答，就在证说它的真理性，儒家的智慧、道家的智慧、佛教的智慧，如何是有道理的？如何确定为真？如何应用？这一切的追问，不可以是凭空的设想，不可以是形式的推敲，而必须是深入国学经典的理解，理解而能顺成其义，而不是形式上找推理的毛病，也不是现实上找失败的否证，这就是国学的进路。因此，笔者也并不只是哲学的进路，而是要有国学的功底才能做哲学的思辨，这就跟单单只是西方学术训练下的学者所提问及回答的中国哲学论述之文有所区别。可以说，就是要稳固地站在国学素养的基础上再来做哲学思辨的真理观探究，才能真正深入其内而为中国哲学的发展与接着讲做出贡献。

走哲学之路要面对的问题与挑战是什么呢？重点就是中国哲学的特质与西方哲学不同，它们都是在谈人生的真谛，首先是意义性的发掘与确立，其次是个人的理想追求，其中各个学派以成人文之教为目的，而个人则是以成圣贤为目标，那么，意义如何合理？个人如何实践？如何确定实践为真？从哲学的进路谈中国哲学主要就是在面对这样的问题。这是因为，中国哲学的理论，发生于理想的建立，完成于理论的建构，理论如何可以称为建构完成？建构完成之后如何讨论他的正确性？就他的实践需求而言，实践如何对准理想？实践如何验其成效？都是追问真理观时要探究的问题。

谈中国哲学的真理观，是在与西方哲学对照下的中国哲学研究视野，是在面对儒释道为主的中国哲学主轴学派的理论意旨，是以中国哲学为实践哲学特质下的研究。这不是一家一派的专题研究，也不是以西方哲学问题意识临照中国哲学材料的研究，而是以中国哲学底蕴智慧为内涵的抽象思辨的研究，是关乎中国哲学各家理论之所以成立以及确证的研究，是要使中国哲学成为抽象理性探究的对象并汲取丰硕果实的研究，是非常属于西方知识论问题意识进路的研究，是中国哲学于 21 世纪再出发、再创造的最前沿问题的研究，是要让中国哲学的各家意旨清晰，让各家智慧准确为世人所悟及所用的研究，是以中国哲学问题意识与思考模式为本位的哲学研究。

谈中国哲学的真理观该问那些问题呢？笔者提出，有四大问题宜于深入追问：即系统性问题、检证性问题、适用性问题、选择性问题。

（一）系统性问题

首先，中国传统思想博大精深，儒释道三家的理论著作浩瀚如烟，同一学派内部的经典著作亦多如牛毛。那么，各学派内部是否能有自圆其说的一致性体系？如果不成体系，就不成哲学的理论，只是一些意见的言表，面对这个问题，就是要去建立各学派的理论体系。而这个工作的任务就是要去了解中国哲学的特质，并且发掘中国哲学理论主张背后的哲学问题，从问题出发，研究概念使用的定义，针对格言式的主张建立思维脉络，或者是补充原有的推论架构，这样一步一步地建立起理论体系。此外，照顾不同著作间的问题差异，将问题与问题做出区隔，并形成联系的关系，使一个学派的各家著作能在不同问题的不同主张之间形成整体一致的理论体系，从而解消学派内部无谓的争执与表面的冲突。

西方哲学中一家是一派，不同学派之间的攻防常是预设不同，问题不同，谈不上争锋交辩，虽然，它们也是争辩不已。中国哲学，一个学派是一个学派，学派内部理论众多，不同的理论之间常有冲突。此时，西方哲学严密的理论训练及语意约定之长，就是能够协助解决中国哲学同一学派之间的理论冲突。关键就是区分问题，最后形成几个核心的哲学基本问题，问题相同，才有意见的对立。中国哲学同一学派之间的理论对立常常是根本问题的不同，澄清了问题，冲突就解消了。至于不同学派之间，笔者主张，就像西方哲学一样，一家一家各自是一派，问题不同，没什么好辩论的，个人把话说明白了就好，理性的世界无边，哲学的问题无穷，各人解决各人的哲学问题，就能成一家之言。中国哲学各家之间也是问题层面不同，面对的世界观不同，无从辩论，因为基本预设不相同，就像西方哲学各家的绝对预设都不相同一样。

都是形上学，但所问的不同，所说的自然不同。都是知识论，但所问的还是不同，所说的也是不同。但是，形上学与知识论是基本哲学问题，大家都在问这个基本问题，但是细节的设想和定位还是不同，劳思光先生说这是基源问题，各家有各家的基源问题。在笔者的研究中，基源问题和基本问题是不同的，基本问题是整个中国哲学各家各派都必须面对的，只是在共同的基本问题的设想下，各家思考的层面还是各自不同。就像西方哲学的形上学，这是基本问题，但自柏拉图、亚里士多德、士林哲学等等，各家的形上学问题都不同，这就是细节的设想有所不同，这就是基源问题的差异。

知识论也是哲学基本问题，但有理性主义、经验主义的差异，也有康德及当代分析哲学的差异。这个结构换到中国哲学来看时，中国哲学的基本哲学问题是什么呢？前面所说的系统性问题，就是藉由基本哲学问题的面对及响应，而形成各个学派内部的理论体系，西方哲学各个学派的基本问题，或是形上学、或是知识论，主要就这两个。

至于伦理学，笔者以为，伦理学属应用哲学，它的背后问题意识，或是形上学进路或是知识论进路，但基本问题就是形上学一套，或是知识论一套，所以西方哲学就是形上学、知识论两大哲学基本问题。至于中国哲学，它的基本问题，在长远的学派史发展上，最终各家都回答了几个共同的哲学基本问题，并在这几个基本问题的细节设想下，建立了理论主张，形成了一致性的理论体系。这几个哲学基本问题，依据笔者的研究，包括宇宙论、本体论、工夫论、境界论。也就是说，西方哲学中的学派，要不就是形上学进路的哲学理论，要不就是知识论进路的哲学理论。而中国哲学因其实践的特质，要把一派的理论完整地讲述，必须有这四项哲学基本问题的发问与回答，才能坚固其事，形成体系，完成其系统性理论建构。这四项哲学基本问题是本来就存在的，只是未予显题化，今天，正是藉由西洋哲学严密理论的要求，透过国学经典的深入研究，而由笔者逐步挖掘确立出来的。

（二）检证性问题

第二个问题，检证性，系统性谈的是真理观中的理论模型，检证性谈的是真理观中的理论确定。一个教派的理论自有创教者，创教者是如何创造一个学派的？中国哲学是人生智慧的哲学，人生智慧是如何发掘出来的？这套智慧与创造者本身的关系是什么？以此确立中国哲学理论的发生，以及它的属性。接下来就可以讨论如何确证这套理论的真理性，那就是寻求创教者创造心灵的合理性。此处之谈合理性是谈价值意识的合理性，中国哲学是谈创造人生的智慧之道，智慧是选择的，但也需合理性。价值确立又经实践而有实现之后，就有整套的理论托之而出，这就是教主的创造。一个学派建立之后就是要传教，接受教派知识与信仰的信徒就要去实践，如何确立他的理解与实践的过程是亦步亦趋符合教旨的，这就是检证的问题，此中有太多的议题值得讨论。

笔者对于这个问题的研究，认为实践哲学特质的中国哲学，要检证它的真理观，是要以人为主体的实践活动进行检证问题的讨论的。这就包括创造学派体系的创教者、研究学派理论的研究者、实践学派宗旨的实践者、检证后学成效的检证者。

（三）适用性问题

系统性建立各学派内部自成一家之言的理论体系，检证性确立了各家理论皆为真的理论地位，那么，面对各家之间的争辩交锋，如何消解其事？关键就是，实践哲学缘起于价值的选择，完成于宇宙论与工夫论、境界论的理论建构，各家自有不同的基源问题，有不同的世界观，有不同的理论适用的问题层面，甚至有不同的族群以为这套理论的发言者及实践者。适用性问题就是站在消解各家冲突的目的上，找出各家适用领域的立场，定位出中国哲学各家学派的理论适用范围，适用问题，适用情境，适用阶层，适用族群。以此，落在人生问题的层面上了解各家智能的真理观。这一部分的问题解决，中国哲学各家各派将无须再为任何义理的辩证，需要讨论的是，什么情境运用什么思路的问题而已。当用则用，不及用者亦非无理，这就是，运用之妙存乎一心，揽彼造化力，持为我神通。

（四）选择性问题

中国哲学就是人生哲学、生命哲学、实践哲学、应用哲学，但它是有道理的，道理呈现在各家的理论系统中。虽然各家都是宣称其为绝对的真理，但毕竟还是有适用性的不同特质，各家都有理想完美人格的典范，但世人的问题无穷，生命的困境不断，主观上的解消固然入心中理，客观面的事实也不容忽视。作为学习者，如何有效地汲取各家智慧以解决生活中的问题，这就需要有对情境的敏锐观察与对国学智慧的深透理解。在知识上通晓各家智能，并不等于在现实上能够灵活运用它们，如何在现实情境下准确其事？如何在困境艰难中找到出路？这就需要有运用及选择的智慧。选择性问题就在于对情境的了解，了解处境，利用智慧，找到出口，这就是对中国哲学最有智慧的学习，学习实用的智能以为实践理想之用。笔者认为，墨、儒、老、法，各家皆是世间法，通通要学、要会，庄学与佛学是出世间法，择一即可。墨家与道教既有它在世界观又有入世的积极情怀，其他在世界观亦是与庄子的世界观和佛教的世界观放在一起，择一即可，其入世的情怀则与世间法各家共享。那么，中国哲学各家各派的精华都可入心，个人生命中的任何困境都有出路，如此一来岂不是最有智慧的国学智者。而以上适用性及选择性的问题，笔者将以周易六爻的阶层逻辑以为展示及结构而处理之。

二、系统性之中国哲学四方架构

谈中国哲学的理论体系，首须对准它的特质，既然是实践哲学，则必有实践的项目。这就是工夫论，工夫完成了，达到了理想人格，则有对此之说明的境界论，境界论就是儒释道各家的圣人观、神仙观、菩萨观等。然而，为什么是这项工夫？为何要追求这种理想的境界？这就是人生哲学，这是需要有理论的说明的，理论的说明就放在形上学上说。

就中国哲学的特质而言，形上学有两型，讲客观世界结构的宇宙论，讲抽象意义世界的本体论。另外还有存有论一型，就与西方哲学的思路极为接近了。

向来有存有论之名词使用与形上学、本体论合而为一，依据笔者的研究，为使问题意识清楚明白，对此必须做出区分。形上学是亚里士多德的用语，谈一切普遍原理之学，谈物之所以为物。亚氏的思考提出四因说，提出潜能实现说，提出质料因与形式因的存有等级说，思考物之所以成物的原理，为此做出后设性的思考，冯友兰创作新理学，提出理、气、道、大全的四大命题，也都是后设性的思考。本来是意义性的问题为主，包括柏拉图讲的理型才是真正的实体，也都是后设性、抽象性的意义思考，本来较少以价值思辨为主。这种思路，在海德格尔的理论中就是遗忘了存有的思考，所以他要讲此有，要走入人的生活世界，于是后继的存在主义哲学就跟中国的儒家的思路很像了，讲的是人生的问题，在讲人生问题的时候，价值是第一优先的问题。于是，被海德格尔批评为遗忘了存有的过去的形上学，是西方形上学的主流。海德格尔自己建立的基本存有论，反而接近东方人生哲学，后者谈价值与人生为主，在当代中国哲学界对西方哲学的引进中，经过海德格尔的刺激，存有论也成了形上学意旨下的另一表意词，不过指的是被海德格尔批评的过去西方哲学史上的形上学。至于在中国哲学本身的讨论中，本体本来就是最核心的词汇，表现在佛教及宋明儒学的思考中屡屡出现，中国哲学学者习以为常，也就把本体论当作西方形上学的相同问题在谈，于是本体论、存有论、形上学三个名词常被混用以为一个问题。又，中国学者在谈形上学的时候，重视宇宙论问题，然而，西方士林哲学的理论中是有宇宙论的，先苏时期的哲学也是宇宙论进路的哲学。于是，形上学的词汇在中国学者的使用中就有了宇宙论、本体论、存有论三个相关的问题。

中国哲学的特质在人生哲学、实践哲学、生命哲学，不是以客观真理的思辨进路在追求的，而是主观价值的实践进路在追求的。于是工夫论、境界论是其理论的轴心结论，但它们是有道理的，这个道理就是儒家的天、道家的道、佛教的实相。这是传统中国哲学讲道理时的问题意识的名词,转换到西方术语,就是形上学、宇宙论、本体论、存有论甚至加上世界观。这样一来,如果不对问题进行明确的问题意识的区分,就算是使用了这些词汇,也无助于厘清理论,也不能深化中国哲学的研究与创造。为此,笔者重新为这些哲学词汇再作定义与区别,世界观与形上学是涵盖最广的两个词汇,就搁置不去定位它。宇宙论要明确地放在谈时间、空间、物质存在的问题上,本体论要明确地放在谈价值意识的命题上,存有论要明确地放在谈抽象的意义上,而抽象的意义就是聚焦在存有范畴的词汇论述中。存有范畴就是天、道、理、气、心、性、情、才等概念的定义及其关系的讨论上,存有论的概念界定清楚,关于人生问题的种种命题就方便讨论了。

以下,讨论形上学中的存有论问题。

实际上,哲学上重要的概念有三类,存有范畴的概念,价值意识的概念,抽象功能的概念。价值意识的概念依各家的不同而有不同的词汇,儒家的仁、义、礼、智、诚、善,道家的无为、逍遥,佛教的般若智、菩提心。就算是用了主要是它家的词汇,它的意旨还是本门的价值意识,至于抽象功能,指的是一多、本末、体用、有无、阴阳、动静等等。这些词汇本身没有什么独立的意旨,在讨论任何问题的时候都会出现,一般时候中国哲学学者会大张旗鼓地研究它们,但总是可以获得的确定意思是很少的,反而是浪费了精力,说了一些怎么说都可以的无谓的话。关键就是它们是辅助表意的工具性词汇,每次的使用都依当时的文气脉络做出暂时性的形式性定位,真正核心的意思都还是在存有范畴以及价值意识的概念上。

对存有范畴的讨论就是存有论,讨论之后的意思在儒释道各家都通用,基本意思不会乱了套,例如心性概念,在儒家、道家、佛教的使用都是同样的意思,理气、道气、道物也是一样。真正有差异的认识是放在基本哲学问题的讨论中,依各家体系之不同而有不同的内涵,例如进入宇宙论的讨论,佛教的"心"的范围跟儒家的"心"的范围就不一样了,但是,"心"是人存有者的主体性的主宰这一点还是相同的。存有范畴的使用是哲学理性向抽象性的高度发展的必然现象,如孔子少谈性与天道,孟子、庄子就大谈特谈了。如名家的抽象性就高于儒家,而冯友兰说道家具备了名家的抽象性却又有具体的落实。孔子的抽象性少于孟子，就是因为孔子以仁礼孝的价值意识谈个人的道德教条为主，而孟子却大量使用心性情才气等概念范畴谈哲学命题。这就能够形成普遍命题而非只有具体教条。孟子的理论主要是人性论与工夫论的理论，所以孔子要在具体的案例中一句一句的格言式地讲述，而孟子就能更使用几个命题就讲完了同样的意旨，尽心知性知天、存心养性事天、持其志毋暴其气、以志帅气。而道概念在老子创建使用意旨之后，庄子接续创作道论的内涵，其后儒家的《中庸》《易传》就大量使用。道概念的存有论定位是相同的，都是最高概念范畴，但价值意识则是儒道不同的，就是说道概念的价值意识内含在儒道的体系中是各不相同的，但道概念的角色功能定义则是儒道相同，当佛教进入中国，佛教对道概念的使用意思还是这个意思，只是它们的价值命题又不一样了。可以这样说，存有论进路的道概念三教都相同，宇宙论进路的道概念就有十分具体的经验意义的差别，本体论进路的道概念就是价值有别。

　　存有范畴就是使哲学讨论以一统万、以简驭繁的抽象上升，而价值意识的概念则是中国哲学所追求的核心目标。中国哲学是人生哲学、实践哲学、生命哲学，一言以蔽之，就是价值追求的哲学，没有价值意识就没有儒释道哲学，没有价值意识就谈不上人生追求，没有价值意识就没有工夫论。儒释道三家都是有淑世理想的哲学，三家的哲学都起源于淑世的理想，也就是都起源于价值命题的确立。

　　先有价值后有理论，理论在各家以不同的问题与进度各自进展，原始佛教的四圣谛，有苦谛以说离苦得乐的价值追求，是为本体论；有集谛以说苦的发生历程及原因以说生命现象亦即宇宙现象，是为宇宙论；有灭谛以说终极涅槃境界的追求，是为境界论；有道谛以说八种正确的生活态度，是为工夫论。由此可知四方架构正是东方实践哲学的黄金理论模型。道家老子的道论既有宇宙论意义又有本体论意义，本体论意旨是以"有无相生"及"反者道之动"的律则说出的无为价值，以道言之的"弱者道之用"的工夫论意旨亦十分清晰，又有讲圣人观的境界论。至于庄子，道论中的宇宙论意旨更为清晰，并以气论充实之，至于心斋、坐忘的工夫论与至人、神人、真人的境界论亦明白朗然。儒家的孔子讲格言，都是具体操作的工夫论为多，但有特别重要的圣人观的境界论则是孔子明确定位的，以及落实在家国天下的社会体制维护的仁礼孝的价值确定，有境界论、有本体论、也有具体操作的工夫论。孟子则是人性论、工夫论、存有论地讲，人性论是具体在人存有者的本体论。抽象上升之后就是本体论，孟子没有宇宙论的讨论，孔子也没有宇宙论的讨论。这是因为儒家的世界观就是家国天下，以经验现实世界为讨论的范围，不必涉及宇宙发生论来谈家国天下的价值观，道教和佛教则不然，没有宇宙论就没有它们的宗教哲学体系。一切宗教都有宇宙论，甚至都有死后的生命世界的知识性命题，这都是宇宙论的问题。先秦儒家不必谈宇宙论，鬼神之事存而不论，敬鬼神而远之，"以为文则吉，以为神则凶"。但当儒家受到道佛理论的讨战之后，在宋明时期就建构了宇宙论，最重要的还不是讲出一套宇宙发生论，如周敦颐《太极图说》之所为，而是藉由宇宙论否定鬼神存在以及它在世界的存在，如张载之所为。

对于这些辩论的反思、批判及辩证是知识论的问题，对于这些知识立场的申述是形上学问题。藉由这些宇宙论、本体论的知识及观念进行的实践活动是工夫论和境界论之所为。

在中国哲学史的进程中，有模拟于西方形上学的问题，佛教有超强的形上学，道家次之，儒家要到宋明以后才积极建立。但整个儒释道三教的强项在工夫论与境界论，这却是西方哲学较少触及的面向，当然也是有的，只是不如东方哲学之广大发挥。一个真正的基督徒都是要做工夫的，柏拉图的哲学家皇帝也是要做工夫的，当代存在主义也充满了工夫论。然而，把工夫论作为主题，深入发挥结合天道论、实相论、理气论等形上学理论的作法，就是中国哲学的特长了。

在中国哲学史的进程中，知识论明确的问题意识就较为缺乏，一些认识方法的理论和一些思维模型的理论，固然可以是知识论项下的成品，但都不是重要的哲学理论，不是足以证成儒释道的价值命题以及世界观知识的理论。20世纪的中国哲学家们的理论努力，就在补足这一块，一方面提出解释架构让中国哲学可以被理论性地说清楚，一方面指出中国哲学的特质以为证成之途。这一个工作，也正是笔者研究的核心问题。中国哲学是讲智慧的，智慧必须是真理，但中国哲学的学派众多，都是真理的情况下孰真孰伪？作为真理的理论体系又如何证成其真？这才是根本性重要的知识论问题。

理论体系的完成还是要回到中国哲学各学派理论的内里中寻找，笔者藉由牟宗三、劳思光、冯友兰的理论架构重新整理而形成了宇宙论、本体论、工夫论、境界论的四方架构以为体系建构的基本哲学问题。这是寻绎中国哲学各学派理论内部思维模式而清晰地整理出来的，是发现而不是发明，是发现了本来就存在只是隐而未显的理论架构。这是知识论反思的理论工程之一，但还有证成的问题，也就是说理论体系只是抽象思辨的言说架构的系统一致性地完成，真实在经验现实世界的实践的证成是另一回事。这一部分的知识论问题是西方哲学缺乏的，但是作为人生智慧的真理，作为实践哲学的真理，这一部分的理论努力是必须的。知识论的讨论在笔者的研究中有四大问题，本章的系统性是其中第一部分，后面还有三个部分，即检证性、适用性和选择性。

以下展开这第一部分的说明。

（一）宇宙论

宇宙论是知识性概念，本体论是观念性概念。知识性概念就必须是有具体的经验的，道教、佛教、基督教的宇宙论都有"它在世界"，"它在世界"对人类而言是没有经验的，但作为知识的体系，它的功能上就是以真实的世界观知识以为理论的前提而出现并提出的，至于如何确证？这部分等检证性讨论时再说明。就是有宇宙论的具体知识才有本体论的价值观念，当然，这是推想，而推想的前提是理想，这又是知识论的问题了。

宇宙论的具体知识中包括了宇宙发生论、世界观图式、根本元素、生死知识、命运知识、存有者类别，以上这些问题都是根本性地决定了各家学派的理论形态的核心知识。

宇宙发生论道家有之，《淮南子》中就数据充分；佛经有之，《华严经》中辟卢遮那佛放光而有了世界的理论也是宇宙发生论；儒家周敦颐《太极图说》是最简单版的宇宙发生论。西方基督宗教的神造世界之说也是宇宙发生论。宇宙发生论是基督教能够成立的根本基础，这在中国的道教也是理论说明的必要项目，只是道教更重视个人的修炼工夫，但宇宙发生论不能没有，否则就难以合理化自己。

世界观图式也是宇宙论的核心课题，道教三十三天说，佛教《阿含经》中的一个大千世界的三界世界观即是。西方天主教的上帝之城与人间世界和恶魔世界也是世界观图式。世界观图式在基督教、佛教都是理论的重头戏，道教模仿佛教也做了许多的建构。

根本元素有佛教的地水火风说，有中国儒道两家的阴阳五行说，自然科学中的化学元素也是根本元素的问题。这方面的知识在儒学的理论中使用较少，但在中国自然科学中又成了必要的条件，道教的修炼知识充满了这些元素，佛教世界观的成住坏空说就从地水火风的集合和解离处说起，佛教谈人类死亡过程就从四大解离处说。

生死的知识是宇宙论问题，儒家有价值观立场却没有知识上的说明，死就死了，留个清名在人间。道家庄子以气之聚散说生死，死亡就是回到造化，因此鼓盆而歌。道教以魂魄说说死亡，留待子孙祭祀。佛教就根本讲轮回，死不了，只有成果位不入轮回而已。

命运是宇宙论问题。儒家都在价值意识上讲受命而已，最多程朱理学中谈到气禀说以解释命运，但是仍是无因说，亦即天道化生，人各受命，气禀与人自己的努力无关，但受命禀气之后人有使命所以必须努力，则成就与气禀有关。道家庄子讲气化受生，受生的过程没有目的性，但是当人类自己以社会世俗的价值观评价自己的时候就有了命运之感受。解脱之道在去社会化，人则自由，因此就命运而言，也是无因说，且是自我束缚的错误认识。佛教不然，有命运，是有因说，轮回中的业报因果，但既有形成的原因就有改变的路径，就是自我主宰不受性格控制就能改变命运。因为命运就是以业力因素落实在性格中，改变个性就能改变命运。

宇宙论的知识如何形成？当然是经验到了才言说得出，若无经验，那就是科幻小说，通通是假设的，但是，作为宗教哲学的知识不能是假想的，必须是真实的，只不过，一般人没有经验又如何说有此知识呢？因此必须认定教主的创说是有经验的，因此涉及它在世界的知识是教主的经验感知中见识到的，至于他如何有此能力呢？这就是做工夫的结果，所以可以说中国哲学的工夫论是作为中国哲学的宇宙论的知识支撑点，不像西方哲学的知识论是否定西方哲学的形上学的另外一套哲学基本问题。至于后继者的工夫操作，是否同样能知见教主的宇宙论知识呢？当然可以，但有真伪之别，这是可以在检证问题上讨论的课题，这是中国哲学的知识论的全新议题，可以贡献于哲学学科。

（二）本体论

本体论讲价值意识，前有心本论、理本论、性本论等等之说，这是形上学、存有论的问题意识为进路之说。如果主张主观唯心论，这可以说是心本论，也有以理本论、性本论是客观唯心论之说。但是笔者以为，这些形上学、存有论的说法，对于中国哲学的研究还只是表面进路。因为中国哲学的存有论并不在理本、心本、气本上争执，理学中讲心性工夫，心学中接受理气论，重点还是宇宙论、本体论、工夫论、境界论的各种基本哲学问题组成的学派理论，而且各家理论最终会因为问题意识的澄清，其实一些冲突仍是表面上的，并不是根本差异。因此，儒学内部的这些"理、心、气、性本论"的划分，不能真正别异思想，而只是进路重点的差异。总之，这些"本论"并不是笔者在此处言说的本体论问题，而且从存有论进路的讨论上，这些差异都仍然可以放在宇宙论、本体论、工夫论、境界论的架构中，被统一归纳而不生冲突。

价值意识必定来自选择，背后有世界观的知见，世界观的知见人各不同，可以说就是个人眼见不同、关心不同，所以价值汲取也有所不同。但有一点，就是价值一旦选择而成教派的立场之后，就没有可以改变的空间了，改变了就不是这个教派的立场了，所以价值意识没有轻易合流的可能。但是，宇宙论的知识却是可以在教派成立之后，随着后人的继续实践，而感知、而开发创造、而有新作。这是两者的差异，道佛两教的宇宙论就是有不断翻新跟进的结果。佛教的本体论有更新，但那是抽象的上升而有更高的意境，却不是位移而接受了他人的教义立场，这是善解与否的问题。

本体论的价值意识是可以谈次德目的，儒家以仁为本，可以更具体展现为仁义礼智，也可以以善以诚替代之，但意旨不变。

本体论的价值意识也可以有教派的交流沟通，但最高价值意识还是以自家的为中心。例如儒家的仁义本体与老子的无为本体，后者预设了仁义思想，但更透彻人性，而提出无私的最高价值，因此在表现上不会彰仁显义，但却有相辅相成之效，关键是世界观的立场一致，都是世间法的哲学，若有出世间法，则必然是差异甚大的，如庄子的逍遥与佛教的般若。沟通自然仍是可以的，互相读懂对方、善会意之而不冲撞时，便可以沟通。《论语》书中的孔子及其弟子都乐于和隐士沟通，但庄子书中就不断讽刺仁义了，因此庄、儒之间就只有在现实生活上人与人的互动中来沟通，或儒者自己做了个人的价值选择上的沟通。在价值意识上差异更大的是儒佛之间，关键是世界观根本不同，佛教有人天善果，行善积德，与儒者同，但有死后受报之旨，已经有所不同，至于超三界不受轮回的阿罗汉就差异太大了。儒者以为大丈夫的事业，在阿罗汉的修行者眼中，虽不非议，却绝非意向。至于大乘菩萨道渡众的意旨，表面上看来价值一致，但儒者有立功、立德、立言的动机，菩萨却要化掉一切的动机意识，行若无事只是一体本来，当然这是可以沟通的。但所谓的沟通是价值意识落在现实生活的实践事业上的沟通合作，若再追问，对于生命终极趣向的看法就大异其趣了，这就是宇宙论的根本差异。佛教毕竟是出世间法，理想的终趣在彼岸而不在现实世界。这是佛教菩萨道救渡众生的理论和儒家治理家国天下的理论的根本差异，佛教的渡众旨在令众生开悟以知晓佛法，从而进行自己的解脱之道。儒家的价值旨在让百姓生活安定、丰衣足食，从而知仁、识义、立志、以为君子圣贤。在有"它在"世界观的道教，却与儒家有共同的价值意识，可以说道教的"它在"世界观只是此在世界的另一层结构，"它在"世界的高真也都仍然为着"此在"世界的百姓求福造命，协助人间善理天下。这是中国本土宗教的十分特殊的宗教性格，鬼神只是协助人间的高层存有，仍然是以现实世界为关怀对象的人类中心主义。道教与儒家不只可以无缝沟通还可以互助成办。

（三）工夫论

工夫论才是中国哲学的核心议题，因为中国哲学是实践哲学，实践以提升自己并改善天下为各学派思考的目标，只是意见各不相同。就实践而言，就是修养自己并在实现理想的过程中再度深化自己的修养。就此而言，中国哲学以儒释道三家为核心的类型都充满了工夫论的理论，工夫论就是主体的实践方法，它是必须要有理论依据的。没有理论的依据就成了任意妄为，这个理论就在形上学中，宇宙论与本体论都扮演了绝对的角色，至于存有论，则或为宇宙论所属的概念讨论或为本体论所属的概念讨论，所以根本上还是宇宙论和本体论两型。

工夫论谈主体的实践，主体有身心两路，身心两路都是做工夫的主体，在儒释道的哲学中正好也是有身心两路的工夫实践的理论在其中。儒家主要是心理修养的工夫，身体的部分只是心理修养下的仪态外显，并不是以身体健康甚至感官知能的提升为其目标。心理修养的做法就是从纯粹化主体意志上升到唯一的价值目标上，价值意识就是本体论在谈的，因此心理的修养就是本体工夫，以价值意识本体为主体心性的意志内涵，这就是需要做工夫了。做工夫的方法就是纯粹专一，这就是敬。所以敬是本体工夫的操作型定义，敬就是谨畏、收敛、专一、涵养、主静等等操作方法的同义词。所以，谈工夫论首先就有本体论进路的心理修养工夫。

其次，身体的修炼也是工夫论的主题，而身体的知识则是修炼身体的理论依据。这一部分在道教及佛教都有关于身体的知识，道教以精气魂魄说谈法术的修炼，佛教以四大说谈死亡，以五蕴说谈意识的形成与转化，以六根互用谈禅定与神通。这些都是身体的知识建立的修炼工夫，表示宇宙论进路的身体修炼工夫成为工夫论的另一主轴。

依儒释道三教的类型而言，儒家以心理修养的本体工夫为主。道家道教以身体修炼为主，但依然必须依据本体论的价值观。佛教同时具有身心两路的工夫，本体工夫与身体修炼工夫并存。佛教工夫论通常以修行论说之，所以儒家修养论、道教修炼论、佛教修行论，成为中国哲学的工夫论的三种不同的类型。

以上从形上学说工夫论，以下说明工夫论的三个阶段。历来谈工夫理论，尤其在儒佛两家，时常出现工夫论的争辩。有时候只是语意的问题，有时候就是尖锐的立场争辩，此处，笔者要谈的就是这些引起争辩的工夫论问题的解决。一般工夫理论，其实有几种不同的类型，前述是以知识的进路而划分的类型，此处是以工夫本身的进路而做的分类。此处简述之有三类：有谈工夫入手的、有谈工夫次第的、有谈境界工夫的。这其实是讨论工夫论问题的不同进路，亦即在工夫操做中所关注的问题，是主体实践在工夫进程中的不同阶段所产生的问题意识。

谈工夫就有入手的问题，入手问题就是怎么做，在本体工夫之中，就是纯粹化主体意志于那个终极价值本体,其实就是"主敬"。若是宇宙论进路的身体修炼工夫,由于次第明确,于是就是次第中的第一步工作,有时还是心法修养为主,有时就已经是具体的身体操作了。

工夫次第指得是从开始做工夫到最高境界中所有的阶段性做法的序列,最明确的就是《大学》中的格物、致知、诚意、正心、修身、齐家、治国、平天下。《大学》中明确地讲"物有本末,事有终始,知所先后,则近道矣。"这八目中,前四目工夫次第,后四目当然也是工夫次第,但因为还有境界论的基本问题,所以归于境界的四目更好。先说前四目,格致诚正就是研究事务、了解知识、收敛意念、坚定心志。这《大学》八目是为了面对内圣外王、治国平天下而有的儒者的修养工夫,从本体工夫的核心而言,是诚意正心,诚意正心由外而内,意念的收敛,与心志的坚定,最后结穴在正心。这样说来,这时的意是粗糙的念头的收敛,而心才是最高主宰的心志。结合格物致知,这就是先知后诚,诚意正心于所做之事上,但所做之事如何才符合于一般意义上的正确知识?因此一般意义上的知识正确必须先予确立,这就是格物致知,然后正心诚意地去做这件利益自己利益大众的正确的事。这就是先知后行的次第。

哲学史上也有对于先知后行的挑战之见,王阳明就认为格物致知就不是研究客观知识,因而在他的解释中则变成了格去物欲、致己良知。但这就变成先做客观认知,还是先做意志纯化的问题了,更深入一层,这变成只有意志纯化才是真正的工夫,而知识学习并不是根本关键的。此说,尚可继续深入讨论,谈哪一种工夫是根本?这需要看目标也需要看资质还需要看环境,一般来说,世间法淑世理想的目的下,客观知识与主观价值都是必须的,只看语言系统的施设上如何恰当地安排之。王阳明也不能不要客观知识,只是说本末而已,并认为根本还是在价值意识的确立,但这就看各人所重了。也就是说,《大学》讲的本末在前四目本来是次第的意思,王阳明却从本末主从的进路去讨论了。

至于修身、齐家、治国、平天下,则是随着年龄增长的人生阶段,也是随着地位提升的生活事件,但也会是在同一时间中四种不同内外层次的人生事件层面。修身不全齐家不足,齐家不足治国不全,治国不全平天下不圆满。这确实是境界阶段的层层上进,但人在进入到相当年龄以后,家国天下,事事关心,同时面对。只是就整个天下而言，肯定是所有国家都健全才是天下的真正健全。肯定是所有家庭都安康才是一国的大治，肯定是个人身心健全才是家庭的真正圆满。但这四件事一方面同时发生，另方面没有哪一件事可以说是真的完成真的圆满了。但是，这并不表示这四目是没有一个关系上的本末逻辑，修齐治平就是这个本末的逻辑。

次第的问题在本体工夫上一直有孰先孰后的问题，这是因为本体工夫毕竟是心法所为，次第可以谈，但也不必绝对化之，因为次第中的所有阶段都还是同一个心法，关键只是个人当下境界的高下之别，所以本体工夫说的次第有很大一部分反而是心境高下所造成的重点之别。朱熹就说《大学》八目中，每一目的实际操作都是求放心之学，求放心就是意志纯化的本体工夫。格致诚正修齐治平变成它的项目而已，项目可谈次第，但操作心法都是同一个的。

次第的问题在儒家有知行先后之辩，在佛教有禅宗顿渐之争。顿渐之争表面上是次第之争，其实又是本末之争。说次第，是项目上一个达到了才有后一个，所以次第和境界十分相关。说本末，就是哪一个更根本，所以有逻辑上更先的意旨，而未必是时间上的意思。顿渐就是这种本末之争，顿悟还是渐修？这个问题之所以成为问题，就是做工夫达到境界者都主张直达境界才是工夫的根本。而针对初学者的学习进程的设计时都会强调要从那些基本工夫做起，就初学者，则是去妄念除习染，就达致最高境界者，根本无妄念无习染，于是就以无妄念习染为工夫的根本。所以讲顿悟，其实是做了工夫以后的境界跃升，一时领悟了，然而，领悟了还是要去实践，那又是渐修了。因此，顿渐不宜争辩，境界可以论高下，但那是每个人自己的修养问题，因此不好争辩，易流于人身攻击，至于理论上宜顿悟还是宜渐修？这根本不应该成为问题，每个人都必须领悟价值真理，也必须在自己的实践上一步步上进提升。就渐修而言，可以谈次第，也必须谈次第，只是，本体工夫也就是心理修养工夫的次第，可以谈也不必固定化之。

次第的问题，在宇宙论进路的身体修炼工夫上，更必须强调与坚持，这是因为，身体的修炼涉及具体的感官知觉的能力高下问题。身体是一步步来炼养的，可不能躐等，道教所说的炼精化气、炼气化神、炼神还虚更是不能躐等的，因为能力上也躐等不了。次第总是与境界相关，前面一个境界没达到，后面一个境界一定上不来，所以在说次第时，常常既是工夫论的也是境界论的。

工夫论和境界论是分不开的，没有工夫是不会有境界的。对每一个人而言，是必须谈做工夫的，而且即便境界很高的人，也必须涵养之矣。程颢说"苟识得仁体，以诚敬存之"，这就是得道悟道之后还是要存之，也就是涵养。程颐说"涵养需用敬，进学在致知"，这就是已经接受德性价值观者还是需要以诚敬涵养之，至于为准备成为社会国家的栋梁者，那就是要致知，这个致知也就是《大学》格物致知的原意了。

谈工夫还有最后一个阶段，那就是境界工夫，这时候已经是功力深厚了，做工夫达到最高级的状态，只是展现而已，毋须再为艰深的活动，没事保持，有事展现，展现时也不多费气力，就是行若无事。哲学史上有许多的工夫论的争辩就是这种境界工夫与工夫入手或工夫次第之间的争辩，如阳明的"四句教"有次第的意味在，但"四无教"就是达到境界了，已无需多所作为。禅宗的语录中有言："心平何劳持戒"，这也是境界工夫了。到了境界工夫就是无须再做工夫，只要保持与展现。

（四）境界论

境界指的是人的实践活动之后的结果，目标在于达到理想完美的人格，中国哲学儒释道三家都有自己的理想人格典范，而且都要努力追求，这就提供了工夫论，至于所达境界的描述，就是境界论。所达境界必须深究，一方面三教不同，就比较的意义上就是要言说其异；另一方面个人修为不同，是否已达最高境界亦须辨明，因此要明确说明最高境界的状态为何？

对于境界论的说明，有三个脉络，其实也就是四方架构中的其他三方，宇宙论、本体论与工夫论，这当然要依教派自己的系统而定。儒家哲学没有什么宇宙论进路的境界论言说，只有本体论进路的境界论的言说。例如："大人者与天地合其德，与日月合其明，与四时合其序，与鬼神合其吉凶。"天地、日月、四时、鬼神虽然都是宇宙论的概念，但是合德、合明、合序、吉凶却都是价值的贞明，并没有改变天地日月四时鬼神的什么，也没有达到不同的天地日月四时鬼神的状态，所以都还是心理修养之后的境界。道教与佛教则不然，它们都有宇宙论进路的工夫，因此也就有宇宙论进路的境界言说。以佛教为例，原始佛教的四禅八定就是宇宙论进路的境界言说。讲述修行者在打坐中主体的状态与五蕴的结构与三界世界观中的色界、无色界的相应状态。大乘佛教的十地说，讲述菩萨修证境界的等级，一地一地有不同的心理意境，更有不同的相应国土，这就是非常标准的宇宙论进路的境界论，言说身体的状态以及所生活的世界的结构的升进变化。当然，境界论更要言说最高境界，在道佛两教中，最高境界的宇宙论进路言说是不可少的，例如原始佛教的阿罗汉果位："阿罗汉住动天地，飞行变化，不死不生"，例如大乘佛教十地菩萨与佛的境界，佛有三十二相、八十种好。当然，这是宇宙论进路，若是本体论进路的佛性言说，如《金刚经》言"若以音声求我，以色相求我，是人行邪道，不能见如来。"

对于最高境界的描述是要有宇宙论与本体论进路同时进行的，本体论进路言说那个终极价值意识在主体的心行中已经能够完全守住，绝不滑失；宇宙论进路言说主体的身体状态以及外在客观世界的相应结构。尤其是在道佛两教，因有"它在"世界观，主体的身体知能不断在升进状态中，因此既须要有主体的身体描述，也需要有对于外在世界、天地架构、国土精粗的描述，以为境界改变的说明。

（五）形上学与知识论进路的研究

本文一开始处理了在中国哲学问题意识的进路上，如何藉由来自西方哲学的术语以讨论之与了解之，从而建构了对准中国哲学特质的宇宙论、本体论、工夫论、境界论的四方架构，并同时界定了形上学、宇宙论、本体论、存有论、甚至世界观等术语的使用意义的新约定，以上，是笔者意欲建立的以中国哲学问题意识为进路的研究。本节，则将处理以西方哲学问题意识为进路的中国哲学研究，亦即尚未转化到对准中国哲学特质的问题意识上的研究，这主要就是形上学和知识论两个哲学基本问题的研究。

就形上学进路的研究而言，20世纪的当代中国哲学家，几乎无一不是以这个问题意识为进路来诠释中国哲学并建构自己的理论体系的。从熊十力的体用论、冯友兰的新理学、方东美的超本体论、牟宗三的道德的形上学、劳思光的心性论中心等等。他们无一不是以西方形上学的问题意识为进路，去诠释中国哲学的经典文本，认为形上学是最哲学的哲学。中国哲学是能谈形上学的，而且是谈得比西方更好的。这样的研究进路，不只上述几位大家为之，更多的哲学界学者更是直接利用西方形上学的问题意识甚至是个别形上学架构去处理中国哲学家各派的理论解读。这些研究的作品数量庞大，有其贡献，更有不足，不足之关键一方面在于见树不见林，单单抽象地拉出道体作讨论，这是一般学者的形态，冯友兰的新理学也是这样的形态。另一方面在于太过于企图将其他中国哲学的特质问题塞入形上学的问题意识进路去谈它们，如牟宗三和方东美，牟宗三的道德的形上学几乎涵摄了工夫论、境界论、知识论的问题意识，而方东美的超本体论则又是将工夫论、境界论混合于形上学的问题中讲了。劳思光又是另一形态，在形上学问题意识的研究进路下舍弃形上学又拉出心性论，但是心性论又包括了形上学的问题，始终还是摆脱不了黏附其中。以上是当代大家对中国哲学的研究以形上学为议题的状况，这些都不是笔者要采取的方式。

至于知识论研究，一般而言，过去的中国哲学学者，或是直接将墨家名辨之学、佛教因明之学作为知识论议题予以研究，而成为逻辑学的东方版。此一进路有其明确的形态以及个别的特殊性，因此合法合理，毫无问题，它就是逻辑学的东方版。但是，还有学者将中国哲学言于知、言于名、言于见、言于识等等词汇涉及的文本当作知识论议题，从而进行研究，例如荀子解蔽之说，大学格物致知之说，禅宗明心见性之说。笔者以为，这些文句的意思并非知识论问题，而是正确的认识方法的问题，甚至就是工夫论的问题。这种称为中国知识论研究的作品很多，虽然不能完全否定，但是，对于哲学理论的创新并无增益之助，亦非笔者所取之途。

总之，形上学研究宜于结合中国哲学特质，而由宇宙论、本体论为天道观，结合工夫论、境界论的人道观，形成完整的理论体系的四方架构，再配合以西方哲学问题意识为进路的存有论研究，这才是研究中国哲学的形上学的恰当方法，且是会有理论创新之学术贡献的方法。至于知识论的研究，则应该是以反思中国哲学真理观的形态以及论究其是否成立的思辨为讨论的主题，也就是笔者所提的系统性、检证性、适用性、选择性四大问题，以此为问题与进路来做探究，将更能有理论创新的学术贡献。

道教诗歌中的儒家文化观照①

——对张三丰《云水前集》诗歌文本的再发现

徐沐熙②

摘要：道教诗歌《云水前集》是张三丰的住世文本，与《元史》《明史》等正史记载可文史互证，从中发现张三丰作为道教修炼有成者，却绕不开深入骨髓的儒家情怀。《云水前集》以诗歌的形式描述了他业儒入仕过程中与元朝儒士重臣廉平章、刘秉忠等人的情谊往来，在经历儒家仕途磨砺后"舍儒向道"的人生转向，以及经历数十年的访道艰辛后得遇真人时依然以"寒儒"自称的本能身份认同。他不仅以元季遗民的身份认同对元朝保全儒家倡导的忠义气节，还在道教哲学中融摄了修身养性、积功累德、中庸中和等儒家理念。在他的入仕、求道、得道的人生路上，儒道如影随形。发掘张三丰身上无法泯灭的儒家情结，以及无法割弃的儒家文化观照，是对道教诗歌文本《云水前集》的再发现。

关键词：张三丰；《云水前集》；儒家；道教

《云水集》一直被当作张三丰本人的诗歌著作流传于世，并被收录于《道藏》。为与后世道人作的《云水后集》《云水三集》做明显区分，而以《云水前集》之名传世。该文本的最初流传，得益于清初道人汪锡龄。他在《云水前集·序》中以"圆通弟子谨识"落款，说："《云水前集》者，我三丰先生在元、明间所作者也。"③明嘉靖年间官方诏求方书，侍读学士胡广将《云水前

---

① 本文是中国社会科学院创新工程重大专题项目《中华优秀传统文化创新转化与新时代中国特色社会主义文化建设》（2017YCXZD010）阶段性成果。
② 作者简介：徐沐熙，中国社会科学院马克思主义研究院助理研究员，哲学博士。
③ 贺龙骧校勘、彭文勤等纂辑：《道藏辑要》之《张三丰全集》，台北：新文丰出版公司，版藏成都二仙庵，1978年，第7751页。

集》收入明《永乐大典》。而后有人从《大典》中将《云水前集》翻出梓行，"嘉靖中，诏求方书，仍从《大典》中翻出梓行"①。而后汪锡龄在康熙五十九年（1720）得《云水前集》于扬州书肆，"锡龄于康熙五十九年，得此本于扬州书肆，宝而藏之。即花谷藏书也"②。汪氏遂呼吁"后有起者，将此版刊出，必能传其人，读其诗，知先生之清风高节为不可及也"③。时隔一个多世纪，道光二十四年（1844）清末道士李西月编纂《张三丰先生全集》，将《云水前集》收入卷五，接续助力该文本的流传。

中国古代学人的思想和文化历来具有复杂性，单纯从一个方面去研究虽然可以捕捉主导性倾向，但难窥其思想全貌。《云水前集》作为道教文献，学界对它的研究一直集中在道教领域，无有从儒家文化为切口入手的。而实际上，张三丰作为入世之人必然受到儒家文化的浸染，所以我们从《云水前集》这一道教诗歌文本中发掘出他的儒家文化精神，不仅具有可行性，而且是对该文本研究的再发现。学界主流观点将《云水前集》认定为张三丰住世之作，编年纪月，如见平生；人生感念，如同身受。该文本将张三丰苦修儒业、步入仕途、交好儒士重臣、对元保全儒家忠义气节；离儒入道、艰辛访道；终于得道等作了真情描述，为我们呈现了他道业以外的儒家意蕴。从中我们可以发现，作为道教修炼有成的方外人士，张三丰其实从未真正脱离伴随他终生的儒家理念和儒家精神，可以说终其一生，儒道都并现其身。

一、入仕

我们以《明史》《元史》等正史为参照，以《云水前集》诗歌文本为参考，以文史互证的研究方法对张三丰的入世情形，尤其是"入仕"进行描摹，更明晰地考察他道教诗歌中的儒家文化观照。

---

① 贺龙骧校勘、彭文勤等纂辑：《道藏辑要》之《张三丰全集》，台北：新文丰出版公司，版藏成都二仙庵，1978年，第7751页。

② 贺龙骧校勘、彭文勤等纂辑：《道藏辑要》之《张三丰全集》，台北：新文丰出版公司，版藏成都二仙庵，1978年，第7751页。

③ 贺龙骧校勘、彭文勤等纂辑：《道藏辑要》之《张三丰全集》，台北：新文丰出版公司，版藏成都二仙庵，1978年，第7751页。

（一）业儒入仕：交好儒士重臣

张三丰的人生与他所处的时代背景是分不开的。忽必烈在争夺帝位的过程中得到大批儒士的支持，在中统元年（1260）即位之初，忽必烈重用儒臣，实行"举茂才异"的政策。张三丰曾苦修儒业，时年十三岁，便以文学才识出众，被列名为奇才上报朝廷。后以"有异才"的晚辈身份和机缘与元朝的重量级儒臣廉平章、刘秉忠深度交往。《云水前集》中有多首诗歌对此进行描述，从中我们能够透过诗歌文本回望历史，看到张三丰业儒入仕的过程，以及他的儒家忠义气节。

1. 张三丰交好儒士重臣廉平章

张三丰《云水前集》中关于廉平章事迹的诗歌记载与《元史》等正史文献记载相符合。据《元史·廉希宪传》记载，"世祖为皇弟，希宪年十九，得入侍，见其容止议论，恩宠殊绝，希宪笃好经史，手不释卷。一日，方读孟子，闻召，急怀以进。世祖问其说，遂以性善义利仁暴之旨为对，世祖嘉之，目曰廉孟子，由是知名。"[①] 廉希宪深得元世祖恩宠，应诏起为北京行省平章政事（以官名称为廉平章），不久又奉旨到辽东，任辽阳等处行中书省，而后"十二年……下江陵"，廉平章开启江陵之行，经过真定路中山府（中山府，在元为真定路中山府，在北宋为中山府博陵郡）。张三丰时为博陵县令，故有送行之诗。"我有老亲，头已白矣。我得微官，公之德矣。公自爱才，我非贪禄。公往江陵，民皆受福。"（《云水前集·送廉公之江陵》）诗歌文本和正史记载的一致性说明张三丰与廉平章确有仕途交集。

从《云水前集》中《呈廉阁老》《廉平章以书荐余名于刘仲晦太保感而咏此》《送廉公之江陵》等诗歌可考证如下几点：

首先，张三丰十分崇拜廉平章的为人，认为他"正气如孟贤"，以"孔戒心当先"处理政事伦理，是"功成身勇退"英雄；而且秉直公正，"肝同铁石坚"（《云水前集·呈廉阁老》），在任上施行仁政——"公往江陵，民皆受福"（《云水前集·送廉公之江陵》）且因对其崇拜而生敬爱之心，"我爱廉夫子，忠悃心拳拳"；"我爱廉夫子，正气如孟贤"。（《云水前集·呈廉阁老》）

[①] 【明】宋濂等：《元史·廉希宪传》，北京：中华书局，1976年，第3085页。

其次，廉平章对张三丰有知遇之恩及举荐之功。"贤与贤相近，得逢推荐人。"（《云水前集·廉平章以书荐余名于刘仲晦太保感而咏此》），说明张三丰因受其举荐才得以进入元季仕途，所以他对廉氏的感激之情溢于诗中，"我有老亲，头已白矣。我得微官，公之德矣"。（《云水前集·送廉公之江陵》）这是对仕途伯乐的感恩戴德。

最后，张三丰在对廉平章的举荐感激之余更有满腔抱负之心。张三丰以"公自爱才，我非贪禄"（《云水前集·送廉公之江陵》）表达不辜负前辈提携、行廉政之愿。而"愧非栋梁质，名动帝王臣"（《云水前集·廉平章以书　余名于刘仲晦太保感而咏此》）更显示出张三丰以结识廉平章这样的元季重臣为荣幸，希望能够成为国之栋梁，以不辜负恩人的提携。

2. 张三丰交好儒士重臣刘秉忠

根据《云水前集》里若干首张三丰写给刘秉忠的诗，并与《元史》相比对，可考证如下两点：

一方面，张三丰对刘秉忠非常欣赏，高评他"博学其余事，今之古大臣"（《云水前集·遥挽刘仲晦相公》），盛赞其"太平良宰相，千古能几人！"（《云水前集》之·答刘相公书》）刘秉忠在忽必烈幕府参与军政要务，是蒙元初期政坛的重量级儒臣，对元代政治体制、典章制度等有策划、开创之功。在世时以"太保"之位达到皇帝重用之极，逝世时令皇帝惊悼之事见载于《元史·刘秉忠传》："十一年扈从至上都，其他有南屏山，尝筑精舍居之，秋八月，秉忠无疾端坐而卒，年五十九。帝闻惊悼！"[①] 这样的元季名臣大儒，获得张三丰的仰慕，自然在情理之中。

另一方面，刘秉忠对张三丰有知遇之恩及屡荐提拔之功。"举世谁知我？登朝屡荐人。八盘他日过，清酒奠公神。"（《云水前集·遥挽刘仲晦相公》）至元元年（1264）秋，张三丰游燕京，正赶上忽必烈下诏延揽人才，此时刘秉忠被元室重用，担任"太保"之职，见载于《元史·刘秉忠传》："至元元年翰林学士承旨王鹗奏：言秉忠久侍藩邸，积有岁年，参帷幄之密谋，定社稷之大方

---

① 【明】宋濂等：《元史·刘秉忠传》，北京：中华书局，1976年，第3694页。

计。……帝览奏，即日拜光禄大夫，位太保参中书省事。"① 张三丰在等待入仕的过程中，被廉平章举荐给刘秉忠。刘秉忠提携张三丰为博陵县令，希望他有朝一日能在儒家仕途上成就一番大事业。张三丰对刘秉忠心存感恩，为不辜负前辈在仕途中乘势前行。"公何为者重贱子，此恩此德提吾耳。"②（《云水前集·答刘相公书》）

张三丰得遇、交好两名元季儒士重臣，在入仕的过程中，不忘伯乐之恩、见贤思齐，希冀成就一番儒家事功，以不负恩人提携之举。同时，他深受元季儒士精神的熏陶，一直对元保全儒者的忠义气节。

（二）精忠节义：对元保全气节

"君臣大义"是儒家一以贯之的价值观和基本命题，《史记·伯夷列传》位于司马迁《史记》列传之首，就是对这一价值观的凸显。伯夷、叔齐宁可穷饿首阳，也不食周粟，以示"不忘殷"，后世因此视他们为坚守遗民气节的最高典范。当旧朝被新朝取代时，旧朝遗民在感情和道义上忠诚于旧朝、拒不认同新朝。甚至为了克全臣节，他们宁愿以遗民身份自居，自甘隐弃，也不做在流转于两个朝代的屈节之贰臣，因为他们耻事二姓，认为"臣之适君，犹女之适人，一与之醮，终身不改"。而崇尚忠义节烈、视"无所逃于天地之间"的"君臣父子大义"为第一价值标准，把报答君主涵育之恩视为高于一切的价值选择，是他们以之为荣的精神取向。元季遗民亦如此，他们以精诚固着的忠孝之义，北向拜舞，选择为蒙元王朝守节，不仕新朝。这种忠义、忠诚既是一种政治认同，也是一种文化抉择，因为在他们看来，蒙元王朝，民未变，道未变，所以三代、两汉之礼乐传统依然可继、可及、可见。"故中统、至元之治，上有不世出之君，能表彰其臣，继述往圣之志；下有不世出之臣，能赞襄其君，宪章往圣之心。于是我元之宏规，有非三代以下有国家者之可及矣！"③ 这份忠贞抉择体现了元季遗

---

① 【明】宋濂等：《元史·刘秉忠传》，北京：中华书局，1976年，第3693页。
② 贺龙骧校勘、彭文勤等纂辑：《道藏辑要》之《张三丰全集》，台北：新文丰出版公司，版藏成都二仙庵，1978年，第7759页。
③ 【元】欧阳玄：《圭斋文集》卷九《文正许先生神道碑》，《四部丛刊续编》，上海涵芬楼景印常熟瞿氏铁琴铜剑楼藏刊本。

民的精神风骨。由元入明,虽是由夷入夏,却造就了众多的汉族元遗民,他们做出为异族君主守节的抉择取舍,以出亡塞外的北元为正统,不奉明廷正朔,力拒征辟,甘愿为蒙元王朝守节终老。张三丰应该就是其一。

在《云水前集》中,张三丰写诗"元气茫茫返大清,又随朱雀下瑶净。剥床七日魂来复,天下齐看日月明。"(《云水前集·大元至正二十六年丙午暮秋金台观游魂七日归来,付杨轨山一偈》),寓意元终明始。在这样的时代背景下,大明洪武十七年,张三丰作丹词,"无根树下说真常,六道含灵共一光。会得威音前后事,本无来去貌堂堂。明洪武十七年岁在甲子中和节**大元遗老张三丰**自记于武当天柱峰之草庐"(《无根树·卖花声》),署名为"大元遗老张三丰"。在《自题敕封通微显化真人诰命后跋》中落款题写"大元遗老三丰道人书"。这些都表达了张三丰作为元季遗民的自我认同。此外,在《云水前集》中还有两首表达张三丰对遗民气节推崇的诗歌。一首为《云水前集·读元故提举杨廉夫先生集》,"铁崖吹铁笛,清韵满崖中。""为文超宇宙,守节老英雄。惟有华亭月,清高似此公。"杨廉夫,元末明初的诗人,自号抱遗老人,张三丰赞其为"守节老英雄",以英雄名之,说明他对守节行为的赞赏。一首为《云水前集·赠王先生歌》,"醉后出神思故主,两眼汪汪哭向天。"王先生,是有忠义气节的建文臣子,张三丰赠歌表达对其"哭思故主"的感同身受。

明朝皇帝多次遣使降诏,希望寻访到张三丰。张三丰从未应诏,原因之一可能也是出于对元朝保全名节的考虑。在《明史·方伎传》中,述说明太祖朱元璋、明成祖朱棣对张三丰多次遣使降诏的寻访成了这篇传记的主体。而最早记载明太祖访张三丰的文献是明宣德六年(1431)任自垣著的《太岳太和山志》,"洪武二十四年太祖皇帝遣三山高道使于四方,清理道教,有张玄玄可请来。"[1] 时过经年,《明史》《名山藏》《明书》《明史稿》记载朱元璋始终没有访寻到张三丰。《名山藏》言:"太祖晚年闻其(按:指张三丰)名,四求不得。"[2]《明史·方伎传》说:"太祖故闻其名,洪武二十四年遣使觅之不

---

[1] 【明】任自垣:《太岳太和山志》卷六,出自杜洁祥主编:《道教文献》第5册,丹青图书有限公司,1983年,第431页。

[2] 【明】何乔远:《名山藏》卷103,福州:福建人民出版社,2010年,第2896页。

得。"① 明成祖朱棣历时十数年寻访张三丰。《明史·胡濙传》："永乐五年，成祖遣胡濙颁御制诸书，并访仙人张邋遢，遍行天下州郡乡邑，隐察建文帝安在。"② 朱棣屡求不得之后从永乐十五开始不再寻访张三丰。二位皇帝都没有成功访寻到张三丰，也许如清代道士汪锡龄所言，张三丰"托仙远遁，以全事元之节也"。

二、求道

张三丰并未在儒家仕途上顺利地走下去，而是逐步对官场产生厌离之心，经过离儒向道的挣扎过程，最终彻底舍弃儒途，走向道门。其中既有向道之决绝，又有离儒之感怀，这种于儒道的张力中寻求平衡的心境在《云水前集》中体现得淋漓尽致。

（一）舍儒入道：乌纱改作道人装

每个人的人生选择都和其所处的时代相关。至元二年（1265）忽必烈诏令，以蒙古人充各路达鲁花赤③，致使汉儒的官场地位低下。张三丰在博陵县令任上正值此时，说明其在仕途上可能受到压制和排挤，所以郁郁寡欢。《云水前集》中的诗歌表达了他对仕途渐渐心冷。"家国伊人任，孤哀独我单。潸然双泪落，飞雁影高寒。"④（《云水前集·有感》）表达了彼时张三丰在官场的孤独心境，不但"笑彼黄冠趋富贵，并无一个是知音。"⑤（《云水前集·隐居吟》武当南岩中作）而且明确显露了他对官场的拒斥，"别求贤令尹，吾不坐琴堂"⑥。（《云水前集·博陵上仲晦相公》）

---

① 【清】张廷玉等：《明史》第299卷，北京：中华书局，1974年，第7641页。
② 【清】张廷玉等：《明史》第299卷，北京：中华书局，1974年，第7641页。
③ 达鲁花赤，蒙古语，意为"镇守者"，为所在地方、军队和官衙的最大监治长官。
④ 贺龙骧校勘、彭文勤等纂辑：《道藏辑要》之《张三丰全集》，台北：新文丰出版公司，版藏成都二仙庵，1978年，第7758页。
⑤ 贺龙骧校勘、彭文勤等纂辑：《道藏辑要·张三丰全集》，台北：新文丰出版公司，版藏成都二仙庵，1978年，第7768页。
⑥ 贺龙骧校勘、彭文勤等纂辑：《道藏辑要·张三丰全集》，台北：新文丰出版公司，版藏成都二仙庵，1978年，第7768页。

至元十一年（1274），59 岁的刘秉忠逝世，张三丰时年 28 岁，于博陵任上以《云水前集·遥挽刘仲晦相公》一诗缅怀前辈，这位比其年长 31 岁的儒途知音老友的逝世，令张三丰对仕途更加心生淡漠。加之当时汉儒地位更加低下，甚至有"小夫贱隶，亦以儒为嗤诋"①的说法，使张三丰愈加看破尘世名利，出世之心更加坚定，"我不愿登黄金台，我只愿饮黄花杯。醒里昏昏忘天地，古今名利总尘埃"②。(《云水前集·甲子秋游燕京作》) 至元十五年（1278），张三丰时年 32 岁，写作《云水前集·三十二岁北游》："幽冀重来感慨忘，乌纱改作道人装。"③ 这一年成为张三丰舍儒入道的分割点。"辞我亡亲墓，乡山留不得。别我中年妇，出门天始白。舍我总角儿，掉头离火宅。人所难毕者，行人已做毕。人所难割者，行人皆能割。欲证长生果，冲举乘仙鹤。"(《张三丰全集·玄要篇》上篇) 张三丰以"人所难毕、人所难割"的强大的毅力和意志以及绝决之心，割舍了全部的儒家伦常关系，辞去亡亲之墓，抛妻弃子，撒家舍业，舍儒向道。当儒者断袍割袖般断割作为儒者的一切身份角色、家庭伦常时，我们看到了儒者的悲凉与悲壮。这份"舍儒"之勇猛，伴随着"向道"之坚定，"此间好觅长生路，入世休言出世难"④，(《云水前集·游辽阳诸山作》) 张三丰表现了强烈的入道之心。当他云游至陕西咸阳时，看到百代王侯生命终有时限，悟得长生久视才是大道！"咸阳古道草迷离，百代王侯尽枯槁。西行万里多感怀，人生岂若神仙好！"(《云水前集·晚步咸阳》) 最终走上了"我欲结茅庐，炼取神仙质"(《云水前集·王屋山》) 的修仙求道之路。

---

① 【元】余阙：《四部丛刊续编 72·青阳先生文集·贡泰父文集序》，上海涵芬楼景印常熟瞿氏铁琴铜剑楼藏刊本。

② 贺龙骧校勘、彭文勤等纂辑：《道藏辑要》之《张三丰全集》，台北：新文丰出版公司，版藏成都二仙庵，1978 年，第 7757 页。

③ 贺龙骧校勘、彭文勤等纂辑：《道藏辑要》之《张三丰全集》，台北：新文丰出版公司，版藏成都二仙庵，1978 年，第 7759 页。

④ 贺龙骧校勘、彭文勤等纂辑：《道藏辑要》之《张三丰全集》，台北：新文丰出版公司，版藏成都二仙庵，1978 年，第 7757 页。

（二）艰辛访道：今我寻翁不遇翁

"看破浮生远市寰，歌声踏踏上茅山"。（《云水前集·遇家伯雨外史杭州人》）张三丰开启了艰辛的访道之路。访道求仙之路，并不比儒家仕途容易，甚至更难。到至元三十一年（1295）时，张三丰慨叹"四十八岁空消磨，人生寿命能几何？株守恒山十六载，燕赵往来成逝波。到不如携琴剑，整笠囊，东走蓬莱唱道歌。"[①]（《云水前集·悠悠歌》）从三十二岁开始，他舍儒入道，蹉跎十六载，四十八岁却仍未摸到道门路径。访道的艰辛和悲苦跃然纸上，这种"空消磨"的岁月悲苦，连后世读诗者亦为之动容。而且在访道过程中，他撒金十万两，"生平好善访仙翁，十万黄金撒手空"。（《云水前集·出终南二首》）法未得，财已失。他不仅失去了法财两用的修仙必备条件，而且一直期遇真人，"九死常存担道力，三生又恐落尘缘。瓣香预向终南祝，应有真人坐石边"。（《云水前集·书怀》），却总是难遇真人，"岩栖谷饮旧家风，今我寻翁不遇翁"。（《云水前集·山中寻张忠高隐处有作》）这一切都使他对于能否最终得道产生迷惘，"欲驾飙车飞过去，未能羽化心茫然。"（《丹岩山》）尽管如此，即使得道之路遥遥无期，但他与官儒别离，与游仙同路之心依然坚定不变，"长与官家绾别离，能绾游仙去路否？一声长啸出天津，破衲飘然不回首！"（《云水前集·津门柳》）

三、得道

（一）终于得道：访道寻真数十年

功夫不负有心人，在张三丰68岁的时候，正值延祐元年（1314），他于终南山遇到火龙真人后，希望能够得到火龙真人的传授和度化，"实与先生相见晚，慈悲乞早度寒儒"。（《云水前集·终南呈火龙先生》）一声"慈悲"、一个"乞"字让我们听出了一名求道数年而未得之人的无奈与期许，一句"寒儒"让我们看到了那名离儒数年的求道者在内心深处其实从未真正地割断儒家

[①] 贺龙骧校勘、彭文勤等纂辑：《道藏辑要》之《张三丰全集》，台北：新文丰出版公司，版藏成都二仙庵，1978年，第7759页。

血脉。而后张三丰前往武当山结庐而居修炼九载。"九年无事又无诗,默默昏昏不自知。天下有人能似我,愿将丹诀尽传之。"(《云水前集·太和山道成口占二绝》二)。诗中"不自知"之境即是"化境",说明其道法始成。得道之时距离他三十二岁离儒北游已时隔三十六年,说明修道、得道之路漫长且艰辛,正如他历数十年才得遇吕纯阳时所言,"这回相见不无缘,访道寻真数十年"。(《云水前集·洞庭晤吕纯阳先生》)当他以道闻名于世时,对儒家仕途一笑了之,"弃却功名浪荡游,常将冷眼看公侯。文官武将皆尘土,绿黛红妆尽髑髅。"(《云水前集·道走河南公卿颇有闻余名者书此笑之》)

(二)儒道相濡:未至圣贤不言仙

张三丰不仅在诗词中渗透儒家情怀,而且在入道后的修行过程中也离不开儒家的文化观照,在他的道教修炼哲学里融摄了诸多儒家思想。如同那些原本业儒、而后因仕途无望而转投道途的人一样,在他的知识结构和感性情怀里,儒家的影响始终如影随形,即使离儒入道也不可避免地要将儒家思想引入道教修炼当中。

第一,"道问学"——道教修炼需要醇厚的儒家学问。学问是修行的重要关口,正可谓"未有神仙不读书"[①]。读的书,通常是儒家典籍,除了涉及一般的儒家伦理纲常,还关涉"修性","欲修大道先修性",也就是说要想成仙、通往大道,还要有深厚的儒家圣贤之学的底蕴作为性功修炼的资粮,正如从事修炼的丹家常言"能超生死方为圣,未至圣贤不言仙"[②],更要关注、体会"穷理尽性以至于命"的本体功夫和超越境界,因为只有摸到了形而上的性之本体,才能如张三丰所言"尽其性而内丹成矣"。[③](《张三丰全集·大道论》下篇)

第二,"尊德性"——道教修炼需要内修道德。"黄芽白雪不难寻,达者

[①] 南怀瑾:《我说参同契》(上),北京:东方出版社,2009年,第9页。
[②] 萧天石:《道家养生学概要》四版序,台北:自由出版社,1984年,第3页。
[③] 贺龙骧校勘、彭文勤等纂辑:《道藏辑要》之《张三丰全集》,台北:新文丰出版公司,版藏成都二仙庵,1978年,第7698页。

须凭德行深"①如果没有道德修养，无法修成大道。超拔的道德水准和心性素养不仅是儒士成为圣贤的必要准备，而且是道人修炼有成、长生久视的必要前提，没有道德上的"修性"功夫，难有"修命"的大成就。而且，修仙离不开做人，须涵融人品，修养道德。程伊川说"天下有大难事者三，为国而至于祈天永命，为学而至于圣人，为人而至于神仙"②，没有修德做人的必要前提，难登仙途，只有"德行修逾八百，阴功积得三千"③（《张三丰全集·玄要篇》），才可语谈神仙。若问"长生之诀诀何如？道充德胜即良图。"④（《张三丰全集·答永乐皇帝》）德行隆胜是修得长生的诀要。地外，张三丰主张以抱道之身行儒家忠孝仁义之品行、济人利世之功德，在道途践履儒家伦理，"长春朝对，皆仁民爱物之言。希夷归山，怀耿介清高之致，三千功行，济人利世为先资，二十四孝，吴猛丁兰皆仙客。"⑤（《张三丰全集·大道论》）

第三，"孔颜乐处"——道教修炼中的"炼己"借鉴儒家修身养性工夫。"炼己"是一种道教修炼中的心性修养功夫，儒家"孔颜乐处"的修习与其相似，有艰险、有喜乐。一方面，是炼己未成时的艰难贯穿道教修炼的全过程。张三丰以"还丹容易，炼己最难"⑥（《张三丰全集·大道论》下篇）来说明心性的"炼己"功夫在修炼中的重要性以及难处。需要修炼之人有坚强的意志、坚定的信念、刚毅的心性，摒除诸多人的欲念等，即"正心诚意，意诚心正则物欲皆除"⑦，这是一个艰辛的过程，如同颜回"一箪食、一瓢饮，在陋巷"的艰难处境，如果没有磨砺心性、"炼己"不纯，金丹难以修

---

① 《道藏》之《紫阳真人悟真篇注疏》卷七，北京：文物出版社，1988年，第2册，第926页。
② 【宋】程颢、程颐：《文渊阁本四库全书·集部·总集类·二程文集》，杭州：杭州出版社，2015年。
③ 贺龙骧校勘、彭文勤等纂辑：《道藏辑要》之《张三丰全集》，台北：新文丰出版公司，版藏成都二仙庵，1978年，第960页。
④ 贺龙骧校勘、彭文勤等纂辑：《道藏辑要》之《张三丰全集》，台北：新文丰出版公司，版藏成都二仙庵，1978年，第7716页。
⑤ 贺龙骧校勘、彭文勤等纂辑：《道藏辑要》之《张三丰全集》，台北：新文丰出版公司，版藏成都二仙庵，1978年，第7695页。
⑥ 贺龙骧校勘、彭文勤等纂辑：《道藏辑要》之《张三丰全集》，台北：新文丰出版公司，版藏成都二仙庵，1978年，第7699页。
⑦ 贺龙骧校勘、彭文勤等纂辑：《道藏辑要》之《张三丰全集》，台北：新文丰出版公司，版藏成都二仙庵，1978年，第7698页。

成。另一方面,是炼己纯熟时的喜乐。炼己纯熟之人可达致活泼泼、明朗朗的超拔境界,以坐进此道的高明享受身心的愉悦,体会儒家"朝闻道、夕死可矣"的"孔颜乐处",正如张三丰所言"假如炼己纯熟,则心无杂念,体若太虚,一尘不染,万虑皆空,心死则神活,体虚则气运"[①]。(《张三丰全集·大道论》上篇)

第四,"中和""中庸"——道教修炼吸收儒家"中和""中庸"思想。"致中和,天地位焉,万物育焉"(《中庸》),推而为中庸的处世哲学。"中庸之为德,民鲜久矣"(《论语》),是儒家文化的精髓之一。张三丰汲取儒家的中和、中庸思想,极其重视"中"的形而上意义,他说"夫道,中而已矣。故儒曰致中,道曰守中,释曰空中。而内丹之所谓中,窍中之窍也"[②]。(《张三丰全集·玄谭》)他将"中"提升到"道"的位格,也就是本体的高度,视"中和"为道之枢纽,认为明乎中和,不仅可以正心、诚意、修身,还可"守中致和",而"中和"落实在内丹修炼的实践中便进入"窍中窍"的绝妙境地,因为"中和"乃玄妙之宗祖,"天地大道,含和抱中。玄玄之祖,妙妙之宗"[③],(《张三丰全集·玄要篇》上)是修仙成道需要把握的关窍。

结　语

以儒家视角对《云水前集》文本进行崭新探讨,让我们看到一个舍儒入道的道教修行者,在他的道教诗歌里隐含着那么重的儒家感怀及精忠节义,这与其曾经苦修儒业,交好儒士重臣、以异才入仕等人生阅历是分不开的。也可以说,我们从这一道教文本的诗歌里发现了另一个作为儒士的张三丰。在他厌倦仕途官场、冷眼漠对公侯之后,以坚定勇猛之心毅然决然地关上了那扇儒家的大门,褪去了所有的儒家伦理角色,义无反顾地奔向道途。然而出世的道途艰

---

① 贺龙骧校勘、彭文勤等纂辑:《道藏辑要》之《张三丰全集》,台北:新文丰出版公司,版藏成都二仙庵,1978 年,第 7699 页。

② 贺龙骧校勘、彭文勤等纂辑:《道藏辑要》之《张三丰全集》,台北:新文丰出版公司,版藏成都二仙庵,1978 年,第 7699 页。

③ 贺龙骧校勘、彭文勤等纂辑:《道藏辑要》之《张三丰全集》,台北:新文丰出版公司,版藏成都二仙庵,1978 年,第 7729 页。

辛，绝不亚于入世之儒门，乌纱虽然改作道人装，却因难遇真师而蹉跎岁月数十载，年近古稀才得遇真人。在他得闻大道之时却以"寒儒"自称，可见求道的岁月里他虽然脱去儒服、割掉儒家伦理关系，但他真实的自我身份认同依然是儒者。而且儒家血脉深入他的内心和骨髓，不仅始终对元保持忠义气节，并将儒家伦理道德、儒家"尊德性、道问学""穷理尽性以至于命"的形上本体融入道教修炼实践中，以儒道相濡构建他完整的道教生命哲学。所以说，经历了业儒入仕、舍儒入道、最终得道的张三丰，终其一生从未失去儒者情怀，我们从中能够看到他无法割舍的儒家血脉、道德、气节，以及文化关照。

岭南道教专栏

源流贯通的道教核心教义论纲

卢国龙[①]

各种宗教的教义，大概都有各自的核心概念，既是教义体系的纲领性表述，也是其体系内具有思想理路意义的逻辑枢纽，观念上念兹在兹，运思时动应环中，从而形成体系性的逻辑自洽。如佛教的"缘起性空"，基督教的"三位一体"，伊斯兰教的"真主唯一"，都不仅仅可以理解为一个教义条目，同时也可以甚至更应该理解为推阐其教义体系的逻辑枢纽，相应的教义体系，围绕此逻辑枢纽展开，并因此成为各自教义体系的纲领性表述。这些核心概念，以逻辑枢纽的运转方式自我展开，一方面证成了不同教派的信仰，另一方面甚至可能塑造出相应的信仰群体的社会性格和文化性格。

在逻辑枢纽的意义上，儒家的核心概念也许不是政治理想上的"大中至正"之"王道"，也不是伦理设计上的仁义礼智信之五常，而是具有实现王道、推行伦常之路径意义的"人文化成"。唯其"人文化成"，王道与伦常始可得而言、可推而行，否则王道就只是尧舜三代的历史经验，而伦常则在人性善恶之间交争。

与儒家"人文化成"形成结构性的思想对应，道家思想的逻辑枢纽应该是"道法自然"，而清静无为、道生德畜、同于大通等等，都是合乎"道法自然"之思想逻辑的自我展开。这种"人文化成"与"道法自然"的对应，在思想文化的表现形态上也常见被表述为儒家人文主义、道家自然主义，从而构成中华文化自我发展的张力，道家与儒家最本质的区别，也因此凸显出来。

仅就道教与上述宗教或思想文化传统的可比较性而言，道教必然也有自身教义的核心概念，并且以其核心概念为逻辑枢纽从而形成自身的教义体系，否则道教不可能成为这样一门相对独立而且统一的宗教，不仅与其他宗教或思想文化传

[①] 作者简介：卢国龙，中国社会科学院世界宗教研究所研究员。

统并立，而且源远流长。但是，道教教义的核心概念究竟是什么，却可能是一个容易引发认知差异的有趣问题。之所以有趣，是因为道教教义的核心概念及其体系已经历史地形成，而对于道教的观察和理解却始终雾里看花。观察的层面，道教推行教化，与儒家的"人文化成"依稀仿佛；理解的层面，道教用来推行教化的精神实质是"道"而不是"文"，与道家的亲缘关系十分清晰。角度不同，着眼的层面不同，见仁见智也就在所难免。在本文看来，教化是道教的社会存在方式，而"道"是道教存在并推行教化的依据和理由，自非苟活于世，则存在的理由比存在本身更重要，所以我们更愿意探讨贯通源流的道教核心教义，并且认为老庄所阐发的"自然"，就是道教教义的核心概念，"道法自然"就是道教教义体系的逻辑枢纽，因为从道教的信仰、修持、仪式等各方面所共持的教理依据来看，唯有"道法自然"可以贯通，可以概括其基本观念。如信仰层面的"一气化三清"，教理依据是《老子》的"道生一"等自然道化；修持以"与天地造化同途"为原则，依据自然造化的理路十分清晰；仪式具有与儒家"人文化成"相近的文化气质，但参与仪式者内在的宗教体验，却是精气神与自然造化的契合、感应。所以宏观地看道教的教义，"道法自然"是一条可以贯穿各个方面的主线，发挥着逻辑枢纽的作用，使信仰、修持、仪式等相互关联，呈现出道教教义的体系性。

老庄之"自然"，不必然具有宗教的意义，但由于上古以来"神道设教"的宗教形态中，本来就有自然造化"四时不忒"的义理（详后文），所以"自然"的思想也不必然与宗教相冲突，至少在中国传统的宗教形态中是可以兼容的。这种可兼容性，是道教继承发展老庄"自然"的基础，而如何继承发展，则是道教的创造。

梗概说来，汉以后道教继承、发展老庄之"自然"，有概念诠释和概念应用两种形态。概念诠释主要集中在历朝历代各家各派的《老子》《庄子》注疏中，是学术史性质的；概念应用则泛见于道教的各类文献，综合地反映出将"自然"作为思想工具，探讨道教信仰、修持、仪式等各方面教义的历史积淀。这两种形态，当然有关联，注疏中的概念诠释，伴随学术史传统，可以维持概念含义的稳定性。虽然各家注疏的立说角度不尽相同，但大旨终归要围绕经典原本，所以各家对于"自然"的解释，虽不尽同亦不大异，由此形成关于"自然"含义的基本共识，发挥着引导、规范概念应用的作用。

如果将概念诠释类比于"我注六经"，那么相应地，概念应用就是"六经注我"，是用"自然"这个概念来表达不同作者对于道教教义的理解和主张，所以道教教义的主体性更凸显，不同于注疏要绕着古人脚跟转。有鉴于此，我们专就概念应用的形态展开一些探讨，概念诠释则可以参考相关的学术史专著，如刘固盛的《道教老学史》等。

在道教的经书中，"自然"是一个随处可见的常用语，但并非所有的用法都可以按照常识来理解，其中的一些别出新意之处，流露出道教教义对于道家思想的因承转合，尤其是一些表面上看起来道教与道家矛盾相向的地方，道教的教义阐释往往出人意表。我们选择几个涉及道教教义问题的例子，做些探讨。

一

第一个问题是，道教领户化民、行教布化，采取的是经教、法教方式。经教即三洞四辅诸道书，法教包括符箓法术、经科戒律等。而由经书传授、法箓传承，还形成了作为社会实体的教团，教化的必要性不仅仅在理念上受到强调，而且转化为模式化的社会行为。这与《老子》所提倡的"不言之教，无为之益"，旨趣上的差异显而易见。

对于这层差异，盘旋于符咒方术的人可能意识不到，即使意识到了也可能采取无视的态度，而对于关注道教教义的人来说，却是不可回避的。于是，我们从《道藏》中读到道教版本的"五教"说：

> 自然之教者，元气之前，淳朴未散，杳冥寂尔，浩旷空洞，无师说法，无资受传，无终无始，无义无言。元气得之而变化，神明得之而造作，天地得之而覆载，日月得之而照临，上古之君得而无为，无教之化也。
>
> 神明之教者，朴散为神明。夫器莫大于天地，权莫大于神明，混元气而周运，叶至道而裁成，整圆清而立天，制方浊而为地，溥灵通而化世界，轶和气而成人伦。阴阳莫测其兴亡，鬼神不知其变化。
>
> 正真之教者，无上虚皇为师，元始天尊传授。洎乎玄粹，秘于九天，

正化敷于代圣。天上则天尊于三清众天，大弘真乘，开导仙阶；人间则伏羲受图，轩辕受符，高辛受天经，夏禹受洛书，四圣禀其神明，五老现于河渚，故有三坟五典常道之教。

返俗之教者，玄元大圣，帝舜时理国理家，灵文真诀大布人间，金简玉章广弘天上，切欲令天上天下，还淳返朴，复契皇风。

训世之教者，夫子伤道德丧，阐仁义之教，化乎时俗，将礼智而救乱原，淳厚之风远矣，华薄之风行矣。

噫，教出圣人救世愍物之心，物心悟教则同圣心，圣心则权实双亡，言诠俱泯，此际方契不言之教，意象固无存焉。（《大道论·垂教章》，《道藏》22—899。文物出版社等三家1988年版，下引同书，只注页码。）

这段文献又见于宋初张君房编《云笈七签》卷三，题《道教序》，可信原作者周固朴是宋以前人。张君房撮录其文而改其篇题为《道教序》，是将其论说理解为对于道教的一般界定。按照周固朴的论说，教分五派，存在的状态以及立教、行教的内涵各不相同，差异不仅存在，而且是区分五派或五教的依据。但另一方面，五教又属于同一个历史系列，前后之间存在着相互因承的关系。

自然之教是造化之本，没有施教者，也没有受教者，但却是一切教化之所以可能发生的根源。而且，自然之教不行教化而造化生生不息，又是一切教化的最高境界。

神明之教概括了最原始自然的秩序合理性，契合于道从而化育出天地以及万物万类，即所谓"叶至道而裁成""溥灵通而化世界"，其中也包括人类人伦。

正真之教也就是传世的道教，有言有教、有传有受，形态与自然之教、神明之教不同，但却是二者的接续。正真之教的传授，分天上和人间两条路线，传于天上的多隐语秘诀，传于人间的大多是治国理身的教诫。前者是个人修道的终极指南，能"开导仙阶"，后者启迪了人类文明，包括"三坟五典"等。

返俗之教即老子所开创的道家，引导世俗"还淳返朴"。这里的"返俗"，可以理解为由俗返真。

训世之教是孔子所开创的儒家。在教化世俗的意义上，儒家与道家大旨相同,差别在于儒家专主仁义礼乐以拯救世俗,教化方略的内涵很大,有各种教化的条目以应对"华薄之风",相应地,外延就很小。道家的"还淳返朴",则不仅仅是世俗之所谓伦理道德层面的,而是涵盖制度模式、意识形态在内的全部文明,外延比儒家的方略大很多,但没有儒家的仁义礼乐等繁复的内涵。

五教具有历时性,从开天造物到错综复杂的人类社会,所以教化的形态各有其时代的合理性。自然之教及神明之教,不言而蕴含无限启示的造化之理;正真之教亦即道教,综罗百代;返俗之教亦即道家,言简旨深;训世之教亦即儒家,以典言训世。因为差异是时代性的,都符合"随方设教"的原则,所以上引《大道论》断言,"具斯五教,启自一真",教化与世界相因互动的根源及宗旨是一致的,差异并不意味着相互矛盾。若仅就道家与道教而言,在《大道论》的叙述中其实是道教涵盖道家,或者说道家是正真之教在三代之后应对时代丧乱的反应。至于《老子》所说的"不言之教",其实是教化的最终理想,如说:"教出圣人救世愍物之心,物心悟教则同圣心,圣心则权实双亡,言诠俱泯,此际方契不言之教,意象固无存焉。"《老子》当然也是以"不言之教"为终极理想的,但本身并非不言之教,而是五千言之教。

二

第二个问题是,"道法自然"作为一项教义原则,能否贯彻到道教修持的理论和实践中,诸如炼养、戒律、善恶因果等等。或者换个角度说,在道教修持中,对于"自然"的概念应用呈现出什么样的教义理解?

先说炼养。南宋曾慥《道枢》卷六引北宋初杨谷的访道问答(杨谷事见马端临《文献通考》卷二二五《授道志》条,《道枢》所引即出《授道志》),有云:

> 世之学者,以道为强名者也,号之虚无,以为自然无为,更不修炼,斯何如耶?奇士曰:斯言过矣,不知天地要用之机,阴阳变化之道。夫无为者,非不修炼者也。不因修炼,其何以离于生死乎?所谓无为者,无所不为也。身外之物谓之有为可也,悟道修真非有为也。夫道者,性之本也;

> 性者，心之源也。心性同体，应化无边，是乃所谓自然者也。知乎此而能虚心实腹，抱一而迁，则可以仙矣。（《道枢》，《道藏》20—638）

所谓"世之学者"云云，是常俗对"自然"概念的口语化应用和理解，将"自然"当成外无所干预，内无所选择的状态。正是这种对于"自然"概念的口语化应用和理解，导致道教与道家相抵触，从而产生炼养是否符合"道法自然"之核心教义的疑惑。因为按照口语化的应用和理解，"自然"是无为无事的，而炼养却是运用特殊的方法、甚至要依赖特殊的材料，做一件相对于常俗来说很特殊的事情，所以从观念到行为，二者都表现得势难兼容，更遑论教义上内在的逻辑关联。找不到内在的逻辑关联，则道教"杂而多端"，教义不成体系。如马端临说："道家之术，杂而多端，先儒之论备矣。盖清净一说也，炼养一说也，服食又一说也，符箓又一说也，经典科教又一说也"[①]。清净是老庄道家的主张，与炼养被看作混杂在一起的两端，道家的一端是"自然"的，道教的一端就不"自然"了。

文中"奇士"的解释，代表了道教对于"自然"的理解和立场。站在道教的立场上看，所谓"自然无为"，不是要将人禁锢起来，什么事都不能做，而是合乎大道之行，无所不为。因为大道造化，尽天地万物之所能，造就了耳闻目见已知未知的一切，并且归于天地万物之"自然"，而大道只是无为，所以修道者只要不以己意鼓捣"身外之物"，在一己之内"悟道修真"，就是无为的。这样的修道，以自己的心性契合天地万物之道体，"心性同体，应化无边"，才是"自然"的本来含义。从思想旨趣上说，所谓"心性同体，应化无边"，与《庄子·天下》所叙议的庄子之学，"其应于化而解于物也，其理不竭，其来不蜕，芒乎昧乎，未之尽者"，可说是异代同声。

因为炼养是证成神仙信仰的步骤、途径，所以炼养背后的教义基础究竟是什么，对于道教来说是涉及信仰神圣性、合理性、真实性的根本问题，如果信仰缺乏合理性或者说可理解性，那么其神圣性和真实性就都会受到质疑。但是，炼养又历来有而且必然有道和术两个层面，道是形而上的，非实效的，术是形而下

---

① 【元】马端临：《文献通考》，卷225，北京：中华书局，1986年，影印本下册，1810页。

的，可以操作，可以感受，所以在"世之学者"中，术的神秘魅力很广泛地遮蔽了道的本来面目。因为对于这些学者来说，道教的术可以帮助解决一些健康、养生问题，至于道，则还是周孔圣人所教导的世俗生活之道更亲切些。但在道教内部，术有内丹外丹、服气吐纳等各家各派之不同，而以自然造化为本质内涵的道，既贯穿历史，也贯通各家各派。尤其是自东汉魏伯阳作《周易参同契》之后，"修丹与天地造化同途"的思想观念，就越来越明确地成为引导、支撑道教炼养的基本教义。阐发这一教义的，不仅有数十种《周易参同契》注解，难以统计的各类引申发挥，在各家各派申论炼养的著述中，援引这条教义的例子更随处可见。而"修丹与天地造化同途"，无疑是"道法自然"在炼养领域的专项表达。

术有分歧而道则一致，是古往今来道教炼养的基本状态。我们举两个例子。一个例子力主外丹。

> 天下有自然之道，万物有自然之理。不得于理，物且不通，而况于道乎？神仙之道，至矣妙矣，由积行累功所致也。人生百岁，七十者少。纵勤功行，积累几何？是以欲学仙者，必求长生，以积功累行，故有外丹点化之说。（中略）奈何后世不探古人之意，不达自然之理，得一旁门小法，便谓内丹可成，神仙可致。殊不知自古神仙，何不只修内丹，又不必炼外丹乎？（中略）皆不通理者也。（《指归集》，《道藏》19—281）

另一个例子力主内丹。

> 世人不达天机，罔测玄理，真仙上圣，以人心所爱者，无病长生，将金石炼大丹，以人心所好者黄金白银，将铅汞成至宝，本意欲世人悟其大理。无情之金石，火候无差，抽添有数，尚可延年益寿，若以己身有情之正阳之气，真一之水，知交合之时，明采取之法，积日累月，气中有气，炼气成神，以得超脱，莫不为今古难得之事。（中略）世人又且不悟，欺己罔人，以失先师之本意，将砂取汞，以汞点铅，即铅干汞，用汞变铜，不顾身命，狂求财物，互相推举，以好道为名，其实好利，而志在黄白之

术。先圣上仙，不得已而随缘设化，对物教人，而有铅汞之说，比喻于内事。且铅汞自出金石，金石无情之物，尚有造化而成宝，若以有情自己所出之物，如铅汞之作用，莫不亦有造化。既有造化，莫不胜彼黄白之物也。奉道之士，当以深究之，而勿执在外丹与丹灶之术。（《修真十书》卷十五录《钟吕传道集》，《道藏》4—670）

如果单纯从术的层面看，炼丹三要素中，内丹与外丹有两大要素是针锋相对的。炼丹的原材料——药物，外丹用铅汞，内丹用自身精气；炼丹的工具，外丹用金属及"六一泥"等混合土制成的器皿，内丹用人体。按照现代学科来划分，内丹属生理学和心理学，外丹属化学，二者不仅技术迥异，理论也各行其道。一旦技术交叉，就衍生出另外一个学科——生物化学。内丹与外丹之间所发生的，不是技术交叉，而是理论共享，所以二者虽然在技术上相互指责，但理论上却维护着自然造化的共同教义。争执的焦点，在于究竟哪边更符合自然造化之理，更符合"道法自然""修丹与天地造化同途"的教义。遵循自然造化之理，巧夺自然造化之功，是二者的共同目标，而造化之理通过阴阳消长的次序呈现出来，所以内丹与外丹的"火候"，尽管实际操作完全是两码事，但理论框架或者说解释模式，却是一模一样的，即用五行配十二消息卦等，揭示一定时间范围内阴阳消长的有序性。撇开对于内丹外丹神秘之术的好奇，单就双方都依据其教义来证明其方术的正当性的表现看，这种自持为教义正统的争执，应该说都是对"道法自然"之教义的维护，只不过双方都以为自己的维护最恰当。

其次说戒律。《道藏》三洞十二部类，每洞各有一部类为"戒律"。这些戒律出于长期的历史积累，包括不同历史时期不同宗派的戒律实践或设计，所以加上"本文"类道经中的戒律内容，总体上就叠加成海量的戒条。如果单看这些戒条之繁复，会让人很怀疑道教与道家大异其趣。《老子》说"天下多忌讳，而民弥贫"，庄子则变化洞达而放逸，显然都不是戒行如仪的形象代言人。而道教戒条积累越多，则道家的精神韵味越寡淡，至于繁复的戒律如何契合"道法自然"的教义，更因此让人疑窦重重。

要有效梳理道教戒律与"道法自然"之教义的关系，大概需要首先梳理建立戒律的合理性依据及其尺度。就表述形式而言，道教戒律主要有两种类型，一是由道派宗师订立的团契公约式的清规，二是元始天尊、太上老君等神明所传授的诫命。戒律的合理性依据及尺度，可以按照这两种表述形式来探讨。

订立团契公约式的清规，直接的目的无疑是维护教团生活的公共秩序，合理性就在这个目的之中。那么尺度要如何确定呢？元代全真宗师王志谨的《盘山语录》，有一段议论可以很好地解答这个问题。

> 凡住丛林，云集方来，岂得人人一等，个个同条。喻如泰山，万物毕备，有不材者，有成材者，有特立者，有依附者，有灵苗瑞草也，有荒榛荆棘。种种不同，随性任运，自有次第。山体巍然，元无拣择，一一含摄，流水种石，茂林丰草，兽走禽鸣，尽如神仙妙用。彼各相资，如蓬如麻，不扶自直，天地长久，各得成就。若欲绝长补短，变青作黄，岂惟各不得安，抑亦失其本性也。（《修真十书·盘山语录》，《道藏》4—823）

这段表述的内容，并不直接就是制订宫观清规，而是制订宫观清规的思路。全真道的丛林制宫观，应该说是道教中清规戒律最为谨严的，通过清规将宫观的常住道士训练得"人人一等，个个同条"，或许也是一种很诱人的景象。但宫观毕竟不是军营，常住道士从五湖四海走到一起来的目的，也不是要以统一的意志、统一的行动去打仗，而是学道修仙。所以从王志谨叙议的清规思路来看，全真清规所营造的丛林制宫观内道士的集体生活，其实是一个兼收并蓄的宽容环境，即所谓"随性任运，自有次第"。随性是随顺各人的本性，任运是自由发挥，自有次第也就是自然形成公共规矩或秩序。清规的尺度之宽容，由此可以清晰地看出来。但是，丛林制宫观的道士既然来自五湖四海，人各一面，千差万别，不应该制订一套精密谨严的规矩，来维护宗教场所的神圣性、维护集体生活的有序性吗？何以能如此自由随性地宽容？同样从这段口述的文字记录来看，这段表述并非随口随意地说说，而是辞旨有出处，思想有渊源的。如果将这段文字与《庄子·则阳》的"丘里之言"相比较，我们可以明白无误地发现，二者举例是相同的，都是泰山上万物并茂的景象；立意是相同的，主张"百材皆度"或

"一一含摄"，反对"绝长补短"；甚至连修辞也是相似的，如"观乎大山，木石同坛"，"山体巍然，元无拣择，一一含摄"等等。通过比较可以断言，王志谨制订清规的思路，渊源于《庄子》的"丘里之言"。"丘里之言"讲一个区域自治性的小社会，而王志谨的清规思路，则是要建构一个以信仰为核心的宗教自治团体。为这种团体制订清规的原则，是避免"各不得安"以至"失其本性"。无需深辨，不失个体本性的各得自安，意即老庄之"自然"，是对老庄"自然"的理解和解释。

如果说清规的目标是维护团体，那么戒律的目标就是针对个人，确切地说是针对个人所沾染的社会习气，以戒律的形式修复自然。如《西山群仙会真记》说，"法本无法，理归自然，心因境乱，法本心生。立法之意，救补已失而防于未萌"（《道藏》4—423）。这里所说的法也就是戒律。法本无法，意味着戒律不是从来就有的，戒律出现以及存在的合理性，也不是自在自为、自因自果的。心因境乱，法本心生，是说人的心思随着环境发生混乱，所以需要针对性的戒律。立法之意是订立戒律的出发点，同时也是目的，一方面要补救已经发生的过失，另一方面要防患于未然。而戒律的根本原则，是"理归自然"，自然既是鉴别心因境乱与否的尺度，也是通过戒律修复人心的尺度，本质上说，也就是戒律的尺度。戒律使人止恶向善，而善的基准，就是不矫不拂、不收不放其自然。

与此大旨相同的戒律论述，道书中有很多。再举一例，宋代路时中《无上玄元三天玉堂大法》说，"上古无戒，修道成真。中古无律，悟真证道。后世人心为物欲所汨，天性为妄念障遮，由是戒律所由出也。（中略）夫不见可欲，使心不乱，则犹待于戒也。及夫虽见可欲，心亦不乱，则又何戒之有哉？"（《道藏》4—3）戒律有一个从无到有的发生过程，而之所以发生的缘由，既是针对人的物欲、妄念，那就说明戒律是以人为中心、为目的的，并非神明意志的展现。神明以诚命立戒律，并非要维护其所创造的世界秩序，以至戒律像世界秩序一样永恒，而是要教导众生超越物欲，即使面对可欲之物，内心也不滋生混乱，从而复归自然，也获得自由，所谓戒律，也因此是既有以兴，也可以废的。而且，就戒律针对人的物欲、妄念而言，戒律的繁复程度与人心的混乱程度是成正比的，人心越混乱，戒律就越繁复，犹如世俗社会的治乱世用重典，所以道教中那些繁复、严苛的戒律,大都是南北朝、金元时期出现的。

大概正由于道教戒律的终极目标是修复自然,所以尽管从字面上说,戒是行为规范的底线,律是对越过底线的惩罚措施,但道教的戒律实际上还有另一种形态,即从《老子》等经典中衍生出的各种"行"。就目的而言,戒条和"行"都是要引导、规范其宗教生活,列成条款的方式也相同,但在宗教实践中,戒条阻遏为非,类似于所谓的"底线伦理","行"引导向善,是价值观层面的向上一路,前者说的是不做什么,后者说的是要做什么,一正一反,互为补充。如《太上老君经律》,开篇所列就是从《老子》中集合出来的"九行",包括行无为,行柔弱,行守雌,行无名,行清净等,并且强调"尊卑同科",不分传经受戒的教阶高低,所有道教徒都应当遵循(《道藏》18—218)。灵宝和上清两大经书系列中,还都有"十二可从"的戒律,诸如"见真经正法,开度一切,便发道意,心愿后世得登大圣""常行慈心,愿念一切,普得见法,开度广远,无有障碍""好乐经教,深远览达,意志坚明,开化愚暗"等等。这些"十二可从"的条款虽然与"行"一样,与阻遏为非的戒条并列在一起,统称为戒律,但在宗教实践中,做什么与不做什么,当然是一体的两面。而道经的表述分辨戒与行,不管是有意的还是无意的,对于我们理解道教戒律背后的教义都有启示意义,其中很重要的一点,就是将道家的精神转化为道教的团体生活,崇尚自然的引导比按律禁止的诫命,更能反映道家不依强权的精神风貌,也更契合"道法自然"的核心教义。

又其次说善恶果报。善恶果报是戒律之"律"的重要内容,"律"作为惩罚措施,并不像世俗的司法那样都是现实的,其中的多数内容,是信则有不信则无的,诸如夺算(寿命)若干年,殃及七玄九祖等,通过信徒的信仰对心理发挥作用。除了针对道士的"律"之外,宋以后还有很多关于世俗中人善恶果报的故事演绎,而且日益具体,日益戏剧化,形成以"劝善书""道化剧"等为载体的关于善恶报应的教义叙述与传播。那么,善恶果报与"道法自然"的核心教义,在逻辑上究竟是什么关系?或者说按照道教自身的教义推阐,逻辑上可能有什么样的关系?

《太上妙始经》说,"诸天道之法自然,是以人生之时施行善恶,而罪福自应，如影之随形，响之应声也。（中略）道常在人间，不去须臾，但人不知之耳。"（《道藏》11—433）在民间的信仰传播中，道教也有各路赏善罚恶的神灵，尤其是在监察个人私德方面，传说有种种神通，如东岳大帝、城隍神等，原本属于国家祭祀系统的神庙进入道教后，都成为传播善恶报应观念的大本营。神灵赏善罚恶，宗教学上的意义也许是对善良而且弱势群体的心理救助，是对社会默认正义的隐喻，但并不能完整反映出道教关于善恶果报的教义。如按照《太上妙始经》所说，道虽然常在人间，"天网恢恢，疏而不漏"，但并不操劳赏善罚恶的事情，而像是一个具有感应能力的场域。在这个场域里，人各"自然"，所有的善恶行为甚至观念之"自"，都会有其相应的果报之"然"，如影随形。这意味着人要从现实中获得救度，获得良好的果报，主要依赖的是"自"的行为与观念，而不是侥幸或神灵与其他什么人的恩宠。"自"就是一切果报的原始因、根本因。

如果就全人类或者相对独立的社会群体如民族、国家等等而言，这样的善恶果报似乎不难理解，因为人类或者民族、国家注定要承受自己行为的结果，苟且的回避是不可能的，所以同样的人类，在不同的历史时期有不同的命运；同样以族群社会的方式生存，不同民族、国家的命运往往有天壤之别。然而个人的善恶行为，如何能决定其祸福果报呢？劝善书如《太上感应篇》等，列举了许多报应灵验的例子，但按照全社会的个人行为来衡量，未获相应果报的例子可能更多，所谓善恶报应，在逻辑上也就是或然或者偶然的，不是"自然"——有其"自"必有其"然"的，与"道法自然"的核心教义，因此存在龃龉。这里面的问题，在于面向民间的劝善书只是锐意劝进道德，未必体现关于道教教义的完整思考。而任何个人的社会生活，都不可能简单地归结为善恶道德，还有创造力、判断力、意志毅力等等方面的差异。而这些差异，都是"自"的题中固有之义。"自"无疑具有自身主体、自我意识、自由意志等等含义。

陆修静是南朝刘宋时的道门宗师，他所阐述的善恶果报之教义，应该更能表达道教的基本立场和本意。"吉凶利害，得失所由，无有能使之然，亦无能使之不然，是以谓之自然"（《洞玄灵宝斋说光烛戒罚灯祝愿仪》），

《道藏》6—821)。不能使之然也不能使之不然,说明吉凶利害的果报,不受任何人或者神的意志所支配,要改变其然,规划可能出现的果,真正有效的途径,是让决定其"然"的"自"发挥作用。

个体的"自"如何发挥作用,当然取决于其"自"本身,没有统一的标准或者模式,但人各有其"自"却是普遍的,只不过并非人人都有自知之明。不自知的表现,不是没有自我意识,而是自我意识中填充了太多的欲望以及协助欲望谋求实现的算计,所以本来的"自"被遮蔽了,欲望中的"我"成了主角。道教所信仰的神,不包揽世间的祸福果报,只是晓谕众生去寻找幸福的根本,也就是本来的"自"。如《海空经》里天尊说,"一切六道四生业性,始有识神,皆悉淳善,唯一不杂,与道同体,依道而行。行住起卧,语默饮食,皆合真理。如鱼在水,始生之初,便习江湖,不假教令。亦如玉质本白,黛色本青,火性本热,水性本冷,不关习学,理本自然。一切众生识神,亦复如是,禀乎自然,自应道性,无有差异。"(《云笈七签》,《道藏》22—648)识神通常也叫做神识,是生灵所具有的产生灵明知觉的能力,尤其是钟天地之灵秀的人类,这项能力最强,具有生发各种作用、产生各种结果的可能性,可以创造,也可以毁灭;可以良善,也可以邪恶;可以光明,也可以黑暗。由神识作用所产生的各种"然"或者说"果",又在相互影响中环环相报,于是神识对于自身所创造的这个世界,不仅掌控不了,甚至也理解不了。然而,神识最初"禀乎自然",自成其然地诞生,是淳善的,合真理的,怎么又会滋生出彼此相互染习的或善或恶?"本既为善,所习复善,云何获种种果报?"(同上)这种善既为根本则恶又从何而生的问题,是许多宗教和思想体系都曾遇到过的,而《海空经》的解答是,"若喻日者,是义或同。所以尔者,日不恒明,不恒正,有时薄蚀,有时昃隐。心法亦尔,迁动不定,染滞所驱,贪着利己所招尔。"(同上)神识寂然不动的时候,是没有恶的,所以或善或恶的根源在动用。神识动用如日之循环,日之循环一明一暗,神识动用或善或恶。但是,比喻终究只是比喻,是辅助理解的修辞手段,神识与日行毕竟不同,日行是无意识无选择的,神识是有意识有选择的,神识为什么不择善而去恶?

教义上的事情,没有表面上看起来的那么简单。神识之所以掉进或善或恶的果报纠缠，问题不在于主观意愿上不择善去恶，刚好相反，正是由择善去恶造成的。《海空经》所说的"贪着利己"，就是神识由择善去恶进而跌入或善或恶的因由。本来，自我意识是神识的第一项功能，也是神识的第一"果"，所以自我意识本身是"自然"的，无所谓善，也无所谓恶。但当自我意识放任利己的本能强化其自我的时候，善恶就分化出来了，利己的、符合其自我意识的谓之为善，不利己的、别异于其自我意识的谓之为恶，于是就有彼此是非，人我善恶之辨。所以从发生学的意义上说，无善无恶是自然的，或善或恶是谓之而然的，是自我意识强化"我"与"非我"区别的表述方式。

以自我意识为标准来辨别善恶，进而择善去恶，造成或善或恶的果报，符合人之常情，在经验层面似乎是不可逆的。然而，不管什么类型的感情，归根结底都是由神识的功能生发出来的，如果没有神识的灵明知觉，首先就无感，所谓"情"也就成了空穴来风。由灵明知觉生出感情，也就是从源到流，形成源与流相互对举的关系，灵明知觉的能力是源，是与生俱来的，所以称之为"性"，与"性"相对的"情"则是流。如果沿流溯源，顺藤摸瓜，是否可以从"情"复归于"性"、从或善或恶复归于无善无恶之"淳善"？按照道教教义，回答是肯定的。如北齐刘书《刘子》说，"夫清净恬和，人之性也；恩宠爱恶，人之情也。凡人不能爱其性，不能恶其情，不知浊乱躁竞多伤其性，悲哀离别多伤其情。故圣人云：顺物者物亦顺之，逆物者物亦逆之。不失物之性情，乃自然性情之道者也。（中略）人性欲平，嗜欲害之。与性相害，不可两立，一起一废，不可俱兴。故圣人损欲而从其性也。性同者相善，情同者相成。"（转引自《云笈七签》卷90，题《连珠》，《道藏》22—626）虽然在口语中，"性"与"情"通常都连称为"性情"，但慎思明辨起来其实两码事，甚至是对立的。比较而言，"性"是清净恬和的，"情"是浓郁强烈的；"性"是稳定如一的，"情"是变动不居的。强烈而易动的情，很自我，因而很容易与外物发生摩擦，结果在"我"的世界里，外物的"性情"受到排斥，不被理解，不能呈现，一个狭隘的"我"也就违背了"自然性情之道"。如何做到不拂逆外物的性情呢？"性同者相善，情同者相成"。因为人与人的灵明知觉之性是相同的，所以复归其性，则彼此相善的人无限多；而情绪、情感相同的人，会相互鼓励、促成其情感情绪自结其果。从"性同者相善"的意义上说，所谓善恶，其实是按普遍性认同来衡量的，被个人认可、符合个人利益的，为个人之善；被局域社会所认同、符合局域社会利益的，为局域社会之善；被全人类所认同、符合全人类利益的，为至善。所以在日常经验中，做好事总喜欢大张旗鼓，做坏事只能是偷偷摸摸。

三

第三个问题是道教仪式方面的。由于道教仪式内容繁复，其中还夹杂了渊源于古代巫术的符咒法术，所以通常都只是被作为一种信仰活动来对待，至于从教义上能否被理解，又如何理解，确实是一个很大的问题。总体而言，道教仪式既传承了古代祭祀礼乐的经典传统、文化范式，又持续融聚不同时代不同地域的民间礼俗，内容庞杂，流变繁絮，按之以教义，未必能尽通其说。但仪式对于道教又很重要，对于道教理解因此也很重要，在当代道教的内部，能够主持仪式的高功法师，是专业性最强的一门课业，而举凡道教举行团体活动，必伴以相应规模的仪式。所以，对于道教仪式，我们有必要本着道家秉本执要的精神，从教义的角度寻求某种源流贯通的理解。

道教仪式统称"斋醮科仪"。称为"科"，是因为内部的分支很多，根据事项有不同的科目，但这些科目都从属于斋醮，所以斋醮是道教仪式的主脉络。斋是斋戒，醮是醮祭，都渊源于古礼，原本是仪式活动中前后相衔接的两个阶段，也就是在正式举行祭祀活动之前，要沐浴、守禁忌等，以斋的规范戒洁身心。道教的仪式，主脉络就是从古礼中演变出来的。《道书援神契》说，道教"醮祭鬼神则本乎《周礼·春官·宗伯》"，并就道教仪式的三十四项内容，包括服饰、礼器（道教称为法器）、仪序等，证其出于古礼。这样的考证，可信是持之有故、言之成理的，道教并未围绕其信仰别出心裁地创造一套仪式，而是顺理成章地继承华夏古礼，保持着将兴礼作乐视为极神圣事业的周礼传统。但在继承主脉络前提下的变革也是不容忽视的，其中很重要的一项，就是分开斋与醮。唐以前，将古礼中作为前期准备的斋戒强化为专项的宗教苦行，如涂炭斋等，将祭祀弱化为斋之后的简单醮祭谢神仪式；唐以后，随着醮祭列位国家祭典，强化为演绎神恩的隆重典礼，如罗天大醮等，而斋法苦行则溶化为日常修持，全真道尤其典型。

就斋醮的呈现形态而言，是在人为设置的场景中举行人事活动，诸如音乐、唱诵、上章表等等，人文气氛浓郁，相对于道家的"道法自然"而言，更符合儒家"人文化成"的一般特征，所以道教仪式如何体现其核心教义，单纯从观感上几乎是一个无解的问题。而试图为道教仪式的正当性作解释的《道书援神契》等，也更多强调道教仪式与儒家礼乐同源同质。所以要解开这个问题，还需要鉴辨源流，并由表及里，由其礼之仪了解其礼之意。

以大历史的眼目宏观地看，道教仪式无疑渊源于古代的"神道设教"。《周易》观卦的《彖传》说，"观天之神道，而四时不忒。圣人以神道设 ，而天下服矣。"观卦的叙事背景，是在宗庙观看祭祀之礼，其中盥礼很庄重，是观礼的主要目标。按照王弼《周易注》的解释，"观之为道，不以刑制使物，而以观感化物者也。神则无形者也，不见天之使四时，而四时不忒；不见圣人使百姓，而百姓自服也"。观卦之道也就是宗庙祭祀的礼之意，通过观礼达到感化的目的，是一场教化活动。而教化之所以可能，一是仪式的庄严，让人感受到天或者神的神圣性，主祭助祭者雍容雅步、至诚至敬的仪态做派，也让人感受到人文教养的魅力；二是"四时不忒"，天或神虽然从不现身，但按时节举行的祭祀，表明四季的递变是有序的，年复一年的季节再现是准确无误的，能让人感悟到自然造化的至大至信。人文至诚至敬，是人对"神道"的思慕之情；自然造化至大至信，是"神道"的实质内涵。由此来看"神道设教"，既是人文化成的，也是道法自然的，而且比儒道两家更为古远，是两家共同的思想文化渊源，儒家弘扬其文，道家淬炼其质，由此张力互动，形成华夏文明最顶端的两大传统。

而道教斋醮在贴近民间社会的层面继承传统，虽不及儒道两家有选择之后的发展张力，但保持着"神道设教"天人相关的合力。如斋醮坛场的设置，《灵宝玉鉴》说，"斋法中每以燃灯为首，所以法天象地。故每遇建斋，必于宿建之夕，请光分灯，以法日月星斗之悬象。令坛所内外洞明，上下交映，庶乎可以拟大浮黎土之流精玉光，洞焕太空，七宝林中之无极光明，照无极世界。凡所谓上圣高尊，妙行真人，天真大神，无极圣众，皆倾光回驾矣。然灯造化，岂小补哉。"（《道藏》19—143）坛场的设置法天象地，模拟自然造化的大环境，站在非宗教的立场上看也许只是主观意愿，但无可否认的是，这种主观意愿反映出道教的信仰不脱离自然造化的基本观念。

再看斋醮科仪中最神秘的祭炼，也同样贯穿着自然造化的观念。"炼度者，以我身中之阴阳造化，混合天地阴阳之造化，为沦于幽冥者，复其一初之阴阳造化也。夫谓我身之阴阳造化者，神与气也。神为气之母，神动则气随也。所设有形之水火者，假天之象，地之形，日精月华之真。又假诸符篆，以神其变化，使死魂复得真精合凝之妙，而仙化成人也。然后以我之知，觉彼之知，以我之觉，觉彼之觉。则死魂自然一真澄湛，与道合真，天上人间，无往不可，炼之而后度之，故总谓之炼度也。"（《灵宝玉鉴》，《道藏》19—145）祭炼又称炼度，是度亡仪式中被赋予沟通生死、天人意义的核心内容。但由于全部内容都发生在主持仪式的高功法师的体验之中，观礼的人看不见，所以本质上，只能通过共同的信仰才能够对斋主发挥心理安慰的作用，而共同信仰的基础，文化感受的层面是仪式的礼仪节文，更深的思想层面则是自然造化的道理，如一阳来复、阴阳变化等。

承上所述，"道法自然"的核心教义，可以贯通道教的宗教形态、修持、戒律、善恶果报、仪式等等方面来理解，是道教教义之所以能够自成体系的逻辑枢纽。虽然就一般的观感而言，这个核心教义未必会成为所有道教信徒的自觉意识，但无论知与不知、自觉与不自觉，都在"自然"的教义之内。即如道经中所说，"天尊言：吾今于世，何以利生？为诸天人演此妙宝。得悟之者，俾跻仙阼。学道之士，信有气数。夫风土不同，则禀受自异，故谓之气。智愚不同，则清浊自异，故谓之数。数系乎命，气系乎天，气数所囿，天命所梏，不得真道。愚可以智，浊可以清，惟命俾之。愚昏昏，浊冥冥，亦风土禀受之移之。天地神其机，使人不知，则曰自然。使知其不知，则亦曰自然。自然之妙，虽妙于知，而所以妙，则自乎不知。然于道，则未始有以愚之浊之。"（《九天应元雷声普化天尊玉枢宝经》，《道藏》1—759）人与人在性格、智能等方面的禀赋差异，与地域、环境、经历等因素大有关联，"风土禀受之移之"。但人们通常能看到的，只是禀赋差异的表现，而不是原因，所以将差异归结为"自然"，不去想更深层的导致差异的所以然之故。这样的"自然"虽然遮蔽了思考，遮蔽了意识自觉，但却是由其人的"自"所决定的，所以也是"自然"之一义，在"道法自然"的核心教义之内。而道经的教导和教门的修持，让人意识到自己"不知"，是"自然"的又一义，因为教门也只是一种环境，接受道经的教导也只是一种经历，在这样的经历和环境中，个体各不相同的"自"会成就什么样的"然"，同样是由各有其"自"所决定的。至于道，"则未始有以愚之浊之"，既没有愚人污人的意愿，也没有愚人污人的资源。

道教在宗教中国化进程中的积极作用探讨

樊光春[①]

宗教中国化，是时下中国宗教界面临的一大课题。

道教在宗教中国化进程中如何发挥其积极作用，甚至可以说引领作用呢？

坚持我国的宗教的中国化方向，是我国宗教发展的必由之路。2021年12月，习近平总书记在全国宗教工作会议上发表重要讲话。习近平总书记强调"必须坚持我国宗教中国化方向"，提出"深入推进我国宗教中国化"的明确要求。习近平总书记强调，要深入推进我国宗教中国化，引导和支持我国宗教以社会主义核心价值观为引领，增进宗教界人士和信教群众对伟大祖国、中华民族、中华文化、中国共产党、中国特色社会主义的认同。要在宗教界开展爱国主义、集体主义、社会主义教育，有针对性地加强党史、新中国史、改革开放史、社会主义发展史教育，引导宗教界人士和信教群众培育和践行社会主义核心价值观，弘扬中华文化。要坚持总体国家安全观，坚持独立自主自办原则，统筹推进相关工作。要加强互联网宗教事务管理。要切实解决影响我国宗教健康传承的突出问题。

我理解，所谓的宗教中国化，有三层含义：

第一，要把社会主义核心价值观与中华传统文化相结合；

第二，各宗教仍然要保持自己的基本信仰、核心教义和礼仪制度；

第三，要以当代中国发展进步的要求和中华优秀传统文化精神为标尺，对本教的教规教义进行阐释。

那么，历史上的道教和当今的道教在这三个方面有哪些特点呢？

首先，道教是一个既坚持神仙信仰，又注重发挥社会教化功能的社会团体。在坚持中华传统文化的优秀成分方面具有独特的优势。社会主义核心价值

[①] 作者简介：樊光春，陕西省社会科学院研究员。

观将现代社会的先进理念与中国优秀传统文化相融合,对道教的现代化也有启示。

从历史上道教教化的方式和内容来看,既具有浓厚的华夏民族文化特色,又与不同时代的主流意识形态相适应。

(一)神仙信仰

道教神仙信仰丰富多彩。其最高信仰是"道",通过有形的偶像崇拜来体现,有一个演变过程。从老子时代到秦汉,至尊神是太一,东汉三国为天地水三官,南北朝以后是三清。这种演变是源于先秦的宇宙生成理论,从河图到周易,再到《道德经》。最后定格在以元始天尊为首的三清,并非简单的自然崇拜,而是古代哲学思想的形象化。这个演变过程,不离黄老思想。

在庞大的道教神仙体系中,最能体现道教教化功能的是东岳、城隍、关帝、财神四大神灵。

东岳大帝的职能是掌管人的生死,他在执行生死赏罚的同时,还要告诫世人如何趋吉避凶。北京东岳庙的《东岳大帝宝训》如实地表达了这一目的:"一毫之善,与人方便;一毫之恶,劝人莫作;衣食随缘,自然快乐。"

城隍神比东岳大帝管辖的宽一些,主管阳世善恶祸福,护佑城市安全,纠察地方官吏、赏善罚恶,兼管地方阴曹幽冥。从其职能来看,还是以教化为先。

关公由凡入圣,儒道二教共同奉他为神,是把他作为集忠义仁勇为一身的道德楷模。

财神虽有文财神、武财神和五路财神的区分,但道教赋予他的基本功能是传播正确的财富观:生财有道,取财有方,这是对《道德经》所言"天之道,损有余以补不足"的传播。

(二)经典造作

两千多年来,形成了大量的道教经典。从《道藏》收录的经典来看,按照三洞四辅的分类,共有十二个部类,除了其中神符、方法、众术三类教化色彩不明显外,其余九类都或多或少穿插有教义的阐释,尤其是本文、玉诀、戒律、赞颂等类,突出了对《道德经》《庄子》等道教基本经典的注解、阐释,同时以托名黄帝或老子的方式，造作了大量经书，其内容仍在于阐释黄老。即使记传之中，也夹杂有许多教义弘宣的内容。

（三）碑刻匾联

人们走进道观，进香观览之余，总会被观内的牌匾楹联碑刻所吸引，驻足阅读欣赏。而这些碑刻匾联的内容大部分正是道教经典原文，或者依据经典内容撰写的诗词对联。道教的教义通过这样的形式，传播到民间。

（四）日诵功课

日诵功课是道众的必修课，早晚诵读。一是自我教育，强化对教义的理解；二是间接对外传播。《太上玄门功课经序》说："功课者，课功也。课自己之功者，修自身之道也。修自身之道者，赖先圣之典也。诵上圣之金书玉诰，明自己之本性真心。非科教不能弘扬大道，非课诵无以保养元和。"课诵的文本是什么呢？全真道早坛功课经的主要文本是《太上老君说常清静经》和《太上洞玄灵宝升玄护命妙经》，配合诵读的是众神、诸真宝诰、丘祖忏悔文，以及灵官、土地二咒。这些文本的核心内容，还是《道德经》。正一道的早晚功课则直接将《道德经》本文作为诵读的主要经典，辅以《清静经》《玉皇经》和诸真宝诰。

（五）洞天福地

以《道德经》为核心的道教教义中，生态思想是很重要的部分。为了践行和传播它，道教创立了世界上独一无二的洞天福地，在政府和民间的支持下，将这一人间仙境建设成世人乐于游览和仿效的自然保护区，寓生态教育于康养旅游之中。建设在洞天福地中的道观，在清规戒律的约束下，道众们实行低碳生活，成为世人的表率，道教团体因而被誉为世界上最早的绿色和平组织。最近十多年道教界开展的生态道观行动，不仅在教内传承老子生态思想方面发挥了重要作用，而且对于各道观所在地的乡村生态建设产生了一定的示范作用，同时在世界上产生了广泛影响，成为全球应对气候危机行动中的一支力量。

其次，道教与中华文明的存续与发展有密切的关系，荣辱与共，共存共荣。

几千年来，中华文明经历过多次劫难，甚至是灭顶之灾，但是都顽强地生存了下来，成为世界上唯一没有中断的文明体系，在这个过程中，道教居功甚伟。延至今日，华夏国土上已渐次消失的诸多华夏文明特征，仍然保存在道教的内心和外表。其主要表现：

道教始终坚持传播以《易经》《道德经》为主的中国哲学思想体系，对《道德经》的阐释和运用贯穿于道教教义和日常活动之中。历史上曾有过道经被焚毁事件，但道经中与《道德经》相关的内容被保留。

道教始终坚持中华传统天文历法观念和方法，例如：黄帝纪年、日常活动中以农历计日、道教节日与二十四节气对应，以及在堪舆、占卜等术数活动中以干支定时空等，在一个以公历和星期为主、洋节流行的现代生活中，难能可贵。

道教始终坚持华夏民族服饰，尤其是全真道，坚持满发大领、布袜云履。四百年来，中国历经清朝薙发易服和近世西装革履之变，唯独道教继续保留明代以前的汉族服饰。

道教始终传承华夏固有的文化形态，如道观建筑样式、绘制壁画的传统、道教音乐、以碑刻记事等。

道教始终坚持传承中华医药、养生技艺、琴棋书画。

道教始终坚持传承华夏礼乐文明。道教斋醮科仪，全面保存和延续华夏礼乐规制，是中华礼乐文明的活化石。在日常交往中，坚持民族礼仪，见人行拱手礼，见长辈磕头，对神灵三叩九拜。甚至连早已中断的唐代宫廷音乐雅乐，也以道教鼓乐形式保留在道观和民间。

道教积极参与中国古代科学技术的实践，主要表现有：由春秋时代尹喜为开端的天文观测，多个朝代的天文机构以道士为主官；道教神仙信仰中有星斗信仰，斋醮仪式中有拜斗仪式，广州纯阳观等处遗存有拜斗台等实物，各地道观建有斗姆、北斗、北极等殿堂；炼丹术对中国医药技术的促进以及在火药发明中的贡献，内丹术对人体健康的贡献；在科学技术分工细致以后的现代，道教仍在探索宇宙物质的秘密，通过解读古代文献与现代天体物理学接轨。

基于以上两方面的分析，我认为，在推进宗教中国化的进程中，道教完全可以，而且有责任发挥其积极的作用。同时，在发掘优秀传统的基础上，逐步完善其与现代社会生活不够协调的教义和规制，从而焕发出更加强有力的活力，并走向世界，实现由民族宗教向世界宗教的转型。

三星在天

——说三元里三星旗图像的原初寓意

刘昭瑞[①]

摘要：本文讨论了三元里抗英旗上勾连三星图像的意义，认为三星旗产生的背景是晚清三元里乡民的北帝信仰，三星图像对应于古代天文学中紫微垣的三公星等，象征辅佐与武备，与三元里之于广州的地理位置相应；三元里三星旗图像还延续了中国古老的星占术传统。

关键词：三元里；三星旗；北帝崇拜；星占术

广州三元里抗英斗争纪念馆陈列的三角形白色牙边黑底三星旗（图一[②]），图案为勾连的三星，因其在中国近代史上的意义而广为人知，也常出现在各类教科书及影视艺术作品中。下面结合文献及图像资料，就过去人们不大注意的三星旗上的勾连三星[③]图像之寓意做若干讨论。

图一

据1951年6月28日由当时的广州市人民政府民教科在三元里村主持的调查

[①] 作者简介：刘昭瑞，中山大学人类学系教授。

[②] 图一为今三元里抗英斗争纪念馆陈列的三星旗，笔者拍摄于2000年前后。该旗为复制品，据《三元里人民抗英斗争史料》（北京：中华书局，1978年修订本）"三星旗"一节记，1951年三星旗"送往北京博物馆"，全名当时应为北京历史博物馆，也就是今天的中国国家博物馆。

[③] 用线条将数颗星勾连成某一星座，现有的资料，至少可以追溯到西汉时期，如西安交通大学发现的西汉壁画墓所绘星图（陕西省考古研究所编：《西安交通大学西汉壁画墓》，西安，西安交通大学出版社，1991年），星以小圆圈表示；东汉时期线条勾连而成的星座已常见，如山东嘉祥武梁祠画像石中的北斗帝车图等，不烦举例。

会记录①，大致可以知道，第一，现存三星旗，在1841年5月底的抗英之战以前已经存在，并一直流传有序，乡民称为"北帝三星令旗"。第二，三星旗是三元里地方乡民自卫武装——更练——的旗帜，平日供奉在三元里村的北帝庙神案上。显然，三星旗本身，既与乡民的军事行为有关，也与北帝信仰有关。

北帝也称真武大帝、玄帝、黑帝、玄武等，本为起源甚古的"四象"之一，其形成可以追溯到先秦时代，在中国古代天文学知识系统中，它属二十八宿中的北方七宿。汉代以来，北方七宿的神格已渐人格化，唐代以前被纳入道教神谱中，宋代朝廷开始册封崇祀，明代初年，北方起兵的燕王朱棣"清君侧"成功，北帝崇拜达到极致，获册封为"北极镇天真武玄天上帝"，奉祀北帝的庙宇也逐渐遍及全国。清代广东的北帝庙，集中于广州府、肇庆府，即珠江口西北地区，也称为祖庙、玉虚宫、玉虚观、真武宫、玄帝古庙等，还有的称为"家庙"。就建筑规模看，始建于清康熙年间的三元里北帝庙，面阔三间，两路两进，属于中型北帝庙，也就是今天的"三元里抗英斗争纪念馆"，1961年3月公布为全国重点文物保护单位。

在岭南地区，与洪圣、天后（妈祖）、白衣观音等濒海水神不同，北帝、龙母是内河水网地带的水神，而北帝信仰更为广泛。岭南民众崇拜北帝，还有地方性因素，如屈大均《广东新语》卷六《神语》所说："粤人祀赤帝（即洪圣王——引者注），并祀黑帝，盖以黑帝位居北极而司命南溟。南溟之水生于北极，北极为源而南溟为委，祀赤帝者以其治水之委，祀黑帝者以其司水之源也。"北帝不仅为水神，亦尚武，其形象如屈大均所记："吾粤多真武宫，以南海佛山镇之祠为大，称曰祖庙。其像被发不冠，服帝服而建玄旗，一金剑竖前，一龟一蛇蟠结左右，盖天官书所称北宫黑帝，其精玄武者也。"屈大均是明末清初人，他所描绘的北帝形象，今天已难得一见。现在各地庙宇所见到的北帝塑像，多作被发正坐形，此一形象的北帝，至迟在唐代已出现，清代几乎成为

---

① 乡民的口述资料记录如下："现存缺角三星旗是由更练馆（农村中地方武装）保存下来的，因乡中武力全托付更练，保卫治安，历代相传，凡是出队必以此为标志，烂了再造，式样百年来未改。因乡人崇奉北帝神，天旱求风雨，香火极盛，用北帝旗意思是'打死无怨''神灵保佑'。"见《三元里人民抗英斗争史料》（修订本）第163页，又参见该书"三星旗"一节。

标准像，因应的是国家一统之后偃武修文的"文治"需要。但也有例外，如番禺沙湾玉虚宫所塑北帝像（图二），还能传达出历史上被视为武神或战神的北帝的尚武精神。

对北方群星的信仰，投射到人间社会，就是对人格化了的北帝的信仰，这是理解三元里三星旗图像之寓意的大背景。

图二

广州城是岭南地区的权力中心，在讲求天人合一的古代社会，理应属中国古代天文分野中的紫微垣。紫微垣为三垣之一，包括北极、北斗等，传统上对应的是人间权贵的居止活动。有学者认为，"三垣的初步形成当在南北朝时期"①。三元里在广州城北，处于拱卫广州城的重要位置，那么，三星旗上的勾连三星，对应的应该是紫微垣三十七星座中的某星座。

在紫微垣所属星群中，由三颗星组成的大致等腰三角形星座，有三公星、三师星、天枪星，均具辅佐和拱卫意义，如图三②圆圈内

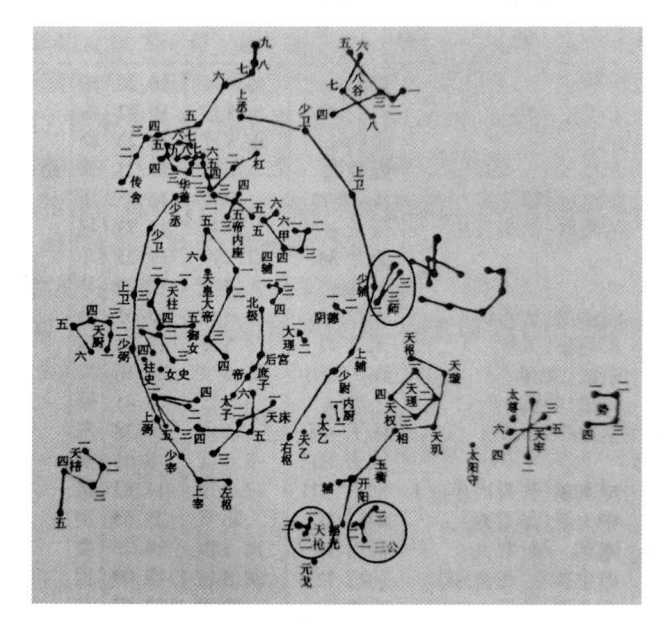

图三

---

① 李之亮：《三垣考》，《郑州大学学报》1989年第1期。
② 采自陈遵妫《中国天文学史》（上海：上海人民出版社，2006年）第197页图52，作者认为该图成于北宋皇祐年间所观测，见该书第198页注释①。北宋苏颂浑象紫微垣星图中，三师星、天枪星均作勾连三星，三公星则作一星。

星座所示。

三公星最早见于《史记·天官书》："中宫天极星，其一明者，太一常居也；旁三星，三公，或曰子属。"天极星即北极星，又名北辰、帝星；《晋书·天文志》有相同叙述。三师星最早见于汉代京房的《京氏易传》，又见隋唐时期道教中人编撰的《丹元子步天歌》①。《宋史·天文志二》云："在魁西者名三师，占与三公同，皆主宣德化，调七政，和阴阳之官也。"所谓"魁西"之魁，是指北斗星的勺形部分。上述是古人对三公星、三师星的基本认识。②紫微垣中略呈三角形的三星还有天枪星，见于《史记·天官书》："紫宫左三星曰天枪"，《晋书·天文志》："天枪三星，在北斗杓东，一曰天钺"，与武备有关。

上述三公星、三师星和天枪星，其作用都是辅佐和拱卫帝星。三元里三星旗上的勾连三星，究竟是仿自三公星、三师星还是天枪星，一时还难以遽定③，但肯定与三星旗设计者拥有的天文学知识有关。

根据古代旗帜的形态分类，三角形旗帜属于令旗，前引三元里乡民口述资料也称三星旗为令旗。就笔者接触到的现存清代晚期的图像资料看，珠三角地区与北帝信仰相关的旗帜，可分为长方形旗和三角形旗两类，但旗帜上所绘星图都是北斗七星。下面举出若干相关资料。

长方形北斗七星旗多悬挂在北帝庙前以为标识，如图四所示，该图为晚清时期外销画，中间旗杆上悬挂的黑旗为北斗七星旗（图五），下为一座北帝庙，其两侧为官办税务机构，图右侧旗帜上书"钦命粤海关盘查"，属粤海关总关的派出机构。该北帝庙应为当时黄埔港一带村民祭拜北帝的场所。

---

① 参见周晓陆《步天歌研究》，北京：中国书店，2008年。
② 关于三公星与三师星的关系，传世有些星图及星占书误将其合而为一，如陈遵妫所言："三师三星和三公三星，分列北斗南北，位置不同，但旧籍所载的方位和占验完全相同，当系错误。"陈遵妫：《中国天文学史》，上海：上海人民出版社，2006年，第200页。
③ 传世星图，天枪星有标为四星者，也有作三星者，如前举苏颂浑象所示；清代钦天监1752年编成的《仪象考成》一书，又于天枪星座增加四颗肉眼可见的星。所以三元里三星旗上的三星，最有可能仿自三公星或三师星。

图四

图六

图五

现在仍可以在广州的祭拜北帝的庙宇内看见北斗七星旗，如图六广州东郊黄埔村玉虚宫内的北斗七星旗，只不过时下的庙宇门前已难得有旗杆，故黄埔村玉虚宫的七星旗挂于庙内。

能够推演出晚清北斗七星旗社会功能的，典型的是龙船上的三角形七星令旗，在赛龙船类竞技性、力量型民俗活动中，伴随鼓点、锣声，起令行禁止的作用，并且迄今在珠三角地区的龙船上仍可见到，所绘尽管有变形，但为北斗七星无疑。

珠三角地区传统龙船的基本配置中，最重要的是头旗和神斗（即神龛），另外还有大单旗、长幡（俗称百足旗）、尾旗、罗伞、锣鼓架等。头旗用来标示信仰某位神的姓氏或宗族，有些地方也称为"盘旗"；神斗内供奉的是所信奉的神，通常为北帝、关公、洪圣王等，均为孔武有力的男性神。图七为光绪三十三年（1907）《时事画报》第十一期刊载的珠江水面上"龙船竞渡"图的截图，图中的标示字为笔者所加。该图显示出竞渡龙船的标准配置，其中的头旗是三角形北斗七星旗。

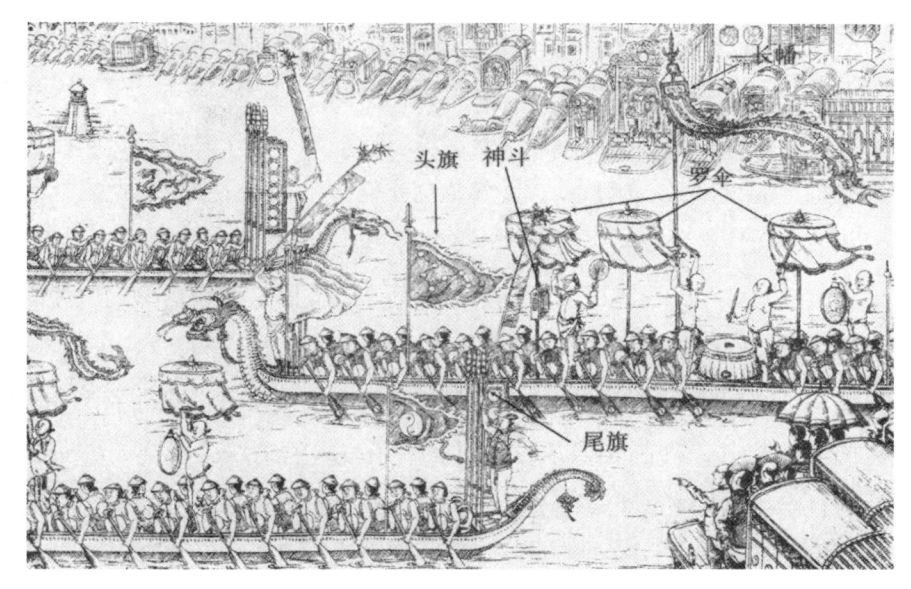

图七

图八也是一幅清末外销画，图九是图八的截图放大版，可以见到龙船上的三角形北斗七星头旗和神斗。

图十是近年珠三角地区某地端午赛龙船的图片。尽管是一条

图八

图九    图十

小型龙船，但仍然配置有三角形北斗七星头旗和神斗，神斗前还站立一位身穿道士装的喃摩佬。

珠三角地区每条龙船上的头旗，都与龙船所在的村落宗族祠堂和庙宇有关；神斗内供奉的神，既为村落保护神，也是龙船的守护神，这是珠三角的民间传统之一，并于20世纪80年代得以恢复并延续至今，观赏端午竞渡的村民，"只要一看到龙舟上的盘旗（头旗），就能知道这是何方'神龙'。"[①] 龙船上的头旗都作三角形，和具有聚众号令功能的令旗作三角形一致。

如上所述，就珠三角地区的北斗七星旗而言，它既是北帝信仰的象征，也是聚族而居并具有同一信仰的地域性宗族组织的象征，这是它的基本意义。

根据20世纪50年代的田野访谈资料，当时参与抗英一役的各乡民众，除三元里人的三星旗外，周围其他各乡，包括广州城内的纺织工行会、打石工行会等，他们打出的旗帜多为北斗七星旗，还有龙旗。[②] 但迄今所知的资料，唯有三元里人打出的是三星旗，可谓独具特点，三星旗与北斗七星旗近似，并颇有视觉之美。

三元里三星旗图像的寓意，除了"天人合一"背景下对应的三公星等外，还与古老的星占术、辟兵术有关。

中国古代星占术，除了用于帝王行止、农时、出行等外，还常用于预卜军事行动，翻看唐代的《开元占经》《乙巳占》即可明了，历代正史、道教经典中都不乏这方面的记录。古代星占术之于战争的关系，近人已有若干研究[③]；通俗小说中更有场景化描写，如为普通民众所熟悉的《封神演义》《三国演义》等，尤其是《三国演义》对诸葛亮礼醮拜斗借东风场景的描述，因戏剧、唱本等而在民间社会广为流传。

军事行动前，在旗幡上画星斗图像并行使某种法术以祈求攻伐克成的例子，

---

① 张龙等：《端午龙舟赛背后的宗族色彩及新变化——2013年广州番禺端午节龙舟赛调研报告》，《民族论坛》2014年第1期。
② 《三元里人民抗英斗争史料》（修订本）第174页记，江村（今广州市白云区江高镇）人打出的旗帜，有"七星三角牙、龙旗"；第183页则记广州城内纺织佣工队伍以"七星黑旗为队旗。"所谓"龙旗"，即大清国国旗，本文图七左上角龙船上即三角形龙旗。长方形龙旗多出现在正式场合，如晚清政府发行的邮票上的龙旗。
③ 参阅黄一农：《星占对中国古代战争的影响》一文，《社会天文学史十讲》，上海：复旦大学出版社，2004年。

文献中所见，最早的是汉武帝时期的"灵旗"。《史记·封禅书》记，汉武帝"为伐南越，告祷太一。以牡荆画幡日月北斗登龙，以象太一三星，为太一锋，命曰'灵旗'。为兵祷，则太史奉以指所伐国。"① 太一也称太乙、泰一等，太一三星直线一字排列②，亦属紫微垣中的星座。这个例子也很好地说明了三元里三星旗的原初寓意。南宋李季《乾象通鉴》引《京氏易传》记，观察三师星象的变化，能预警"虏人入塞"③；天枪星的预警功能，《史记·天官书》正义引《汉书·天文志》云："孝文帝时，天枪夕出西南，占曰为兵丧乱。其六年十一月，匈奴入上郡、云中，汉起兵以卫京师也。"这些都侧面说明了三元里三星旗的星占寓意。

古代天文学及其衍生出的星占术、辟兵术，归属于数术知识体系或道教法术之中，这类知识一旦形成，即具有超稳定性并易散落于民间。④ 三元里三星旗对应古代天文学和古老星占术乃至辟兵术⑤中的某些知识，并不奇怪，也绝不是孤例，如今天仍流传于民间社会的通书，其中某些吉凶宜忌的安排与文字，与考古发现的距今两千余年的秦、汉"日书"几乎完全相同，不熟悉者会觉得不可思议。

近代史上与三元里三星旗同样出名的还有黑旗军刘永福的军旗，即黑底牙边北斗七星旗，也同样经常出现在时下的影视艺术作品中。刘永福，原籍广西博白县，《清史稿》记："咸丰间广西乱，永福率三百人出镇南关，……所部旗皆黑色，号黑旗军。"⑥ 强盛时达十二营，同治、光绪间屡挫越南境内的法军，并于1895年参与台湾战役。刘永福崛起于底层社会，北帝是其信仰底色⑦。

---

① 《史记》卷二十八《封禅书第六》，北京：中华书局，1977年。

② 本文题目"三星在天"一语，出自《诗经·绸缪》篇，指的是南方参宿星群中一字排列的三星，也有人认为属心宿三星。

③ 《乾象通鉴》引《京氏易传》云："三师星微明，黄润为常明，大有怒角，则为失常。星守常，则北斗旁有黑气，状如禽兽，大如布席，不出三日必雨，不然，□□□房人入塞。"上海：上海古籍出版社2006年标点本。《乾象通鉴》约成书于南宋高宗建炎四年（1130）。

④ 参阅刘昭瑞《数术三论》，见王建新、刘昭瑞编：《地域社会与信仰习俗》，广州：中山大学出版社，2007年。

⑤ 文献中所见，辟兵术最早见于《墨子》之《备城门》以下诸篇，为墨子后学作品。

⑥ 赵尔巽等：《清史稿·列传三百一十四·属国二·越南》，北京：中华书局，1977年。

⑦ 罗香林辑校：《刘永福历史草》，南京：正中书局，1943年。

总结本文的讨论，可以对三元里三星旗的原初意义得出如下认识：就旗的形态看，三星旗属于令旗，具有聚集号令功能；其基本底色为黑色，在传统阴阳五行中对应的是北方和水，其神则为尚武的北帝，表现的是三元里一带民众的信仰；旗帜上的勾连三星，仿自北方星空中具拱卫与武备意义的三公星或三师星，并与古老的星占术有关。

任何一件文物都有其原初意义，同时又可能有后来的叠加意义，甚至还有学者或普通民众所赋予的想象意义。本文不嫌琐屑，目的仅在于讨论三元里三星旗图像的原初意义。

广东道教的现状和坚持中国化方向的思考

梁崇雄[①]

广东自古以来就是道教的重要传播地,当今仍然是在道教界具有重要影响力的省份。截至 2020 年 12 月,全省登记开放道教场所 249 间,其中属于寺观教堂的 127 间,固定处所 122 间。全省已认定备案教职人员 1484 名,本年度申请认定但尚未完成备案手续的有 248 名。

虽然从开放场所和认定教职人员的数量上看,广东道教的规模在全国来讲不算很大,但其特点鲜明,道教各种典型的传教模式在此并存:粤西地区是传统正一派模式,粤东地区是传统的全真派模式;中部地区则是正一、全真两派相融合的新型道教模式。简要分述如下:

1. 粤西地区以湛江、茂名为代表,基本上都是散居正一道士,大多数不住庙,日常生活与百姓无异,主要为信教群众提供各种宗教礼仪服务,做得较多的是白事和村庙醮会,这种模式可说是明清以来正一派深入民间传播"益人伦、厚风俗"之余绪。这些道士大多有较长的家族世代传承史,甚至还有自己体系的传度、授箓等制度。当前,随着国家对宗教事务的管理日益规范,他们也在主管部门的指导下成立道协,开放宫观,并能够按照中国道教协会有关规定开展教职人员的传度、认定、授箓和各种管理工作。

2. 粤东地区,以揭阳、汕尾、汕头为代表,基本上是出家全真道士,而以坤道居多,他们严格按照全真派"蓄发、独身、素食"的戒规住观修行。历史上,潮汕地区并没有全真派的广泛传播,现今此地的全真派法脉基本上是 20 世纪 80 年代以后从浙江接续而来。全真派能够在此盛行,跟潮汕地区拥有深厚的传统善堂文化有关,所以本地的全真派道士多带有一些家族性,而由于社会上对出家人早已形成固有的印象,故此传统教规不易改变。

[①] 作者简介:梁崇雄,中国道教协会副会长,广东省道教协会常务副会长。

3. 中部地区，以广州、惠州、佛山为代表，由于此地历来是广东的经济、政治、文化中心，道教在此流传最早，也最成规模，历史上正一派很早就已经流传，清代全真派入粤之后也主要在此地区流传，并形成了全真派住丛林宫观，正一派在城镇、乡村自设道观活动的格局。清末、民国以来，随着城市工商业的发展，逐渐出现全真派和正一派合流的趋势，就是虽然仍蓄发、住观，但已经不一定是独身、素食了，所谓"全真派的传承、正一派的修行"，考之当时并非仅广东一地如此，在城市工商业发达的江浙地区同样有此情形。后来，这种模式传入了港澳，而在改革开放之后，通过港澳道教对广东道教的反哺，又加固了广东道教这种全真正一一体模式的存在，甚至还一度对内地道教造成一定的影响。目前，这种模式已成为广东道教的主流模式。

此外，在中部地区的惠州、河源等地还有另外一种情况，就是在登记开放道教活动场所的时候，将一批原来的民间信仰场所转化为道教场所，由于这些民间信仰场所不是传统意义上的道教宫观，历史上没有道士常住过，而是属于乡村所有，由村民组成理事会按照传统习俗进行管理，因此，在转为道教场所之后如何进行管理，是道教发展中面临的一个新问题。目前有几种做法：（1）没有道士，仍由原有理事会按传统习俗自行管理；（2）将原理事会管理人员转化为道士，部分按照道教教规仪轨和管理制度进行管理；（3）派驻或引进道士，完全按照道教教规仪轨和管理制度进行管理。现在看来，有个别成功的，多数尚未成功。如何将民间信仰场所转化为道教场所，这个路径现仍在探索之中。

之所以广东一省之内不同地域道教发展各异，归根结底，还是跟当地经济社会发展有关，故此各种模式没有高低优劣之分，都只是与当地经济社会发展的基础相匹配的产物而已。但不论哪一种模式，今天都需要面对如何坚持中国化方向的问题。

许多人一直都不理解，为什么中国土生土长的道教今天还要强调中国化？通观古今中外，任何一种宗教要在一个国度中生存发展，就必须要适应所在地的国情，不论此宗教是由外来传入的还是在本土创生的。考之中国古代史，由外国传入中国的有佛教、伊斯兰教、基督教、摩尼教、犹太教等诸多宗教，上列五教的前二教由于能够自觉适应中土的政治、文化、社会，也就是较早地实现了中国化,所以能够在中国紧紧扎根,甚至成为中华文化中的重要一部分;而后三教,因融合程度不高,所以就水土不服地昙花一现(基督宗教于 1840 年后重新传入中国则另当别论)。再看本土创生的道教,也并非天然地就能在中国生根发芽。如东汉末期出现的最早的两大道派—太平道和五斗米道,在创建之初都是模仿政府、军队建制而建立起政教军教合一的教团,如此必不容于世俗政权,在世俗政权的强力打击之下,一者彻底消亡,一者被迫转型。由此可见,在中国无论何种宗教、无论任何时期,中国化始终是必须要面对的课题。

当代道教的中国化,其核心内容就是当代化,须知,虽然道教延绵存在数千年,但其所扎根的中国却已发生了根本性的变化。在经济上,由以农立国转变为全面完成了工业化,乃至于信息化;在政治上,由帝制时代转变为中国共产党领导的社会主义新时代;在文化上,由独尊儒术转变为衣食住行、知识体系乃至思维方式都全面接受了西方哲科文化的影响。老树虽在,但换了土壤,树若不适应新的土壤就不能继续存活。同样,道教今虽犹在,但外部已换了人间,道教如果不主动去应变求存的话,其穷途末路将可预见。

道教的中国化,目的就是使古老的道教全面适应新时代,能够在滚滚向前的时代洪流之中行稳致远。至于如何中国化?我想我们都不是圣人,对这项前所未有的事业不可能神机妙算一挥而就,只能借鉴历史上成败得失的经验教训,在不断实践中寻求顺应时代的变革。广东文化从不缺乏穷则思变的精神和脚踏实地的干劲,历史上就曾屡次为社会变革提供思想的萌芽,相信在道教的当代化进程之中,广东道教也能有所作为。在此,就广东道教中国化的工作,提出几条个人的思考意见,求正于诸位大德:

1. 全面革新教义。道教传播不畅,有个很重要的原因就是跟人家讲不清楚道教的教义究竟是什么。道教的教义凌乱、无序甚至矛盾,这是一个很致命的硬伤,既然时代的转变,逼迫着道教要去革故鼎新,那就应该顺势而为,在充分梳理传统教义的基础之上,根据时代特点,当改则改,当弃则弃,当立则立,有条理地构建出一个适合新时代的教义体系出来。而在构建新教义体系之时,要注意保持道教观照世界的高度和广度。之前道教界有过征集最能概括道教的一句话的活动,最后大家集中在"文化道教"和"生命道教"两句话上来,我想无论"文化"还是"生命",都还不足以概括道教内涵,充其量也只是在"人之道"之内,而道祖所论除了"人之道"之外,还有"天之道"。道祖是人类历史上寥若晨星的伟大哲人之一,其思想高度我们后人自然不可逾越,但也不可每况愈下,自窄其门。

2. 高度重视文化。考之宋金元时期,中国南方北方都涌现出大量的新道派,但流传至今长盛不衰的就只有全真派了,这跟全真派高道极为重视文化建设有关,不光重阳、七真诗词文章量大质优,而其后学弟子大都能以文传教,他们讲经辩经、著书刊书、搜遗修藏、建观立碑、开窟造像,还与三教文人往来酬唱,可以说在文化上取得很大的话语权。在明朝中期以前,中国文人的语境中很自然地包含有道教的元素,但随后就逐渐减少了,这就是明清以后道教式微印象的由来。由此可见,文化建设之重要。今天我们不但要继承好传统文化,还要有创意地开创新文化,在新文化当中占领一席之地。

3. 大力匡正道风。还以全真为例,全真初创之时以内修为主,教人闭圜打坐,不尚符箓斋醮,对广大百姓而言似乎没有什么实用价值,为什么还能够吸引那么多信众呢?很重要的一个原因,就是全真高道们戒行精严,树立起高洁光辉的形象,这种难以言表的人格魅力自然就成为了信众精神上仰止的高山。今天我们很多人一直在探讨道教衰弱不振的原因,却很少有人从自身上找原因。如果自身道风不正,又如何奢求别人的信服呢?由此,返观内照,从自身做起,树立良好道风,这一条无论何时都至为重要。

4. 无私兴行慈善。道教界人士经常慨叹其他宗教的社会影响力远超道教,若仔细观察,可知社会影响力其实是跟其在社会公益慈善事业中所付出的努力成正比的。宗教存在的价值,除了体现在精神层面上之外,也体现在现实生活层面之中,宗教作为社会保障体系中的有益补充,应当更好地发挥其作用,为共同构建人类的美好家园服务。道教的教义当中不乏扶危助困、济世利人的内容,以前碍于经济基础薄弱,无法大规模开展慈善公益事业,今天随着全面建成社会主义小康社会,道教整体的自养能力也得到大大提升,所以更应该发扬大爱无私、大爱无疆的精神,更多地投入到为人民服务当中去,真正让百姓体会到"上善若水"。

5. 适当应用道术。道教重术，自古以来人们心目中就形成了"道教有术可用""有困难、找道术"的印象。可尴尬的是，在社会转型之后，那些由先民们从长期生活实践当中积累而来的、曾为维系古代社会稳定传衍数千年发挥过作用的方术、方法，往往被嗤为封建迷信、愚昧落后，而再难登大雅之堂。考之世界各国，对于多元文化都是予以尊重的，甚至可以运用科学方法来对古老的命题展开新的研究。再从现实生活来看，无论科学技术多么先进，暂时还不能完全解决人类生存当中的所有问题，有时候道术在一定程度还是能够解决一些问题的。由此，我觉得不妨适当给予道术一些空间，让其发挥积极作用，于教于民都是有益的，当然要万分注意，绝不能走"以术谋财""以术惑众"的歪路。

以上关于道教中国化的思考，有些在广东，尤其是广州道教已经付诸实践并取得良好的成效。过去三十多年来，广州道教先行先试、敢作敢为、硕果累累、成绩斐然，如今已成为广东道教界的领头羊，习近平总书记指出："一花独放不是春，百花齐放春满园"，接下来，广东道教更应该团结一致：地不分中东西部、派不分正一全真、戮力同心、探索出一条适合广东道教发展的路子，开创广东道教美好的未来。

论岭南道教与民间俗信互动的积极作用[①]

——岭南道教坚持中国化方向的实践

王丽英[②]

道教与俗信的关系研究是学界方兴未艾的领域，也是当今探讨道教坚持中国化方向值得关注的课题。道教作为本土宗教，与民间俗信有着千丝万缕的关系，从 20 世纪 80 年代开始，道教与俗信关系研究渐兴，研究者不乏其人。但就岭南道教与俗信关系研究，则少人问津，留下较大研究空间。本文试论岭南道教与民间俗信互动的积极作用，以见证岭南道教坚持中国化方向的实践。

一、传承道教优秀传统思想

岭南道教是道教的一个重要组成部分，不仅内涵丰富，而且颇具特色，在岭南传播发展中，与民间俗信发生互动，有效地传承了道教优秀传统思想。

（一）"有容乃大"思想

道教主张宽容和谐，《老子》曰："知常容，容乃公。"[③]"容"即宽容，表达一种气度。《老子》又云："万物负阴而抱阳，冲气以为和。"[④]"和"是一种气，由万物交合而成一团"和气"。《老子》还说："上德若谷"[⑤]，"上

[①] 基金项目：本文是 2019 年教育部人文社会科学研究一般项目"岭南道教文献辑释与研究"（19YJA770016）、2018 年广东省哲学社会科学"十三五"规划地方历史文化特色项目"广东道教文献的整理与研究"（GD8DL09）阶段性成果。

[②] 作者简介：王丽英，广州大学人文学院教授。

[③] 《老子》，十四章。

[④] 《老子》，四十二章。

[⑤] 《老子》，四十一章。

善若水。"①"上德""上善"若谷水长流，犹如海纳百川，包容万物，润泽八方，道教这一"有容乃大"思想，深深融入岭南俗信之中。岭南民间尊奉的神灵，既有本地人，如罗浮山黄龙观的黄野人，又叫黄也人，广东东莞人；也有"外江佬"，如方士安期生是山东琅琊人，被供奉在广州白云山的郑仙祠和罗浮山的酥醪观，神仙太守鲍靓及其女神医鲍姑是山西上党人，至今被供奉在香客盈门的广州三元宫中，神仙道教的创始人葛洪是江苏句容人，被岭南人奉为尊神，供奉在广东罗浮山冲虚观、广州三元宫等地；甚至还有"番鬼佬"，如南海神庙的海神达奚司空，是波罗国船队的落伍者，"达奚司空原是达摩弟子，后来化为海神"②。他们或是道徒，或是儒家，或是释家，在岭南与民间俗信融为一体，形成庞大的神灵队伍，供奉在神庙之中，据民国《佛山忠义乡志》记载：就佛山一地就有一百七十所，所祀神明达五六十种③，包括天神、人神和冥神等等，其中有的是道教神，有的是宗族神、有的是祖师神、有的是自然神，还有的是佛祖观音。经过历代的熏陶，岭南道教更具包容性，如广州三元宫，在鲍姑殿的北端，有一"观音宝殿"；广州芳村黄大仙祠，祠内头进大殿为道教世界，供奉着黄大仙、吕祖等仙人，然第二进殿却是佛教天地，供奉的是观音、如来、文殊，还有孔圣殿等，后花园有一雕花石柱，刻有"宝筏合儒教释教道教教勉尔修真"的字样，见证了黄大仙祠儒、释、道三教合一，也体现了岭南道教有容乃大的宽容和谐思想。

（二）"道在养生"思想

道教重命贵生，以生为乐，以不死为大乐，以自控生命为极乐，对人的生命予以极大关爱和高度负责。早期道典《太平经》就提出"要当重生，生为第一"④，告诫人们要重生乐生，"人最善者，莫若常欲乐生"⑤。后世道教典籍也反复强调重命贵生思想，《抱朴子》云："天地之大德曰生，生，好物者

---

① 《老子》，八章。
② 王荣国：《明清时代的海神信仰与经济社会》，厦门大学博士论文，2001年5月，第65页。
③ 《佛山忠义乡志》卷八，《祠祀二·群庙》。
④ 王明：《太平经合校》，北京：中华书局，1960年，第613页。
⑤ 王明：《太平经合校》，北京：中华书局，1960年，第80页。

也"①，《坐忘论》亦言："夫人之所贵者，生也。生之所贵者，道也。"② 为此，道教提出"道在养生"思想，"修道于身，爱气养神，益寿延年，其法如是，乃为真人"③，真人就是长生不死之神仙，所以，凡修道之人，在实践上都以长生不死为目标、以服食摄生为手段。岭南俗信很大程度践行了道教这一思想，如岭南民间就有"长寿即道行"的说法，又如岭南民间在祈求五福时，对道教的各种神祇顶礼膜拜，对道教的禳鬼避灾符箓道术痴痴迷迷，对道教的吉祥信物深信不疑，都体现了道教重命贵生的思想，再如岭南饮食文化中讲究清淡，"粤人嗜淡食"④；讲究少而精，注重选料和营养搭配，"嗜食茶"⑤；讲究食疗，利用食物预防和治疗疾病，"常欲啖槟榔以降气"⑥；讲究火候，"善均五味"⑦；岭南食肆和粤菜菜名也有使用道教术语，如店名叫"三元楼""洞天茶楼""太平餐厅"，菜名叫"八仙盘""仙人饭""仙人草""仙人冻""长生粥""百岁羹""长寿面"等，深含道味，这些无不体现道教"乐生而恶死，悉皆饮食以养其体"⑧的养生思想。如今，在大都市的生活压力下，有效地发挥道教的养生思想更具有现实意义。

（三）"祀祖敬宗"思想

道教有祭祀教祖的传统，如所有教派都敬祀被封为教祖的老子，全真派祭祀邱祖，正一派尊奉教门张氏为天师，岭南道教在祭祀教祖老子、邱祖、张天师的同时，也祭祀葛仙翁、鲍姑、黄大仙等岭南先灵，并有相应的神诞节庆，与民间祀祖敬宗之风相呼应。岭南民间有"顺德祠堂南海庙"之说，对祖先的神灵进行祭祀与对各种神灵进行膜拜并行不悖，共同组成了岭南风姿多彩的民间俗信，

---

① 【东晋】葛洪：《抱朴子内篇·勤求》。
② 【唐】司马承祯：《坐忘论》，《道藏》第 22 册，文物出版社、上海书店、天津古籍出版社联合出版，1988 年，第 2 页。
③ 《老子河上公章句》卷三，《修观第五十四》。
④ 徐珂：《清稗类钞》第四十七册，《饮食》（上），上海：商务印书馆，1917 年，第 10 页。
⑤ 《澄海县志·风俗》。
⑥ 【宋】周去非：《岭外代答》卷六，《食用门·食槟榔》。
⑦ 【唐】段成式：《酉阳杂俎》卷七，《酒食》。
⑧ 王明：《太平经合校》，北京：中华书局，1960 年，第 393 页。

"粤中世家望族大、小宗祖祢，皆有祠。……世世守之，此吾粤之古道也"①，如龙母，广东人称之为阿嫲，每年农历五月初八（正诞）和八月初一（得道诞）人们都要贺诞，俗称"探阿嫲"，龙母庙全广东省大大小小不下300座，遍布珠三角，数西江为最。又如盘古，粤北连南瑶胞在每年十月十六日，粤中广州花县狮岭在每年八月十二为盘古诞，都有祭拜始祖盘古活动。再如三山国王，粤东广大地区，乃至台湾、东南亚各地都有祭祀活动，信众皆称自己为沐恩弟子，以河婆人自居，每到国王诞辰，广大信众就组织举办盛大的祭祀活动或庙会，在某种意义上，三山国王具有祖先崇拜的性质，通过奉祀三山国王，不仅能唤起乡土观念意识，而且能表现出文化的传承与延续，以及尊本崇源的思想。如今，每遇到乡里乡外有不必要的纷争时，旁人便会劝说："你们何必争执呢？大家同是拜大庙爷的一家人"②，双方听后立马火气全消，握手言和。每年清明节、重阳节以及冬至日的祭祖之风更体现了对祖宗祭祀与对各种神灵膜拜并存不悖。通过节庆传统的潜移默化，使尊老养老的思想深入民心，成为岭南地方的优良传统。

（四）"积善立功"思想

道教倡导尊道贵德，积善立功，"为道者当先立功德"③，"欲求长生者，必欲积善立功，慈心于物，恕己及人，仁逮昆虫，乐人之吉，愍人之苦，赒人之急，救人之穷"④，道教这一思想，在岭南俗信中多有体现。岭南庙宇供奉的神灵，有五谷之神，如五仙观供奉的五仙；有司水之神，如仁威庙供奉的北帝和南海神庙供奉的南海神；有忠义之士，如关帝庙供奉的关公；有除恶之人，如纯阳观供奉的吕洞宾；有慈孝仙姑，如何仙姑家庙供奉的何仙姑；有护海女神，如天后宫供奉的天后妈祖和龙母庙供奉的龙母；有济世神医，如郑仙祠供奉的郑安期和五仙观内药王殿供奉的扁鹊；有神仙医侣，如三元宫供奉的葛洪和鲍姑；有周穷救急之地仙，如罗浮山冲虚观供奉的黄野人；有普济劝善之大仙，如黄大仙祠

---

① 【清】范端昂：《粤中见闻》卷五，《地部二·祖祠》。
② 张肯堂：《霖田古庙与河婆文化》，载贝闻喜、杨方笙：《三山国王丛谈》，北京：国际文化出版公司，1999年，第97—117页。
③ 【东晋】葛洪：《抱朴子内篇·微旨》。
④ 【东晋】葛洪：《抱朴子内篇·微旨》。

供奉的黄大仙；有道德先贤，如纯阳观内杨孚祠和清献祠供奉的杨孚和崔与之，等等，岭南民间俗信的人物及其事迹，赋予了神格仙迹，体现道教倡行的积善立功思想，岭南俗信通过树立典范，告谕教化天下，规劝感化世人，行善积德立功，自觉遵守和践行中华民族优秀的传统文化和伦理道德。在岭南，有关道德风尚的谚语极为流行，如"善事多做，恶事莫为""为善多福，为恶多祸"，这既是道教倡行的教义教规，也是岭南人最为崇尚的道德要求。多年来，广州人养成了"羊"般的善良温和性格，以助人为乐，表现出广州人乐善好施的悯人之心。当今，岭南各地都有慈善会、慈善医院、慈善学校、捐赠（助）站等，这些慈善机构开展了大量扶贫、赈灾、助学、赠医、施药等慈善活动，传播了岭南道教的正能量，传承了岭南道教的乐善好施。

二、保存岭南道教珍贵文物

岭南俗信神灵，民间有"北到三元宫，南去纯阳观"之说，岭南俗信使得岭南道教保存了一批珍贵文物，包括宫观、字画、碑铭、雕刻、器具等物质文化遗产。

（一）宫观

岭南道教有1700多年的历史，历年来，修建和重修了一批又一批宫观庙宇，其中部分宫观建筑保存至今，成为珍贵的宫观建筑遗产。如广州三元宫建于东晋大兴二年（319），后经过清代多次重修后成为一座宏伟的殿阁式建筑，是岭南地区现存历史最长的宫观，其主殿三元宝殿"布瓦歇山顶，绿琉璃瓦剪边，梁架为穿斗式于抬梁式混合，殿前拜廊为卷篷顶，拜廊两边为两层的钟鼓楼，楼层较矮，卷篷与拜廊连成一体，成为整座建筑的核心，风格独特，为广州古建筑中少见"[①]。2018年，又进行了大修，复建艾灸馆，以弘扬鲍姑治病救人的大爱精神。广州纯阳观建于清道光四年（1824），面积广阔，有头门、大殿、钟楼、鼓楼、巡廊、元辰殿、慈航殿、文昌殿、崔清献祠、南雪祠、松枝仙馆、朝

---

① 广州市道教协会：《云山珠水显仙踪》，广州：花城出版社，2010年，第13—14页。

斗台等主体建筑。整体古朴庄重，充满浓郁广府传统建筑风格，其中朝斗台是清代岭南最完整的天文台，也是广东省最早的天文台，极具历史价值。佛山祖庙始建于北宋元丰年间（1078~1085），明洪武五年（1372）重修，清光绪二十五年（1899）大修，加楼增殿，融进大量灰雕、砖雕、木雕等工艺，形成了体系完整、规模宏大、结构严谨、建筑精美的建筑群，成为岭南建筑的典型保存至今。其他如天后宫、南海神庙、黄大仙祠、五仙观、城隍庙、北帝庙、仁威庙、三元古庙、盘古神庙、冲虚观、黄龙观、酥醪观、元妙观、洞真观、潘仙观、庆云观、赞化宫、玉龙宫、玉清宫、紫竹观、玉蟾宫，等等，都有着深厚的历史底蕴，成为现今岭南重要宫观建筑遗产，有的甚至是国家、省、市级重点文物保护单位，如五仙观及岭南第一楼、南海神庙、揭阳城隍庙等是国家级重点文物保护单位，广州仁威庙、西樵云泉仙馆、容城真武庙等是广东省级重点文物保护单位，三元宫、纯阳观、何仙姑家庙、都城隍庙是广州市级重点文物保护单位，都具有重要的历史价值和研究价值。

（二）字画

岭南道观的字画量多质高。如纯阳观是岭南画派起源地，作为岭南画派的鼻祖居廉、居巢和创始人高剑父、高奇峰、陈树人经常在观内联袂作画，留下佳作，往来的墨客和善信也留下不少墨宝，创作了许多优秀作品，他们的部分画作至今保存在纯阳观。此外，两广总督阮元题的"汉议郎杨子南雪祠"隶书横额、富商潘仕成题的纯阳观篆书石额和"灵山松径古，道岸石门高"石刻联书法至今可见。三元宫作为广州最有影响力的道教宫观，其保留下来的画作也有不少，如"刘世安探花字四幅，康有为中堂字一幅，居廉牡丹一幅，沈锦春大中堂竹一幅，竹禅大横批石竹一幅"①。修元精舍则保存了一批清代的道教神祇壁画，"本舍壁画有八仙十六幅、共二套；十王殿画十九幅，三清神像六幅；该十王画十幅，有近百年时代"②。五仙观门上保留了刻有清同治十年（1871）两广总督

---

① 《三元宫纯阳观修元精舍史料》，广州宗教处档案，1953 年第 3 号。
② 《三元宫纯阳观修元精舍史料》，广州宗教处档案，1953 年第 3 号。

瑞麟书写的"五仙观"石匾①。增城何仙姑家庙保存了清咸丰八年（1858）黄培芳所书山门口额"何仙姑家庙"以及王映门手笔山门对联"千年履舄遗丹井，百代衣冠拜古祠"一对。粤东海丰虎山凤翔观，保留了二副楹联，其一曰："凤栖虎山，演道德灵源，资生万物；翔舞龙殿，开清虚妙境，指点群机。"其二云："仰龙聚凤翔，岂逊瀛洲众仙岛；察奇观福地，是真海邑大名山。"道出了虎山名胜和凤翔观中间的奥妙。当今罗浮山冲虚观门额匾"冲虚古观"四个大字，乃清代两广总督瑞麟所书，葛仙祠内保存了两幅清代楹联："神仙忠孝有完人，抱朴存真，功侔雨地参天，不尽衣裾成蝶化；道术儒修无二致，丸泥济世，泽衍药池丹灶，可徒衣履认凫踪"，在讲述葛洪"遗衣花蝶"和鲍靓"履化双燕"故事同时，也高度赞扬了他俩儒道兼修，治病救世的功绩。酥醪观正殿左侧的浮山第一楼，门联"小楼容我静，大地任人忙"为清嘉庆年间大司马杨应琚所题，反映了出家人弃世修行的普遍心态。在其他宫观庙宇中也有很多官僚士绅文人的题字对联和赠送的书画等，保留至今，成为岭南宝贵的物质文化遗产。

（三）碑铭

岭南道观的碑铭也是一大物质文化遗产，其中以广州纯阳观的碑铭数量最多，保存下来有《鼎建纯阳观碑》《鼎建祖堂碑记》《鼎建纯阳观捐款人名》《宪谕置产业立明永远供奉碑记》《漱珠岗纯阳观开山祖李青来师显灵石》《创建华佗祠碑记》《倡建张王爷庙碑记》《重修漱珠岗纯阳观碑记》等11块②，记录了纯阳观鼎建及其发展，另外，殿前"有清道光十年（1830）'介节为俦'石刻、民国年间'梅社'等石刻"③。广州三元宫"宫内存有乾隆、同治、光绪、民国及1982年、1983年等记载重修本宫的史料石碑共8方。唐代吴道子画的观音像石碑1方、修真图1方"④，还有鲍姑针灸经络石刻图，均具有极高的史料、艺术和医学价值。五仙观保留"有宋代至清代石碑14块，明代石麒

---

① 广州市道教协会：《云山珠水显仙踪》，广州：花城出版社，2010年，第120页。
② 广州市宗教志编纂委员会：《广州宗教志资料汇编》第二册，《道教》，1995年，第32页。
③ 广州市道教协会：《云山珠水显仙踪》，广州：花城出版社，2010年，第57页。
④ 广州市道教协会：《云山珠水显仙踪》，广州：花城出版社，2010年，第4页。

麟 1 对"①。罗浮山酥醪观内廊壁上也"镶嵌着五块碑刻，为清代和民国之文物"②，成为研究酥醪观历史沿革佐证的重要文物。

（四）雕刻

雕刻是雕、刻、塑三种工艺的合称，岭南雕刻历史悠久、技艺精湛，尤其宫观建筑雕刻更具地方气息。如清末佛山祖庙大修时加入了大量具有高度艺术性和欣赏性的木雕艺术品，主要是高层镂空浮雕的神案、彩门等，神台和彩门刻画了侵略者的恶行，除具艺术性外，还具思想性和时代性，是体现反侵略主题的重要物质遗产。另外，祖庙在大修时还增加了很多灰雕、砖雕等雕刻，成为当今珍贵的文物遗产并保留和传承了下来。粤东汕尾市甲子玉清宫山门前，有老君石雕像，左侧有石灵龟，右侧有石赤蛇玄武，面朝殿前，展现出大自然的造化和奇异。揭西三山国王庙屋顶脊上有嵌瓷装饰，石雕、木雕、神像雕塑、庙门和横梁等处的彩色漆画，极富潮汕地方特色。广州仁威庙门外两侧各立一花岗岩石柱，柱头雕有石狮子，柱身雕祥云和二龙戏珠，栩栩如生，是广州现存不可多得的古石雕精品。广州三元宫外围墙和罗浮山黄龙观妙莲池北侧横壁上，均有二十四孝浮雕图，泥塑彩雕，色彩鲜艳，形象生动，弘扬了中华民族的"百行孝为先"的传统美德。

（五）器具

岭南道教宫观庙宇众多，道士日常所用器具较多，但因器具容易损坏和遗失，保留下来的不多，仅留有清代部分道教器具，弥足珍贵，如：三元宫保存有尚可喜送的大钟一个；纯阳观保存有铁钟三个、铁化宝炉三个、石船形香炉一个；修元精舍保存有大木鱼磬一面、大铁钟一个③。仁威庙现存文物有三件，一是石雕醉酒皿，二是殿中悬挂的"播液发灵"横匾，三是庙前竖立的两根花岗岩石雕龙华表④。五仙观现存有岭南第一楼之称的禁钟楼建于明洪武七年（1374），楼内有明朝永嘉侯朱亮祖铸造的青铜大钟，是全省现存最大、最完整的古铜

---

① 广州市道教协会：《云山珠水显仙踪》，广州：花城出版社，2010年，第121页。
② 赖保荣：《罗浮道教史略》，广州：花城出版社，2010年，第107页。
③ 广州市宗教志编纂委员会：《广州宗教志资料汇编》第二册，《道教》，1995年，第14、32、55页。
④ 广州市道教协会：《云山珠水显仙踪》，广州：花城出版社，2010年，第88—89页。

钟①。粤东汕尾大峰山紫竹观保存有明成化元年（1465）的陶瓷花瓶两个，清宣统二年（1910）和民国二十三年（1934）的汉白玉石香炉各一个，道教经书一批。粤东陆丰潭西浑成观保存"神像、花瓶、符印、宝剑、牒印、石香炉、石脚桶、木鱼等文物，其中有不少是镇观之宝"。均为国家重点保护的文物，是岭南难得的物质文化遗产。

三、促进岭南社会经济发展

岭南俗信活动融入道教法事、祀神活动，需要用到香、油、蜡、纸、祭品、爆竹等多种祀神用品。各个庙观长年累月进行道教活动，消耗不少祀神物品，祀神物品行业需要不断生产才能满足需求，从而促进了相关行业经济兴盛，刺激了岭南社会经济发展。

（一）促进社会消费

岭南俗信与道教关联甚多，如祭拜祖宗、求财旺丁、洒扫庭除、辞旧迎新、团聚守岁许愿还愿、答谢神恩等等，这些活动的时间、仪式、方法以及内容，多与道教互动，如龙母诞就有两个，岭南民间把五月初八龙母生日视为龙母"生辰诞"，八月初一龙母忌日说成是龙母"得道日"，即得道飞升，也就是"得道诞"，龙母诞期间，举行隆重的龙母贺诞仪式活动，其中有一项是恭请"天上的仙姑女"下凡，为龙母宝诞献礼。此外，还有正月初四为龙母开金印，正月二十二为龙母开金库，五月初一晚为龙母沐浴和为龙母圣物开光，十二月十五为龙母水灯节，等等，各个诞日活动均由道士巫祝主持，如"圣物开光"定在当晚十二时，开光时，将庙内所有要出售的物品盛于一个个小木盆内，再搬到正殿，由道士在鼓乐齐奏声中，念咒语、施法术，据说经过开光以后的物品不同于普通物，而是具有某种特殊的法力。又如"服香灰"，即饮服拜祭过龙母香灰，据说龙母香案上的香灰是"圣丹灵药"，内服可治肚痛，外用可医跌打刀伤。诞期，各方善信游人汇集于庙内，争先恐后朝拜龙母，上香、摸龙床、照龙母镜、用

---

① 广州市道教协会：《云山珠水显仙踪》，广州：花城出版社，2010年，第117—118页。

龙母梳、洗龙母水、喝龙母茶、服香灰、盖龙母金印等等，祈求好运，场面盛大。可见，岭南民俗活动，多带道教色彩，都涉及神灵崇拜、祖宗祭拜、伦理道德、礼义应接、亲族关系、文化娱乐，其社会功能得到全面的体现，其促进社会消费尤为突出。因为节庆习俗活动，需要大量的衣饰、食品、礼品、用品、祭品和交通运输工具，无论城乡团体与个人都需要筹集一批物资和货币以应用，这就是节庆经济，如在游神期间，举行祭祀典礼所用的香火、灯油、蜡烛、祭品、鞭炮、法器等物品，均需要购置，而且隆重的活动会吸引观光人群，带来群体效应消费，这便是游神附带的娱乐消费功能。利用道教传统节庆期间回乡探亲和旅游人员大量增加，岭南道教与民间传统节庆互动在促进经济方面的功能是显而易见的。

（二）推动商贸发展

道教庙观既是信仰中心，也是商业活动场所，"商贾媚神以希利，迎赛无虚日"[①]，明清以来，岭南道教庙观一般都有信众集中上香拜神时间，每月初一和十五以及道教神仙诞辰和各种道教节日，络绎不绝的信众是不可小觑的消费群体，他们成了促进商业经济发展的主要力量。岭南道教重要的节庆庙会主要有南海神庙波罗诞、黄大仙宝诞、三元宫上中下元三诞、纯阳观吕祖诞、祖庙北帝诞等，在各庙会期间，一般会进行大型的祭神仪式、搭棚演戏、人群汇聚。如南海神庙庙会，"至十三日，海神诞期，谒神者……络绎，庙门填塞，不能入庙"[②]。道教节庆庙会可谓万人空巷，是庞大消费市场，商家抓住这些时机进行商品贸易活动，销售祀神物品当然少不了，各种百货也应有尽有，从清人描写波罗诞景象便可略见一番："搭篷作铺店。凡省会、佛山之所有日用器物玩好，闺阁之饰，万货荟萃，陈列炫售，照耀人目……百货聚集庙门，寺里则摆卖字画，洞碑古帖，虫鱼卉木，铺张尽致。"[③] 学者指出："庙会中进行的商品贸易活动，其实是地方每年一次的经济交易会，……它促进了地方经济的繁荣和商品流通的实

---

① 《佛山忠义乡志》卷三，《乡事志·诸庙》。
② 【清】崔弼：《波罗外纪》卷二，《庙境》，光绪八年（1882）崔氏补刊本。
③ 【清】崔弼：《波罗外纪》卷二，《庙境》，光绪八年（1882）崔氏补刊本。

行，是庙会所具有的特殊功能。"[①] 如今，在经济发展的大潮中，岭南各地方政府本着"文化搭台，经济唱戏"的初衷，积极引导，开展各种民俗活动，如南海波罗庙会、北帝庙会、增城何仙姑庙会、南沙天后宫庙会、五月初五端午龙母庙会等等，在繁荣民间文化发展的同时，又取得了良好的经济效益。以南海神诞为例，自2005年首届广州民俗文化节暨黄埔"波罗诞"千年庙会成功举办以来，游客人数从首届的三十万人次增加到2009年第五届的六十一万人次，累计三百多万来自广州及珠江三角洲和港澳地区的群众参观游览。[②] 庙会期间，来自各地的人群逛庙会，拜神、观光、购物等不一而足。庙会推动了交通运输业、商业贸易的发展，不言而喻。

综上所述，岭南道教与民间俗信互动，无论过去、现在抑或未来，都发挥着社会积极作用，这是岭南道教文化传承与发展的必由之路，也是道教坚持中国化方向的根本保证。

[①] 冼剑民等：《南海神庙与海神崇拜》，载赵春晨：《岭南宗教历史文化研究》，天津：天津古籍出版社，2002年，第27页。

[②] 《千年庙会"波罗诞"今起狂欢七日》，《南方日报》，2012-3-26，A3版。

明清以来粤东北民间宝卷初探①

李志鸿②

摘要：本文着眼于梅州地区发现的《五部六册》宝卷，及其与明清以来赣南闽西宝卷传承的关联。历史上，粤东北梅州、韶关地区流传的宝卷与明清以来民间宗教的兴盛相关。

关键词：粤东北；宝卷；太宁祖师

宝卷是唐、五代变文、讲经文演变而成的一种传播宗教的艺术形式，是独立于佛经、道藏外的另一中国传统宗教经典。③

宝卷，多由韵文、散文相间组成，多数宝卷可讲可唱，引人视听。相当多的宝卷图文并茂，继承了变文、变相的历史传统。宝卷的大量产生是为了"宣卷"，即向世人宣讲宝卷。最初的宝卷是佛教徒向世人说法的通俗经文或带有浓厚宗教色彩的世俗故事。僧尼借这类宝卷，宣扬因果轮回，以弘扬佛法。宝卷的发展过程还受到道教的影响。南宋理宗为指陈善恶之报，"扶助正道，启发良心"，广泛推广劝善书《太上感应篇》，为以后的《阴骘文》《功过格》的大力普及及宝卷类的劝善书的全方位兴起，起了助力。④最早的宝卷有人认为是北宋产生的《香山宝卷》。北宋真宗时代禁断变文，变文由是易名为宝卷，有逻辑上的合理性，还需佐证。宝卷的出现与发展是佛教、道教进一步世俗化的结果。佛经、道藏精深博大，非一般民众僧尼所能解。佛、道二氏欲向整个社会传播，必

---

① 本文是对闽浙赣粤边界地区的宝卷进行调查研究的系列成果,关于此地区民间宗教传承主要依据作者《南传罗祖教初探》一文，参见《世界宗教研究》2010 年第 6 期，第 85—97 页。
② 作者简介：李志鸿，中国社科院世界宗教研究所研究员，道家与道教文化研究中心秘书长。
③ 马西沙主编：《中华珍本宝卷》（第一辑），北京：社会科学文献出版社，2012 年。
④ 马西沙主编：《中华珍本宝卷》（第一辑），北京：社会科学文献出版社，2012 年。

然有一个由深入浅，由雅入俗的历史过程。变文、变相、讲经文及其后的宝卷的出现都是必然的结果。①

宝卷走出变文、变相、讲经文的影响，成为独树一帜的文献是在明代。明、清时代，中国的正统佛教、道教走向衰落，数百年间没有出现伟大的宗教家、新的宗教教派和创新的宗教理论体系。新兴的民间宗教教派却大批涌现，在信仰主义的领域中取而代之，成为那一时代民众信仰主体。它们影响着各个地区的民风、民俗、下层民众的思维方式、生活方式。这些教派以极大的精力、财力撰经写卷，其经义的载体形式则是宝卷。教派宝卷有二三百种。②

一、近年来民间宝卷的调查研究

20 世纪 80 年代以后，宣卷仪式在华北、江南、华南、西北这些地区重新活跃起来。在赣南、闽西、浙西南城乡，罗祖教大乘门法师以为人念诵《大乘经》—即《五部六册》宝卷为业，同时，也为广大信众举行一般的念佛、拜忏、祈福、超度亡魂等仪式。历史与现实中的闽浙赣宣卷仪式与该地区客家人的念佛习俗互为表里，成为民众信仰世界的重要内容。

可以说，时至今日，在广大的农村社会，中国民间宗教各教派都出现了对传统经卷的整理与重新流传。在民间宗教历史上，罗祖教的五部六册宝卷对后世有着重大的影响。现今流行于福建闽西地区的罗祖教教徒，仍然大量刊印罗祖教五部经典。③黄天教内传有"九经八书"之说。在现今河北易县一带，皇天教的《太阴生光普照了义宝卷》《太阳开天立极亿化诸神宝卷》仍然是民间音乐社的艺人们讲唱的文本，与《后土宝卷》一同流传。④弘阳教经典和忏文之多，居明清诸民间教门之首。这些弘阳教的传统经典在当代华北的弘阳教道场中时常出现，成为该教派传播教义、教理，为民众提供仪式服务的重要文本支

---

① 马西沙主编：《中华珍本宝卷》（第一辑），北京：社会科学文献出版社，2012 年。
② 马西沙主编：《中华珍本宝卷》（第一辑），北京：社会科学文献出版社，2012 年。
③ 李志鸿：《南传罗祖教初探》，载《世界宗教研究》2010 年第 6 期。
④ 尹虎彬：《河北民间后土信仰与口头叙事传统》，北京师范大学 2003 年 6 月博士论文。

持。①流传于福建西部地区的归根道（或称儒门、儒教），改革开放以来也得到了复兴。近年来，该教教徒创新整理、刊印了不少经卷。②流传于当今河北、天津地区的天地门教，也整理出不少的本教经典。如《董祖立道根源》《根源记》《老祖经》等。

特别值得一提的是，弘阳教、金幢教、天地门教、大乘天真圆顿教中的当家师傅还编写了一批新经卷。如天地门教传人编写了《菩提道》《做人之道》《杂谈说道》《歌词讲日集》等。这些经卷通俗易懂，为民众所喜闻乐见。③除了重新刊印传统的教门经卷外，在当代活跃于民间的弘阳教徒还经常念诵《千佛歌》，以及《人性图》。《千佛歌》是在韩祖庙庙会上信徒念诵得最多的经典，是弘阳教的教理总集，综合了五部经的基本内容，其念诵有一定的仪式。《人性图》则为弘阳教传法者代代相续的秘典，载有教内内丹修炼所需的方寸位置，不轻易示人。④现在莆田民间的金幢教除了流传《九莲经》等历史上已见记载的文献外，亦传行一些新的经典，如《宝忏一藏白话问》《大忏解》等⑤，这些经卷不仅叙述了金幢教的本门发展史，而且是该教门为广大民众提供仪式服务的重要典籍。

近年来一些民族音乐学学者也涉及了宣卷仪式研究，对赣南"斋公""做佛事"讲唱《五部六册》宝卷的仪式音乐进行了调查，但由于专业差异，仪式音乐研究并未触及历史上赣南民间教派传承、演变情况。⑥2013年7月，中国人民大学清史研究所公布一批明清黄天道文献，包括九种大型彩绘手卷和四十多种明清刊本和精抄本，另外还有大量符箓疏表、零散抄本、家谱等史料。新

---

① 陈进国：《外儒内佛——新发现的皈根道（儒门）经卷及救劫劝善书概述》，《圆光佛学学报》第十期，2006年4月。
② 濮文起：《当代中国民间宗教活动的某些特点——以河北、天津民间宗教现实活动为例》，《理论与现代化》2009年第2期。
③ 濮文起：《当代中国民间宗教活动的某些特点——以河北、天津民间宗教现实活动为例》，《理论与现代化》2009年第2期。
④ 李浩栽：《弘阳教研究》，中国社会科学院研究生院宗教系博士论文未刊稿，2005年5月。
⑤ 陈松青：《福建金幢教研究》，福建师范大学硕士论文，2006年未刊稿。
⑥ 李希：《赣南民间信仰仪式中的宝卷讲唱研究——以于都县为例》，华中师范大学2008年硕士论文；李希：《于都县宝卷讲唱调查报告》，《戏剧之家（上半月）》2012年第1期。

发现文献除了极大地丰富了学术界所知的明清华北黄天道资料，还有助于推进一批相关问题的研究。①

正因为仪式生活的鲜活性，大量教门的新科仪本也正在不断地创造中。此堪为当代民间宗教复兴的一重要特征。同时，在活态的宣卷仪式中，许多传统的宝卷文本出现了新的形式，文本出现了转化的现象。作为文本的宝卷，其变异与转化也存在于华北的民间信仰中。当代民俗学者运用主题分析的方法，发现了定县秧歌和民间宝卷互为文本的现象，并对其意义进行了研究。②另外一些学者指出，宝卷和民间叙事文本存在着相互借用、传递、标准化、地方化的动态影响过程。③赣南闽西活跃的罗祖教，其《五部六册》宝卷衍生出了《大乘经开香本》《大乘经解经本》等一系列新文本，《销释金刚科仪》等宝卷也频繁地被采用。《大乘经开香本》《大乘经解经本》等新文本是《五部六册》宝卷仪式化、术数化的产物。宝卷不仅是书写的文本，更是活态的仪式文本。宣卷仪式倡导的是一种"吃斋""念佛"的宗教生活。④

二、明清以来赣南闽西宝卷的流传

罗祖教，又称无为教，问世于明成化、正德年间。罗祖教的出现，是新型民间宗教开始影响民间宗教信仰世界的标志。罗祖教的思想体系对明、清时代民间宗教的影响巨大。⑤据《中国民间宗教史》的研究，罗祖教支派及再生教派遍布中国底层社会，其组织系统大致有以下四支：一是罗氏家族依照血统世代相传。二是外姓弟子衣钵授受，祖祖相承。三是通过大运河运粮军工，由北向南传播，

---

① 曹新宇：《中国社会科学报》2013年8月21日第5版；《明清民间教门的地方化：鲜为人知的黄天道历史》，《清史研究》2013年第2期；曹新宇主编：《明清秘密社会史料撷珍·黄天道卷》，台北：博扬文化事业有限公司，2013年。
② 董晓萍、欧达伟：《乡村戏曲表演与中国现代民众》，北京：北京师范大学出版社，2000年。
③ 尹虎彬：《河北民间后土信仰与口头叙事传统》，北京师范大学2003年6月博士论文；《河北民间后土地祇崇拜》，北京：学苑出版社，2015年11月。
④ 李志鸿：《新见罗祖教〈五部六册〉宝卷及宣卷仪式》，《世界宗教研究》2013年第3期。
⑤ 马西沙：《民间宗教志》，上海：上海人民出版社，1998年，第81—128页。

是为"青帮"前身。四是在浙闽赣等省形成的江南斋教。① 不仅如此，罗祖教对产生于近代的先天教、一贯道亦有影响。这些教派有的是无为教正宗流脉，有些是罗祖教与道教内丹派，或弥勒信仰、白莲教信仰、摩尼教信仰融汇合流的产物。

自2009年始，笔者在闽西宁化县进行宗教信仰状况调查时，收集到一些罗祖教的新资料。此支罗祖教以罗梦鸿为初祖，以罗梦鸿的异姓弟子李心安为二祖，以江西的黄春雷为三祖，不以"普"字为号，流传有78字字派，迥异于江南斋教，是闽赣边界地区流传的罗祖教正宗。

赣南闽西罗祖教刊印、抄写大量的宝卷，并举行诵念的仪式。现在可以判定属于此支大乘门的《五部六册》宝卷共有多部。一部为明万历十二年（1584）刊本，一部为清雍正七年（1729）刊本，清道光二十七年（1847）大字经折刊本，另外一部不载刊印年代。明万历十二年（1584）刊本以及不载刊印年代刊本流传于闽西宁化县，雍正七年（1729）刊本则藏于台湾省斋教龙云堂。三部宝卷皆在原有名称前冠以"大乘"二字。当地大乘门皆将《五部六册》称为"大乘经""祖经""六部经"。

（一）明万历十二年刊本。笔者在闽西田野调查发现的万历十二年（1584）刊本《五部六册》宝卷，为大字经折本，无序、跋，其中《大乘苦功悟道卷》《大乘叹世无为卷》两卷皆不分品。此刊本每部宝卷卷首页刊印："泉下陆坊信士陆惟瑞室人张好佛刊印佛像愿赞颂"，卷后均刊印"大明万历十二年正月吉日积善堂重刊印行"。

（二）清雍正七年刊本。此版本《五部六册》刊载于台湾省新文丰出版公司1999年出版，由王见川、林万传主编的《明清民间宗教经卷文献（初编）》第一册。流传于台湾省斋堂中的《大乘五部六册》仅一种，即雍正七年（1729）木刻本。1933年林普权曾手抄此刊本，现木刻本与抄本皆藏于台湾龙云堂。② 据该部宝卷"后言"所载，此《五部六册》是闽西宁化县大乘门龙大鼎以"觉尚书家

---

① 马西沙、韩秉方：《中国民间宗教史》，上海：上海人民出版社，1992年，第223页。
② 王见川、林万传主编：《明清民间宗教经卷文献·导言》，台北：新文丰出版公司，1999年，第15—16页。

清道光二十七年刊本《五部六册》宝卷

藏北板"为基础，参校罗祖教"天意山"经堂余会真、汤镜明①重修的宝卷而成的新版《五部六册》。

（三）**清道光二十七年（1847）大字经折刊本**。此刊本为笔者在江西石城收集所得，卷首刊"石邑妙明经室奉佛弟子张超类嗣法群济群学仁通助刊流通"，卷尾刊"时皇清道光二十七年岁次丁未春三月望日江右石邑领袖弟子张孚远女华缘谨识"。

（四）**清光绪十年刊本**。笔者在闽西收集到的另一刊本宝卷。卷首有罗祖图像，卷尾题曰："光绪十年岁在甲申花朝月谷旦，建邑鹤峰寺沙门协光依古板请梓印刷，奉散十方，普结良缘，不得将此经典转取钱文，伏愿上报四恩，下资三宥，全转法轮，顿悟无生，珍重珍重。"

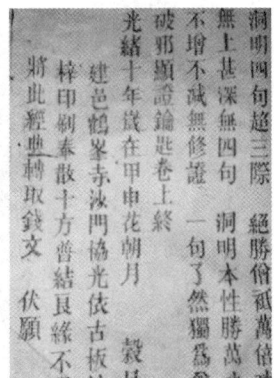

清光绪十年刊本《五部六册》宝卷

---

① 闽西罗祖教"天意山"经堂余会真、汤镜明一系的传承谱系载于闽西罗祖教民国十三年重编的《大乘正教宗谱》第四册。

（五）不载刊印年代刊本。笔者在闽西收集到的另一刊本宝卷，亦为大字经折本，不载刊印年月，亦无序、跋，只有校勘文字。《大乘叹世无为卷》后载："刘坊里俞上银、俞文柱、俞调乡各助小边"。《大乘破邪显证卷》后载："刘坊里俞上谷、邱和金、共助小边十只，尚隆、尚筵共助小边十角。"《大乘破邪钥匙卷》后载："祭下廖进森喜助小边十角"。《大乘正信除疑卷》后载："古巫溪巫朝梁、巫显接喜助小边十只。""刘坊里"是宁化县明清时期的行政区划，故此宝卷至迟亦应刊印于清代。

三、明清以来粤东北流传的宝卷

马西沙先生在《中国民间宗教史》第七章《江南斋教的传播与演变》论述了罗祖教传承衍化的大历史脉络。可知，早在明朝万历十三年罗祖教已经传到广东省程乡：

广东程乡县立无为教社，聚党为乱，官军攻之，斩获七十余人，首恶逃逸。[①]

乾隆十四年（1749），两广总督硕色以及湖广总督新柱，在广东韶州以及湖南宜章县发现罗祖教经堂七处，并起获大量宝卷。查获的七座经堂名称为：洞头庵、乐成仙经堂、紫微山经堂、紫云山经堂、真武阁经堂等。[②]

2020年，梅州嘉应学院钟晋兰教授惠赐梅州平远县紫云庵所藏《五部六册》宝卷，堪为粤东北地区宝卷之重要者。此宝卷为民国二十二年手抄经折本。卷首绘有"北京雾灵山成道正果太宁祖师"像，以及"当今总统万岁万万岁"龙牌。

该宝卷，卷尾题曰：

民国二十二年二月二十二起抄，至三月二十二日，大乘弟子卢烈福盟手敬录

[①] 《明神宗实录》卷一六五，万历十三年九月；转引自《中国民间宗教史》，上海：上海人民出版社，1992年，第342页。

[②] 转引自《中国民间宗教史》，上海：上海人民出版社，1992年，第395页。

成就。恭望持念菩萨，取其经义，了心出世，信受奉行。

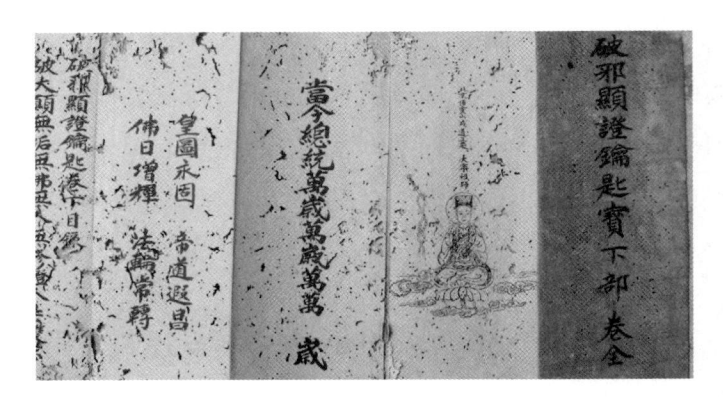

平远县紫云庵所藏《破邪显证钥匙宝卷》卷首

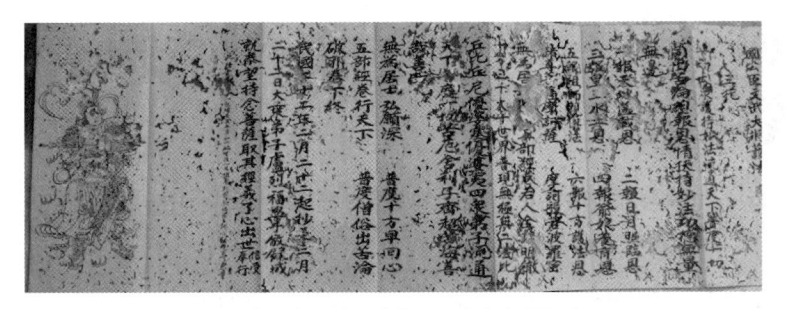

平远县紫云庵所藏《破邪显证钥匙宝卷》卷尾

所谓"大乘弟子"即"罗祖教大乘门弟子"。而卷首所绘之"太宁祖师"则在赣南闽西宝卷中载之甚详，被视为罗祖教在赣南闽西的"纨绔子弟"。笔者在闽西宁化县新发现的民国十三年重编《大乘正教宗谱》，① 为我们认识罗祖嫡传教派的发展提供了有利的线索。《大乘正教宗谱》是宁化县民间宗教罗祖教徒模仿家谱形式于民国十三年（1924）重编的教谱。《大乘正教宗谱》又名《大乘家谱》，共三卷，四册。② 在民国十三年重编《大乘正教宗谱》中，罗祖教自称为"大乘正教""大乘罗祖正教""大乘祖教"，教徒自称为"乘门佛弟子"。宁

---

① 关于《大乘正教宗谱》的初步研究，可参见李志鸿：《〈大乘正教宗谱〉初探》，于 2009 年 11 月在中国社会科学院世界宗教研究所"第五届青年论坛"发表。

② 细察之，目录所载与宗谱的实际内容有所差异。该宗谱本为四册，共 336 页，然现存宗谱缺漏 2 页，为 334 页。目录载该谱本为四卷，但卷四内容仍然置于卷三之中，并无第四卷。此外，卷三"天台山"与"华宝山"世系顺序颠倒。

化县罗祖教徒曾于康熙癸未（1703）、嘉庆乙丑（1805）、道光庚子（1840）、同治庚午（1870）、光绪庚子（1900）、民国十三年（1924）前后六次编修《大乘正教宗谱》。① 第一册封面上方刊"长发其祥"四字，右侧载编修时间"民国十三年岁次甲子谷旦"，中间为"大乘家谱"，右侧落款"佛门仝编"，书脊有"大乘正教宗谱"六字。宗谱第一册有目录，详载各册内容。

《大乘正教宗谱》第一册"世尊系派"列有"西天东土历代佛祖传灯记"，将罗祖教视为临济宗鹅头宗派。"世尊系派"将释迦牟尼佛尊为"世尊"，从迦叶至菩提达摩尊者则为"西天二十八祖"。菩提达摩为东土初祖，传至罗祖则为临济宗鹅头宗派二十六世"大乘初祖"。此种论说显系伪托。实则，该派罗祖教出于罗祖异姓弟子李心安。《大乘正教宗谱》载罗祖法嗣为：

  第一世，清字派，清庵公，姓罗，字梦鸿，道号悟空，
  法嗣：
  礼部尚书汪一忠，
  兵部尚书党应春，
  翰林学士杨明宗，
  司理太监张永周，
  李太宁，
  兰凤
  第二世，净字派，太宁，姓李，道号心安，北京金台顺义人，
  法嗣：春雷
  兰凤，注《五部大教》传世，法嗣：洁空公，作《权宜》二卷行世

---

① 细查六次编修宗谱的时间，除康熙癸未（1703）至嘉庆乙丑（1805）间隔100多年外，其余每次间隔均为30年左右。乾隆十三年，闽北老官斋教发动起义，遭到当朝的残酷镇压。暴动失败后，当局在闽、浙、赣诸省大肆搜剿民间宗教及其教徒。乾隆十三年，福建当局在七府十六个县查出数十座罗祖教的异名同教经堂。遭此一役，绝大部分的罗祖教支派都以隐蔽的形式潜藏于社会底层。本文所述闽西罗祖教，自康熙癸未年（1703）第一次修谱，第二次修谱已是嘉庆乙丑年（1805），在乾隆一朝则不见修谱。此堪为乾隆朝严酷的民间宗教政策的佐证。关于闽北斋教起事，参见马西沙、韩秉方：《中国民间宗教史》，上海：上海人民出版社，1992年，第362—368页。

第三世，道字派，春雷，字震响，姓黄，江西兴国人，葬瑞金县教场，丁山庚向，

法嗣：钟半圆，陈道真，李太虚传后，必空传后

以上传承中，兰凤和尚史料记载较多。但其法嗣"洁空公，作《权宜》二卷行世"则不见于他处。"兵部尚书党应春"应该是兰凤和尚注释《苦功开心法要》中所说助罗祖刊印五部六册经典的"魏党二臣"中的党尚书。[①]"司理太监张永周"疑为协助刊印宝卷的太监"张永"。翰林学士杨明宗，曾经注释过斋教龙华派的《天经》与《结经》。《大乘正教宗谱》"清庵公事迹"载："五十六岁弃家云游，过北京，寓刘本通家，大阐宗法。"关于刘本通，台湾斋教《开心决疑》版《五部六册》之《叹世无为卷》，在注文中乃大肆强调罗祖教法深得皇上及官员的护持，注文曰："我祖得正德皇上敕赐龙牌御制，又得汪尚书、党尚书、张永公公、刘本通诸大人请旨颁行天下，度人生死，功德昭然。"[②]福建莆田金幢教文献《蔡公出世》记述罗祖事迹时载曰："……一日云游北京广胜门，偶遇一居士，姓刘，名本通，素自信佛。见罗祖念佛，近前请问：老师念佛云无假亦无真，后人如何进步？望师究竟。罗祖云：你肯护法，吾当开示。本通即虔诚请祖回家，安歇供养，发心斋戒。祖乃开示三皈五戒，多行十善。本曰：愿持皈戒，谨遵师训。祖于刘本通家开坛说法，称扬佛号。十方皈依，官吏军民聚集无数，念佛喧哗，声震京国。"[③]《寻乌县志》载：本县曾流行大乘教"又称为大乘正宗，由长宁县

---

① 据研究，万历乙未（万历二十三年，1595）罗祖孙罗文举校正重刊本《叹世无为卷》《正信除疑无修证自在宝卷》中印有"崇文门里单牌楼观音寺胡同红字牌党文煜家经铺印行"字样，且《叹世无为卷》中还夹有一张红字广告："见在阁老翟爷家双贤孝牌对门住。北京海大门里单牌楼迤东观音寺胡同，进西口住里约箭之地，坐南朝北居住，第四个旧经铺，门前有红字大牌党三家经铺便是。祖传党应春家制造、重刊、新版大字佛口品，经忏俱全，制造高纸高段，成裹齐整，不误主顾。……"可见，党家与罗祖教关联甚大。参见宋军：《明清民间宗教结社〈护道榜文〉考析》，文载《台湾宗教研究通讯》第六期，台北：兰台出版社，2003年，第131页。

② 《叹世无为卷》第7页。参见林朝成：《以台南德化堂为中心之台湾斋教研究——德化堂的成立史与宗教意识的认同》。

③ 王见川、林万传主编：《明清民间宗教经卷文献》第7册，台北：新文丰出版公司，1999年，第965页。

（即寻乌）留东人邝青山传入江西。邝系该教悟圆派创始人刘本通徒弟，明嘉靖年间首先在县境建立浩然堂进行传教活动。"①

在该谱中，李太宁则被宁化县罗祖教称为"纨绔子弟"："第二世，净字派，太宁，姓李，道号心安，北京金台顺义人"。在罗教历史上，李心安等弟子是依衣钵传教的七个外姓弟子徒孙。日本藏明崇祯十二年（1639）首刊，②清道光戊申年（1848）孟冬重刊的《佛说三皇初分天地叹世宝卷》最早提及李心安，《佛说三皇初分天地叹世宝卷》第六品记载：

> 既遇正法非同今世屡世修来。今将一辈一辈接续传灯祖师调断分明。头一位续灯心安李祖，洞明心性，才得心安，留语录上中下，名为三乘也。……二位续灯洞山秦祖，留无为了义上中下。……三位传灯孤舟宋祖，留双林上下。……四位续灯真空孙祖，留真空上下。……五位昆岗于祖，留丛林上下。……六位玄空徐祖，留般若莲花。……七位明空，后续收源，留了义保命真空宝卷上下六册。①

同宝卷还有唱词一段，进一步对七位传灯接续者做了简单说明：

> 度传灯，共七位，续祖源根。
> 头一位，心安祖，遗留语录。
> 心安集，共六部，刻板开通。
> 洞山祖，留了义，通传大道。
> 上中下，三册经，印造刻通。
> 孤舟祖，十七年，留下宝卷。
> 留双林，上下卷，刻造通行。……③

---

① 《寻乌县志》第三章"宗教"之"会道门"，北京：新华出版社，1996年，第421页。
② 《佛说三皇初分天地叹世宝卷》之《大照玄机印正真人品第二》载："今将五帝次序调断分明……朱太祖龙兴应天府三十五年，号洪武，太古（祖）至今皇帝三百六十五位，至崇祯十二年，共计九万五千五百二十二年。"可见，该宝卷首刊于明崇祯十二年。
③ 《佛说三皇初分天地叹世宝卷》之《广科接续传灯人七名品第六》。

据《大乘正教宗谱》所载，罗祖教于明朝万历年间由江西兴国（葬于瑞金）的黄春雷传入宁化县。这一支南传罗祖教以罗梦鸿为初祖，罗梦鸿的异姓弟子李心安为二祖，江西兴国的黄春雷为三祖。宗谱称："详查《续灯录》中原系鹅头宗派，今谱以一世祖罗公、纨绔子弟李公、三世祖黄公嗣后。"宗谱中有一关于李心安的简短传记，据载，李心安乃是北京顺义人，被称为"太宁心安老人"：

> 二世
>
> 太宁心安老人。参礼始祖，祖云：何处人也？对曰：顺义县人。祖直指曰：此人倒有佛面。太宁叩头，昏迷不醒，随众听法。一日，见师眼中垂泪，心中惨惶，望师发大慈悲。师曰：莫哭，莫哭！大道不从外得，人人本具，个个圆成，只因迷钝，心内不明。又问曰：心地不稳，如何？师曰：盖为世境纯熟，不会归心，我今助尔。万法归一，行也归心，住也归心，此是万法归一。若人识得本心，大地无寸土。识得一，万事毕。翻来覆去，不记遍数。又问曰：多蒙吾师，渐渐开心。复求师印证。师曰：此事暂歇尘，莫要住着，若要住着，得少为足。《楞严经》云：疑悟后（众生），坠无间地狱。随师十二年，不离左右，听教法语。祖一日唤师来曰：尔得诸法总要无法之智，百千三昧任尔施为。达摩西来，不立文字，正是此事。听吾偈曰：昙花开灿转光新，吹毛宝剑作权衡。故将兔角蚊眉杖，付尔人天作证明。老人礼拜，留《语录》行世。①

可知，宁化县的罗祖教是传之于罗梦鸿再传异姓弟子李心安的罗祖教正宗。此支罗祖教"三世祖"为江西兴国人黄春雷。《大乘正教宗谱》第二册载："第三世，道字派，春雷，字震响，姓黄，江西兴国人，葬瑞金县教场，丁山庚向"。除此之外，未见黄春雷传记。据《大乘正教宗谱》第一册"上谢塔图"后记所载，雍正十一年九月十九日各山经堂捐资建塔祭祀春雷祖，并捐

---

① 民国十三年重编本《大乘正教宗谱》第一册。

助山片、田产为春雷祖位下祭产,将地契以及所剩钱银分存观音山、静隐山、新桥大丰山等经堂。每年分春秋二祭,祭祀春雷祖,瑞金县各山经堂也捐资"助租"。① 显然,自清初起,上谢塔已成为此支罗祖教的朝拜圣地。据王见川先生研究,台湾龙华教所藏抄本《汤公规则》载有兰风等 24 名罗祖高徒,其中黄春雷祖师传布地区为赣州府。② 此说与《大乘正教宗谱》所载一致。

---

① 宁化县通灵山经堂祖师第十四世,来字派,吴来显,以及第十五世,自字派,朱重选,殁后皆葬入上谢塔。参见《大乘正教宗谱》第二册"来显公世系传城门通灵山"。

② 王见川:《台湾的斋教与鸾堂》,台北:南天书局,1996 年,第 6—7 页。

葛洪与岭南道教传统的建构

夏志前[①]

摘要：以葛洪为代表的神仙道教是岭南道教的传统形态，这一传统的建构源自葛洪南下广州继而入住罗浮第七洞天炼丹著述以传播神仙道教思想。葛洪所构建的岭南神仙道教传承谱系与文化传统，历经隋唐道教内丹学、宋代金丹南宗、清代全真道的重新诠释，发生了衍化，以至于形成了独特的岭南道教文化传统。

关键词：葛洪；岭南；神仙道教

道教的核心思想是长生久视，得道成仙，认为神仙可学可成，成仙也有一定的修炼方法。晋代道士葛洪南下岭表，在罗浮山著书立说、建庵炼丹，都是围绕着其神仙道教思想而展开。因此，以葛洪为代表的神仙道教成为岭南道教的传统形态，而这一传统的建构及其衍化，形成了独特的岭南道教文化传统。

一、葛洪与第七朱明耀真罗浮洞天

罗浮山是道教圣地，为道教第七洞天，清初屈大均对此记述颇详：

> 蓬莱有三别岛，浮山其一也。太古时，浮山自东海浮来，与罗山合……《汉志》云：博罗有罗山。以浮山自会稽浮来傅之，故名罗浮。……然罗为浮主，而罗浮之东麓有博罗之白水山焉，西麓有番禺之白云山焉，与之鼎立，人亦以为三岛，则罗浮又为白水、白云之主矣。……而朱明洞者，尝有人缒下至五丈许，下视无底，日月星辰无不备，初有白云，须臾散漫五色。《茅君传》谓，其北与句曲洞天相通，中皆大道，可达林屋、岱宗。

[①] 作者简介：夏志前，华南师范大学历史文化学院教授。

> 甘泉云：朱明在冲虚观后，左倚虾蟆、玉女，右挹麻姑、石楼，流水潆潆，从岩口而出，有大石刻曰"朱明洞"者是也。泰泉云：罗浮之洞，周回五百里。盖举其全，犹人之一身也。以朱明洞为在冲虚后者，犹人之有腧穴也……罗浮之东麓迄白水，而西麓迄番禺之白云，博罗之四履皆罗浮，则白云亦罗浮也。

杜光庭《洞天福地岳渎名山记》"十大洞天"载："第七罗浮洞朱明曜真天，广一千里，葛洪所理，在博罗县，属修州。"① 晚清黄培芳《浮山小志》以酥醪观为中心，对罗浮山形胜记述详细，他说："罗浮宅我南交，雄于岭表，道书所称第七洞天，第三十二泉源福地也。"②

葛洪来到罗浮山修炼，当是看中了这一洞天福地，还创立了"四庵"。陈琴轩志载有政和五年霍炜《冲虚观记》云："晋葛稚川登罗浮，创都虚、孤青、白鹤、酥醪东西南北四庵，为往来偃息之地。"③ 宋广业《罗浮山志汇编》卷三记载，"四庵，都虚观为南庵（即冲虚观），酥醪观为北庵，白鹤观为东庵，孤青观为西庵（即长寿观）。今更列为五观，各有香火祭田：冲虚观、酥醪观、白鹤观、黄龙观、九天观（九天观即明福观）"④ 陈琏《罗浮志》卷三对四庵都有记述：

> 冲虚观，在延祥寺东七里。按《图书集成》引《罗浮山志》，冲虚观即都虚观旧址，葛洪至此炼丹，从观者众，乃置四庵，山南曰都虚，又曰元虚，又改名冲虚。天宝初置守祠十家，仍度道士二人。宋元祐二年赐额。⑤
>
> 长寿观，在冲虚观西北，乃南汉天华宫，俗呼为南天华。按黎民表《图经注》引旧志，孤青峰下有孤青观址，葛洪西山菴基也。南汉改长寿观。⑥

---

① 《道藏》11—57 上。
② 【清】酥醪洞主录：《浮山志》卷一，胡道静等主编：《藏外道书》，成都：巴蜀书社，1994年，第 32—562 页。
③ 【清】酥醪洞主录：《浮山志》卷二，《藏外道书》，第 32—582 页。
④ 【明】陈琏：《罗浮志》卷三，《藏外道书》，第 19—127、128 页。
⑤ 【明】陈琏：《罗浮志》卷三，《藏外道书》，第 32—682 页。
⑥ 【明】陈琏：《罗浮志》卷三，《藏外道书》，第 32—682 页。

白鹤观,在冲虚观东,葛仙东山菴基。①

酥醪观,在冲虚观北,葛仙北山菴基。②

可以说,葛洪在罗浮山炼丹著书,开始把道教传到了岭南。

罗浮山形略图(图片来源:陈伯陶《罗浮指南》)

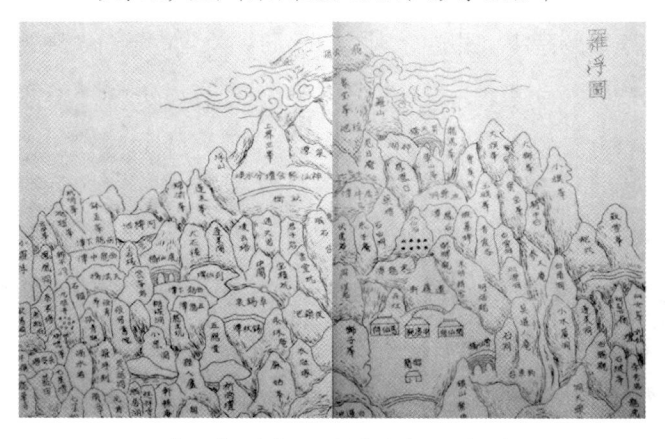

罗浮图(图片来源:乾隆《博罗县志》)

二、葛洪金丹派与罗浮山的神仙道教谱系

《抱朴子》内篇"金丹篇"记载了葛洪金丹派的师承关系:

---

① 【明】陈琏:《罗浮志》卷三,《藏外道书》,第32—683页。
② 【明】陈琏:《罗浮志》卷三,《藏外道书》,第32—682页。

昔左元放于天柱山中精思，而神人授之金丹仙经。会汉末荒乱，不遑合作，而避地来渡江东，志欲投名山以修斯道。予从祖仙公，又从元放授之，凡受《太清丹经》三卷，及《九鼎丹经》一卷。予师郑君者，则予从祖仙公之弟子也，又于从祖受之，而家贫无资买药。予亲事之，洒扫积久，乃于马迹山中立坛，盟而受之，并具诸口诀，诀之不书。江东先无此书，书出于左元放，元放以授余从祖，从祖以授郑君，郑君以授予，故他道士了无知者也。①

于此可知金丹派由左慈（元放）得之于神人，然后依次传给葛洪的祖父葛玄（仙翁）、葛洪的师父郑隐，再到葛洪。宋代留元长作《金丹世系记》，对罗浮山金丹修炼的传授谱系进行了梳理：

……（缺一百六十字）虎大还丹授之于天下后世朝夕也，姑以兹山老仙言之。昔有真人郑安期来游罗浮，后于广州蒲涧所隐而成道者也。尝谓秦始皇曰，后三千年访我蓬莱山，此罗浮山则其别岛也。安期以法授朱灵芝，此山朱明耀真洞天，系朱真人所治也。朱以授阴长生，山中铁桥峰乃长生所居。阴以授苏元明，于山中青霞谷修炼大丹。苏以授葛孝先，吴时于山中飞云顶炼丹。葛以授郑思远，远字子华，于山中泉源福地修炼。郑以授葛孝先之从子洪，字稚川，谓之抱朴子，于山中麻姑峰下炼丹。洪之授于鲍靓，为南海太守者。鲍以女妻洪，遂得阴君相传丹法。洪妻鲍仙姑，亦传于黄野人，乃稚川之徒。世传其要，前后相授，所得者依而行之，其道皆成所谓金丹之道。学者果如何哉？人能知此而不学乎？余作县邵武，秩满被命佐漕岭南，方将治行，一夕有梦于罗浮。今舟次惠海，南望大山，紫翠际天，篙人谓余曰，此即罗浮山也。余思之先公丞相尝隐于此山，想书堂犹存。于是叙舟作兴，登高眺远，搜奇访古，因感余所得者，皆山中之仙。问于黄冠，相顾恍然莫知所谓。遂书罗浮金丹世系，以授知观邹师

---

① 王明：《抱朴子内篇校释》（增订本），北京：中华书局，1985年，第70页。

正云，年月日记。①

留元长建构了罗浮山金丹修炼的传承谱系：郑安期（安期生）、朱灵芝、阴长生、苏元明、葛孝先（葛仙翁）、郑隐（郑思远）、葛洪、鲍靓、鲍姑、黄野人，地方文献对这些人物都有记载。尽管后人对这样一个传承谱系的建构有所质疑，但我们从中可以判断，罗浮山金丹修炼的传授系统带有神化色彩，其目的是为了凸显罗浮山金丹世系的宗教神圣性和神秘性，是"为了强调罗浮山金丹修炼的悠久历史渊源和浓厚传统"。②从某种意义上可以说，金丹修炼传统实质上就是罗浮山神仙道教传统。从所供奉神仙也可以看到罗浮山道教早期传承脉络，山志记载，冲虚观左有诸仙祠：

> 旧祠中座朱灵芝、华子期，左座鲍靓、苏元朗、罗万象，右座单道开、轩辕集、黄励。后祠毁，改塑钟离权、吕岩。宋时该观云堂，惟祠洞宾。其右曰葛仙祠，祠后有丹灶，其泥取之不竭。③

可见罗浮山自古以来就神仙辈出，形成了悠长的神仙道教传承谱系。早在先秦时，就有浮邱公、安期生、华子期等：

> 浮邱公，（周）灵王时偕王子晋上嵩山，后适罗浮得道，因名其地。《广东通志》：南海县有浮邱山，为罗浮朱明之门户，传浮邱丈人于此得道（《罗浮书》）。④

> 安期生者，琅琊阜乡人，买药东海边，时人皆言千岁翁。秦始皇帝东游请见，与语三日夜，……相传蓬莱三岛，浮山其一也。安期生在罗浮时尝采涧中菖蒲服之，至今故老指菖蒲涧为飞升处。《广州志》：白云山有

---

① 【明】陈琏：《罗浮志》卷八，《藏外道书》，第19—33页。
② 参见盖建民：《金丹派南宗内外丹合修思想探微：兼论南宗在罗浮山地域的传播》，黎志添主编：《香港及华南道教研究》，香港：中华书局，2005年，第256页。
③ 【明】陈琏：《罗浮志》卷八，《藏外道书》，第19—33页。
④ 【清】宋广业：《罗浮山志汇编》卷四，《藏外道书》，第19—138页。

鹤舒台，传为安期生飞升处。①

　　朱灵芝者，其先大宛人，后徙北谷，师事太素真人，受以青精饭方，饵之，能一日九食，亦能终岁不饥。捐妻孥南来，隐居罗浮，修炼大清神丹，九鼎功成。日服一铢，内视服气者三十年，有五色鸟衔赤龙芝，取而服之。初无名字，人称青精先生。至是因名灵芝，复得玉佩金珰之道，礼华盖隐元之星，务魁步罡，叱咤风雷，摄召鬼神，积功累行，乃白日升天而去，膺受图箓，为太极仙卿，治朱明曜真洞天。其栖息处有朱子庵，又有朝斗坛焉。②

　　华子期者，淮南人也。师禄里③先生，授隐仙灵宝方书，一曰《伊洛飞龟秩》，二曰《伯禹正机》，三曰《平衡方》。……后乃仙去，居罗浮，受命治泉源福地。

　　东郭延，字幼平，一字延年，山阳人也。秦时隐增城山，数百岁如壮者。爱啬精神，不极视大言，常服灵飞散，自云得之李少君，炼服九鼎丹，能在暗室中夜书。又身生光，远照小物，见其采色。能役使鬼神，逆知人死生。

汉代另有王远（字方平）、毛公、阴长生。

三国时有葛玄：

　　葛元，字孝先，琅琊人，慕长生不死之道，因遁迹灵岳。时欲辟为掾，辞曰，疏食被褐，枕石漱流，吾所愿也，岂以此易彼哉。乃入天台、赤城，上罗浮，遇苏元朗，授以金丹之旨。或云从左元放受《九丹液仙经》于飞云顶，炼丹得仙，号葛仙翁。（《罗浮书》）④

---

① 【清】宋广业：《罗浮山志汇编》卷四，《藏外道书》，第19—138页。论者以为，罗浮山的安期生并非白云山的郑安期："聚龙岗北有蒲涧，生菖蒲一寸九节，安期生服之仙去。按此乃郑安期，非安期生也。"

② 【清】宋广业：《罗浮山志汇编》卷四，《藏外道书》，第19—138页。

③ 疑为"甪里"之误。

④ 【清】宋广业：《罗浮山志汇编》卷四，《藏外道书》，第19—140页。

晋代有鲍靓：

> 鲍靓，字太元，上党人，……禀性清慧，学通经史，修身养性，蠕动不犯。闻人之恶，如犯家讳。明天文河洛书，人多从受业。扬道化物，号曰儒林。后师事阴长生，"授以神丹尸解之法"。靓后为南海太守，以女妻葛洪，洪居罗浮，靓昼临民政，夜尝往来山中，或语论达旦。人见其来，门无车马，独双燕往还，怪而候之，则双履也。[1]

晋人单道开，在罗浮山中，算是亦佛亦道的人物，被视为仙：

> 单道开，敦煌人也，……升平初至京师，后入罗浮山，独处茅茨，萧然物外，年百余岁而卒。[2]

晋代除了鲍靓、葛洪外，另有黄野人、梁庐、王佐、邝仙、王邦叔等仙人。其中梁庐"闻罗浮本出蓬岛，乃自会稽南行三千里始至，其山绝高，为居观源洞，寻药修炼，丹成仙去"。[3] 王佐"南来遁居罗浮，内修九年，神丹亦成。"

黄野人在罗浮山传说较多，被称为"黄大仙"或"黄仙""王大仙"，但不同的"王（黄）野人"早已让人分辨不清。《博罗县志》载："黄野人，葛洪弟子也，或云洪之隶。洪既仙去，留丹于罗浮柱石间，野人得一粒服之，遂为地行仙。……又有王野人者，名靓，亦修道于此。"[4] 另有被称为"茶山黄仙"黄野人：

> 晋黄野人，葛洪之隶，冲虚观侧有野人庐，似与茶山无涉。今洞口石坊勒曰黄仙古洞，从此登涉，水光树影中约三百步即仙祠，内有仙像俨然。考《山志》，唐王体 植茶成园，称王野人。世俗王黄不辨，此间植茶，

---

[1] 【清】宋广业：《罗浮山志汇编》卷四，《藏外道书》，第19—140页。
[2] 【清】宋广业：《罗浮山志汇编》卷四，《藏外道书》，第19—142页。
[3] 【清】宋广业：《罗浮山志汇编》卷四，《藏外道书》，第19—142页。
[4] 【清】陈裔虞纂：乾隆《博罗县志》卷十二"人物"二"仙释"。

误王为黄，亦未可知。又南汉黄励亦号野人，腰悬玉瓢，投药救病，随手辄愈。本山道人代传医药，抑或因是而肖像以祀与！①

尽管如此，在罗浮山的冲虚观，奉祀黄野人的香火历代不绝。

南朝时有任敦，"字尚隐，博昌人也，少在罗浮学道，后宋元嘉中居茅山南洞，行步斗之道及洞元五符，能召役使鬼神，隐身分形。……及居云阳句曲洞天，南通罗浮。"②

隋唐五代时期，除苏元朗外，有王体靓、吕纯阳、李终南、陶八八、轩辕集、刘曋、罗万象、许碏、申太芝、司马退之、蔡天一、王锡、厉归真、黄励石等十多人。宋代则有古成之、崔羽等十八人，其中影响较大的是陈楠、白玉蟾。

另外，晋代至宋代，罗浮山的女仙有鲍姑、徐仙姑、何仙姑、卢媚娘、妙明真人、单县君等。

从罗浮山的神仙谱系来看，一方面，罗浮山道教的传统应该属于神仙道教，其特点就是通过修炼内外丹而得道成仙。另一方面，葛洪所代表的道教金丹派，在罗浮山神仙道教历史上起到了奠基作用，把罗浮山的神仙传说切实转化为神仙道教传统。再者，葛洪开创的罗浮山神仙道教，以罗浮山为中心，辐射到整个岭南地区，使得罗浮山成为道教名山和岭南道教的祖庭，葛洪也成为岭南道教的一代宗师。

三、从金丹派到全真道

自署"李无无道人"者曾论及罗浮山道教传统：

> 太上本教清微，汉天师立教正一，葛祖立教灵宝，许祖立教净明。今清微奉行不善，皆火居道士。正一天师自有后人，灵宝寥寥，净明无几。元初邱处机长春子立全真教，罗浮乃灵宝法坛，他教道人岂可住持？如今江右龙虎山乃天师子孙住持，他教焉能住持也？（《藏外道书》

---

① 【清】酥醪洞主录：《浮山志》卷一，《藏外道书》，第32—567页。
② 【清】宋广业：《罗浮山志汇编》卷四，《藏外道书》，第19—143页。

19—128。)

这个李无无道人不知何许人也,但他很明确的态度是,罗浮山是葛洪所立的灵宝派的道场(灵宝法坛),后来为全真道龙门派所据。关于罗浮山的灵宝法坛,《罗浮志》卷四载"灵宝经传授":"葛元受《灵宝经》,传郑思远。思远以《灵宝》及三洞诸经付元从弟少傅奚,奚付子护军悌,悌付子洪,洪即抱朴子也。又于马迹山诣思远,告盟奉受。洪又于晋建元二年三月三日于罗浮山付弟子安海君望世等,后从孙巢甫晋隆安元年传道士任延庆、徐灵期,遂行于世。"(《藏外道书》32—688。)也就是说,葛洪在罗浮山所传播的是灵宝经典。但是,我们所熟知的是葛洪的神仙道教,对于灵宝法坛却知之甚少。考之道教历史,早期道教有上清、灵宝、三皇等三个主要派别,葛洪家族所传承的几乎涵盖了这三个道派,被史家称为"葛氏道"。葛洪在罗浮山期间,主要以炼丹和著述为主,他所呈现的是"丹鼎派"的神仙道教传统。而且,接续着葛洪道教仍然是"丹道",只是逐渐由外丹转到了内丹。一般认为,中国道教内丹学的创始人也在罗浮山。《罗浮山志汇编》载:

> 隋苏玄朗者,不知何许人,尝学道于句曲,得司命真秘,遂成地仙。生于晋太康时,隋开皇中来居罗浮,年已三百余岁矣。居青霞谷修炼大丹,自号青霞子,作《太清石壁记》及所授《茅君歌》,又发明太易丹道,为《宝藏论》。弟子从游者闻朱真人服芝得仙,竞论灵芝春青夏赤秋白冬黑,惟黄芝独产于嵩高,远不可得。元朗笑曰:'灵芝在汝八景中,盖向黄房求诸?谚云:天地之先,无根灵草,一意制度,产成至宝。此之谓也。'乃著《旨道篇》示之,自此道徒始知内丹矣。又以《古文龙虎经》、《周易参同契》、《金碧潜通秘诀》三书文繁义隐,乃纂为《龙虎金液还丹通元论》,归神丹于心炼。其言曰:'天地久大,圣人象之。精华存乎日月,进退运乎水火,是故性命双修,内外一道,龙虎宝鼎即身心也。身为炉鼎,心为神室,津为华池。五金之中,惟用天铅,阴中有阳,是为婴儿,即身中坎也。八石之中,惟用砂汞,阳中有阴,是为姹女,即身中离也。铅结

金体，乃能生汞之白。汞受金炁，然后审砂之方。中央戊已是为黄婆，即心中意也。火之居木，水之处金，皆本心神。脾土犹黄芽也，修治内外，两弦均平，惟存乎真土之动静而已。真土者，药物之主。斗柄者，火候之枢。白虎者，铅中之精华。青龙者，砂中之元气。鹊桥河车，百刻上运。华池神水，四时逆流。有物之时，无为为本。自形中之神，入神中之性，此谓归根复命，犹金归性初而称还丹也。'内视九年道成，冲举而去。①

苏元朗在罗浮山开创的内丹道教成为隋唐以后中国道教发展的主要方向，至宋朝时即出现了道教金丹派的南宗和北宗。

晚清黄培芳对酥醪观道侣传抄的《入道须知》②进行了解释，他引述《蚓庵琐语》说：

> 道家自东华帝君授钟离权，权授唐吕岩，岩分二宗。一授辽阳进士刘操，号海蟾子、明悟宏道真人。操授宋张伯端，号紫阳。端授石泰，号杏林。泰授薛道光，号紫贤（又名道渊，尝为僧，自号毗陵禅师）。光授陈楠，楠授白玉蟾，蟾授彭耜。此南宗也。一授金王喆，喆授七弟子，曰邱处机、谭处端、刘处元、王处一、郝大通、马钰、钰妻孙不二，世谓之七祖。此北宗也。七祖之迹皆在东海崂山，而邱处机为元祖所礼，弟子十八人，居燕之长春宫，今都城西南白云观。王喆咸阳人，余皆登州人。酥醪，邱处机派也。③

这里将道教金丹派分为南北二宗，其中南宗的传统更接近葛洪的金丹道教，而且"南宗道士在罗浮山地域活动情况表明，罗浮山乃金丹南宗的一个主要道场，罗浮山在南宗发展史上有相当重要的地位，当与福建的武夷山、浙江的天台山齐名"。④ 罗浮山金丹南宗有两个代表人物，就是南宗四祖陈楠和五

---

① 【清】宋广业：《罗浮山志汇编》卷四，《藏外道书》，第19—144页。
② 清末，酥醪观刻板印制《玄门必读》，供道士修持所用，此《入道须知》当是其中内容。
③ 【清】酥醪洞主录：《浮山志》卷一，《藏外道书》，第32—578页。
④ 盖建民：《道教金丹派南宗考论》，北京：社会科学文献出版社，2013年，第999页。

祖白玉蟾：

> 陈楠，字南木，号翠虚，惠州府博罗县白水岩人，以盘栊箍桶为生。……后得《太乙刀圭金丹法诀》于毗陵禅师，得《景霄太雷琅书》于黎姥山神人。每人求符水，楠捻土付之，病辄愈，故人呼之为陈泥丸。宋徽宗政和中，提举道箓院事，后归罗浮，以道法行于世。……有《翠虚妙悟全集》行于世，及作《罗浮翠虚吟》，以丹法授琼山白玉蟾。①
>
> 白玉蟾，字如晦，本葛长庚，变易姓名，世为闽人，以祖任琼州之日而生，自号为海琼子，又号曰 庵，曰武夷散人，曰神霄散吏。幼举童子，长游方外，得翠虚陈泥丸之术。当时士大夫欲以异科荐之，弗就也。事翠虚九年，始得其道，每游方外，必与之俱。逮翠虚解化于临漳，乃往还于罗浮、霍童、武夷、龙虎、天台、金华、九日诸山。……授上清箓，行诸阶法，摄都天大雷最。所用雷印常佩腰间，祈禳辄有异应。②

在南宗五祖（张伯端、石泰、薛道光、陈楠、白玉蟾）当中，白玉蟾是真正的南宗宗派创始人，前面的四位还不是严格意义上的道士，也没有形成道教教团。金丹南北二宗都主张"性命双修"，其主要区别在于，南宗倾向于先命后性，北宗倾向于先性后命。而作为南宋初出现的"新道教"全真道，提倡回归黄老道家的清静无为，对于葛洪为代表的金丹派所孜孜以求的神仙道教颇有微词。

不过，随着全真道教在清初传入广东，罗浮山的道观也为全真道士所住持，一直到现在。比如酥醪观，虽然为葛洪所创北庵，但"唐宋以来代阅沧桑，羽化道人无籍可考"，清朝初年开始，即以龙门派为传承，"国朝曾一贯师总管五观，尚住冲虚。至雍正五年，柯阳桂始开复作道场，大都割弃尘累，怀颖阳之风，非如末流所传烧丹辟谷，符箓冲举，以骇世俗。"①葛洪所开创的金丹道教传统，明代之后，在全真道的影响下，又有回归黄老道家的倾向。黄培芳认为，"道家以清静无为为宗，以虚无应物为用，以慈俭不争为行，本

---

① 【清】酥醪洞主录：《浮山志》卷一，《藏外道书》，第32—570页。

出黄帝、老子而有合于《周易》何思何虑、《论语》仁者静寿之说……昔岐伯之书，曰为无为之事，乐恬淡之能，从容快意于虚无之守，故寿命无穷。余所见……师兄弟师弟子松龄鹤算，容于一门，殆所谓逍遥。……稽其所为，恬退寡欲、守清养素之外，无他异。然他观无是也。"①

---

① 【清】酥醪洞主录：《浮山志》卷一，《藏外道书》，第32—571页。

在为政与逍遥之间

——读《抱朴子内外篇》

张宏斌[①]

《论语·为政》:"或谓孔子曰:子奚不为政?子曰《书》云:孝乎惟孝,友于兄弟,施于有政。是亦为政,奚其为为政?"

《庄子·逍遥游》:"藐姑射之山,有神人焉。肌肤若冰雪,绰约如处子,不餐五谷,吸风饮露,乘云气,御飞龙而游于四海之外。"

《抱朴·子外篇》:"弘道养政,殊涂一致。"

《晋书·葛洪传》:"道士博洽闻者寡,而意断妄说者众。至于时有好事者,欲有所修为,仓促不知所从,而意之所疑又无足谘。今为此书,粗举长生之理。世儒徒知服膺周孔,莫信神仙之书,不但大而笑之,又将谤毁真正。故予所著子言黄白之事,名曰《内篇》,其余驳难通释,名曰《外篇》,大凡内外一百一十六篇"。

按照葛洪自己的说法,《内篇序》"不以合于余所著子书之数,而别为此一部,名曰内篇,与外篇各起次第",《内篇》与《外篇》分别单行且有先后,《内篇·黄白》"余若以此辈骋辞章于来世,则余所著《外篇》及杂文二百余卷,足以寄意于后代,不复须此",大致上《外篇》或在《内篇》之前成文。次第分殊前贤考之尽矣,论辩不一而足。

合《内篇》《外篇》而观,《内篇·释滞篇》或可提纲挈领:"内宝养生之道,外则和光于世。治身而身长修,治国而国太平。以六经训俗士,以方术授知音。欲少留则且止而佐时,欲升腾则凌霄而轻举者,上士也。自持才力,不能并成,则弃置人间,专修道德者,亦其次也。黄帝荷四海之任,不妨鼎湖之举;彭

[①] 作者简介:张宏斌,中国社会科学院世界宗教研究所,副研究员。

祖为大夫，八百年，然后西适流沙；伯阳为柱史；宁封为陶正；方回为闾士；吕望为太师；仇生仕于殷，马丹官于晋；范公霸越而泛海；琴高执笏于宋康；常生降志于执鞭，庄公藏器于小吏；古人多得道而匡世，修之于朝隐，盖有余力故也。何必修于山林，尽废生民之事，然后乃成乎？"

一、名教与自然的时代论题

历史进于魏晋时段，时分时合，作为礼乐文明主体的儒教也随着时代不断变化着。东汉政治神学化的儒教僵化愈甚，终导致了内部的古文、今文经学之争，这种内部的自我更新结果最后是古文经学胜出，今文经学式微。当换代的统治者再次将儒学作为一套政治化的社会和思想体系时候，社会生活的离乱、动荡，统治者的言行不一以及说教与现实的方凿圆枘，使得"名教"与"自然"的论辩跃然而出。名教者，"乃是因名立教，其中包括政治制度。人才配合以及礼乐教化等等[①]"，自然者，王弼注老子"人法地，地法天，天法道，道法自然"曰："道不违自然，乃得其性。法自然者，在方而法方，在圆而法圆，于自然无所违也。自然者，无称之言，穷极之辞也"。

名教与自然之辨，或许与当时被数次战争撕裂为碎片的社会中，传统价值秩序崩解，个人无所适从，开始追求自由、向往洒脱之意蕴，但归根结底不过是天人之学的时代问题。自然即天道，是外在于人的不依人的意志而转移的必然之理；名教即人道，是内在于人的受人的意志所支配的应然之理。自其异者而观之，天与人分而为二，自然秩序与社会秩序属于两个不同的领域；自其同者而观之，天与人又合二而一，人作为宇宙之一物，首先是一个自然的存在，然后才是一个社会的存在，人既有自然本性，又有社会本性，既受必然之理支配，又受应然之理支配，二者密不可分，结为一体，内在地统一于人性本质之中。这就使得天人之间同异分合的关系成了一个无法找到确解的永恒难题[②]。

当于此时，对问题有着洞见以及社会担待的思想者开始从儒教传统典籍之外

[①] 见唐长孺：《魏晋玄学之形成及其发展》，《魏晋南北朝史论丛》，北京：中华书局，2011年。
[②] 见余敦康：《魏晋玄学史》，北京：北京大学出版社，2004年，第2—3页。

寻绎解答问题的线索，而道家之思想当为首选。何晏、王弼《老子注》，向秀、郭象《庄子注》等开源畅流。名教与自然之主题论辩，学者之别，汤用彤先生定义为"温和派"和"激烈派"，"温和派"如何晏、王弼等虽不看重名教，但也不主张尽弃"礼法"，"激烈派"如阮籍、嵇康彻底反对名教，完全表现为《庄子》精神，以至于胡毋辅之、乐澄"皆以任放为达，或至裸体者"，至于向、郭则主张"名教"与"自然"不是冲突或对立的，从根本上去调和孔老（儒道）两家的冲突，即取消"自然"与"名教"的对立，"以儒道为一"[①]。

作为玄学之论题的"自然"与"名教"之辩，有着其自身内在的逻辑线索，时代的发展主导了其自身固有学术的演进。按《晋书》卷七二《葛洪传》和刘知几《史通·序传》的观点，葛洪也是玄学的清谈家之一，其微言大都体现在对具体人、事、物的臧否中：《外篇》正郭、弹祢、诘鲍三篇，联在一起，以时为序。郭泰"周旋清谈闾阎，无救于世道之陵迟，无解于天民之憔悴"。祢衡"言行轻人，密愿荣显。是以高游凤林，不能幽翳蒿莱。然修己驳刺，迷而不觉，故开口见憎，举足蹈祸，赍如此之伎俩，亦何理容于天下，而得其死哉"。鲍敬言"好老庄之书，治剧辩之言"。

而大义则是在其立意中。名教与自然在理论上，如果以向、郭《庄子注》作为玄学思辨的一个完纳的话，其实早已是被超越的话题。但是事实并没有得以解决，学风依然是谈玄说理，士风一直是虚旷放达，政风延续无为与妄作的交织。西晋重臣王衍妙善玄言，唯谈《老》《庄》为事，信口雌黄，朝野之士莫不景慕仿效，矜高浮诞，及至于死前才恍然有"呜呼！吾曹虽不如古人，向若不祖尚浮虚，戮力以匡天下，犹可不至今日"之悟。东晋时期佛学介入，本土士人催生了六家七宗，僧睿在《〈毗摩罗诘提经〉义疏序》中云："自慧风东扇，法言流泳以来，虽曰讲肆，格义迂而乖本，六家偏而不即。性空之宗，以今验之，最得其实"。虽然于佛法理解各有所失，但般若性空独秀于林。在理论层面更将玄学推入虚空的泥淖。可以说，直至东晋灭亡，清谈之学算是告一完结，无论是在学理上还是政治操作上。

[①] 见汤用彤：《魏晋玄学论稿》，北京：生活·读书·新知三联书店，2009年，第130—131页。

《外篇·嘉遁第一》"拥经著述可以全真成名，有补末化……虽无立朝之勋，即戎之劳，然切磋后生，弘道养政，殊途一致，非狷介之民也"。挽"风颓教沮"之势与实，以儒道合一的思路入手，致力于弘道养政，力避凌空蹈虚，在理论上，重建或者说重新诠释道教的最高本体，葛洪拈出"玄道"，《抱朴子·畅玄》："夫玄道者，得之乎内，守之者外，用之者神，忘之者器，此思玄道之要言也"。在葛洪的概念中，玄道是自然之始祖，而万殊之大宗。"玄道"在理论特质上"是一个含括万有的概念，所反映出的思想路线，是追求万物大全之有，既不同于玄学所追求的虚无，更不同于佛教所追求的空无[1]"。

二、在实践层面的择取上，儒道并行，具体有施政纲领

《外篇》是葛洪应世施政的纲领，脉络大致是明白的。卷三勖学、卷四崇教、卷五君道、卷六臣节、卷七良规、卷八时难、卷九官理、卷十务正、卷十一贵贤、卷十二任能、卷十三钦士、卷十四用刑、卷十五审举、卷十六交际、卷十七备阙、卷十八擢才、卷十九任命、卷二十名实、卷二十一清鉴、卷二十二行品、卷二十三弭讼、卷二十四酒诫，一直到卷四十八诘鲍，全然都是现实问题的应对。

这种政治、社会、文化图景的设计，自然是儒家应有的模式，但与传统儒家因地施为的又有不同处：一是现实政治的混乱以及儒家法令律条的名存实亡，基本上是名教沉沦，按照葛洪的说法就是"世道多难，儒教沦丧，文武之轨，将遂凋坠，或沉溺于声色之中，或驱驰于竞逐之路"。换种思路，以道家为根柢，将名教的重生、再造纳之于更广阔的理论视野，以道家的自然来化销名教的衰弊、禁锢，赋予其本然的张力；以名教来收束道家的放诞任达，朴散以为器，人文而化成。溯之源头，君主制的汉末，政治动荡、社会疲敝、文化凋零、民生水火，于此发端的道教在本初的意义上要即是在致力于社会制度重塑、文化复起以及个人身心安顿的努力，对政治文化图式的设计是居于核心地位的。至于后来对治身心、个人的生死安顿、金石服炼、飞仙羽化成为道教的主要面目和大众要义完全

---

[1] 见卢国龙：《怎样读经典抱朴子》，《中华读书报》2017年4月4日。

是一种不得已和误会。不得已在于儒教所主导和固化的政治文化制度的复建,依然使得独尊之势不可并驾齐驱;误会在于被世人不见泰山的障目一叶,即使到明清之际,道教始终关注中华文化的重塑和制度的更新,只是形格势禁,陈仓暗度罢了。

三、《内篇》在实质上是对南方道教的第一次清整

百年后的寇谦之清整道教"除去三张伪法,租米钱税及男女合气之术,专以礼度为首,而加服食闭炼"。这种发生自然有与佛教竟盛以及两教利益冲突的考虑,征诸历史佛道彼此的攻讦大都源于此;也有迎合最高统治者兴趣的针对,诸如对北魏太武帝崇道抑佛的投机。不过寇谦之的清整显然不仅于此。这在其与崔浩的交流中可以窥见端倪。

北齐魏收《魏书》和唐李延寿《北史》中记载:天师寇谦之每与浩言,闻其论古兴亡之迹,常自夜达旦,竦意敛容,深美之,曰:"斯人言也惠,皆可底行,亦当今之皋陶也。但人贵远贱近,不能深察之耳。"因谓浩曰:"吾当兼攸儒教,辅助太平真君,而学不稽古。为吾撰列王者政典,并论其大要。"浩乃着书二十余篇,上推太初,下尽秦、汉变弊之迹,大旨先以复五等为本。……因欲修服食养性术,而寇谦之有《神中录图新经》,浩因师事之。

论古兴亡之迹是寇谦之与崔浩的主题,古今兴亡之迹显然不是纯粹修仙服炼之信徒的关注点,迹是历史发展的脉络、文化演进的逻辑,传统之所以如是的线索;古以资今,也即是对现实的关切,含括国家政治的设计、社会的秩序、个人身心安顿等方案。这都是现实的关切,与寇谦之"专以礼度为首"的宗教改革合辙符契。兼修儒教,以儒教的礼制入手对道教进行清整,一方面使得道教剥离粗犷的形态,渐渐确立了有序精致的教理教义和斋戒科仪;另一方面,儒教的基本要义融入道教的系统,复归了道教原始关注现实的同时,使得儒教教化在官方立法律典之外,得以附道教之体而展。进一步而言,寇谦之所从事的与其说是宗教的改革,毋宁说是社会的变法,政治的努力固不待言,尤致力于的是文化的整合,以儒道互补的形式重新塑造信仰和价值表达,以其共识的建筑。

同心同理，《内篇》神仙方药、鬼怪变化、养生延年、禳邪却祸之事等赅括无尽，晋以前的神仙理论亦被汇总凝练，同时又强调儒家的纲常名教"欲求仙者，要当以忠孝和顺仁信为本。若德行不修，而但务方术，皆不得长生也"。求仙的根本在于世俗人格的完成，若德行不修，仁义不施，忠孝和顺的此岸事实和价值无法完备，神仙总在虚无缥缈间。这种教义教理体系的建构，并没有触碰道教既定的制度和架构，倾向于理论上的检讨，以理入手，一是源于形格势禁，既定的政治文化空间不允许做出实质的更变，两晋的上层基本上是天师道的系统，撼动不得难以奏效；二是他并不是一教之主或者派门的执掌，无法介入现实的革新和具体的操作，择其可运作的空间施以最大的可能已经是心力所至。

四、《内篇》与岭南道教的渊源纠葛

葛洪在自序中说："洪年二十余，乃计作细碎小文，妨弃功日，未若立一家之言，乃草创子书。会遇兵乱，流离播越，有所亡失，连在道路，不复投笔十余年，至建武中，乃定凡著《内篇》二十卷，《外篇》五十卷，碑颂诗赋百卷，军书檄移章表笺记三十卷，又撰俗所不列者，为《神仙传》十卷，又撰高尚不仕者，为《隐逸传》十卷又抄五经、七史、百家之言兵事、方伎、短杂奇要三百一十卷别有目录"。

循葛洪本人自述，凡著"至建武中乃定"，《内篇》《外篇》都是在东晋建武年间（317—318）厘定的。《晋书·葛洪传》中说："在山积年，优游闲养，著述不辍"，大致认为是晚年归隐罗浮山后的著作，《四库全书总目提要》也认为是"乞出为句漏令。后终于罗浮山"的作品。当然以作者本人的言说为准，基本上是东晋初年、葛洪壮年的想法总撮，后来即使有所补订，也不出早期的轮廓和旨趣。著成的时间划定在东晋初年几乎是无疑的，著墨的地点也是可以辨明的，即《内篇》《外篇》是在岭南地区生活期间完备的。按照钱穆先生的考证，咸和五年（330）年葛洪乞为句漏令，在此之前近二十年间一直仕宦在朝。但是不能忽略的是葛洪在21到31岁这10年的时间内居于罗浮山，《晋书》记载其"欲避地南土，乃参广州刺史嵇含军事。及含遇害，遂停南土多年"；葛洪在

330年直至过世是二次隐居罗浮山,"以年老,欲练丹以祈遐寿,闻交址出丹,求为句漏令。……至广州,刺史邓岳留不听去,洪乃止罗浮山炼丹。"除却《内篇》《外篇》早年的作品,晚年的《元始上真众仙记》《神仙服食药方》《房中秘术》等也大致作于罗浮山①。

早年从郑隐处受金丹之经及《三皇内文》《王岳真形图》《枕中五行记》《九丹》《金银液经》《黄白中经》等,《抱朴子内篇·遐览》中说:"道书之重者,莫过于《三皇内文》《五岳真形降》也",后又从鲍靓处得受《古三皇文》。在这个谱系传承来看,自然是方仙道信仰的承继"从祖玄,吴时学道得仙,号曰葛仙公,以其炼丹秘术授弟子郑隐。洪就隐学,悉得其法焉。后师事南海太守上党鲍玄"。

就时间点来看,既然成书在东晋初年,北方士族和难民的大量涌入是滞后的,《三国志·孙策传》裴松之注引《江表传》:"昔南阳张津为交州刺史,舍前圣典训,废汉家法律,尝着绛帕头,鼓琴烧香,读邪俗道书,云以助化,卒为南夷所杀。此甚无益,诸君但未悟耳"。沉迷道教不自拔卒以丧身的汉末交州牧张津,以及好道笃教任交趾太守四十年的士燮等在个人修养层面与道教干系莫深,对境内之风气的引领亦不忽视,但是与方仙道教确是无干。那么葛洪《内篇》中对岭南道教的记载和描述自然与北方天师道的信仰并不牵涉,《理惑论》说:"是时灵帝崩后,天下扰乱,独交州差安,北方异人咸来焉,多为神仙辟谷长生之术,时人多有学之者",而多是南方道教的文化生态。

继承方仙道的传统,糅合南方地域文化的独特性,《内篇》所表征的岭南道教是葛洪对新道教建构的一次尝试。

---

① 李丰懋:《抱朴子——不死的探求》,海口:海南出版社,1998年。

葛洪医道与岭南之渊源及启示

陈 椰[①]

岭南，顾名思义，即是大庾岭、骑田岭、都庞岭、萌渚岭、越城岭这五岭之南，在古代包括了现在的广东、广西、海南三省区以及越南北部。狭义上的岭南主要指广东。此地处于北回归线的附近，受大陆季风气候和海洋季风气候的双重影响，天气炎热，降雨多，空气湿度大，有着与中原内陆迥异的气候环境。明清之际广东著名学者屈大均这样描述这里的自然风土与时令疾病：

（岭南）平常则多南风，然南风暖，利于物而不利人。盖岭南阴少阳多，故四时之气，辟多于阖，一岁间温暑过半。以日在南，故风自南来者恒暖。嘘 太阳之气与火俱舒，又多起于赤天之暑门，故恒暖。暖风所至，百 蠕蠕，铁力木出水，地蒸液，墙壁湿润生咸，衣裳白醭，书册霉 。而粤人疏理，元府常开，毛腠不掩，每因汗溢，即致外邪。盖汗为病之媒，风为汗之本，二者一中，寒疟相乘，其疾往往为风淫。大抵岭南春夏多南风，秋冬多北，反是则雨，故凡疾病多起于风。……《内经》云："卑下之地，春气长存。"故东南之民，感风症多。《陆胤传》云："南海岁有旧风、瘴气之害。风则折木飞砂转石，气则雾郁，飞鸟不经。自胤至州，风气绝息。"孝陵敕使臣云："炎方多热少寒，其气柔弱，最易冒风，非仁人君子不得而寿，并不得而寿斯民。"圣言哉！

岭南濒海之郡，土薄地卑，阳燠之气常泄，阴湿之气常蒸。阳泄，故人气往往上壅，腠理苦疏，汗常浃背，当夏时多饮凉冽，至秋冬必发痎疟。盖由寒气入脾，脾属土，主信，故发恒不爽期也。阴蒸，故晨夕雾昏，春

[①] 作者简介：陈椰，广东澄海人，哲学博士，华南师范大学马克思主义学院讲师，广东省道教学院外聘讲师。

夏雨淫，人民多中瘴湿，间发流毒，则头面四肢，倏然肿痒，医以流气药攻之，每每不效。①

确实，由于特殊的环境气候，岭南开发较晚，在历史上很长一段时间被当作蛮夷荒野，中原人士岭南为畏途，有"老不入粤"的说法。在夹杂想象的正统叙事中，此地山岚毒瘴，蛇虫霸道，巫俗盛行，人的性命朝不保夕。而上面引文所述的风湿、疟疾、虫毒这些岭南多患疾病长期困扰着人们。岭南政治、经济、文化的开发，其实正是伴随着抗击这些常见疾患而深入展开的。在这个漫长的历程中，无数医家筚路蓝缕，备尝民间疾苦，遂逐步发展出适合本土的特色医药和摄生方法，形成了以研究岭南多发疾病为主要对象的岭南医学。东晋时期的道教宗师葛洪（283—343，字稚川，号抱朴子）就是其中开拓性的一位大医家。

在葛洪之前的秦汉时期，岭南已经吸引了不少寻仙访道的方士不远千里来采药炼养。如秦代方士安期生，从山东专程到岭南采药，获得九节菖蒲（菖蒲是常用中药，九是至阳之数，方士相信服之可以长生不老）。还有采桂、葵和龟脑合药的桂父，精通房中术的东郭延年，善练气功的姚俊等等。遗憾的是，史料只有这些方士行迹的简要记载，夹杂荒诞不经的传说，他们没有流传下任何医学著述，因此对地方医药的发展并没有起到多少实质的促进作用。而葛洪不同，他在岭南活动时间长达二十年，对当地风土病情有着细腻深刻的观察体会，在此地识娶的妻子鲍姑更是医术高超，夫妇皆本着济世之怀在当地行医度人，尤其是两度在罗浮山潜心钻研，对《肘后备急方》这部不朽药典的创作有着决定性作用。难能可贵的是，《肘后备急方》中不乏瘴疠、蛊毒、脚气病等疾患的记录总结与应治方法，对后世岭南医学传承影响深远。他在罗浮山还留下不少医药遗迹及传说，千年来香火奉祀不绝，为岭南百姓所感念，尊为南粤先贤。葛洪既受惠于罗浮灵气，又泽被岭南苍生，可谓相得益彰。从这个意义上说，真正开岭南医药史之滥觞的人是葛洪，他无愧于"岭南医药开山始祖"之尊称。今日我们岭南道教之继承与发展，离不开这位宗师的开拓之功，对葛洪医道的承传与现代总结、转化也有必要做一梳理。

---

① 【清】屈大钧：《广东新语》卷一"天语"。

一、葛洪对岭南中医药发展史的贡献

只有将葛洪放到独特的岭南风土习俗和岭南医学发展脉络中做一番考察，我们才能准确定位他对于岭南中医药所做的开创性贡献及影响。

岭南的国医大师邓铁涛（1916—2019）早在 20 世纪 80 年代就提出"岭南医学"概念："由于五岭横亘于湘赣与粤桂之间，形成一个特殊地理环境，不仅气候风土人情与中原有异，人的体质、疾病亦不尽相同，遂逐渐形成了研究岭南地区多发疾病为主要对象的岭南医学。"① 的确，特有的气候环境塑造了人的特有体质，也滋生出特有疾患，因而形成了特有的医学流派。纵观历史，"瘴气"无疑是岭南医学的头号劲敌，故不妨说，一部岭南医学史就是一部御瘴史，而葛洪正是筚路蓝缕的先驱。

早在《后汉书》中就记载了马援率军队出征岭南，见到此地的热带雨林到处雾气弥漫、炎热潮湿的瘴气场景："下潦上雾，毒气重蒸，仰视飞鸢，跕跕堕水中。"加上当地医药落后，北方人初来乍到，极度不适应，而且产生了巨大的心理恐慌，死伤者众。史书关于岭南瘴气伤人的记载连篇累牍，历代医家们百般设法研发抵御瘴气的良方，在唐宋时期"催生"出中国古代医学典籍新的类别，那就是"岭南方"，如《南行方》《岭南脚气方论》《岭南急要方》《岭南备急要方》等，都是当时风行一时的畅销书，里面罗列的岭南疾病除了瘴疟，还有相关的蛊毒、脚气、蛇伤等等。这些疾病及处方早在葛洪《肘后方》就有记录了，被不少"岭南方"所收录转引。

葛洪是较早观察瘴气的医家，他形容为"黑雾勃郁"，这"山瘴恶气"会伴随"西南温风"带来瘟疫，隋朝大医巢元方把这叫"山瘴疟"，并说"此病生于岭南，带山瘴之气"。从现代的研究来看，瘴气其实就是疟疾，是主要由蚊子传播的传染病（病原是疟原虫），这已经是常识，古人虽然没认识到这一点，但葛洪专列了"治瘴气疫疠温毒诸方"，还发现了青蒿这味特效药，启发了今人开发出全球一线抗疟药。广东人经常将青蒿和金银花煲凉茶来清祛湿热，这点与古人御瘴治疟的理念是一脉相承的。

---

① 《略论岭南医学之特点》，《中华医药学会广东分会成立大会论文选编》，1986 年，第 47 页。

古人还认为中了瘴气会引起"脚弱",这种流行病随着晋代大批移民南迁岭南而出现在史书上。这些北方移民有的四肢麻木酸痛,行走困难,有的双脚水肿,严重时可以蔓延到腹腔,医家认为是正气被瘴气所中伤,称为"脚气"(并非今日俗称的"香港脚")。葛洪就指出此病"先起岭南",而且病者主要是上层社会的"衣缨之士"。其实这病与瘴气无关,而是与缺乏维生素 B_1 有关。因为北方人以麦为主食,来到南方改食稻米,稻米维生素 B_1 含量低于麦,而贵族喜欢精制,稻米的维生素 B_1 损失更低了,于是"脚气""脚弱"就大规模流行起来。古人虽不知是饮食习惯引起而归咎于水土,但也发现了多吃粗粮有助于防治此病。葛洪就建议病人多吃豆类食物,这是非常有见地的。

古时岭南还以盛产毒物而闻名中原,各种毒草、毒蛇、毒虫还有巫蛊,让南迁的移民谪客战战兢兢,如诗所言:"南方本多毒,北客恒惧侵"。葛洪却是个另类,不仅主动要求到岭南来任职,还仔细观察了各种毒物,研发推广药方,如发现岭南土著的毒箭是用蛇虫毒液浸泡箭镞而成,又如针对岭南的沙虱、溪毒,他以外用药——蛇莓草根磨成粉末来避虫,还介绍了岭南人的经验——就地取材摘取茅叶茗叶刮皮肤至轻伤,然后涂抹苦荬菜汁。他的好友嵇含在《南方草木状》中提及"交、广俚俗多蓄蛊毒",他自己也记载"人有养蓄蛊以病人",详列各种中毒状,多用生姜、甘草、黄藤、常山来解毒,还有佩戴真犀、麝香、雄黄等药在身来预防。撇除迷信成分,蛊就是寄生虫病,热带地区寄生虫多,卫生条件差,于是产生了种种"蓄蛊""下蛊"的传说。唐代刘恂的《岭表异录》说:

> 岚雾作瘴,人感之多病,腹膨胀成蛊。俗传有萃百虫为蛊以毒人。盖湿热之地,毒虫生之。非第岭表之家,性惨害也。

并非岭南人生性残忍喜欢制蛊害人,而是湿热的地方本身毒虫多。尽管葛洪没有弄清起因,但防治的方法还是有效的,像犀角,其凉血解毒的功效深入人心,旧时岭南富贵人家常备犀角应急。

有感于缺医少药的状况,葛洪还专门列举了二十五种"葛氏常备药":大黄、桂心、甘草、干姜、黄连、椒、术、吴茱萸、熟艾、雄黄、犀角、麝香、菖蒲、人参、芍药、附子、巴豆、半夏、麻黄、柴胡、杏仁、葛根、黄芩、乌头、秦胶。他特别补充说明这些药"固以大要岭南使用",可以将"众药并成剂药,自常和合,贮此之备,最先于衣食耳"。这些岭南常备药成为了"岭南方"的滥觞,让后来无数南行之人受惠,增加了他们寓居此土的信心。比如唐代大文豪柳宗元(773—819)。他于唐顺宗年间被贬到广西柳州作刺史,刚来岭南,就因缺医少药而身患重病,先后患上疗疮、霍乱、脚气三种重病,后来幸得友人简便验方,终得"鬼手脱命",挽回了性命。他把这三条方子抄录下来,寄给好友刘禹锡,经刘禹锡整理成《柳州救死三方》,其中治疗疮方就得益于葛洪的验方,他自述:

> 元和十一年得疗疮,凡十四日,日益笃甚,药傅之皆莫能知。长乐贾方伯,教用蜣螂心,一夕而百苦皆已。明年正月,食羊肉又大作,再用亦如神验。其法一味贴疮,半日许,可再易,血尽根出遂愈。蜣螂心,腹下度取之,其肉稍白是也。所以云食羊肉又大作者,盖蜣螂畏羊肉故耳。用时须禁食羊肉。其法盖出葛洪《肘后方》。

疗疮是一种发病迅速而危险性较大的急性化脓性疾病及部分特异性感染性疾病。疗疮以其形小根深坚硬,状如钉丁之状而得名,病情变化迅速,容易毒邪走散。而"蜣螂"就是屎壳郎,有定惊、破瘀、通便、攻毒的功效。今本《肘后方》用蜣螂心治疗疮的原文没有保留下来,但柳宗元对葛洪的感恩却被记录在案。除了柳宗元,葛洪对另外一位南行的大文豪——苏东坡的影响也是巨大的。虽然不是具体的方药让苏东坡"鬼手脱险",但葛洪作为一位岭南养生先驱,让苏东坡备受鼓舞。东坡被贬惠州,不像其他迁客骚人一样满怀郁闷惶恐,而是积极地面对种种境遇,他常常引葛洪为知交自励:"东坡之师抱朴老,真契久已前生""便向罗浮觅稚川",学起葛洪研究养生,修炼身心,结交罗浮道士邓守安学习内丹功法,在罗浮山筑山房药圃,亲自采药种药,还作咏药诗抒发隐逸安居的情怀。葛、苏这两位"隔代知音",都是为改善岭南医药环境做出了杰出贡献的寓贤，这已成为后人津津乐道的佳话。

其实，沾溉葛洪恩惠最深的，还是岭南本土。岭南的饮食起居中的养生理念与实践中，随处可见葛洪的影响"因子"，尽管这种"因子"是"隐性"的。就拿药膳食疗文化来说，众所周知，广东人独特的饮食习俗中最负盛名的是老火靓汤和凉茶。若追根溯源，我们都可以从葛洪的记述中找到雏形。《肘后方》治"身面肿满"的方子就用煲汤疗疾："章陆根一斤，刮去皮，薄切之，煮令烂，去滓，纳羊肉一斤，下葱豉盐如食法。"① 又有用猪肉熬茅根羹来治"黄疸"："生茅根一把，细切，以猪肉一斤，合作羹，尽啜食之。"② 再如广东凉茶，基本都是以清热祛湿解毒为主，虽然要到晚清时期才形成"王老吉"的凉茶品牌，但不少常用草药及解毒理念已见于《肘后方》。根据今人研究，《肘后方》中收载了大量食疗方，据统计，若按食物品种可分为鱼、禽蛋、畜肉与内脏、虫介、豆、菜蔬、果类、乳制品及粥类等九大类，共六十五种治病的食疗方，表明葛洪善于运用各种食物以达到治病的目的。不仅其配方与现代营养学甚为吻合。如对肿满、水病善用动物蛋白质、鱼类、鸭类等及大豆类，并必须禁盐。治虚损善用雌乌鸡等，而且配制方法多种多样，如鸭煮粥、鸭纳药、梨纳胡椒等。

葛洪这种"药食同源"和"治未病之病"的理念与实践，被岭南人忠实继承下来并发挥到极致——不单单用来治疗疾病，还进一步把各种药材汤料融入了日常饮食保健中。有意思的是，在各种食材中，葛洪还特别提及"蛮夷酒"治癫病有奇效：

> 初觉皮肤不仁，或淫淫苦痒，如虫行，或眼前见物如垂丝，或瘾疹赤黑。此即急疗。蛮夷酒，佳善。③

酒为"百药之长"，有活血行气的功效，人们认为可以常服来驱除瘴湿之气，在全国明令禁止私酿的朝代，岭南这片蛮夷之地却是可以自酿酒水的"特区"，可见此地酒风之盛。苏东坡被贬惠州，就写有《桂酒颂》：

---

① 沈澍农：《肘后备急方校注》，北京：人民卫生出版社，2016 年，第 131 页。
② 沈澍农：《肘后备急方校注》，北京：人民卫生出版社，2016 年，第 159 页。
③ 沈澍农：《肘后备急方校注》，北京：人民卫生出版社，2016 年，第 205 页。

> 吾谪居海上，法当数饮酒以御瘴，而岭南无酒禁。有隐者，以桂酒方授吾，酿成而玉色，香味超然，非人间物也。

苏东坡的桂酒用的原料不是桂花，而是桂皮。他还将酿桂酒的方法刻在罗浮桥之下，可惜今天已经看不到了。从葛洪为"蛮夷酒"作"广告"到苏东坡称颂的"桂酒"，可知岭南人将酒作为养生药膳的历史由来已久。今天罗浮山周边村庄随处还能看到家家户户自制的药膳酒，适量把杯小酌，作为日常保健饮品。

经过千百年的历史沉淀，葛洪已经融入了以罗浮山为中心的岭南中医药文化传统中，造就了岭南罗浮山医药养生文化圈，并扩大其辐射力，改变了世人视岭南为畏途的成见，让罗浮山"药风"寖盛，名医辈出，延续了葛洪遗留的道医传统。如明代当地就有自署"罗浮山人"的医书——《菉竹堂经验方》问世，晚清光绪年间又有同样自称"罗浮山人"者撰写医学专著《历脏篇》，在道教内景学说及气功学说的基础上沟通中西关于人身脏腑认识的异同，对人体结构和生理做出诠释。而罗浮医家中最负盛名的当属乾隆年间的陈复正，他自幼博学精思，在罗浮山入道习医有成之后下山济世，行医四十年，尤擅儿科，著有《幼幼集成》六卷，是清代有代表性的儿科学家之一。陈复正常常竹杖芒鞋，云游四海，所到之处，救死扶伤，人称"飞霞道士"，颇具葛洪的道医遗风。

罗浮山也是葛洪相关风物现存最多的胜地，这些风物历经千年沧桑，能保存下来实属不易。以下我们列举几例《罗浮山志》中所载的与葛洪医药文化相关特产：

（1）冲虚观旁的草药集市"洞天药市"，据屈大均的《广东新语》记载："东粤有四市，一曰'药市'，在罗浮冲虚观左，亦曰'洞天药市'。有捣药禽，其声玎珰如铁杵臼相击。一名'红翠'，山中人视其飞集之所，知有灵药，罗浮故多灵药，而以红翠为导，故亦称药师。"这种神奇的罗浮红翠鸟"状如翡翠，毛朱红色"，啼声如捣药，故名"捣药禽"，相传是葛洪炼药时所化，能引导人们采到灵药，故被称"药师鸟"。

（2）被葛洪称为仙药的"芝菌"，"生罗浮最多，有二十四种，其知名者，曰石芝、木芝、草芝、菌芝，葛稚川以为赤者如珊瑚，白者如截肪，黑者如泽漆，青者如翠羽，黄者如紫金，而光明洞彻皆如坚冰。见即禹步采之，阴干百日，色不变者为真芝。盖芝者，川岳之灵，其形千出，或如人，如龙，如亭盖。多有五彩云覆其上，非有德之士不能见。"

（3）"丹灶泥"："出罗浮葛洪炼丹处，泥如小弹丸，红黄色，拾归可疗心痛与不服水土之病。以一丸置杯水中忽旁泡起累累，有烟滚滚，上冲水面，须臾泥方消散。"（吴绮《岭南风物记》）《本草纲目拾遗》的记载更神奇："罗浮冲虚观后，有稚川丹灶，取灶中土，以药槽之水洗之，丸小粒，投水中，辄有白气数缕，冲射四旁，生泡不已，哈哈有声，顷之，一分为二，二分为四，四分为八，然后融化，服之可疗腹疾。道士号为丹滓，尝以饷客。治晕船不服水土等症，丸如豆大，饮水调服。"其实灶心泥是一味中药，又称"灶心土"，为烧木柴或杂草的土灶内底部中心的焦黄土块。旧时农村均有在拆修柴火灶或烧柴火的窑时，将烧结的土块取下，用刀削去焦黑部分及杂质即可得，又名"伏龙肝"有温经止血、止呕、止泻的功能。现代研究药理作用：本品有缩短凝血时间，抑制纤溶酶及增加血小板第三因子活性等作用，能减轻洋地黄酊引起的呕吐，有止呕作用。当然，罗浮灶心泥因为"葛仙翁"的缘故，平添了几分积极的心理暗示疗效。

（4）罗浮山百草油。据考证，百草油是由明代罗浮山黄龙观道士陈伯辉在前辈古方的基础上创制而成，其处方及制作技艺在道门中代代相传至二十世纪初，因战乱而流落民间，一直到二十世纪五六十年代由罗浮山制药厂收集整理，传承技艺，实现了批量生产并远销东南亚。尽管《肘后方》没有百草油相关配方的记载，但保存了熬制各种药膏的配方和方法——百草油即由药膏滤出汁液，而且出自历代道医秘方，所以百草油就被追溯到葛洪那里。现有包装上就是以葛洪炼丹炉为品牌标识。今天的罗浮山百草油已经是知名品牌，其制作工艺在2011年被列入第三批"国家非物质文化遗产"。与青蒿素一样，百草油与越战也有不解之缘。因为越南的气候环境与岭南相似，在深山丛林中行军极易感染疟疾，出现无名肿毒、头痛发热等症状。当时我国的援越药品中就有百草油，让部队免去不少病痛折磨。而在1979年的我国对越自卫反击战中，百草油也继续发挥了重大的功效，据参加过对越自卫反击战的罗浮山地区老兵回忆："罗浮山百草油是行军的时候必带的药品，除了武器和子弹，就是它最重要了"。① 如果算上青蒿素的话，罗浮山为人类贡献了两大重要抗疟药物，而这两种药物，都源于葛洪。

二、葛洪医道的现代启示

2015年12月7日14时15分，中国首位获得诺贝尔医学奖的科学家屠呦呦在斯德哥尔摩的卡罗林斯卡学院诺贝尔奖演讲报告厅发表演讲，在最后她做出了这样的寄望："请各位有机会时更上一层楼，去领略中国文化的魅力，发现蕴涵于传统中医药中的宝藏！"对于葛洪留下的医学历史文化遗产，我们也应作如是观。以下将综述近人研究，从三个方面来展望葛洪医道的启益。

（一）葛洪医道精神与中医药文化的传承

葛洪体谅民众疾苦，所集方药皆着眼于贫苦百姓，本着简、便、廉、验的准则，凡篱边道旁信手可采而不花钱或少花钱且有效的药物皆可应急，读其《肘后方》自序即足见他大慈恻隐、救含灵疾苦之心：

"余今采其要约，以为《肘后救卒》三卷，率多易得之药，其不获已须买之者，亦皆贱价，草石所在皆有，兼之以灸，灸但言其分寸，不名孔穴。凡人览之，可了其所用，或不出乎垣篱之内，顾眄可具。苟能信之，庶免横祸焉！"

本着这种便民惠民的宏愿，他博采众方，大胆创新，展现出一位有道医者的伟大精神。这种精神在今天看来不但不过时，恰恰是时代所亟须的。此外，医疗过度商业化带来了职业道德的危机，医疗行业的神圣性遭到消解，医患关系变得紧张对立，甚至出现了一些医疗行业从业人员道德滑坡的乱象，为社会所诟病。面对这种种乱象，重提葛洪的"养生必先养德"的主张，不啻为一剂针砭良药，他说：

---

① 谭月园、林沃亮：《仙气凝就——罗浮山百草油制作技艺》，广州：广东教育出版社，2013年，第116页。

"欲求长生者，必欲积善立功，慈心于物，恕己及人，仁逮昆虫，乐人之吉，悯人之苦，周人之急，救人之穷，手不伤生，口不劝祸，见人之得如己之得，见人之失如己之失，不自贵，不自誉，不嫉妒胜己，不 陷阴贼，如此乃为有德。"

"积善立功""慈心于物""恕己及人"等理念不仅是对医者职业道德修养的要求，也是对所有追求健康长寿的人都普遍有效的行为准则，自觉提倡、践行这些训诲，有利于重新树立医道医德的神圣性，促使医者、患者奉行众善，共同追求身心德行合一的生活。

传承、践行葛洪的医道精神，弘扬传统中医药文化，需要社会各界的共同努力。在这方面，岭南地区当仁不让。它既有葛洪相关的道教历史文化资源，又有得天独厚的中草药基础，完全有能力整合资源，搭建研发平台，率先为弘传葛洪中医药文化起到"领头羊"的作用。2016年，罗浮山的葛洪博物馆落成开放，该馆主要是展示葛洪夫妇生平事迹、著作、医学的贡献以及艾灸体验等妙方，为广大游客直观科普中医文化知识，并用手绘的方式充分展示葛洪的中医药文化。2016年9月，罗浮山还召开了第三届中医科学大会，邀请各大中医科学名家包括屠呦呦齐聚罗浮山，纪念先贤，共商医道，为中医药科学的发展"把脉开方"。

（二）葛洪养生之道与现代生活

随着现代工业文明的高速发展，人类物质生活空前改善，但在生活上，穷奢极欲、放纵口腹的现象也是史无前例，这已经带来了一系列棘手的自然生态危机与健康危机。于是人们开始反思这种生活方式对生态、身心带来的损耗，从古人的养生智慧中寻求安顿身心的良方。葛洪提倡的养生之道无疑是极具指导意义的准则。

比葛洪稍早的大名士嵇康就曾指出南方多种疾病流行的根源在于纵口腹之欲：

穰岁多病，饥年少疾，信哉不虚！是以关中土地，俗好俭啬，厨膳有
馔，不过葅酱而已，其人少病而寿。江南岭表，其处饶足，海陆鲑肴，无
所不备，土俗多疾而人早夭。北方仕子游官至彼，遇其丰赡，以为福佑所
臻。是以尊卑长幼恣口食啖，夜常醉饱，四体热闷，赤露眠卧，宿食不消，
未逾期月，大小皆病，或患霍乱脚气胀满，或寒热疟痢恶核疔肿，或痈疽
痔漏，或偏风猥退，不知医疗以至于死。凡如此者，比肩皆是，唯云不习
水土，都不知病之所由。静言思之，可为太息者也。学者先须识此，以自
诫慎。①

意思是说江南、岭南的居住条件虽差，但自然物产富饶，人民无须辛苦劳作就能获得食物，北方人旅居此地，容易放松戒备，大肆搜刮，恣情纵欲，一不小心就酿成重病。我们今天所处的时代，无论是物质的丰富层次还是欲望的泛滥程度，都大大超越了魏晋时期，也不再局限于"江南岭表"，古人是因"恣口食啖，夜常醉饱，四体热闷，赤露眠卧"而致病，今人则有的作息混乱、日夜颠倒导致"过劳死"，贪杯嗜食引发"三高"，还有因追求时髦或不耐热闷而暴露肌肤，终年冷饮、"雪藏"于空调房中而消耗阳气，"亚健康"者比比皆是。古今世态有异，但人情无改。不节制的生活方式必导致身体亏损，这一点上古人的认识和今人是一致的。

葛洪与嵇康的侄孙嵇含是至交，多年的岭南生活经验必使他对嵇康的洞见有着更深刻的体会，故处处倡导节制欲望，调控情志。他多次痛斥享乐纵欲的糜烂生活："夫五音八声，清商流徵，损聪者也；鲜华艳采，或丽炳烂，伤明者也；宴安逸豫，清醪芳醴，乱性者也；冶容媚姿，铅华素质，伐命者也"（《畅玄》）所以时时要以"少"自警，努力做到"十二少"，即少思、少念、少笑、少言、少喜、少怒、少乐、少愁、少好、少恶、少事、少机。对于任性机巧的现代人来说，这"十二项规定"针对生命的铺张浪费，倒颇符合今人"心灵环保"的理念。如今，智能手机、电脑等，在带给人们生活便利的同时也常常让人的感官得不到片刻的闲暇与安宁，于是有人倡导"断、舍、离"的"极

---

① 【唐】孙思邈：《备急千金药方》，北京：人民卫生出版社，1955年，第338页。

简生活"，拒绝没必要的精神物质损耗，从这个角度来看，葛洪的养生之道颇具时代感。

葛洪养生之方的魅力在于他时刻把握自然的普遍规律，又兼顾日常的人生基本需求，做到"天人合一"。人生活在自然界中，脏腑气血的盛衰行滞，会随着四季与昼夜的交替而变化，因此人体的生命活动只有与四时之气的变化相应才有益康健。葛洪的养生之道对人们日常生活的言行视听、饮食起居、衣被寒暖、坐卧劳逸等各方面都提出了可贵的建议：

> 是以养生之方，唾不及远，行不疾步，耳不极听，目不久视，坐不至久，卧不及疲。先寒而衣，先热而解。不欲极饥而食，食不过饱。不欲极渴而饮，饮不过多。凡食过则结积聚，饮过则成痰癖。不欲甚劳甚逸，不欲起晚，不欲流汗，不欲多睡……不欲多啖生冷，不欲饮酒当风……冬不欲极温，夏不欲穷凉，不露卧星下，不眠中见肩，大寒大热大风大雾皆不欲冒之。五味入口，不欲偏多。故酸多伤脾，苦多伤肺，辛多伤肝，咸多则伤心，甘多则伤肾，此五行自然之理也，凡言伤者，亦不便觉也，谓久则寿损耳。是以善摄生者，卧起有四时之早晚，兴居有至和之常制，调补筋骨，有偃仰之方；杜疾闲邪，有吞吐之术；流行荣卫，有补泻之法；节宣劳逸，有与夺之要。忍怒以全阴气，抑喜以养阳气。（《极言》）

葛洪这段精辟的见解是古人长期养生经验的凝练总结，至今仍值得珍视。

（三）"激活"医方、提炼功法

对葛洪中医药文化遗产做出创造性转化，惠及大众，有赖于我们立足现代科学的实验方法，磨刮历史沉积的尘垢，激活其中大量的有效药方、灸法运用于临床实践，提炼、推广行之有效的健身功法，这是现代研究者值得探索的方向。

《抱朴子内篇》所列仙药一览表

序号	名称	序号	名称	序号	名称
1	丹砂	18	石脑	35	天门冬
2	黄金	19	石硫黄	36	黄精

续表

序号	名称	序号	名称	序号	名称
3	白银	20	石饴	37	蜀椒
4	石芝	21	曾青	38	生姜
5	木芝	22	磁石	39	柠木实
6	草芝	23	玉札（玉泉）	40	槐子
7	肉芝（万岁蟾蜍）	24	淳漆	41	松叶松实
8	菌芝	25	桃胶	42	菊花
9	白矾	26	先知君（龟）	43	地黄
10	云母	27	无肠公子（蟹）	44	麦门冬
11	明珠	28	飞廉	45	桂
12	雄黄	29	山精（术）	46	竹沥
13	雌黄	30	巨胜	47	泽泻
14	太乙禹余粮	31	菖蒲	48	黄连
15	石中黄子	32	茯苓	49	石韦
16	石桂	33	远志	50	楮实
17	石英	34	象柴（枸杞）		

例如在食疗方面，我们完全可以研制出独树一帜的"葛洪养生系列药膳"。有研究表明，《肘后方》中的食疗特色十分显著，食物种类丰富多样，有灸、蒸、煎、烩、煮、炒、炖、熬、烧、煨、渍、酒制、醋制、盐制等多种制法，又有菜肴、药饭、汤羹、汁、药粥、药酒等形式，而且遵循辩证食治原则，注重饮食禁忌。[①] 就拿广东人喜欢的粥来说，《肘后方》就有白粥、大麦粥、青头鸭粥、猪肾粥、桃仁粥、杏仁粥等品类，而酒就有苦参酒、桃仁酒、海藻酒、虎骨酒等十八种药酒，有的用于治疗疾病，有的用于强身壮骨。这些食疗处方无论是用以指导日常的饮食保健，还是融入旅游文化产业中，都具有非常可观的前景。

再如在骨科方面，有研究者指出，葛洪对于慢性腰痛或腰腿痛的病因及诊治有透彻的论述："肾气虚衰，腰脊疼痛，或当风卧湿，为冷所中，不速治，流入腿膝，为偏枯冷痹。"[②] 这里明确指出该病乃本虚标实之证，以肾虚在先为本，后为风寒湿邪入侵为标。其证见初起腰部疼痛，并逐渐向下肢放射，以致下

---

① 吴静：《〈肘后备急方〉的食疗特色》，载《国医论坛》，2008年7月，第23卷。
② 《肘后备急方》卷四"治卒患腰肋痛诸方第三十二"，第162页。

肢发生疼痛麻木，最后发展到肌肉萎缩，行动无力。这些描述即为典型的"腰椎间盘突出"的症候。葛氏所提出的治疗方药：独活、附子、杜仲、茯苓、桂心、牛膝、秦艽、防风、川芎、芍药、细辛、干地黄十二味药物，均是后世治疗慢性腰痛及腰腿痛的常用药物，也是对后世影响较大的有效方剂"千金独活寄生汤"的基本组成，至今仍为临床广泛应用。葛洪还运用巴戟、杜仲、牛膝、狗脊、独活、五加皮、山茱萸、桂心、淮山药、防风、附子及干漆等炼蜜为丸，治疗"肾虚冷腰痛"及"诸腰痛"，而对于急性腰扭伤，葛氏称之为"反腰有血痛"，采用酒调杜仲外敷并结合灸法治疗。这些药方为今人提供了可贵的治疗经验。基于以上的认识，广州中医药大学的梅全喜教授就曾参考"治患卒腰胁痛诸方"研制出了"葛洪腰痛宁保健袋"用于观察治疗各种腰痛。据称在83例病例中"总有效率达96.39%，其中对寒湿和血瘀型效果最好，有效率达100%。"[①]

又如在美容方面，也颇具广阔的研发前景，须知《肘后方》"治面皰发秃身臭心惛鄙丑方"是目前现存最早的美容药方专篇，收录了一百零七首美容药方。医史上鲍姑就因擅用艾灸去疣瘤而被尊为"中国首位女美容师"，葛氏夫妇可谓中医美容学科的鼻祖。中医研究者傅美容对葛洪的美容方剂进行分类整理，将其分为"驻颜美容""生发美发""香体熏衣""健身美手""保健美容"五大类，载方统计如下：

①驻颜美容方：共收方剂五十五首，其中润肤祛皱方九首，美白祛斑方二十五首，治面 皰方九首，治酒渣鼻方二首，疗面上恶疮方三首，灭瘢痕方二首，去黑子方五首。②生发美发方：共收方二十五首，其中生发乌发方十六首，美发方二首，治头秃方三首，治头疮方四首。③香体熏衣方：共收方十首，其中治腋臭方六首，香身熏衣方一首，香身方三首。④健身美手方：共收方三首，其中令人肥健方一首，轻身方一首，美手方一首。⑤心理美容方：共收方十二首，其中令人意识清醒，少忘事误事方八首，调节睡眠方四首。

这些处方应用范围主要聚焦在美容治疗和养生驻颜两大方面，剂型多样，有散剂、酒剂、丸剂、膏脂剂，美容疗效也十分可靠，葛洪多用"良""神

---

① 梅全喜、吴惠妃：《试论〈肘后备急方〉在医药学上的贡献》，载《中医药学刊》，2005年第七期。

妙""神验""大神验""神效""神良""佳""大佳""极美"等"广告词",或记载用后"兄弟不相认,何况余人乎""夫妻不相识""面白如玉,光润照人""日渐白悦""光华射人""白光润",显效时间有"三度""五度""三日""二十日""三十日""五十日""百日""一年"等说明。从这些美容方还可以总结葛洪的用药规律,即以甘温、入脾胃经的药物居多,常用木兰皮、桑白皮、茯苓皮、桃皮等植物皮入药,尤其喜欢用白色的药物如白芷、白茯等、白附子、白桐叶、白术、白芍药、白胶香、白檀香、鹰屎白、白蜜、白蜡等入药,甚至会用到少量有毒药物,如水银、真珠屑、光明砂等来治疗损美性疾病,起到以毒攻毒、以偏纠偏的作用。他还使用较多动物脂肪类,如猪脂肪、猪胰等,这些脂肪类药物具有滋润泽肤的作用,对皮肤的干燥、缺乏光泽有很好的润肤效果,同时作为赋形剂,也是构成美容方剂巾膏脂剂的必用药品。这些美容方中常用的茯苓、白术、冬瓜仁、栝楼、杏仁、细辛、白花、甘草、附子、桃仁、木香等药物,至今还应用在现代美容临床实践中。① 如何在古方的基础上研发出新型而又不失"原味"的葛氏美容方,也是值得我们探究的重要课题。

最后,在养生气功领域,葛洪著述记载的导引、行气术依然具有潜在的生命力,留下了巨大的实践、推广空间。近年来,国家体育总局牵头挖掘和整理了多套中国传统的优秀功法进行推广,比如五禽戏、八段锦、易筋经、六字诀等等,丰富了群众健身项目的内容,让广大群众受益匪浅。将葛洪众多养生法做出系统的整理归纳,纳入现代保健科学的视域中,是一项极有意义的尝试。台湾地区的中医刘志贤就是这方面的探索者。他"按照国家体育总局关于健身气功的研究整理指导意见,采撷魏葛洪众多养生法之部分",依次整理出"葛洪怡情术""葛洪道家行气术""葛洪道家导引术"。怡情术即今人所谓的心理保健或情绪管理。行气术与导引术则是健身气功,是练气、坚齿、聪耳、明目的方法。刘志贤认为,这些功法"针对性强,简便易学,便于推广应用的养生保健方法,用以发扬传统养生思想精神,促进人们的身心健康,使其更好地服务于

---

① 傅美容:《葛洪〈肘后备急方〉美容方药及用药特点分析》,南京中医药大学硕士学位论文,2013年。

民众健康"。① 今摘其大要作为附录,供同道参照。

总之,葛洪的医学养生思想与实践是中华医药文化遗产中的瑰宝,无论是医道养生思想的形成,还是《肘后方》的撰写及遗响,都与岭南有着千丝万缕的关系。葛洪的医道方药惠泽南粤大地,对岭南中医药发展贡献巨大。对于建设中的粤港澳大湾区的道教团体来说,葛祖渊博笃实的思想与实践就是一个巨大的药库,有待道门中人率先去继续深挖、融化、提炼,锻造出更多对治现代疑难病症的"灵丹妙药"来,助力于粤港澳大湾区文化传承,造福于全人类。

---

① 刘志贤:《葛洪养生思想研究及其养生方法探讨》,南京中医药大学硕士论文,2010年。附录图示依原照片作轮廓线条描绘。

附 录：

刘志贤《葛洪养生思想研究及其养生方法探讨》相关功法摘录

葛洪道家行气术

一、环境要求：行气术操作在室内或室外均可练习。室内锻炼时，要有一定的空间，房间通风良好，但不要有风直接吹到身体，防止吹风着凉。室外锻炼时，宜选择平坦开阔的地方，周围环境要安静、舒适、优雅。

二、练功体位：可选择盘膝坐位、散坐位或站立位。

三、练功着装：练功时，衣着要宽松，穿着软底运动鞋或布鞋。

四、练功时间与频率：葛洪认为行气要选择合适的时间进行锻炼，只有在特定的时间内才有良好的效果。"一日一夜有十二时，其从半夜以至日中六时为生气，从日中至夜半六时为死气，死气之时，行气无益也。"也就是说在从半夜到第二日中午这段时间内进行锻炼才会有益。可每天练功1—2次或隔日进行，每次锻炼时间因人而异，初始每次锻炼时间可在10—20分钟之间，可逐渐增加。

五、功法：1. 练习时微闭双眼或眼若垂帘，自然呼吸，呼气时默想静，或体会松静的舒适感，或呼气时配合意念，依次注意身体的各个部位，并默念"放松、柔软"等字句，逐步将身体调整到自然、轻松、舒适的状态。见图1。

2. 保持松静状态，开始练习行气，以鼻吸引自然界之气，然后闭气，暗暗用心数数字，从1开始，根据个人情况，到自觉不能耐受止，例如默念到30，然后用嘴慢慢吐气，吐气和吸气时都不能让自己的耳朵听到这些声音，经常使进气多而出气少，用鸿雁的羽毛放在鼻子嘴唇上而吐气时羽毛不动为标准。逐渐练习，闭气用心数数渐渐增加，可逐步到120，甚至到1000，随着练功的进程，自觉身体轻捷，气色容颜逐渐滋润有光泽，如使人返老还童。这种行气法有一定难度，必须经过长期练习，循序渐进方可逐渐达到锻炼目的。见图2。

图1　　　　　　　　图2

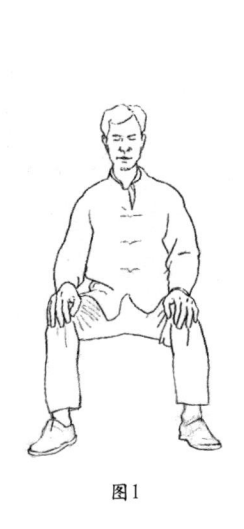

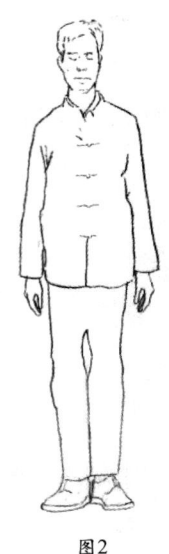

　　锻炼行气功法期间，注意精神、饮食的调养，要求心平气和，恬静虚淡，不能发怒以使气乱。不能在饭后饱食的情况下行气，行气前也不能吃生的蔬菜和肥肉及海鲜等食物，防止气过于强盛而难以禁闭。

葛洪道家导引术

　　一、环境要求：

　　行气术操作在室内或室外均可练习。室内锻炼时要有一定的空间，房间通风良好，但不要有风直接吹到身体，防止锻炼出汗后吹风着凉。室外锻炼时宜选择平坦开阔的地方，周围环境要安静、舒适、优雅。

　　二、练功体位：

　　主要选择站立位，也可根据需要选择盘膝坐位或散坐位。

　　三、练功着装：

　　练功时衣着要宽松，穿着软底运动鞋或布鞋。

　　四、练功时间与频率：

　　可每天练功1—2次，每次锻炼时间因人而异，初始每次锻炼时间可在10—20分钟之间，可逐渐增加。

五、功法：

1. 葛洪导引健齿法："能养以华池，浸以醴液，清晨建齿三百过者，永不动摇。"（《抱朴子内篇·杂应》）即早晨之时，选择上述姿势之一，松静守一，呼吸自然，然后上下叩齿300次，叩齿完毕，以舌在口中顺时针和逆时针搅舌各36次，待口中津液生成较多，分3口将口中津液咽下，长期坚持，对牙齿的保健有很好的作用。

2. 葛洪导引聪耳法："能龙导虎引，熊径龟咽，燕飞蛇屈，鸟伸，天俯地仰，令赤黄之景，不去洞房，猿据兔惊，千二百至，则聪不损也。"（《抱朴子内篇·杂应》）葛洪认为模仿龙、虎、熊、龟、燕、蛇、鸟、猿、兔等动作的导引术，通过导引锻炼形体，可以使人体精血充盈，从而使肾气旺盛，肾开窍于耳，故肾气旺盛则耳就可以保持很好的听力。

（1）龙导：选择站立位，松静守一，呼吸自然，两脚并立夹档，双手合掌于胸前，双掌先向左摆动，臀部同时向右摆动。之后双掌向右摆动，臀部同时向左摆动。在左右摆动的同时，身体缓缓随之下蹲，逐渐全蹲后再缓缓上升，如此反复升降若干次。设想自己似碧海蛟龙；动作宜轻灵曲折柔和。见图3。

图3

（2）虎引：取弓箭档式，松静守一，呼吸自然，双掌上提至腰间成仰掌，继续上提，经胸前向前上方推出，身体顺势前俯，肘欲直而屈，双肩下沉，掌心向前，虎口向下，腕、肘、肩、背在同一斜面上。之后双掌变拳，拳眼向上，收于腰间化掌。如此反复，结束时恢复站档式。见图4。

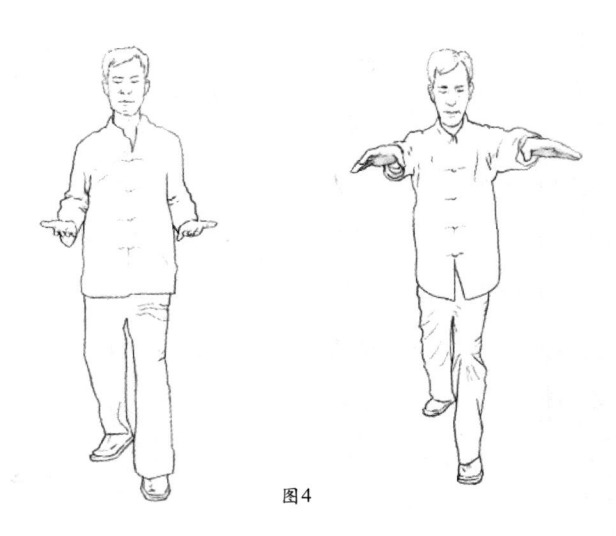

图4

（3）熊径：选站立位，松静守一，呼吸自然。右膝屈曲，左脚虚，左臂稍上抬时，左脚前进一步，左膝微屈，同时左臂向前下伸与左膝相对，松腕，右臂上抬于同侧胸前，松腕，掌心朝下。之后，右膝微屈，同时右臂向前下伸与右膝相对，松腕，掌心斜向内下，右脚前进一步，左臂上抬于同侧胸前，松腕，掌心朝下。如此左右脚交替前进若干步。两脚行进时要平起平落，且走两条直线。头向前冲，身体略微前倾，晃动两膀，径直前进。见图5。

图5

(4) 龟咽：马步站立式，松静守一，呼吸自然。两脚分开约同肩宽，两手掌重叠或分别按抚在小腹处，亦可分按于两腹股沟处，全身放松，松静站立。自然缓缓地呼吸3—5次，犹如龟于海中憩息。在最后一次呼气讲结束时，上身缓缓前俯，头部低于两膝，将肺中的余气呼尽。之后，头象小勺舀水一般，引颈前伸，同时缓缓地自然吸气，上身也随之徐徐抬起，恢复马步桩姿势时恰好为吸气末。将嘴唇撅起，使鼻孔变窄，缓缓深长呼气。如此反复俯身9次，逐渐增加可至36次。见图6。

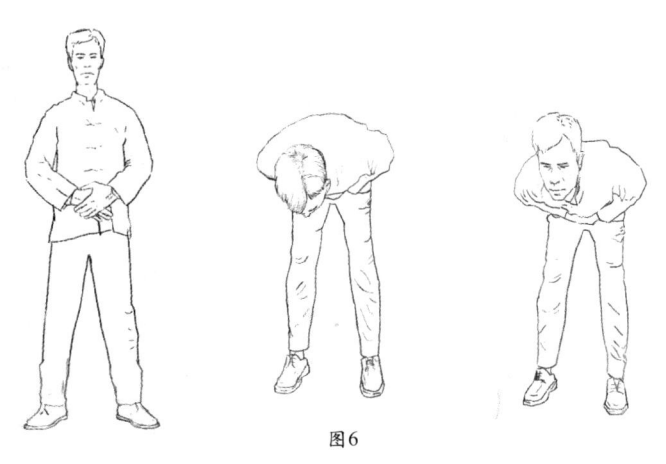

图6

(5) 燕飞：选站立位，松静守一，呼吸自然。两臂先由体侧缓缓前举，扩胸，掌心相对，高与肩同。然后边上举边向两侧分展，松肩，微屈臂，两臂内旋，同时身体向后弯曲，脚跟稍提起，两臂外旋，掌心向上，两膝微屈，仰视前上方。之后呈弧形向前合抱，两手空落至腹前方，对手心向内，指尖相对，虎口圆，两手指端相距5—10厘米。两臂向前合抱时自然收腹，脚跟落地，目视前下方。如此反复操作。见图7。

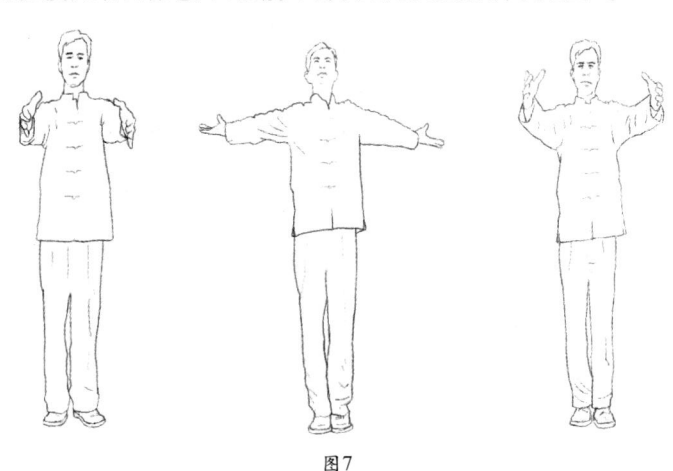

图7

(6) 蛇屈：选择站立位，松静守一，呼吸自然。左手放于背后，掌心朝外，置于右侧腰部，右手从体侧上举过头，然后屈肘贴枕部抱头，手指压拉左耳，右腋张开。同时头、颈、腰扭转向左后方，意观右足跟。舌尖轻抵上愕，稍停片刻。此时尽可能放松扭转力导致的紧张部位。之后转身复正，侧头上观天际，稍停几秒钟，使头颈转正，身直气静。右手由脑后过头顶，经面部徐徐下按，气血随之下沉丹田，恢复松静站立位，对侧相同进行操作。见图8。

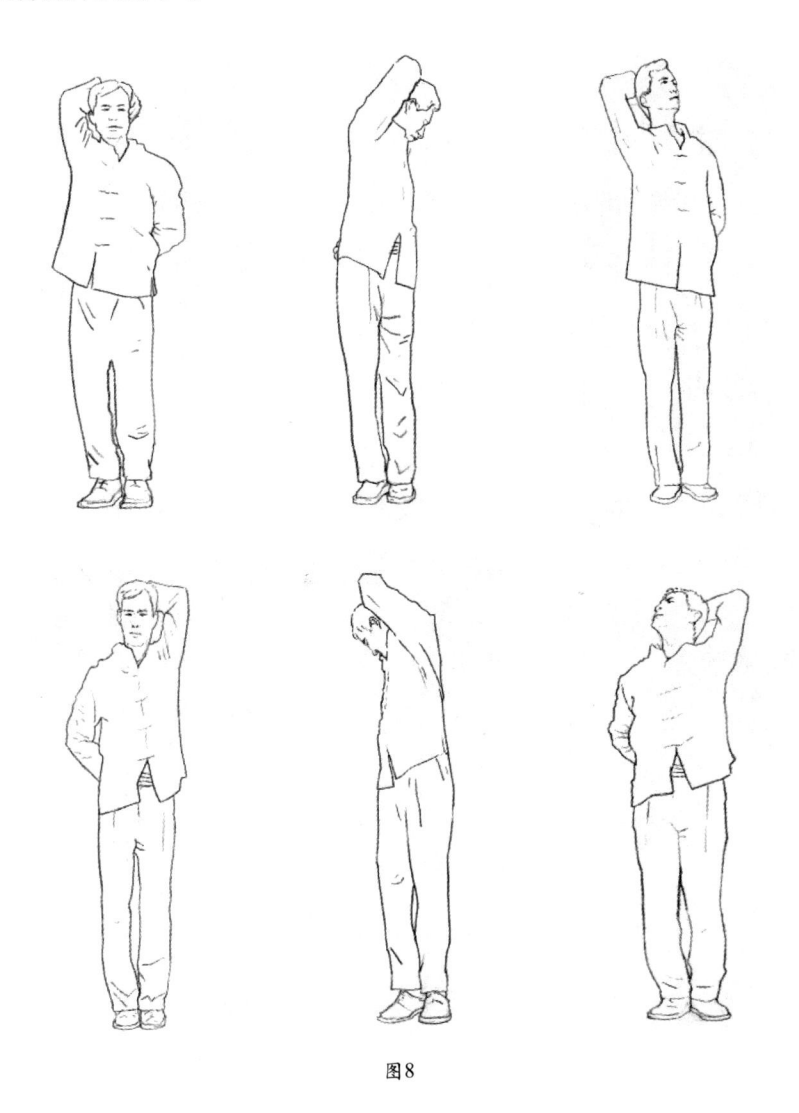

图8

(7) 鸟伸：取站立位，松静守一，呼吸自然。先使左臂伸直由体侧向前缓缓抬起，与肩等高，同时，右臂缓缓抬起屈肘，约平右侧胁肋部，右下肢随之屈膝抬起，呈单足立式，轻轻转头右视前方。之后上半部身体前探，右臂与右下肢向右后方伸直，以达到水平位为佳，头部右转，目视右手及右足部。左上肢与右侧上下肢缓慢回落，恢复站立位，换对侧操作如前。见图9。

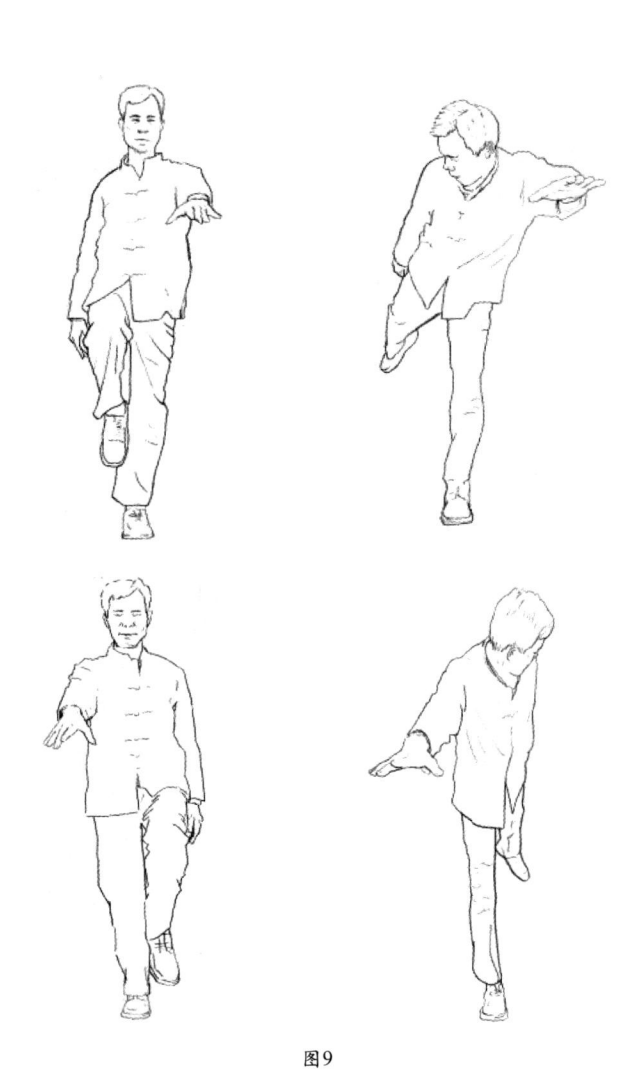

图9

(8) 猿据：取并步站立姿势，松静守一，呼吸自然。左脚向前迈半步，同时左手前抓。之后右脚迈出一步，同时右手前抓。然后两脚同时跃起，左手前抓。右后转身落地，左脚落地踏实在前，右脚掌落地在后，约两脚长，左手在上，右手在下，随身体下蹲，两手呈坠树枝之状两脚前后距离。之后直立起身，再进行对侧操作。见图10。

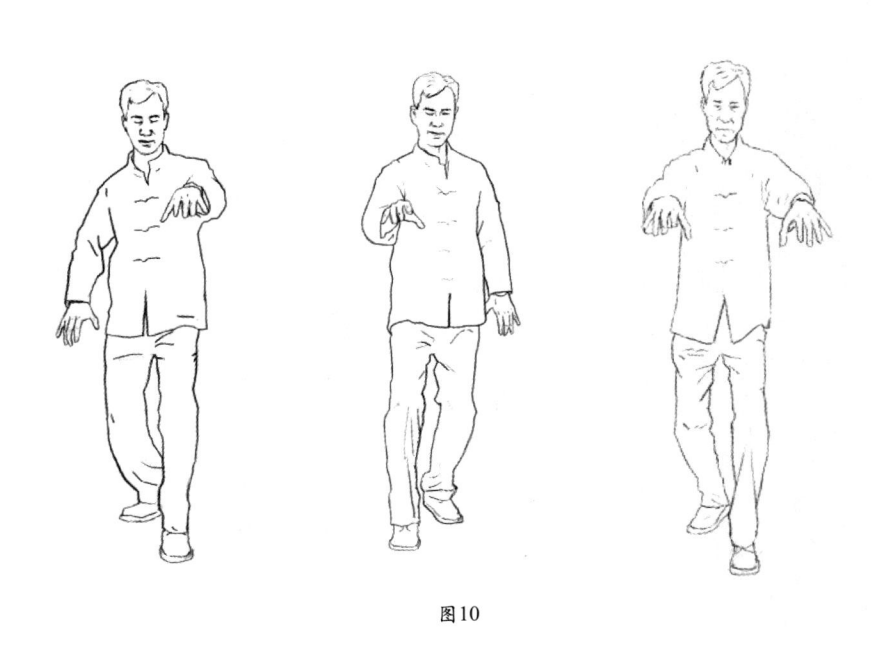

图10

3. 葛洪导引明目法："能引三焦之升景，召大火于南离，洗之以明石，熨之以阳光，及烧丙丁洞视符，以酒和洗之，古人曾以夜书也。或以苦酒煮芜菁子令熟，曝干，末服方寸匕，日三，尽一斗，能夜视有所见矣。或以犬胆煎青羊、斑坞、石决明、茺蔚百华散，或以鸡舌香、黄连、乳汁煎注之，诸有百疾之在目者皆愈，而更加精明倍常也。"（《抱朴子内篇·杂应》）明目防老之术，葛洪主张以导引除三焦之热，并服用具有清热解毒明目作用的中药煎剂，可以健眼和治疗目疾。

《道门十规》的现代意义

车志荣[①]

摘要：本文对明代张宇初天师所著的《道门十规》进行了意义诠释，通过明代道教领袖对丛林领袖应具备的素质进行介绍，对比当代道门中人现状，认为当代住持领袖在断代传承的状况下，应该文化自觉，回归本质，适应社会发展。

关键词：道教；张宇初；教制；中国化

《道门十规》是明永乐年间嗣汉四十三代天师张宇初制，列述了十方面的规范，关涉道教的教义与教制、教规等有现实意义的根本体制问题。特别是有一章节，重点讲述了一名道门住持领袖的基本条件。

什么是住持领袖？这里先做一个界定。本文所指的住持领袖，实出于《道门十规》一书。"住持领袖。凡名山福地、靖庐治化、丛林宫观住持之士。"书中说，住持领袖，就不单单指是名山福地的住持，还包括了靖庐治化，这里的靖庐治化，指的是天师道和各种诸如上清、灵宝等正一派散布在城邑村落的道教道场。还有就是全真派的丛林宫观。总之，用我们现代教内的一句话，住持领袖泛指的是一切道教活动场所的"当家"。

此文出现的背景是，明代道教内部管理并未跟得上当时社会发展的形势，缺少应对当时社会情况的教团管理手段，导致戒律松弛，教风日下。《明太祖实录》记载："天下僧道多不守戒律。民间修斋诵经，动辄较利厚薄，又无诚心，甚至饮酒食肉。游荡荒淫，略无顾忌"[②] 正是在这样时代的背景之下，作为一代道门宗师的张宇初天师有感于此，心怀报国之道，兴道之志，而撰写了这

[①] 作者简介：车志荣，广州市道教协会副会长。

[②] 【明】朱权编：《天皇至道太清玉册》卷五。

本《道门十规》。正如张宇初天师文中所说的："又念吾道自近代以来，玄纲日坠，道化莫敷，实丧名存，领衰裘委。常怀振迪之思，莫遂激扬之志。"道教的教法渐渐没落，不能教化人间，名存实亡，所以张宇初天师写此文。其意义在于"志在激励流风，昭宣圣治，永为奕世绳规，玄门祖述，庶几上不负朝廷崇奖之恩，下有资道流趋学之径。其茂阐玄元之化，益宏清静之宗，阴翊邦祚，大振教谟，深有望于将来，期永规于厥后也乎"。此外，还有一本同时期的道经，出自明王室朱权所著的《天皇至道 太清玉册》在其宫观清规中，也对晨昏朝修、朔望节届、晨昏修持等做了规定，并在焚修警语中，以京兆徐谧成仙的故事为例，"普告出家之士，咸宜猛省，毋堕昏慵，庶几可共蹑于仙梯，同振于玄纲也"。① 今天之中国，一如习近平总书记指出，"当前中国处于近代以来最好的发展时期，世界处于百年未有之大变局，两者同步交织、相互激荡"。我们道门中人，特别是能够影响一方的住持领袖，只有文化自信，文化自觉，坚持与时俱进，正确处理传统与现代、继承与发展的关系，革故鼎新，与时俱进，才能使道教更好地适应当今社会的发展。

本文仅对张宇初天师在《住持领袖》这一小节做出阐述。我试着分成几点，讲述一名住持领袖不应目光短浅，还应该有使命担当，以振兴道门为己任，以及在宗教实践，制度建设，阐扬道风等各方面的做法。

一、刚直明博，大众师表

> 凡名山福地、靖庐治化、丛林宫观住持之士，或甲乙往还，或本山推举，必得高年耆德、刚方正直之士，言行端庄，问学明博，足为丛林之师表、福地之依皈者为之，庶足仪刑后进，准则前修。

道教的住持领袖，不论是否由甲乙两人轮流做，或者是在本宫观推举出来的住持。选择的标准必须是：年高德劭、素孚众望的，而且还要有很高的德行，刚

---

① 【明】杨士奇：《明太宗实录》卷一二八。

正不阿，行为端正；在语言表达则是"道言道语"，不能乱讲非道之言；除了对道教知识之外，还能通博其他的文化知识。只有这样的人，才能是道教丛林的模范，还能带动一方道风，接引后学，促醒后进懒散的人，使修道人有一个准则。

二、慈让公正，谨严戒规

其居是者，务必慈仁俭约，德量含弘，规矩公正。先开接引之方，导愚畜众；次谨焚修之职，请福消愆。裕国祝厘，莫大于报本；尊经阐教，莫大于推诚。其畜众之方，先严戒行规矩为要，警以罪福因果之报，田粮委库职管绍，赋税任砧基应充，饮食修造，各谨司存，晨昏以神明为谨，修葺为心。

作为一名住持，一定要慈爱节俭。所谓"十方供养，来之不易，无功享受，唯恐罪过。"又或者"施主一粒米，大如须弥山"。节约物件一方面，另一方面住持的气量要大，对宫观的事务要处理公正。首先接引愿意学道的人，引导好他们；其次是要勤于香火，为信众祈祷，帮他们延请福德，消除过往的罪过。报答天地大恩，最好就是祝福国家富强，要尊重经法，开阐教门，一定是以最诚恳的态度去教化。管理下属，先以严格的戒律和规矩进行管理，再用罪福因果报应的宗教学说来进行教育。田粮委任仓库管理好，赋税用田地的租金来充当；饭堂和后勤基建部门，委派好部门主管去管理，早上和晚上要以神明如在一样，谨慎对待，要用心去修葺宫观。

三、云水接待，应对有道

五湖四海，高人羽士，或挂搭安单，栖冬结夏，设知堂一员，广于接待，素食粗衣，随缘安驻，务令身口安闲，逍遥无念，庶进道有基，身心无虑，其刻苦修持者，犹当周给。其入山檀施，喜舍随缘，或建斋设醮，

> 荐祖度亲，随力行持，一遵斋科，大小济利，毋较所施厚薄。经曰：一切诸福，皆自欢喜中来，一切布施，生欢喜心，种种善果，福报无边。其官贵宾客往还，素面一▢，遇夜则宿，不得干预公事，延留惹非。

道教的住持领袖，要专门设一名负责接待外来挂单的道友的"知堂"。要对广开山门，方便外面的道友。对于外面的道友，供给他们基本的衣食。一定要让外来的道友安下心来生活，让他们能够打好修炼的基础。对于一些刻苦修持的道友，更要满足他们的外在需要。对于入山布施的善信，不要计划他们施舍的多少，一切都是随缘。如果他们需要建立斋醮法会，追荐自己的祖先，就按斋醮科仪的定制和斋主的财力大小而定法会的规模，不论法会的大小，不要计较他们布施的多与少。正如经中所说："一切诸福，皆自欢喜中来，一切布施，生欢喜心，种种善果，福报无边。"如果要去一些官贵人家，只能在人家那里吃一碗素面，太晚则可以留宿，但不得干预他人的公事，免得留下是非。

四、定期训诫，以身作则

> 朔望宣明训诫，开示激扬，务修本面家风，究竟本宗事业。毋贪富贵，毋嗜喧嚣，因而争相仿效，华衣美食，广厦细毡，昧公营私，出入骑乘，呵拥仆御，交接权势。以致教化不行，源污流浊，甚则耽迷声色，外饰内乖，不畏香火、神明、灵坛、古迹，私畜俗眷，秽亵神▢。

道教的住持领袖，要在每个初一、十五都要召开全体会议，对其他道士宣讲教规教戒，激励大家一心务道，修持自己的宗风，才能明白自己宗派的教义。不要贪图富贵，不要喜爱喧嚣。因为这样会引其他道士有样学样，喜欢穿华丽的衣服，喜欢吃美食，住大房子，睡着细毛毯子，打着公家的旗号来做自己的事，出入则是坐好车，呵斥身边的仆佣，巴结有权有势的人。导致教门不能教化一方，染污了清静的源头。甚至沉迷声色，擅长对外包装，失去对宗教的敬畏与信仰，在宗教场所里私自畜养家眷，污染神明。

五、依律治理，整肃规范

　　所辖住持，宜闻于有司，处决下山，不得蒙昧阿私，有坏规法。其后进不遵、轻薄之流，不习本宗，唯图顽横，自贻过咎，必宜依律遣断，庶获规绳严肃，教范宣扬，如或一概容情，罪宜均受。近者郡邑道察，仪范犹乖，纪纲不振，所合整肃，一守定规。

对于产生上述条件的住持，应该向有关部门举报，处其撤职离任的处分。不能因私包庇，破坏法规。对于其继任者，还是不遵守戒规，轻慢戒律，不修习宗教的顽劣之人，自己承担自己的过错，也应该按照国法来处理，遣散出门。这样才能严肃教风，宣扬教门的正能量，如果有包庇，也应该受到同样的处罚。对于附近的道坛，如果失仪败礼，道风不振，也要整肃道风，让他们恪守道规。

习近平总书记指出："积极引导宗教与社会主义社会相适应，一个重要的任务就是支持我国宗教坚持中国化方向。"坚持我国宗教中国化方向，包括了中国所有的宗教。道教坚持中国化方向，主要解决的是"与时俱进"的问题。但除了"与时俱进"，我们还要回归道教清静的传统，发挥出道教的时代价值，这是值得我们要思考的问题。从《道门十规》中可以看出，道教的教义是中华优秀传统文化的组成部分。我们可以从中看出一个爱国爱教的道门领袖的宗教情怀，也可以从中找出道教如何适应当今社会的一些启迪。

最后小结一下，道门领袖如何做好"道教中国化"。

第一、道门领袖要以身作则，站在文化自信的高度，担当起弘扬民族文化的责任，传承道教经典文化。要以"创造性转化、创新性发展"为原则，深化道教教义改革；要坚持目标导向，始终保持与党和政府的步伐一致。提高思维层次，使道教教义符合当今社会，要紧紧围绕满足人民群众需求。正如《道门十规》里说的"志在激励流风，昭宣圣治"。道门住持领袖要起带头作用，激励后学，要满怀对中国特色社会主义道路、理论、制度、文化的高度自信，讲好中国特色社会主义的故事，讲好中国梦的故事，讲好中国和平发展的故事。第二、"宗教中国化"的要求和中国化的内容，习近平总书记明确强调的一点，就是要"对教规教义做出符合当代中国发展进步要求的阐释"。住持领袖要善于抓住方向，要坚持问题导向，回归道教爱国爱教的本色，引导教门发展；有积极的态度融入现代社会；第三、加强制度管理，做到有律可行，有戒必依；要有海纳百川的包容，提高自身知识水平，学习当今社会的先进经验，学习其他国内宗教的优秀做法，所谓"仙佛到极处，与儒者略同"[①]；第四、要究源以求流，不能忘本以逐末。加强道风建设，以戒为师，严守戒律，端正道风，提高宗教修为。使道教中国化成果落实到每个宫观里，再以模范的作用，引领起对道教中国化的道德实践、宗教活动、日常生活中，成为自觉的追求和行为准则。为夺取全面建设社会主义现代化国家新胜利、实现中华民族伟大复兴的中国梦贡献智慧和力量。

---

① 《王阳明全集》卷一。

历代真武灵应文献编纂史考

王 闯[①]

摘要：宋元明时期，道教真武神得到社会各阶层的广泛信仰，并因此产生了十余种记录真武神灵应故事的文献。这些文献之间有着明显地继承与改造关系，形成了一个内容丰富的完整文献演变链条。在此过程中，有三个关键性的环节：其一，宋代先后问世的《启圣记》和《玄帝实录》构成了后世所有真武灵应文献的主体部分。其二，元代武当山道士将宋代真武灵应、本传文献予以合编，并对其图像化，为此系列文献奠定了新的编纂范式。其三，明初伴随着武当山营建工程又产生了一批新的真武灵应故事，使得该系列文献在明代迎来的一个编纂高潮。

关键词：真武；灵应；文献编纂

真武，又称玄武、玄天上帝、玄帝，起源于中国古代的星宿崇拜。自宋代开始，真武神在道教中的地位不断抬升，受到社会各阶层的普遍崇奉。伴随着真武信仰的广泛传播，社会上诞生了一批记录真武神灵应故事的文献。这些文献自宋代出现以后，不断被后人予以增辑和改编，从而形成了一个数量较为丰富的独特文献群。就学术界前贤研究和笔者目力所见，这些文献分别是：《启圣记》《玄帝实录》《玄天上帝启圣录》《玄天上帝启圣灵异录》《武当嘉庆图》《武当祥瑞图》《天真瑞应碑》《大明玄天上帝瑞应图录》《重刊武当嘉庆图》《大岳太和山启圣实录》《真武灵应图册》《新刻全像玄帝化书》等。围绕一位仙真而形成数量如此丰富的灵应类文献群，在整个道教史上并不多见。对于这些文献的相关情况，学术界已有不少研究成果，然大多局限于个别文献的考述，对它们之间的继承和演变关

[①] 作者简介：王闯，历史学博士，华中师范大学道家道教研究中心副教授。

系尚缺乏全面清晰之梳理。笔者认为，这个文献群的各子文献之间并不是杂乱无章的关系，后出文献对先出文献有明显之继承与改造，下文详述之。

一、宋代真武灵应、本传文献的相继出现

宋代是真武信仰得以建立并广泛传播的关键时期，相关经典不断出世，其中两部与本文论述主题有关。一部是北宋时期诞生的《启圣记》，这是历史上第一部专门记载真武神灵应故事的文献；另一部是南宋问世的《玄帝实录》，它主要叙述了真武神出身、修道、飞升、受封等一系列事迹，当属本传类文献。这两部著作均不见于明正统《道藏》及万历《续道藏》，完整本今已失传，但南宋陈伀所作《太上说玄天大圣真武本传神咒妙经注》中有大量引用，据此我们才得以窥其梗概。

（一）《启圣记》

南宋陈伀所作《太上说玄天大圣真武本传神咒妙经注》征引此书二十多条，书名皆作"《启圣记》"，内容是真武神在各地的灵应故事。另外，据萧登福教授考证，南宋李昌龄《太上感应篇注》中有十九条真武神的感应故事，虽未明言引自《启圣记》，但肯定来源于该书。[①] 关于《启圣记》的作者和成书时间，杨立志教授认为该书成于北宋仁宗时期。[②] 最直接的证据是元人刘道明《武当福地总真集》卷下"丰乾大天帝"条下的一段按语，曰："按宋侍中荆国公宋庠奉旨所编《真武启圣记》第九章称真武初学业，遇帝赐以黑蛇虬角断魔雄剑。"[③] 宋庠，宋仁宗时期的名臣，《宋史》有传，仁宗天圣年间状元，"开封试、礼部皆第一"，后被封为莒国公，英宗时期"改封郑国公"[④]。因此，刘道明言其为"荆国公"当是误记。从此处的记载来看，《启圣记》一书，又名《真武启圣记》，乃是宋庠奉皇帝圣旨所编。

---

① 萧登福：《玄天上帝信仰研究》，台北：新文丰出版公司，2013年，第508页。
② 王光德、杨立志：《武当道教史略》，北京：中国地图出版社，2006年，第46页。
③ 【元】刘道明：《武当福地总真集》，《道藏》第19册，第664页。
④ 【元】脱脱等：《宋史》，北京：中华书局，1977年，第9590页。

关于宋庠奉旨编书一事，除了《武当福地总真集》的记载外，并不见于其他史传，不过在一些道书中仍有蛛丝马迹可寻。《玄天上帝启圣录》"参定避忌"条载曰："中书门下三司礼部同奉圣旨，遍行根讨真武前后于国于民，或因供养、或自然得遇灵验事实，共成奏章，总为一百四件事。""进到仪式"条亦载道："伏惟上界真武真君，于今治世，助国安民。欲报恩德，已于内廷建立宝应阁，及括摘到前后感应事迹，共计一百四件，合随勋赠入阁，次第关送史馆，编修删定传录。"① 这两条材料讲的是朝廷下令收集全国各地真武感应神迹，并编纂成册，虽然没有具体的时代，但可能反映的就是前述宋庠奉旨编书一事。

《启圣记》虽成书于北宋，但却不见于宋代各公私书目。明人杨士奇《文渊阁书目》有记载："《启圣记》，一部四册。《启圣记》，一部一册。"② 这说明该书在明初的时候还能在宫廷见到。

（二）《玄帝实录》

南宋陈伀《太上说玄天大圣真武本传神咒妙经注》征引此书二十余条，名称不一，有时候称为《玄帝实录》，有时亦称《董真君实录》《董真君降笔实录》《降笔实录》《玉虚师相真武实录》等。从陈伀所引来看，皆是叙述真武神出世、修道、飞升、受封等本传故事。此书不见于宋代各公私书目，明人杨士奇《文渊阁书目》载有"《玄帝实录》，一部一册"③ 两次，应当就是该书。

关于它的编纂经过，陈伀言曰：

> 今者，又自天降《玄帝实录》一本下凡，因襄阳紫虚坛班长张明道，出示蒋人玉麂，刊印于世矣。仰知玄帝圣神之事，固未易知哉。所编撰者，乃太真西王左上卿、上清天机都承旨、神应元惠真君、飞霞灵光真人、中黄先生臣董素皇，所编集成。上元九天掌籍玉堂学士、充下元水府转运使、

---

① 《玄天上帝启圣录》，《道藏》第19册，第581页。
② 【明】杨士奇：《文渊阁书目》，《丛书集成初编》，《丛书集成新编》（二），台北：新文丰出版公司，1984年，第204页。
③ 【明】杨士奇：《文渊阁书目》，《丛书集成初编》，《丛书集成新编》（二），台北：新文丰出版公司，1984年，第204页。

兼九地提点刑狱公事、上仙元皇君张亚，为之叙焉。末纪曰：时在上天延康七劫无上大罗天开化十三年，下世大宋孝宗淳熙十一年，系中上元甲子内岁次甲辰正月辛卯朔十五日乙巳。①

《玄帝实录》的问世时间，不少学者根据以上文字断定是南宋孝宗淳熙十一年（1184）正月十五日。其实这个看法是错误的，孝宗是南宋第二个皇帝赵昚的庙号，所谓庙号，乃是帝王去世后在太庙享祭时所用之称呼。淳熙十一年赵昚还在世，不可能被呼为"孝宗"。虽然该书无法断定出具体成书时间，但是成于南宋应该没有问题。杨立志教授在《武当道教史略》中曾经引用了其在武当山紫霄宫发现的明刊梵夹本陈伀注《太上说玄天大圣真武本传神咒妙经》的一篇后跋，此跋是陈伀自作，其中谈到"伀近得上天都承旨董真君所编《玄帝宝录》"，跋文的落款时间是"宋改元端平三年岁次丙申中元日"②。端平是南宋理宗的年号，故《玄帝实录》至少在端平三年（1236）前就已经问世了。

此外，从陈伀的叙述中我们还可得知，该书是由襄阳紫虚坛的道士张明道，以仙真董素皇"降笔"的方式获得并刊印于世。署名董素皇的除了该书正文以外，还有一篇序跋，保存在元代《玄天上帝启圣录》卷一"五龙唐兴"条以及明初任自垣《大岳太和山志》卷十二《五龙旧观碑记》中，其言道：

> 臣每参玉历，得览玄文，谓玄帝事迹，出于太古。图记荒芜，世传讹舛，未究宗因。念欲编撰实录，降付名山，缘以事未际会，少阻殷勤。玄帝自宋起运以来，下世福佐社稷，今将四甲子矣，行化国内分野，别建紫虚灵坛，普度群品。而臣又得参侍灵轩，日亲宸陛，特因暇日考索三洞玉书，校成实录，不敢以鄙语雕诬绘素大德，盖摭诸实也。③

---

① 【南宋】陈伀：《太上说玄天大圣真武本传神咒妙经注》，《道藏》第17册，第91页。
② 王光德、杨立志：《武当道教史略》，北京：中国地图出版社，2006年，第49页。朱越利教授以"文句不通"为由，怀疑这篇跋文是伪造。（见氏著：《道教考信集》，济南：齐鲁书社，2014年，第523页。）
③ 《玄天上帝启圣录》，《道藏》第19册，第578页。

文字虽然是神降的方式产生，但从中我们可以得知两点重要信息：

其一，在真武信仰体系中，仙真董素皇是玄帝座下的护法神。关于这一点，《武当福地总真集》卷下的记载也可参证，其载道："上清天机都承旨神应元惠真君，姓董名素皇，天至真，莫究其旨。辅相玄帝，开教济物，位太清西王左上卿。"另一位给《玄帝实录》作序的仙真张亚，同为玄帝座下护法神。《武当福地总真集》卷下又载曰："九天掌籍上仙元皇帝君，姓张名亚，属三大神之一，掌桂禄籍，凡食禄为官、为儒者，皆隶之。为水府计度转运，相辅大道，佐玄帝济物。"①

其二，张明道做班长的紫虚坛，应当是一个供奉玄天上帝的道场，仙真董素皇、张亚等，都是该坛供奉的主要神仙。更为重要的是，该坛就在武当山，不然这段文字就不会出现在《五龙旧观碑记》中。关于这一点，还有更明确的史料证据。元人罗霆震《武当纪胜集》中载有一首名为《紫虚宫》的诗歌，文曰："建楚灵坛阐化初，祠庭想见大规模。空中楼阁空遗迹，安得如天复圣图。"②所谓"建楚灵坛"，毫无疑问就是指紫虚坛了。从诗歌来看，该坛在元代已经被毁，只留下遗迹。

《玄帝实录》的问世，体现了南宋武当山道士建构本山与真武神关系的努力。在北宋前期问世的《元始天尊说北方真武妙经》《太上说玄天大圣真武本传神咒妙经》中，已经有真武神成道前在武当山修道四十二年的表述，但对此并没有更多的阐发。而在《玄帝实录》中，武当山道士则着重细化了真武神修道、飞升的全过程，尤其是真武神在武当山的一系列活动，得到了进一步补充和描述。

二、元代真武灵应、本传文献的合编与图像化

元代在真武灵应文献的编纂史上有着重要地位：武当山道士一方面完成了对宋代真武灵应、本传文献的整合，并增补了元代新出灵应故事，另一方面又实现了全书的图像化。元代所形成的这些编纂范式影响很大，后世真武灵应文献都是

---

① 【元】刘道明：《武当福地总真集》，《道藏》第19册，第664页。
② 【元】罗震霆：《武当纪胜集》，《道藏》第19册，第677页。

在此基础上再行增删或改编。

（一）《玄天上帝启圣录》

明《正统道藏》洞神部记传类收录有一部内容完整的真武灵应文献，名为《玄天上帝启圣录》。明杨士奇《文渊阁书目》载有"《启圣实录》，一部一册"共四次，明晁瑮《晁氏宝文堂书目》亦载有"《启圣实录》"，可能就是此书。该书分为八卷：卷一主要叙述真武神出身、修道、飞升、受封等故事，与南宋《玄帝实录》内容相似。卷二至卷八主要叙述真武神在各地的感应故事，与北宋《启圣记》内容相似。故学者们普遍认为《玄天上帝启圣录》一书乃是对《启圣记》和《玄帝实录》的整合与改编①，萧登福教授甚至将陈伀《太上说玄天大圣真武本传神咒妙经注》所引《启圣记》《玄帝实录》的文字与《玄天上帝启圣录》相应章节一一比对，更加证明了前述观点的合理性。②

学者们的分歧主要在于《玄天上帝启圣录》的作者及成书时间。《道藏提要》认为"书中按语引用刘道明之《武当福地总真集》，则是书纂集当在元末明初"③。杨立志教授进一步断定该书即出于元代武当山道士张守清师徒之手，除《道藏提要》所列上述证据外，他还举出其他多种证据，如该书卷一多次出现元代武当山道士张守清所创"天一真庆宫"的字样④，此说有一定的合理性。然而，萧登福教授却有不同意见，他认为《玄天上帝启圣录》就是南宋紫虚坛道士张明道托仙真董素皇降笔的《玄帝实录》一书。其主要证据是前引《玄天上帝启圣录》卷一"五龙唐兴"条所收署名董素皇的那部分文字，文中董素皇自述其"校成实录"，萧教授认为这里的"实录"就是《玄天上帝启圣录》。

笔者难以同意这个看法，理由有三：其一，如果《玄天上帝启圣录》成书于南宋，则难以解释书中为何大量出现有关元代武当山事迹的文字。其二，如果《玄帝实录》和《玄天上帝启圣录》是同一本书，那么该书后七卷自然就包

---

① 可参见：王光德、杨立志：《武当道教史略》，北京：中国地图出版社，2006年，第86页。萧登福：《玄天上帝信仰研究》，台北：新文丰出版公司，2013年，第468页。
② 萧登福：《玄天上帝信仰研究》，台北：新文丰出版公司，2013年，第478—506页。
③ 任继愈主编：《道藏提要》，北京：中国社会科学出版社，2005年，第438页。
④ 王光德、杨立志：《武当道教史略》，北京：中国地图出版社，2006年，第85页。

括了《启圣记》所载真武灵应故事。既如此，则陈伀在《太上说玄天大圣真武本传神咒妙经注》中引用真武灵应故事的时候，直接征引《玄帝实录》或《玄天上帝启圣录》即可，为何还要单独引用《启圣记》呢？其三，萧教授最主要的证据是《玄天上帝启圣录》卷一"五龙唐兴"条有所谓董素皇"校成实录"的部分文字，其实这段文字恰恰可以证明《玄天上帝启圣录》是将《玄帝实录》与《启圣记》合编改造而来。前文已谈及，《玄天上帝启圣录》一书可分为两大主题，即真武神的出身与其在各地的显应，而卷一"五龙唐兴"条恰恰是这两部分不同主题文字的分界线。这段文字比较完整，叙述了董素皇"校成实录"的缘由，同时还留下了时间和落款，文曰："时在上天延康七劫，无上大罗天开化十三年，下世宋上元甲子，太岁甲辰，淳熙十一年正月辛卯朔十五日乙巳。太真西王左上卿，上清天机都承旨神应元惠真君，飞霞灵光真人，中黄先生，臣董素皇谨撰。"① 南宋陈伀在叙述《玄帝实录》成书经过的时候，谈到了该书结尾处有一段文字，他说："末纪曰：时在上天延康七劫，无上大罗天开化十三年，下世大宋孝宗淳熙十一年，系中上元甲子内岁次甲辰正月辛卯溯十五日乙巳"。② 这段文字与"五龙唐兴"条署名董素皇的文字大致相同。由此我们可以推断，《玄天上帝启圣录》"五龙唐兴"条应当就是南宋《玄帝实录》书末结尾处的作者跋文。元人在整编《玄天上帝启圣录》书时，并未将其删除，而是冠以"五龙唐兴"的条目予以保留。

（二）《启圣嘉庆图》与《玄天上帝启圣灵异录》

元代武当山道士除了整合宋代真武灵应、本传文献以形成《玄天上帝启圣录》以外，还进一步对其图像化，以图配文，并增补了元代最新的真武感应故事，形成《启圣嘉庆图》一书，增加其可读性和接受度。

《启圣嘉庆图》一书，明《道藏》未收，原本今已失传。今《道藏》洞神部记传类所收《玄天上帝启圣灵异录》一书，录有《启圣嘉庆图序》共七篇，其作者均为一时名流，如天师张与材、玄教嗣师吴全节、赵孟𫖯、虞集等，详述成

---

① 《玄天上帝启圣录》，《道藏》第19册，第578页。
② 【南宋】陈伀：《太上说玄天大圣真武本传神咒妙经注》，《道藏》第17册，第91页。

书缘由，据此我们才得以知道该书之存在及其相关情况。此书多见于明清书目文献，如明晁瑮《晁氏宝文堂书目》载有"《玄帝启圣加庆图》"，清毛扆《汲古阁珍藏秘本书目》载有"元板《武当全相启圣实录》一本"①，清黄虞稷《千顷堂书目》载有"《武当嘉庆图》三卷"②。另外，明宣德七年道士徐永道曾在《启圣嘉庆图》的基础上，增补部分内容，刊刻成《重刊武当嘉庆图》。借由徐书，我们也可大概推知《启圣嘉庆图》的原始样式。关于《重刊武当嘉庆图》，我们留待下节再予讨论。

按《启圣嘉庆图序》的记载，该书由武当山天一真庆宫住持张守清师徒编纂而成。鲍思义的序说道：

> 洞渊张先生，开此山，构殿宇，规模宏丽，古昔未有。凡二十七年而后成，自非精修之至者，能如是乎。高弟唐中一、刘中和，继承师志，思惟玄帝实录，流布未广，作嘉庆图，形诸有相而叙其事，自初至终，至为周悉。募工锓梓，以传于世，俾观者因相以明其事，因事以知其灵，则皆起诚敬，而坚向善之心，渐可进于道矣。③

此处的"玄帝实录"，应当是《玄天上帝启圣录》，张守清师徒认为其流传未广，便在其基础上，新绘图像配释文字而成《启圣嘉庆图》。另外，此七篇序言的写作时间大多在至大四年（1311）至延祐元年（1314）年间，故此书大约刊刻于此时前后。这段时间正是张守清在京师大显道法，得到朝廷封赏的时候。据程钜夫撰《大元敕赐武当山大天一真庆万寿宫碑》所载：至大三年（1310），因张守清声名日显，皇太后"闻师道行，遣使命建金箓醮，征至阙，及祷雨辄应，赐宫额曰天一真庆万寿宫"。"皇庆元年（1312）春三月，京师不雨，徧走群望不雨。诏武当

---

① 【清】毛扆：《汲古阁珍藏秘本书目》，《丛书集成新编》（二），台北：新文丰出版公司，1984年，第73页。

② 【清】黄虞稷：《千顷堂书目》，《丛书集成续编》（四），台北：新文丰出版公司，1988年，第414页。

③ 《启圣嘉庆图序》，《玄天上帝启圣灵异录》，《道藏》第19册，第647页。

道士张守清，祷而雨。明年春不雨，祷而雨。夏又不雨，又祷又雨。"①张守清以其道法深得皇帝及太后赏识，故能在京师广邀贤达名流，为书作序。

虽然《启圣嘉庆图》对《玄天上帝启圣录》予以图像化，但是两者在内容上并不完全一样，《启圣嘉庆图》节录《玄天上帝启圣录》的部分内容，并增补了不少新东西。按张与材的序所言："取启圣记中数十图，加之圣朝高梁河示现龟蛇之瑞继其后，因曰嘉庆图。"②从此处的记载来看，《启圣嘉庆图》所增补的是元代高梁河龟蛇显应的新故事。所谓高梁河显应，徐世隆《元创建真武庙灵异记》有较为详细之记载，文曰：

> 皇帝践祚之十年，奠新大邑于燕，落成有日矣。是岁冬十二月庚寅，有神蛇见于城西高梁河水中，其色青，首耀金彩，观者惊异。盘香延召，蜿蜒就享而去。翼日辛卯，复有灵龟出游，背纹金错，祥光绚烂，回旋者久之。夫隆冬闭藏之候也，龟蛇潜蛰之类也，出以是时，其为神物也，昭昭矣。既而，事传禁掖，皇后遣中使询于众，咸以为玄武神应。于是，有旨以明年二月甲戌，即所现之地构祠焉，昭灵既也。③

元世祖至元六年（1269），营建大都的工程暂告成功。当年十二月寒冬，有龟、蛇出现在大都城西的高梁河中，且异象连连。龟蛇在冬季应当冬眠，此时却能现身，时人都觉得这是真武神的感应。此事被当作祥瑞上报给皇后，皇后下旨在龟蛇现身之地营建真武庙。这是真武神在元代的新感应故事，且与首都兴建工程有关，其政治意义重大，张守清觉得理应将其加入《启圣录》中，于是便有了《启圣嘉庆图》。

前文已经谈到，《启圣嘉庆图》原书虽已失传，但其七篇序言却完整保存在明《道藏》的《玄天上帝启圣灵异录》中。《灵异录》除了这几篇序言外，还收有《元创建真武庙灵异记》《元创建昭应宫碑》两篇及《元赐武当山大天一真庆

---

① 【元】程钜夫：《大元敕赐武当山大天一真庆万寿宫碑》，见【明】任自垣：《大岳太和山志》，《明代武当山志二种》，武汉：湖北人民出版社，1999年，第163页。
② 《启圣嘉庆图序》，《玄天上帝启圣灵异录》，《道藏》第19册，第645页。
③ 【元】徐世隆：《元创建真武庙灵异记》，《玄天上帝启圣灵异录》，《道藏》第19册，第645页。

万寿宫碑》,以及元代加封真武神的诏书及五篇、加封张守清的诏书一篇。这些文字记载的恰恰就是前文所言真武神在元大都高梁河显圣的故事,由此我们可以推测,《玄天上帝启圣灵异录》很可能就是从《启圣嘉庆图》中节选出来的。杨立志教授曾经推论道:"明初参加编纂《道藏》的武当道士认为《嘉庆图》内容与《启圣录》重复,故删去有关玄帝出身、显应的图文,留下元代碑记诏旨及序文,定其名为《玄天上帝启圣灵异录》,收入《道藏》。"① 笔者认为,从以上的分析来看,这个推论是比较可靠的。

三、明代真武灵应文献的编纂高潮

因明成祖及明皇室的推崇,真武崇拜在明代达于鼎盛。永乐十年(1412),朱棣决定开始大修武当山。在工程进行的过程中,据说真武神不断显圣,新的感应事迹层出不穷,这促使真武灵应文献在明代有数次大规模增辑,从而迎来了编纂的高潮。

(一)与明初武当山兴建工程有关的新灵应文献

1.《天真瑞应碑》

明宣德六年(1431)成书的任自垣《大岳太和山志》载有一块名为《天真瑞应碑》的碑文,原碑目前尚未在武当山找到。碑文记载了从永乐十年九月朱棣决定兴建武当山宫观开始,至永乐十一年八月十九日期间,共十七则真武神在武当山显圣灵应的故事。其中有六则故事文字较长且有标题,分别是:"黄榜荣辉""黑云感应""骞林应祥""榔梅呈瑞""神留巨木""水涌洪钟"。其余故事则仅标明时间,并以简短文字述其内容。此碑在山志中仅录有文字,但从其内容来看,原碑应该也是有图有文,以图配文的形式。如:"黄榜荣辉"条末尾载道:"谨因图其实,并誊写敕谕于其上。""神留巨木"条末尾亦载曰:"仍图其事。"② 任自垣在编纂山志的时候,可能因为图像不便刊刻的原因,故仅录碑文,舍去了图画。

---

① 王光德、杨立志:《武当道教史略》,北京:中国地图出版社,2006年,第87页。
② 【明】任自垣:《大岳太和山志》,武汉:湖北人民出版社,1999年,第179页。

碑文十七则故事集中发生在永乐十年和十一年，时间下限是永乐十一年（1413）八月十九日，这期间正是武当山营建工程如火如荼的时候。据山志记载，武当山的主体工程就是在永乐十一年八月宣告完工。该年八月二十五日，朱棣给正一真人张宇清下旨，令其遴选道士充任新落成宫观的住持，圣旨中就谈道："今宫观告成，神明屡显休应，圆光煜烨，五色灿烂，神像昭彰，见于光内。"① 从时间上看，朱棣圣旨中所谈及的真武灵应事迹，应当与《天真瑞应碑》中所载有关。

值得注意的是，从碑文的记载来看，这十七条瑞应故事和图画最开始并不是以碑刻的形式呈现。"骞林应祥"文末载道："谨用采摘，进献于朝，仍附着《启圣录》，庶以扬其异也。""神留巨木"条文末载道："仍图其事，附着于《启圣录》云。"② 随着武当山营建工程的进展，不断出现新的灵应故事。时人便将这些故事以图文相配的形式，附着在元代的《玄天上帝启圣录》之后，并模仿其四字标题，以纪录真武神在明代的感应神迹。后来，可能是为了凸显明代灵应的特殊性，时人又将这些故事和图画单独析出，刻成了《天真瑞应碑》。

2.《武当祥瑞图》

武当山的主体工程虽在永乐十一年（1413）就已完工，但随后还有其他配套工程陆续展开，如金顶大殿的铸造、安装等。在此过程中，真武显应的事件仍然在不断发生，引起了明成祖的兴趣。永乐十六年（1418），朱棣给工程负责人隆平侯张信下旨："大岳太和山天真显现，瑞应祯祥，著提点每差人驰驿来奏。"③ 他让武当山的各宫提点在出现瑞应的时候，一定要派人上报给他。道士们自不敢怠慢，便用图画的方式，将出现的瑞应景象一一送呈。幸运的是，这些珍贵的图像至今保存完好。今天北京白云观收藏有一幅长12.67米，宽58.5厘米，名为

---

① 【明】任自垣：《大岳太和山志》，《明代武当山志二种》，武汉：湖北人民出版社，1999年，第21页。

② 《天真瑞应碑》，【明】任自垣：《大岳太和山志》，《明代武当山志二种》，武汉：湖北人民出版社，1999年，第179页。

③ 【明】任自垣：《大岳太和山志》，《明代武当山志二种》，武汉：湖北人民出版社，1999年，第23页。

《武当祥瑞图》①的巨幅画卷，其中共有彩绘图画15幅，画工精良，不似寻常人所作。每幅画前有一行字，叙述瑞应景象的出现时间、地点及内容。笔者判断这些图绘制的是武当山金顶兴建之时，在五龙宫、天柱峰、玉虚宫、南岩宫等处天空所出现的"五色圆光""五色彩云""皂旗"等奇异天象。之所以作此判断，原因在于这15幅图画中，有8幅发生的地点为天柱峰，而从图像来看，天柱峰金殿尚只有台基，说明工程还未完工。另外，据山志记载，金殿工程大致开始于永乐十四年（1416），该年九月初九朱棣下令"护送金殿船只至南京"②。前文已谈到，永乐十六年（1418），朱棣让人上报瑞应。因此，《武当祥瑞图》可能就在此前后绘制。

3.《大明玄天上帝瑞应图录》

明《道藏》洞神部记传类收录有一部名为《大明玄天上帝瑞应图录》的文献，不署作者姓名，也没有创作时间。该作的内容主要有两大部分：其一，是永乐皇帝为武当山宫观营建相关事宜所下的一道圣旨、四道敕谕，以及两篇名为《御制大岳太和山道宫之碑》和《御制真武庙碑》③的碑文。其中，永乐十一年的圣旨，与永乐十六年的《御制大岳太和山道宫之碑》，均在武当山以巨型碑刻的形式分别矗立在玉虚宫、静乐宫、南岩宫、紫霄宫、五龙宫等处，至今保存完好。其二，则是十七则真武神的感应故事与图画，这十七则故事的内容与前述《天真瑞应碑》基本一致，《天真瑞应碑》不可见的图画部分，则在这里保存了下来。

《大明玄天上帝瑞应图录》所载内容均发生在永乐三年至永乐十六年之间，其中落款时间最晚的为永乐十六年十二月初三日所作《御制大岳太和山道宫之

---

① 2017年5月，第四届国际道教论坛在武当山召开，与此同时"中国（湖北）道教文物展"也在武当博物馆开展，笔者有幸在展览上见到了这幅名为《武当祥瑞图》的巨型长卷画册。

② 【明】任自垣：《大岳太和山志》，《明代武当山志二种》，武汉：湖北人民出版社，1999年，第22页。

③ 《中华道藏》的整理者将本来属于《大明玄天上帝瑞应图录》的《御制真武庙碑》单独析出，独立成书，笔者不赞同这个做法。从《大明玄天上帝瑞应图录》的整体内容来看，《御制真武庙碑》虽被附在最后，但其与书前半部分所载的圣旨、敕谕、碑文等，同为永乐皇帝所作，且都与真武神崇拜有关，放入《大明玄天上帝瑞应图录》中并无不妥之处。

碑》，乃是朱棣为武当山营建工程整体完工而作。因此，《大明玄天上帝瑞应图录》的成书时间当在此后不久，其目的是为了纪念永乐皇帝营建武当山的谋划及真武神在工程兴建过程中的显应。

（二）元、明真武灵应文献的整合

明初因武当山的兴建而诞生的这些有关真武灵应的新文献，随后不久便在社会上流传开来，很多人将其与元代的《玄天上帝启圣录》予以整合，形成一部内容纵贯宋元明的完整真武灵应文献。

1. 《重刊武当嘉庆图》

《藏外道书》第三十二册载有一部名为《重刊武当嘉庆图》的文献，该书《中国古籍善本书目》"子部道家类"有收录①，藏于上海图书馆②，为海内外孤本仅存。因此，《藏外道书》应当是采上海图书馆藏本予以影印的。

书前收有赵弼撰于宣德七年（1432）的《重刊武当嘉庆图序》，由这篇序言，我们可以得知该书的编纂缘由及主要内容。其言道：

> 我朝太宗文皇帝德侔天地，治冠唐虞，尊礼百神，崇兴正教。惟以玄天上帝福佑生民，功垂永世，特敕大臣鼎新宫观。由是殿阁楼台巍然一新，金碧丹添，绚耀山谷。累感上真显化，神异昭灵，祯祥嘉瑞之应不可殚举。自两仪开辟以来，福地之盛，未有如今日者也。真成道人徐永道自念际遇圣明雍熙之世，皇冠鹤氅得逍遥于仙境中，无以补玄门之万一。乃求董、张、唐、刘四真师所著启圣嘉庆记图，首载国朝兴修之盛典，与夫圣真灵异昭应之迹。募缘绣梓，以寿其传。③

按序言所载，武当山道士徐永道有感于永乐皇帝兴修武当山的丰功伟绩，以及层出不穷的神灵显应，于是找来元代张守清师徒所编之《启圣嘉庆图》，将明代真武灵应神迹与之合编成一书，重新刊刻问世。

---

① 《中国古籍善本书目》"子部下"，上海：上海古籍出版社，1998年，第1070页。
② 《中国古籍善本书目》"子部下"，上海：上海古籍出版社，1998年，第1436页。
③ 《重刊武当嘉庆图》，《藏外道书》第32册，第1021页。

《重刊武当嘉庆图》，确如序言所说，采取图文相配的形式，图画占一页，文字占一页至两页，其内容主要有两大板块构成。第一部分为武当山兴建期间十八则真武神显应之图画与相关说明文字，其中除第七则"玄帝圣号"条以外，其余十七则的文字部分与《大明玄天上帝瑞应图录》及《天真瑞应碑》所载内容基本一致，仅个别用字有所不同。而图像的部分，两者在构图上十分相似，可能拥有共同的蓝本。第二部分为取自元代《启圣嘉庆图》的内容，共计五十五则故事和图画。其中除首则"净乐仙国"条外，其余五十四则均依《玄天上帝启圣录》的文本顺序，从"金阙化身"到"瓢倾三万"。在有些条目的文字结尾处，有署名"雪航道人赵弼拜手书"的"赞"诗。值得注意的是，这五十四则故事仅占《玄天上帝启圣录》一半还不到的篇幅，因此，笔者怀疑今存《重刊武当嘉庆图》可能并不是完整本，而有残缺。

2. 《大岳太和山启圣实录》

明初时类似《重刊武当嘉庆图》的文献还有不少，如《中国古籍善本书目》"子部道家类"收录有一部名为《新刊足本类编全相启圣实录》的文献[1]，国家图书馆和北京大学图书馆均有收藏[2]。笔者在中国国家图书馆"中华古籍资源库"看到了该书的数字版本[3]，不过封面题签为《大岳太和山启圣实录》。另外，《中国古籍善本书目》将该书的成书时间定为"宣德七年"，笔者在书中并未找到有关成书时间的只言片语，不知道其依据何在。

该书的内容同《重刊武当嘉庆图》类似，图文相配，亦分两大板块。第一部分由十八则真武神在武当山兴建过程中的感应神迹所组成，图画占一页，文字占一页。绘图构思与布局同《大明玄天上帝瑞应图录》和《重刊武当嘉庆图》相似，但在细节上要更丰富和精致。文字与前两者相比差异不大，仅有个别不同。第二部分则与《重刊武当嘉庆图》有较大区别，分为前集、后集、续集、别集共四集。每集均有单独的标题，"前集"题为"新刊足本类编全相启圣实录"，其余三集均题为"新刊武当足本类编全相启圣实录"。《中国古籍善本书目》可能

---

[1] 《中国古籍善本书目》"子部下"，上海：上海古籍出版社，1998年，第1070页。
[2] 《中国古籍善本书目》"子部下"，上海：上海古籍出版社，1998年，第1436页。
[3] 该书也有影印出版，收入《原国立北平图书馆甲库善本丛书》第648册。

是依据这第二部分的标题，从而将全书定名为《新刊足本类编全相启圣实录》。该部分的文字内容与《重刊武当嘉庆图》类似，均依据《玄天上帝启圣录》而来，且是完整收录，并多加了一则"净乐仙国"的内容。而在图画内容方面，其排版和绘制风格与该书第一部分及《重刊武当嘉庆图》差异较大：首先并不是一个故事一则图画，《玄天上帝启圣录》一百二十八则故事，此书虽收录了全部文字，但只给其中八十则绘制了图画；其次每幅画仅占页面三分之一的内容，下部三分之二的页面则为文字。

从以上叙述来看，该书虽然也是将明代真武显圣神迹与《玄天上帝启圣录》加以合编，但是两部分的排版和绘图风格完全不同，给人的感觉更像是两部书拼凑在一起，而《重刊武当嘉庆图》则前后风格一致，没有这种问题。周绍良先生也注意到了这点，他指出，书第二部分的排版"形式全同元至治刊本《全相平话五种》"。① 此外，清代的毛扆《汲古阁珍藏秘本书目》载有"元板《武当全相启圣实录》一本"②。综合这些信息，笔者大胆推测，《大岳太和山启圣实录》后面取自《玄天上帝启圣录》的那部分，可能就是毛扆所记载元代的旧版。时人在刊刻《大岳太和山启圣实录》的时候，保留了元版的旧貌，并在其前面增补了明代真武灵应的新内容，所以这前后两部分的排版风格才会出现不一致的现象。

3.《真武灵应图册》

1998年北京嘉德拍卖行以五十五万元的价格，拍卖了一幅明代真武灵应神迹的画作，后收藏于广东省佛山祖庙内。③ 在该画作拍卖前，拍卖方曾邀请国内道教研究学者们前去鉴定。据王育成研究员的介绍："该批明代道教真武书画，拍卖时名为《真武灵应图册》，实际上并没有缀合或装订成册。原件实物是由八十二幅单页工笔彩绘图画和八十三幅单张对题文字纸页组成，前者为传说的真武玄天大帝的事迹画面，后者为同一故事的或长或段的文字载录。八十二幅工笔彩图已托裱为镜心片的形式，镜片画心呈正方形，高宽相同，均

---

① 周绍良：《〈新刊足本类编全相启圣实录〉书记》，《文献》，1985年第2期。
② 周绍良：《〈新刊足本类编全相启圣实录〉书记》，《文献》，1985年第2期。
③ 肖海明：《真武图像研究》，北京：文物出版社，2007年，第16页。

为二十八厘米左右。精工绘制,色彩古艳,画面风格十分一致,显系出自一人手笔。图右上侧画边写有泥金榜题,除个别彩图的边脚有点儿缺损,但影响画面,绝大部分彩图保存完好。与工笔彩图相配的对题文字,书写在典型的明代绵纸上,纸色微黄,但韧性良好,整纸纸面比对应的彩图画心稍大,竖写整行文字高二十四至二十五厘米,比画心要小,除个别纸面存有漫漶水纹外,大多数都完洁无损。"①

肖海明教授在其著作《真武图像研究》中以彩印的方式完整收录了《真武灵应图册》。这幅画册共有八十二幅图画,八十三幅题记,最后一幅图"三圣显形"对应两幅题记。其内容与前述《重刊武当嘉庆图》及《大岳太和山实录》一样,属于明代真武灵应神迹与元代《玄天上帝启圣录》的合编,不过收录并不完整,当是节选本。《大明玄天上帝瑞应图录》的十七则灵应故事,《真武灵应图册》只收录了五则,且放在整个画册的末尾处而不是开头。《玄天上帝启圣录》的一百二十八则故事,《真武灵应图册》节选了其中七十八则,均有绘图。令人好奇的是,为什么此画册的绘制者要在一百多则故事中单独挑出八十二个予以绘图呢?王卡先生认为:"道教有老君八十二化而为玄帝真武之说,故为八十二图以应其数也。"②真武神是太上老君第八十二化的说法出自《太上说玄天大圣真武本传神咒妙经》,原文为"玄元圣祖,八十一化显为老君,八十二化变为玄武"。此说有一定之合理性,在明末确有按"八十二化"来进行内容改编的文献,下文将会有分析。

(三)明末真武灵应文献的再次增辑与改编:《全像玄帝化书》

韩国首尔大学奎章阁韩国学研究院收藏有一部明万历三十八年(1610)刊刻的《全像玄帝化书》,以图文并茂的方式刊载了道教神仙玄天上帝本传、灵应等故事,并增补了很多新的内容。借由此书,我们得以知道"真武灵应"这一系列文献在明代末年的最新发展。

---

① 王育成:《新见明代彩绘真武图述略》,《艺术史研究》第2辑,广州:中山大学出版社,2000年,第557页。

② 王卡:《大明玄天上帝瑞应图目击记》,《道教经史论丛》,成都:巴蜀书社,2007年,第210页。

《全像玄帝化书》，共八卷，分四册，半页十行，每行二十字。每册封面均题名"全像玄帝化书"，不过在首册扉页处题名为"鼎锲全像玄帝化书"，在正文开始处题名为"新刻全像玄帝化书"。所谓"全像"，即在书中穿插整版图画，这是明代书坊为迎合读者的阅读喜好所设，风靡一时。所谓"化书"，是道教中专门记载神仙于世间显化、灵应神迹的一类书籍，如《道藏》洞玄部谱录类所载《西山许真君八十五化录》、洞真部记传类所载《纯阳帝君神化妙通纪》等，当属此同类书籍。

《全像玄帝化书》采取图文相配的刊刻形式，文字内容共由六大部分组成，分别是："修真始末""八十二化""国朝显应""武当山志""历代御制""名公艺文"。其内容均是根据历代已有道书、山志改编而来："修真始末"记载真武神出身、修道、飞升、降魔、受封等本传故事，共二十六则，每则均有四字标题。其内容当出自《玄天上帝启圣录》卷一，不过在标题用语和内容文字上做了一定的改编。"八十二化"为全书的主体内容，记载了真武神在世间显化的八十二则故事，其内容出自《玄天上帝启圣录》卷二至卷八。这部分内容，《玄天上帝启圣录》共有九十七则，本书编纂者从中选取了八十二则，并对标题和文字作了相应之改动。之所以本书专选八十二则故事组成所谓"八十二化"，应当与前文所述道经记载玄天上帝乃太上老君八十二化有关。"国朝显应"共计十则，内容大多是明初武当山兴建过程中的真武显应故事，多出自《大明玄天上帝瑞应图录》。"武当山志"部分以图文并茂的方式，记载了武当山的历史沿革，以及八宫的基本信息。"历代御制"部分记载了宋、元、明三代共九位皇帝有关玄天上帝的赞语、诏书、碑记等。"名公艺文"部分记载了八篇明代文人士大夫所作有关武当山的游记、诗歌。后面这三部分内容均来自明代所编纂的武当山志书中。由此看来，《全像玄帝化书》虽名为"化书"，但实际内容却较为丰富，并不只是玄天上帝的应化神迹而已。除文字内容外，该书还刊载有三十二幅图画，均根据相应文字内容绘制而成，每幅图均占两个页面，画工精良。

该书由"楚清江思诚孙希化纂集，南州奉道弟子龚家参阅，金陵书林唐氏应元堂敬梓"①。书的编纂者孙希化,明代湖广行省施州卫人(今湖北恩施),为万历年间的贡生②。书中有其自序,落款为"南直霍山庠训孙希化纂"③,据此,则孙氏曾在明代南直隶霍山县(今安徽霍山县)担任儒学训导,相关地方志的记载亦可佐证。协助孙希化编纂工作的龚寀,生平事迹已不可考,不过从该书描述来看,应该是一位道教信徒。书的刊刻者,为明代南京书商唐应元。唐氏事迹也较难考,不过据学者研究,唐氏家族是明代南京的著名书商世家④,唐应元想必也是其中一员。

孙希化作为贡生、儒学训导,却来编纂、刊刻道教文献,与其一段神奇的人生经历有关。据自序所言:"化自为诸生,以母疾,祷应。陟山(笔者注:武当山)叩谢,如身在天宫,日月风云,皆在其下。凛冽之气,令人不寒而栗;慈惠之容,令人不戚而悲。尘虑顿消,豪气若失。又四时佛号,响震山谷,匹夫匹妇,因而改弦,格于善良者,不知几万亿人矣。"孙希化因母亲疾病得愈,而去武当山进香还愿,在山中有过一段愉悦的精神体验,这让他认识到玄天上帝的信仰实有劝人向善的功能。其感慨道:"今有强夫悍妇于此,甘恶靡悔,不可理喻势禁,质以武当香献,莫不发竖而舌噤。盖盛德大威慑其方寸,故至此耳。"基于此,孙希化对玄天上帝的认识便有超越道教的倾向,他论说道:"洪惟三教祖师玄天上帝,盛德显业,直配乾坤。至其行化,累劫无量,莫可亿数。盖太乙初劫,真炁化形,非中古一门一法者可比。故神妙莫测,灵应如响,有如斯耳。"玄天上帝在过去的无数岁月里,行化显应,济世度人,在其心中地位远超三教,孙希化决心编纂玄帝的灵应文献,"以为世道人心之一助"。⑤

此书虽在国内少有收藏,但历代书目却多有著录。明祁承爜《澹生堂藏书目》载有"《玄帝化书》七卷",不过著者却作"蔡淑达"⑥。无独有偶,清黄

---

① 【明】孙希化纂:《全像玄帝化书》卷一,明万历三十八年(1610)刻本,第1a页。
② 【清】张家棚修、罗凌汉纂:《恩施县志》卷二,清嘉庆十三年(1808)刻本,第37a页。
③ 【明】孙希化纂:《全像玄帝化书》序,明万历三十八年(1610)刻本,第5b页。
④ 张秀民著,韩琦增订:《中国印刷史》(上),杭州:浙江古籍出版社,2006年,第244页。
⑤ 【明】孙希化纂:《全像玄帝化书》序,明万历三十八年(1610)刻本,4a页。
⑥ 【明】祁承爜:《澹生堂藏书目》,《丛书集成续编》(三),台北:新文丰出版公司,1988年,第687页。

虞稷《千顷堂书目》也同样著录为"蔡淑达《玄帝化书》七卷"①。两部书目所载卷数、作者与《全像玄帝化书》的记载均不同，不知是著录失误，还是说存在另外一部由蔡淑达所编纂的七卷本《玄帝化书》，这有待更多史料的发现。《千顷堂书目》在《玄帝化书》条之前，还著录有"孙希化《玄帝真武全传》八卷"②，此书目前尚未得见，其与孙希化《全像玄帝化书》之间关系为何，也有待探讨。此外，据清代官修《秘殿珠林》记载，在宫中万善殿也收藏有"《玄帝化书》一部"③，这说明此书在社会上应当有一定影响，乃至宫禁亦有收藏。

结　语

从北宋仁宗时期编纂《启圣记》开始，到明万历年间《全像玄帝化书》的问世，在这将近六百年的时间里，以"真武灵应"为主题的系列文献不断得到增辑和改编，形成了一个内容丰富的完整文献演变链条。在此过程中，有三个关键性的环节：其一，宋代先后问世的《启圣记》和《玄帝实录》构成了后世所有真武灵应文献的主体部分。其二，元代武当山道士将宋代真武灵应、本传文献予以合编，并对其图像化，为此系列文献奠定了新的编纂范式。其三，明初伴随着武当山营建工程又产生了一批新的真武灵应故事，使得该系列文献在明代迎来一个编纂高潮。

真武灵应文献的编纂者，主要由朝廷、道士和儒生这三股重要力量构成。历史上第一部真武灵应文献《启圣记》，是由北宋仁宗时期朝臣奉旨编纂而成。明代作为真武神道场的武当山一跃成为皇室家庙，大批新的灵应文献问世。这些都反映了真武信仰的官方色彩，它得到了朝廷的大力支持。在此背景之下，道教界尤其是武当山的道士对真武灵应文献的编纂居功至伟。他们通过《玄帝实录》完整建构了真武神与武当山的密切联系，此后数次重要的文献编纂都能看到他们的

---

① 【清】黄虞稷：《千顷堂书目》，《丛书集成续编》（四），台北：新文丰出版公司，1988 年，第 414 页。
② 【清】黄虞稷：《千顷堂书目》，《丛书集成续编》（四），台北：新文丰出版公司，1988 年，第 414 页。
③ 【清】张照等编：《秘殿珠林》，《故宫珍本丛刊》第四三五册，海口：海南出版社，2001 年，第 236 页。

身影。在朝廷与道教界的合力推动下，真武信仰在社会上得到广泛传播，影响力与日俱增，明末儒士加入编纂行列，就是明证。可以说，真武灵应文献的编纂史，也是一部宋元明时期社会各阶层共同参与的信仰共建史。

从"筑基培元"到"鼎新立德"

——论新时代青年道职人员坚持中国化方向的历史担当

张 春[①]

摘要：坚持我国宗教的中国化方向,是中国特色社会主义宗教理论的重要内容,习近平新时代中国特色社会主义思想的必然要求,与马克思主义中国化一脉相承,这是坚持道教中国化方向的内在要求和重要理论依据。

新时代青年道职人员要有坚持道教中国化方向的历史担当。要坚持道教中国化方向,主动拥抱新时代;要根植中华优秀文化传统,筑好基础;要坚定道经师宝信仰,培固元气;要养成终身学习习惯,鼎新气象;要积极参与社会实践,建功立德。

关键词：新时代；道教；中国化；青年道职人员

前 言

党的十九大明确指出,经过长期努力,中国特色社会主义进入了新时代,这是我国发展新的历史方位。大会确立习近平新时代中国特色社会主义思想作为党必须长期坚持的指导思想,作为全党全国人民为实现中华民族伟大复兴而奋斗的行动指南。

马克思、恩格斯曾指出,"一切划时代体系的真正内容都是由于产生这些体系的那个时期的需要而形成起来的。"[②] 习近平新时代中国特色社会主义思想是当代中国马克思主义、二十一世纪马克思主义,是中华文化和中国精神的时代精

[①] 作者简介：张春,广东省道教协会副会长兼秘书长、广东道教学院教务长。

[②]《马克思恩格斯全集》第三卷,《真正的社会主义的哲学》,北京：人民出版社,1960年,第544页。

华，实现了马克思主义中国化时代化新的飞跃。习近平总书记在全国宗教工作会议上的重要讲话中指出：新形势下，我们要坚持和发展中国特色社会主义宗教理论。

"要坚持用马克思主义立场、观点、方法认识和对待宗教，遵循宗教和宗教工作规律，深入研究和妥善处理宗教领域各种问题，结合我国宗教发展变化和宗教工作实际，不断丰富和发展中国特色社会主义宗教理论，用以更好指导我国宗教工作实践。"中国特色社会主义宗教理论是习近平新时代中国特色社会主义思想的有机构成，代表着马克思主义宗教观中国化在新时代的升华和飞跃。①

习近平总书记要求，"积极引导宗教与社会主义社会相适应，一个重要的任务就是支持我国宗教坚持中国化方向。"可见，坚持我国宗教的中国化方向，是中国特色社会主义宗教理论的重要内容，是习近平新时代中国特色社会主义思想的必然要求，与马克思主义中国化一脉相承。这是坚持道教中国化方向的内在要求和重要理论依据。

在不久前闭幕的中国道教协会第十次全国代表会议上，中央统战部副部长、国家宗教事务局局长王作安强调指出，新一届中国道教协会理事会要以推进道教中国化为主线，大力加强政治引领，注重培养人才；要拓展人才培养途径，通过开展当代道教教义思想研究、编纂《中华续道藏》工程、组织玄门讲经活动等，发现、培养和使用优秀中青年道教人才。这为青年道职人员的学修明确了方向。

本文谨就新时代道教教职人员群体中的青年道职人员坚持中国化方向的历史担当问题试做初步探讨。

一、坚持道教中国化方向，主动拥抱新时代

当今人类社会正处于全球化时代，各国在政治、经济、文化等诸多方面也处于错综复杂的联动之中。那么，古老的道教如何从这种矛盾关系中传承与发展？这就要求我们更加自觉地立足新时代，承担道教传统的使命，坚持道教中国化方向。诚如中国道教协会李光富会长所言："坚持中国化方向是新时代道教工作的

---

① 卓新平：《党的十九大对新时代宗教工作的指引》，《世界宗教研究》，2018年第1期，第2页。

主线和旗帜。"① 对影响中国两千多年历史的本土宗教道教有总体的认识与态度是十分必要的。

道教具有悠久的历史，对其有种种不同的看法是自然的。在新时代，我们应该或可能怎样看视道教的发展？金元时期的道士姬志真在《重阳祖师开道碑》中所言正是恰切的体现：

"夫至道出自先天，太上卓尔立其宗，累圣袭而张其后。圣人复起，究天元一气之初；洪造更新，应历数万灵之会。天挺神授，而力拯颓纲；祖建宗承，而载维新纽。弃华摭实，援溺导迷，革弊鼎新，而玄关复启焉。"②

"维新"是重阳祖师当年重振道教纲维的鲜明写照，而新时代更需要"维新"。这就要求我们全面且系统地了解当今人类社会面临的亟须解决的重大问题及发展趋势，必须在对道教有深刻了悟的基础上"守正出新"，做出合乎新时代局面的坚守与开拓。习近平总书记之于中国，新时代之于中国特色社会主义，中国化之于道教，无不以"维新"为指归。新时代，新在百年未有之大变局，新在贯彻新发展理念，新在开放的国内国际双循环新发展格局，新在坚持以人民为中心，新在坚持系统观念。道教绵延赓续近两千年，也进入了一个新的发展时期。对于新时代的青年道职人员，须首先更新思想，认清新旧交替的时间节点，以维新之"志"、维新之"行"，主动拥抱新时代，争当同行人，不做掉队者。

中国道教协会《坚持道教中国化方向五年工作规划纲要（2019—2023年）》提出，坚持道教中国化方向，关系道教的前途与命运，关系道教工作的原则和方向，关系道教界的精神风貌与责任担当，具有重大的理论和现实意义。青年道职人员要首先积极行动起来，在宗教团体、宗教院校、宗教活动场所中发挥先锋作用，理清坚持道教中国化方向的内涵和外延，学习宣传并协助落实好"纲要"。

"中国化"既具有宗教应当适应中国社会的一般意义，更具有宗教应当适应

---

① 李光富：《坚持中国化方向是新时代道教工作的主线和旗帜》，中国民族报，2020年12月15日，第7版。

② 【金】【元】姬志真：《云山集》，《正统道藏》，太平部。

当代中国社会的特定含义;道教本身就是中国文化的一部分,但也必须与时俱进,跟上当代中国社会前进的步伐。① 只有敢于面对当前社会存在的新问题,才能使道教精神得以传承、维新及发扬,以贡献于人类社会。

在人类社会迈进新时代之际,道教是否会产生新的飞跃?我们应当特别注意的是,教职人员群体中的青年道职人员在道教坚守中国化方向的历史担当问题。青年道职人员是道教事业的有生力量,是未来道教发展的中流砥柱,更需立足当下,与时俱进。青年道职人员要看清楚道教中国化更为紧迫,道教现代化更为复杂,道教国际化更为深远,道教学术化更为艰辛。只有变压力为动力,才能找准自身定位和人生价值的发力点,也才能顺应进步潮流,做到"政治上靠得住"。

二、根植中华优秀文化传统,筑好基础

习近平总书记说,"宗教不仅是一种社会意识形态,还是一种特殊的文化现象。比如,浩如烟海的宗教典籍,丰富了传统历史文化宝库;智慧深邃的宗教哲学,影响着民族文化精神;深刻完备的宗教伦理,强化了某些道德规范的功能;异彩纷呈的宗教艺术,装点了千姿百态的艺术殿堂,风景秀丽的宗教圣地,积淀为旅游文化的重要资源;内涵丰富的宗教礼仪,演变为民族风情的习俗文化。"② 因此,坚持道教中国化方向,就要从中华历史文化传统中汲取能量,夯筑青年道职人员的修行基础。

"树立文化自信是道教坚持中国化方向的前提。"③ 岭南文化有着兼容并包、勤劳创新、遵守规则、勇于学习、效率至上等传统,在中华文明大家庭中独具魅力。广东道教界也有着许多优良传统,如立教为公、以党为师,爱国与爱教高度统一;把爱党、爱国、爱中国特色社会主义作为信仰的一部分,政主教辅、教不干政;爱神与爱人相结合,尊生戒杀、劝善去恶,把行善积德作为信仰的第一要义;各教派间共生共荣、互尊互学、关系平和;防范商业化侵袭,积极参与

---

① 王作安:《行稳致远久久为功 坚持我国宗教中国化方向》,《中国宗教》,2016年10期,第14页。
② 习近平:《干在实处,走在前列——推进浙江新发展的思考与实践》,北京:中共中央党校出版社,2006年,第264页。
③ 詹石窗:《树立文化自信,坚持道教中国化方向》,《中国民族报》,2019年1月1日,第7版。

社会公益慈善事业；团结服务信教群众，提倡德育美育并重，净化心灵、消解焦虑；与时俱进、综合创新、文化兴教，适应现代化事业；开放包纳、文明交流、天下情怀，推动中华文化文明走向海外；等等。这些传统，是中华优秀文化与时代精神相结合的产物，更是青年道职人员需要薪火相传的宝贵财富。

弄清楚自身的文化定位，便是修行的不竭动力源泉，使得自我意义更加明确。卢国龙教授曾举例说明道教的文化使命，他说，"道教的斋醮科仪将古典传统与时俗变化结合起来，使道教产生维护传统的使命感，以古典传统的继承者自任"。[①]作为中华优秀传统文化的一支不可替代的坚守力量，青年道职人员无疑要不断锤炼自我，争取成为文化传承链条上能够受力、能够承重、能够接续的关键一环。

三、坚定道经师宝信仰，培固元气

广东省道教协会潘志贤会长指出，"广东道教界要把个人对道、经、师三宝的信仰与对中国共产党、中华人民共和国、中国特色社会主义的爱戴自觉全面融合，坚守坚定跟党走的真心，与祖国同呼吸共命运的同心，新时代中国特色社会主义事业必胜的信心，立教为公、以党为师的道心；始终坚持道教中国化方向，坚定不移地走与社会主义社会相适应道路，靠学修实践成就功德，靠德行人格赢得尊重。"[②]真心、同心、信心、道心，既是全体道职人员面向新时代、面向坚持道教中国化方向事业的宣示，又是新时代修真得道的必由之路。

作为道教徒，对道、经、师三宝的信仰是修行的核心与出发点，道无经难传，经无师难明，师无道径（师承）则乱。而体现在所处的新时代大环境，道、经、师宝就体现在中国共产党、中华人民共和国、中国特色社会主义的伟大实践之中。立教为公、以党为师的重要论断，明确了新时代道教徒的最重要的修行品格，即行公心而证道心，参与伟大实践而得道炁。"天得一以日月星辰长清；地

[①] 卢国龙：《论道教的民族性》，《中国道教》，1998年02期，第15页。
[②] 潘志贤：《学习贯彻党的十九届五中全会精神，培养学风，匡正道风，助力全面建设社会主义现代化国家伟大征程——在全省性宗教团体联席会议第一次会议上的发言》，2020年12月14日。

得一以珠玉珍长宁；人得一以神气精长存。"① 这个一，在新时代就是"公"，就是青年道职人员的"元气"。

为了培固元气，青年道职人员可以通过以下次第修行，来培养公心，证悟三宝。

第一，建构道教修行的时空观。准确理解和运用天干、地支、节气、五行，搭建起道教传统的时间度量体系和空间标示体系，并能依此推算十一大曜、天罡、地煞的运行规律，把古老的道教天文学传统发扬光大，并与现代的时间、空间测度方法进行比较研究，体悟"大道无情运行日月"②的可知论。

第二，形成思维的系统观。既能从整体上把握和描述人、事、物的全貌，又能细致分析影响因素之间的生合克化关系，找到外部动态世界中的平衡点，理解"动者静之基"③的动态平衡观。

第三，把握以点带面的整体观。分析具体事例，从中发现普遍规律，通过当下的时空坐标与事例的偶然坐标相比较，探究事物发生、发展、变化、消亡的规律，领会"内观其心心无其心，外观其形形无其形，远观其物物无其物，三者既悟惟见于空"④的矛盾运动规律。

第四，提高法天象地的审美观。用于修行环境的设计上，以体现宇宙空间与人居环境的高厚、主次区分。在宫观殿堂规划、坛靖功能布局、寮斋内部陈设上，既能体现三界秩序，又能以物化的品汇传递道教的观念和情感，从而展示后天、先天之间的对立统一，"未生以前为先天，故无所违；既生以后为后天，故有所奉"⑤。

第五，传承依科演教的礼乐观。依情、事、法理之不同，合理取用存亡、阴阳醮仪，设定净、迎、禀、召、荐、送、谢的合理顺序，准确使用奏、启、申、牒、劄、关、榜的书面文体，端正冠、服、简、器，演奏恰当的道乐曲牌，齑备香、花、灯、茶、果、楮帛，肃整威仪，关召得当，发挥斋醮科仪的教化功能，

---

① 《太上九要心印妙经》，《正统道藏》，洞真部，方法类。
② 《太上老君说常清静妙经》，《正统道藏》，洞神部，本文类。
③ 《太上老君说常清静妙经》，《正统道藏》，洞神部，本文类。
④ 《太上老君说常清静妙经》，《正统道藏》，洞神部，本文类。
⑤ 《清庵莹蟾子语录》，《正统道藏》，太玄部。

达到"化育群品,为福惠基"①之教化目的。"作为一种综合的文化符号体系,斋醮程序的开展即是诗词曲赋与音乐相结合的实施过程,故而能够陶冶性情、变化气质、完善人格。"②

第六,明晰秩序森严的神明观。通过深研经典,准确认识并恭敬三界神祇。明晰先天神明的道德大范与慈悲灵应,了解后天神仙的修行事迹与度世品格。在此基础上,逐一学习符箓的本质、样式、制法、用法,合理选用祈禳、镇制、疗治、召请符箓,严格变、限、咒、讳、煞程序,准确用印,从而正确展现道教独有的古老文化,"有得于言语文字中,乃复有得于言语文字外。"③

"能明人道明天道,会得天心即我心。"④通过培元,以神之规矩、神之视角、神之公心,建立我之规矩、我之视角、我之公心,达到思想有方向、做事有重点、修行有传承、知识有体系、说话有依据,青年道职人员就能迎头赶上,真正做到"宗教上有造诣"。

四、养成终身学习习惯,鼎新气象

道教中国化的主要目标就是实现现代化。缺乏组织管理、文化研究、讲经说法、清修实证、外语交流等方面的高素质人才,会严重制约道教文化传承创新。⑤青年道职人员作为有着爱国传统的社会主义公民,在道学(神学)修行之外,还要在以下九点上思考日常学什么,怎样学的问题,争取成为高素质人才。

第一,要学习马克思主义的基本原理,掌握思维方法,认识历史和人民选择中国共产党、选择马克思主义、选择社会主义道路、选择改革开放的历史必然性,深刻认识我们国家和民族从哪里来、到哪里去,不断增进"五个认同"。

第二,要学习习近平新时代中国特色社会主义思想,学习习近平总书记系列讲话,把准新时代脉搏,作为自己为实现中华民族伟大复兴而奋斗的行动指南。

---

① 《玉清元始玄黄九光真经》,《正统道藏》,洞真部,本文类。
② 詹石窗:《树立文化自信,坚持道教中国化方向》,《中国民族报》,2019年1月1日,第7版。
③ 《九天应元雷声普化天尊玉枢宝经集注》,《正统道藏》,洞真部,玉诀类。
④ 《玄宗直指万法同归》,《正统道藏》,太玄部。
⑤ 李光富:《新时代坚持道教中国化方向的实践路径》,《中国民族报》,2019年3月12日,第5版。

特别要学习习近平总书记带领全党全军全国各族人民治国理政的生动事例。要通过学习，认识人民满意、载入史册的伟大成就中的伟大功德，是修道度人最生动的教材和模范。

第三，要学习中外历史，特别是学习改革开放以来道教发展史，学习近现代道教历史人物如陈撄宁、易心莹、岳崇岱等的爱国爱教的事迹，找准榜样，以史为鉴。学习他们深厚的爱国情怀，学习他们精通国学，学习他们把宗教的神学与中华优秀思想文化进行深度的融合，学习他们取得教众的认同和尊崇。①

第四，要学习中国礼乐制度，特别是《周官》《仪礼》《礼记》的原文，理解儒道文化相互借鉴、互相扶持的本因。

第五，要学习哲学思维，学习一些本体论、认识论、方法论的初步知识，提升自己分析问题的能力。

第六，要学习法律法规，增强公民意识，特别是通过深入了解《民法典》，体会现代社会赋予青年道职人员的权利与机遇。

第七，要学习科学常识，了解科技前沿，比如中国探月工程、基因技术、重大生态修复工程等，思考科学技术与道教教义的关系，扩大与信教群众的交流范围。

第八，要学习世界不同文明间的对话，提高自己的外语水平，关注全球文化研究的前沿，思考道教文化"走出去"的有效途径。

第九，要学习现代管理知识，学会处理个人、集体、组织的关系，提升协调能力，提高事务处理效率。

"道士不练功，到头一场空"。提倡以上方面的学习，关键在于养成终身学习的习惯。要把学习作为自己的乐趣，把学习作为云游的方式，把学习作为提升弘道能力的必由之路。建成一支学习型的青年道职人员群体，"品德上能服众"，必将让道教界面貌焕然一新，呈现出新时代新道教的勃勃生机。

---

① 牟钟鉴：《如何深入理解"坚持中国化方向"》，《世界宗教研究》，2016 年 03 期，第 19 页。

五、积极参与社会实践，建功立德

道教的社会功能体现为爱国家、礼神明、敬祖宗、传文明。爱国家是道教亘古不变的鲜明主题，礼神明是道教演礼作乐的直接教化，敬祖宗是道教传承千年的不二承诺，传文明是道教守护中华的超长职守。坚持中国化方向，着力现代化、生活化、学术化、国际化，是道教发展的必由之路。①"学道之士未升之前，犹在人世，应当哀愍一切众生，为其消灾，生活民命，其德甚大，第一之功。"②青年道职人员参与社会实践，便是承担道教的社会义务，进而把内修、外修结合好。

修道成仙思想，乃是道教的核心，其他的教理教义和各种修炼方术，都是围绕这个核心而展开的。哲学家老子与哲学范畴的"道"，在道教中已被神化为天上的神灵，信道也就变成了信神，崇奉老子亦即崇奉天神。③作为青年道职人员，要首先从太上无极大道着手，内修则注重常念三宝、潜心读经，皈身一宗、次第进位、神人一体、师承有序，知戒持戒、清静无为；外修则以道之显化——参与中国特色社会主义的伟大实践来悟道，方此才能真正天人合一，道法自然。"以我之德行去感化他人，以我之能力去帮助他人，以我之学识去教导他人，以我之宗教修持为大众服务。"④这恰是青年道职人员未来行道立德之路的生动写照。

青年道职人员要格外注重对自己思维方法、办事能力、表达能力的锻炼，在充分发挥宗教团体桥梁纽带作用的重要进程中扮演关键角色，彰显道风道貌，关键时起作用。

---

① 张春：《齐心协力打造"中华道都"》，《人民政协报》，2020年7月16日，第8版。
② 《太上大道玉清经》，《正统道藏》，正一。
③ 卿希泰：《道教文化在中华传统文化中的地位及其现代价值》，《社会科学研究》，2001年第2期，第69页。
④ 尹志华：《道教如何更好地与社会主义社会相适应》，《中国民族报》，2017年6月6日，第6版。

他山之石

雷法仪式和雷部神祇信仰再探[①]

常志静 著
孙美子 译[②]

现代西方道教研究传达了一种观念，认为中国神明可以出现并存在于光明与邪恶、善和恶两界，尤其当神明最初是活跃于世而死后成神，则有可能沾染上邪恶的元素。文学作品描述了这些非凡的现象，譬如16世纪的《封神演义》就统摄了诸多妙趣横生的素材，反映了当时普遍流行的观念。我们读到的一些灵力（the spirit forces），据说是人类通过高阶神明的帮助或道士的支持而进行的精神修炼。[③]道士指的是天师道，又称正一道。

天师道兴起于汉代，一直兴盛至今。天师道的神明谱系，位居众神之首的至高神是虚无自然的三清，包括元始天尊、灵宝天尊、道德天尊，道德天尊是《道德经》的神化作者，又称太上老君。事实上，元始天尊和灵宝天尊被认为是太上老君的变身，是宇宙的绝对存有。[④]三清是道教盛大节庆或醮仪中的至高权威和崇敬对象。然而，天师道道士也服务于农耕社会的日常需求，解决旱灾、水灾、疫病等问题。诸如瘟疫、个体的患病及其他私人问题，被解释为鬼神侵扰所致。

[①] 本文经常志静先生授权翻译刊载。本文原载 Journal of Asian Humanities at Kyushu University. 1, pp.9—18，2016—03. 原文名称为：Considerations of Thunder Magic Rituals and Thunder Divinities。

[②] 常志静（Florian Caspar Reiter），德国威尔茨堡大学汉学专业博士，现任教于德国威尔茨堡大学。发表这篇文章时，任教于德国洪堡大学。孙美子，（中国台湾）政治大学宗教研究所研究生，现任职于社会科学文献出版社。

[③] 哪吒太子即是一例，参见 Wilhelm Grube, *Die Metamorphosen der Gotter*（Leiden, E.J.Brill, 1912），p.156。参见 Jonathan Chamberlain, *Chinese Gods*（香港：长岛出版社，1983年），第89页；洼德忠：《道教诸神》成都：四川人民出版社，1996年，第146页。

[④] Florian C.Reiter, transl./ed., *Leben und Wirken Lao—Tzu s in Schrift und Bild, Lao—chün pa—shih—i—hua t'u—shuo*（Würzburg：Königshausen & Neumann, 1990），21. 另见 TT（TT 是《道藏》的缩写，全文同） 774《犹龙传》卷1，6a–6b；TT 772《太上老君金书内序》2b。

天师道道士有驱邪的方法和手段来解决此类问题。他们召请各路神明，这些神展现风火雷电等自然力量，被视为具有军事力量的灵官和元帅。道士用符将官将具象化，符成为道教驱邪仪式（我们称之为雷法）中最重要的仪式工具。

11世纪以来，"雷法"（亦称五雷法）概括了这些与日常生活实际问题有关的道教驱邪仪式。① 宋代一些杰出的道士和学者，如王文卿（1093—1153）等人，顺应当时的思想潮流，提出了解释雷法和书写雷符的理论。② 如今，道教驱邪仪式通常在道士的家坛展演，可称为"小法事"。大型仪式则在庙中进行，在台湾，人们习惯称之为"法场"。③ 但我目前关注历史文献来研究雷法和雷部神祇，部分依靠王文卿的文本记录。

同样，请务必谨记，雷符的书写和应用是道教雷法的重要组成部分，使雷部神祇的威力得以具象和传递。雷符的产生有一个独立的仪式过程，但其应用可以被涵摄在更大的仪式脉络中。这些内容在后来的清微道驱邪传统均有记载，可追溯至元明时期（14—16世纪）。④ 我们强调，这些道士认为自己是天师道的代表，他们遵循各自的仪轨和形式要求展演。他们明确地尊奉天师张道陵为祖师，这是打醮时的身份认同。我们注意到，唐代（7—9世纪）以来的典籍资料，并不能证明"道士"和"法师"之间存在严格且合理的区别。这两个词在天师道都有"驱邪师"（exorcist priest）的意思。⑤

---

① 参见 TT 1225《洞玄灵宝三洞奉道科戒营始》卷4，6b–8，使用了"弟子"和"法师"表示不同的道教法位. Also see Florian C. Reiter, *The Aspirations and Standards of Taoist Priests in the Early T'ang Period* (Asien— und Afrika—Studien 1 der Humboldt—Universität zu Berlin)（Wiesbaden：Harrassowitz，1998），133–37. 另见吴真《为神性加注：唐宋叶法善崇拜的造成史》，北京：中国社会科学出版社，2012年。

② 参见 Florian C. Reiter, *Man*, Nature and the Infinite, the Scope of Daoist Thunder Magic Rituals（Abhandlungen für die Kunde des Morgenlandes 81）（Wiesbaden：Harrassowitz，2013），and Florian C. Reiter, "The Discourse on the Thunders 雷说, by the Daoist Wang Wen—ch'ing 王文卿（1093–1153），"Journal of the Royal Asiatic Society 14/3（2004），207–29. 另见唐代道士张万福在 TT 1241《传授三洞经戒法箓略说》1.4a–4b。

③ Le ritual Daoiste du sud—est du Fujian，

④ 例如 TT 223《清微元降大法》卷25，15b–17b《太上无极大道天经》。更多例子见 TT 1220《道法会元》卷1—卷50。

⑤ 参见 TT 1225《洞玄灵宝三洞奉道科戒营始》卷4，6b–8，使用了"弟子"和"法师"表示不同的道教法位。见吴真：《为神性加注：唐宋叶法善崇拜的造成史》，北京：中国社会科学出版社，2012年。

宋代道士王文卿是宋徽宗宫廷中杰出的雷法专家。他在朝廷以雷法驱邪，然后举行天师道科仪醮谢除祟成功。驱邪在道教实践古已有之，王文卿分析了古代驱邪师的做法并将其理论化。他与同道将这些古老的、主要是口述传统赋予了文学形式，并运用新的方法，如内丹学、天文学和天干地支、五行八卦等计算方式的概念来解释雷法的施行。在此基础上，我继续介绍灵官、元帅、使者，简而言之就是雷部神祇，并说明他们如何出现在雷符中。①

雷部神祇具有位阶，外在表现为武将。他们看起来往往像凶猛的鸟人，鸟喙凤爪，挥舞着兵器，似乎在疯狂地飞翔或跳跃。此外，还有各式各样不计其数的符令，结合了汉字和图像，如八卦或其他符号。②最基本、看似最简单的符，只由一个汉字构成。③玄坛元帅赵公明就是一个典型，赵元帅是道教坛场的护法神之一，可在道场的卷轴画上窥其身影。④

赵姓的"赵"字形即可构成符令。这个汉字可以被拆分，每个笔画或部件都有特定的含义。这意味着，画赵字符的道士一边组合笔画，一边静心存思，念出每笔的内在含义。《赵字作用》呈现了"赵"字各组成部分的宗教意涵。文本道出了关键词，但鲜有完整句子。书写"赵"字需要十四画，每个长短不一的笔画都有配合的语句：

> 微妙真空／神霄赵公／驱雷掣电／走火行风／八王猛将⑤／无量神通／神兵一合／遍满虚空／何神不伏⑥／何鬼敢冲／神虎一嗷／万鬼灭踪／正一勅召／

---

① 参见 TT 1311《岘泉集》卷 7，13a 关于清微道的传统。他观察到自汉代张道陵至唐代祖舒的，具有惊人悠久历史的口述传统。在现代道教研究中，口述传统的关键作用常被忽视。亦见 Florian C. Reiter, *Basic Conditions of Daoist Thunder Magic*。

② 同上

③ 同上

④ 同上

⑤ TT 1220：《道法会元》卷 232《正一玄坛赵元帅秘法》3a–3b；另见卷 236《正一龙虎玄坛大法》3a–3b。

⑥ "伏"意味着俯首称臣，我们可以理解为"服侍／事"的意思，参见翟理斯（Herbert A. Giles），《汉英文言文大字典》（台北：成文出版社，1972 年）．

速降中宫/谨请赵公明火速降真灵急急如老祖天师律令①

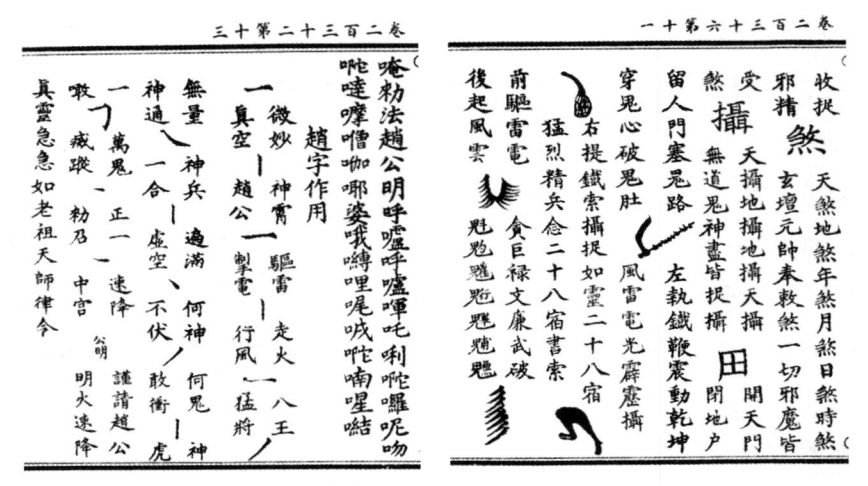

图一：TT 1220 道法会元卷232正一玄坛赵元帅秘法13b赵字作用

道士遵循"赵"字的笔画顺序，对其间的程序熟稔于心，以此奉请雷神赵公明。② 道士敕召这位神祇显圣，在书符之前变神为祖天师张道陵。换言之，道士存想自己的身份为天师。

雷法的驱邪传统经常要求道士变神为雷部神祇，王文卿用内丹学的术语来描

---

① TT 1220：《道法会元》卷232《正一玄坛赵元帅秘法》13b《赵字作用》。秘法是在王文卿时代以后才被梳理出来的，但与他的道教传统一脉相承。

② Giles, *A Chinese–English Dictionary*, nn498.

述这个最为复杂的过程。① 许多道教学者如萨守坚（1141—1178？）在这个意义上持续发展雷法的理论。② 然而，短短的《赵字作用》表明，赵字符无须要求变神，即具备驱邪的能力。

相较《赵字作用》，雷法的符令大多数要复杂得多。《赵帅本身符》即是典型的例子，呈现一个凶猛的鸟人挥舞着铁鞭作为武器。这道符的每个部件皆有其意涵：

  太阳赫赫，现出金轮。
  公明公明，速现真形。③
  奉上帝敕，收捉邪精。
  天煞地煞，年煞月煞，日煞时煞，玄坛元帅奉敕煞，一切邪魔皆受煞。
  天摄地摄，地摄天摄，无道鬼神，尽皆捉摄。
  开天门，闭地户，留人门，塞鬼路，穿鬼心，破鬼肚。④
  左执铁鞭，震动乾坤，风雷电光霹雳摄。
  右提铁索，摄捉如灵，二十八宿，猛烈精兵。念二十八宿书索。
  前驱雷电，复起风云。
  贪巨禄文廉武破。⑤
  八王猛将，部领诸神，速入符中，报应分明。
  风火神恶，疾速追捉，急急如神霄真王敕。

---

① Florian C. Reiter, "*A Preliminary Study of the Daoist Wang Wen—ch'ing (1093–1153) and his Thunder Magic (lei—fa),*" Zeitschrift der Deutschen Morgenländischen Gesellschaft 152 (2002)：155-84, esp.172. 探讨变神成为邓元帅（邓伯温），详见下文。
② TT 1220：《道法会元》卷 67, 11a–18a, 萨守坚《雷说》。
③ 赵公明三字为黑体，意味着他是金轮。见前述他的宗教称谓。
④ 这个图形类似"田"字。实际上，这个图形由六种笔画构成，代表六种秘诀。参见 Florian C. Reiter, "The Management of Nature：Convictions and Means in Daoist Thunder Magic (Daojiao leifa)," in Purposes, Means and Convictions in Daoism, A Berlin Symposium (Asien—und Afrika—Studien 29 der Humboldt Universität zu Berlin), edited by Florian C.Reiter, 198, note 62。
⑤ 这些即是北斗七星，第二栏是七星的秘讳。每个字的偏旁都是"鬼"（译者注：道经原文有"魁□□魌魖□魏"）。

圆光晃耀，照败魔　。①

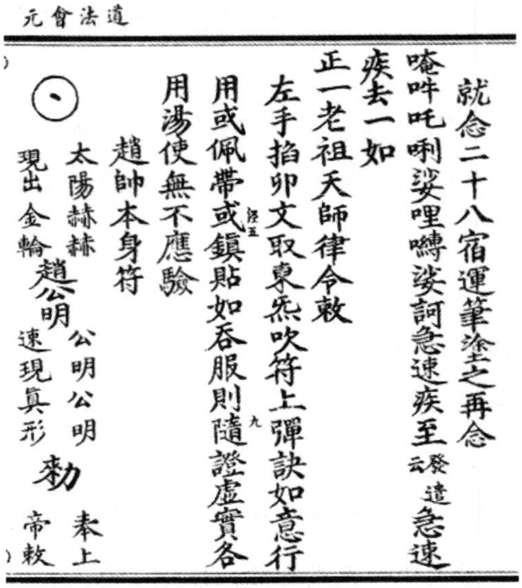
道法會元

就念二十八宿運筆塗之再念

唵吽吒唎娑哩嚩娑訶急速疾至云發遣急速

疾去一如

正一老祖天師律令敕

左手掐卯文取東炁吹符上彈訣如意行

用或佩帶或鎮貼如吞服則隨證虛實各

用湯使無不應驗

趙帥本身符

图二：TT 1220 道法会元卷236正一龙虎玄坛大法11a-12a赵帅本身符

同样要谨记的是，道士在书符的同时会念出散形符的信息。这些语句描述了雷部神祇的特点。

在这个例子中，道士首先将自己的元神（own original spirit）与赵元帅合一，才有资格对神将发号施令。如何做到这一点呢？我们从明初（14—15 世纪）驱邪仪式类书《道法会元》中发现一则案例，揭示了这种存想导致精神转化的透彻描述。② 一段拟梵音的十四字咒语，要么在存想之前、要么与存想一同念出。③ 排除这段无法翻译的咒语，我们读道：

存雷声自地户震起。存元帅自天门降下，立地户。次自咽下心火，与肾水交媾在中宫。存祖炁自夹脊上至泥丸宫，朝神霄帝君。讫。呵出若一

① TT 1220：《道法会元》卷 236《正一龙虎玄坛大法》《赵帅本身符》（11a—12a）。

② 关于《道法会元》，参见施舟人和袁冰凌，in Kristofer Schipper and Franciscus Verellen，eds.，*The Daoist Canon，A Historical Companion to the Daozang*（Chicago：University of Chicago Press，2004），1105–13。

③ 同上

火珠,大如火轮之状,即以剑诀剔开。见火焰撒开,与地户上元帅、与自己元帅合而为一。①

如果道士已经受箓,他就可以将自己变化为雷部神祇。基于所受的箓或习得的雷法传统,使他能够保有自己的身心而变神为第二个神圣自我。这并非附体:那意味着神从外部降临到人身上,并占有这个人。我们知道,附体是萨满教的一个特点,有别于道教和道教的驱邪。在历史的进程中,道士努力不懈地说服中国知识分子和朝廷,精通驱邪术的天师道与萨满教迥然有别。②

我们对雷神赵公明了解多少?《赵元帅录》说赵公明系"梵炁化生",故是先天神。③然而,同一份圣传还声称,赵元帅大约生活在周朝末年(公元前3世纪),秦朝时避世在山中,苦心孤诣地精修至道。最后,他获得神召,位列雷部神祇。这个故事可被理解为赵公明神圣地位的证明,基于他在俗世的成功修道,进而与其先天神联系起来。

自宋代以来,道教的理论阐述就区别了不同的存在属性:"先天"和"后天"。当然,这个基本问题也涉及神的范畴。④

雷部诸神中,许多光荣的神职称号都伴随着人名,这暗示着从人到神圣领域的升华。赵公明即是一个很好的例子,说明先天和后天这两个范畴很容易融合成一个名字。先天和后天的概念代表了摆荡的类别(oscillating categories),它们并非完全不可调和的对立立场。这种情况描述了雷部神祇的基本状态。许多标准的、功能性的神职称谓,如五方神,最终都是由不同的人名组合而成,这很可能

---

① TT 1220:《道法会元》卷234《正一龙虎玄坛金轮执法如意秘法》7b–8a. This is only one example taken from a row of spells and descriptions of appropriate meditation. The compilation collects materials that belong to the cult of Zhao Gongming. 只是从一系列有关存想的咒语和描述中选取的一个例子。秘法汇集了属于赵公明崇拜的资料。

② Florian C. Reiter, *Grundelemente und Tendenzen des Re—ligiösen Daoismus, das Spannungsverhältnis von Integration und Individualität in seiner Geschichte zur Chin—, Yüan— und Frühen Ming—Zeit* (Münchener Ostasiatische Studien 48) (Stuttgart: Stein—er—Verl. Wiesbaden, 1988), 40 and note 90.

③ TT 1220:《道法会元》卷232《正一玄坛赵元帅秘法》1a–2b。

④ Florian C. Reiter, *Man, Nature and the Infinite*, 8–31 (Part I: Aspects of the Pantheon in Thunder Magic).

反映了特定地方或区域的背景。这让我们想起了道教的一个基本特征。例如，我们在汉代《老子变化经》中发现许多跟老子或太上老君有关的名字，可能代表了一些在汉代蓬勃发展的地方道教中心领袖的名字。① 这些领袖可能被视为太上老君的化身或代表。假定这些名字是天真虔诚的虚构，是没有意义的，如此一来，广泛散布于各地区的雷法传统就在天师道的历史框架内演变了。

还有另一个重要方面我们必须探讨：雷神被认为是天庭机构的职官，它给道士提供召请和上表的机会。我们可以按照王文卿提供的描述来考察这样一个天界官僚机构。我们研读《道教会元》卷五十六的部分内容，以揭示一些仪式意义。

> 雷霆都司，乃北帝专司之所，列官分职，佐玉机之政。② 凡世间水潦、旱魃，悉请玉枢院票听施行。至于雷霆斧钺，庆赏刑罚，有条不紊，悉有司存。……
>
> 蓬莱司，乃都水使者所统，将吏专司水职，分云布炁，兼江海、河渎、泉源之事。凡世间亢阳，必申玉枢院，请奏乞降霈泽，以救生民。……学真奉法之士，皆请兵于此。条在传科，亦宜知及。雷霆神位。③

上文揭示的信息很明确：组织严密的机关配备了负责任的神职官吏。我们不难从中窥见中国世俗官僚体系的思维方式。④ 文中没有提到先天和后天的范畴，但也无法把雷部神祇和官将吏兵与人间的专有名词相联系，这可能暗示着有灵官系死后成神。事实上，这种表述仍然是先天的高层次概念的一部分。

我们了解到雷部机构的神祇一直密切关注着世间的一切，以及道士如何参与

---

① For this text see Anna Seidel, *La divinisation de Lao tseu dans le Daoisme des Han* (Paris：École française d'Extrême-Orient, 1969).

② 文本使用"玉机"这个词，这肯定是个错误。这个短语在其他地方没有出现过，我认为按文意应为"玉枢之政"。

③ TT 1220；《道法会元》卷 56.《上清玉府五雷大法玉枢灵文》4b. 这是指在天师道的背景下，作为道士和雷法专家的入门。

④ 或许最佳的文献可参见 Charles O. Hucker, *A Dictionary of Official Titles in Imperial China* (Stanford：Stanford University Press, 1985).

其中。道士代表个人或小区行事，向雷部呈文以履行仪式任务。我们检索了更多关于天界机构（the spirit administration）的信息：

> 神雷者，亦有百官千将，居三界之中，随时屯驻，代天行化。一年四时之中，发号施令，均布雨泽。若下方不忠不孝，不仁不义，前生今世，阴毒害物，冤结满盈，三官上奏，书名恶簿①，上帝即敕神雷伐之。今或狂风大雨之时，震动霹雳，诛戮人物者，是也。欲动此神雷，须申上三司，及飞奏九清，方可用之。②

《道法会元》卷56《雷霆神位》，展示了一个吸引人的神圣谱系（a fascinating pantheon）③，简介如下：《雷霆神位》中，六波天主帝君在最高的位置，名单内只有这一位的称号是帝君。④玉府上卿五雷使居于次位。接着是玉枢院真君以及代表五方的雷君。⑤在他们之后还有一长串的神明，这些神被进一步赋予官职，如行政长官、宰相、使臣等，还有许多使者、仙师、法师、元帅、判官。我们注意到，像三十六雷鼓力士之类的军事队伍和各种官将，亦有完整的名单。⑥

其中一些名字暗指著名的传统，如掌霹雳火光银牙耀目威神，实际上就是焱火大神⑦邓伯温。⑧正如他的经典传记所示，邓伯温的形象在后天和先天之间摇摆。⑨不过，我们不再继续讨论这个主题。

---

① 忠孝仁义是儒家传统理想和美德。

② TT 1220：56.13b, compare Florian C. Reiter, *Basic Conditions of Daoist Thunder Magic*（Abhandlungen für die Kunde des Morgen—landes 61）（Wiesbaden：Harrassowitz, 2007），82.

③ TT 1220：56.5a–10a.

④ 5 Concerning the divinity see also TT 1220：122.1a. See F. C. Reiter, *Man, Nature and the Infinite, The Scope of Taoist Thunder Magic Rituals*（Abhandlungen für die Kunde des Morgenlandes 81）（Wiesbaden：Harrassowitz, 2013），12.See below note nr.43，关于另一个佛教的重要先天神摩利支天。

⑤ TT 1220：56.5a.

⑥ TT 1220：56.9a.

⑦ 应为"焱火大神"，译者注。

⑧ TT 1220：56.6a.

⑨ TT 1220：56.14b–15a. See Florian C. Reiter, *Basic Conditions of Daoist Thunder Magic*, 85–6.

遵循焱火大神驱邪传统的雷法专家，必须将烈火从自己身上散发出来，并且变神，才能执行仪式任务。王文卿在《炼神》中，将神性与灵性的转换形象化，内容如下：

> 凝神静坐，存肾宫一点极明，须臾火起，渐渐烧遍一身。吹炁一口，其灰烬悉皆吹去。却存五方五色之炁混合，结成一团紫金之光，乃化为婴儿，渐渐长大。凤嘴银牙，朱发蓝身，两目迸火光万丈，两翅亦有火；左右两腋下各生首，目亦出火光；带金色，左手执火钻，右手执八角锤，有火龙绕身。① 次存见五雷神将，顶天立地，傍火云拥，焱神威猛。此火邓天君，即火车法中主令神也。②

无论对雷部神祇的描述如何，道士必须通过变神，将自身与神性融合为一，以达到同等的神性状态，并获取由此而来的宇宙力量。③ 这是操作道教驱邪仪式的先决条件。人与神的分别在雷法中消失了。

值得思考的是道教神鬼世界中的一些普遍和基本方面。早期道教已经产生了具有结论性质的书籍，如《女青鬼律》，大致可以追溯到三世纪，④ 这本书揭示了鬼的特性，描述了遍布天下和宇宙的邪恶力量。⑤

《女青鬼律》开篇列举的恶鬼带有人类姓名。他们涵盖超自然的星宿，即十天干和十二地支配对组成的六十甲子。恶鬼有明确规定的任务。例如，五方凶神鬼负责杀人，其中东方凶神鬼叫坚角子，西方凶神鬼叫邪古子。天帝调遣五方恶

---

① TT 1220：《道法会元》卷 80.1a–1b。《焱火律令邓天君大法》》为后来（大概 13 世纪）对神性地位象征的增编和修饰提供了一个很好的例子。据说神性除了其他特征外，还有"三只眼睛"，在两只翅膀下面是"两个头"。左边掌管风，右边掌管雨。神性的整个身体被猛烈的火焰吞没，他骑着壹条红色的龙。这种身份标志并没有唯一的准则，宗教想象自由地塑造和扩大了火龙身体的基本模式。

② TT 1220：《道法会元》卷 124《上清雷霆火车五雷大法》1b–2a。

③ 13—14 世纪，对摩利支天的崇拜，也在雷法仪式中兴起。摩利支天转化为斗母。参见 TTN1220《道法会元》：85.14b–18a. *The divinity Marici is a Buddhist import*; compare William E. Soothill and Lewis Hodous，《中国佛教名词词典》(*A Dictionary of Chinese Buddhist Terms*)（台北：成文出版社，1972 年），435a.

④ TT 790：《女青鬼律》.See A. Dudink in Schipper and Verellen, eds., *The Daoist Canon, A Historical Companion to the Daozang*, 127–9.

⑤ TT 1201：《道要灵祇神鬼品经》对各种神明类别的调查，参见 TT 1201：5a–6b。

鬼连同其他势力，管理和惩罚人世间的罪行。这些恶鬼就在人们之间，但没有人能看到它们。① 《女青鬼律》又记载，道士知道恶鬼的名字就可以驱赶它们，也可以通过助神施炁来避免它们。

其他问题导致民众错误地忽略了神灵，出于恐惧，人们只关注恶鬼。② 例如，恶鬼是流行病的始作俑者。这种恶鬼的侵扰是人类罪有应得，由人类的不当行为而造成的。恶鬼被认为是死者的灵魂，也可能是恶人成为危险恶鬼滞留于世。③ 当然，死后升度的概念并非仅是承认负面现象。

众所周知的学者和道士王文卿就是一个很好的例子，他在死后晋升为雷部神明。神化的王文卿当然完成了后天的范畴。他在13或14世纪被神化为甲子神将王文卿。④ "甲"和"子"是天干、地支之首，代表传统的干支纪时，显示了神将王文卿广博的宇宙力量。

早在几个世纪前，《女青鬼律》就列举甲子日的恶鬼名元光。⑤ 这个恶鬼团由六十人组成，专门负责杀人。他们有人类的身体、赤发裸体。他们有耳无眼，能迅速飞行千里。在人间，他们杀人、不孝，现在又致力于害人。人只要记着每一日的恶鬼姓名，这些恶鬼就不敢近身。⑥

几个世纪以后，从宋朝开始，雷部神祇承担与《女青鬼律》中恶鬼同样的职责，监察人类的行为，并相应地实施惩罚。

在宋朝，雷部神祇被解释为内在的、身体的真实。道士可以通过变神与相

---

① TT 790：1.2b，3a.

② TT 790：1.2b，3a.

③ TT 790：6.1a sq.

④ TT 1220：201.14b, 15a. See Florian C. Reiter, "*Daoist Transcendence and Thunder Magic, as seen in the Great Rituals of Heavenly Ting of Metal and Fire in the Divine Empyrean*（神霄金火天丁大法），" Zeitschrift der Deutschen Morgenländischen Gesellschaft 161（2011），418–19. Also see Robert Hymes, *Way and Byway, Daoism, Local Religion, and Models of Divinity in Sung and Modern China*（Berkeley：University of California Press, 2002），154–62.Concerning the combination Chia—tzu, see for example TT 790：1.4b, where the name of the demon in charge of a Jiazi day is The Radiance of Origin（Yanguang 元光）.

⑤ TT 790：1.4a. For this list also see TT 1201 Daoyao lingqi shengui pinjing 13a–16a.The description of the troupe varies. They lead on the three cadavers（sanshi 三尸），which are disastrous forces in the human body.The demons have a human body but no head at all. And yet, they have ears but no eyes.

⑥ TT 790：1.7b.

应的宇宙力量合一。道士和神明合一的实体将发挥军事力量,以雷符执行驱邪的功能。

宋代的介绍和描述以及内丹学术语,都赋予了雷部神祇相当个人化的面向。我们知道,人依着自己创造了他自己的神。当我们讨论道教的神圣世界时,或许应将这一方面牢记在心。

后 记

　　九流出于王官，《艺文志》所谓，儒家者流盖出于司徒之官；道家者流盖出于史官，阴阳家者流盖出于羲和之官；法家者流盖出于理官；名家者流盖出于礼官。百家众技，皆有所长，儒者"序君臣父子之礼，列夫妇长幼之别"，道家"使人精神专一，动合无形，赡足万物"。"虽有蔽短，合其要归，亦六经之支与流裔"。百家诸子源同理通，分蘖而进，源远而末益分。然天下一致而百虑，殊途而同归，"夫阴阳、儒、墨、名、法、道德，此务为治者也"。

　　"大道废，有仁义。智慧出，有大伪"，涤除异化的文明翳障，复归于朴，小国寡民，民至老死不相往来，道家之初衷。"祖述尧舜，宪章文武"，"乘时以制宜，因时以立法"，探其"所以迹"，"法其所以为法"，因革损益重建新的政治文化秩序，儒家之信念。儒道犹车之两轮，鸟之两翼，共同为中华文化的浩荡长河汇脉聚流，不竭滚滚之势。"东海有圣人出焉，此心同也，此理同也；西海有圣人出焉，此心同也，此理同也；南海北海有圣人出焉，此心同也，此理同也"，人同此心，心同此理，东圣西圣，心同理同。究中西之别，有本有质；通古今之变，有兴有替。通古今，别中外，不废"中学为体，西学为用"之滥调。

　　两行儒道，复兴文化之根柢；并举中西，传承文明之要义。致力于此，致意于斯，《儒道研究》意在探求儒教与道家的源同理通之处，搭建两家价值诉求和现实关注融汇的桥梁，互补长短，助益有无，以期为儒道的健康发展，乃至中国传统文化的复兴和中华民族文化主体性的建构提供资源和方略。歌以咏志，文以载道，文章"经国之大业，不朽之盛事"也。凡对中国传统有认同，对西方思想有认知者，诚挚欢迎阁下惠赐大作，襄赞斯文。